MW01710696

En couverture : « Souvenir de grève - 30 juillet 1908 »
Le 2 juin 1908, en banlieue parisienne, deux ouvriers en grève sont tués par les gendarmes. Le 30 juillet, entre Draveil et Villeneuve-Saint-Georges, de violents affrontements opposent plus de 4 000 manifestants à l'armée. Bilan : quatre morts chez les grévistes et de nombreux blessés de part et d'autre. Ce conflit social emblématique valut à Clemenceau sa réputation de « briseur de grèves ».

LE CULTE DE LA CHAROGNE

Collection dirigée par Charles Jacquier

Louis Mercier-Vega, *La Chevauchée anonyme. Une attitude internationaliste devant la guerre (1939-1941)*

Normand Baillargeon, *L'Ordre moins le pouvoir. Histoire & actualité de l'anarchisme*

Stig Dagerman, *La Dictature du chagrin & autres écrits politiques (1945-1950)*

Marcel Martinet, *Culture prolétarienne*

Jann-Marc Rouillan, *Lettre à Jules*, suivi de *Les Voyages extraordinaires des enfants de l'Extérieur* & *Chroniques carcérales*

Charlie Bauer, *Fractures d'une vie*

Daniel Martinez, *Carnets d'un intérimaire*

Marcel Durand, *Grain de sable sous le capot. Résistance & contre-culture ouvrière : les chaînes de montage de Peugeot (1972-2003)*

Alèssi Dell'Umbria, *Histoire universelle de Marseille. De l'an mil à l'an deux mille*

Howard Zinn, *Une histoire populaire des États-Unis. De 1492 à nos jours*

Howard Zinn, *Le XXe siècle américain. Une histoire populaire*

Première édition : Galilée, 1976

BP 70072, F-13192 Marseille cedex 20
http://www.agone.org

ISBN/10 : 2-7489-0022-7 • ISBN/13 : 978-2-7489-0022-4

Albert Libertad

Le culte de la charogne

Anarchisme, un état de révolution permanente (1897-1908)

Nouvelle édition revue & augmentée

« La colère du juste »
préface d'Alain Accardo

« Libertad était un camarade ! »
postface de Gaetano Manfredonia

AGONE

À la mémoire de Jean Sprecher

Sauf pour la préface, toutes les notes sont de l'éditeur.

Édition préparée par Héléna Autexier, Michel Caïetti, Frédéric Cotton, Thierry Discepolo, Freddy Gomez, Charles Jacquier et Gilles Le Beuze.

Nos remerciements vont à Marianne Enckell (CIRA-Lausanne), Gaetano Manfredonia, Nico Jassies (Institut international d'histoire sociale [IIHS] d'Amsterdam) pour leur aide précieuse dans la réunion des articles qui composent ce recueil, et à Freddy Gomez pour sa lecture et ses remarques.

À la mémoire de Francis Romanetti, qui fut, voilà bien des années, à l'initiative de cette édition.

La colère du juste

> Notre colère contre l'injustice
> est toujours intacte.
>
> Appel des Résistants,
> avril 2004

Par bien des aspects, les textes de Libertad rassemblés dans ce volume peuvent paraître datés, en rapport avec des événements et des problèmes appartenant à une époque révolue et ne leur laissant qu'un intérêt purement historique et documentaire. On peut même être assuré que leur réédition passera, aux yeux de nos augures modernistes, à supposer qu'ils y prêtent attention, pour l'exhumation archéologique de vestiges poudreux témoignant d'une vision primitive et complètement périmée de la réalité sociale.

En effet, dans le climat de « consensus républicain » et d'euro-conformisme artificieusement entretenu par les puissances publiques et privées, dont tous les discours sont marqués au coin du politiquement correct, dont toutes les déclarations sont soigneusement débarrassées de la moindre aspérité conceptuelle et dont toutes les pensées sont rendues molles, lisses et finalement interchangeables à force de platitude technocratique, de prudence rhétorique et d'exténuation de la conviction, il n'est pas douteux qu'une personnalité s'exprimant à la façon d'un Libertad serait immédiatement taxée par les commentateurs d'impolitesse, de mauvais goût, de brutalité, d'« extrémisme populiste » et de quelques autres vices rédhibitoires attestant tous son insigne « archaïsme » idéologique.

Il faut reconnaître que, tant par leur contenu que par leur style expressif, les déclarations de Libertad contrastent singulièrement avec celles que l'on peut entendre ou lire le plus souvent aujourd'hui, dans un débat (ou plutôt un concert) marqué par la volonté d'*euphémiser* à l'extrême la violence des rapports sociaux et où, à l'exception de quelques voix discordantes, nos élites dirigeantes et cultivées, rompues au bavardage médiatique, rivalisent dans l'art de délayer, d'estomper, d'édulcorer, de ne jamais appeler « chat » un chat et finalement de beaucoup parler pour dire tout sur des riens sans rien dire sur le tout. On conçoit que pour un public abreuvé *ad nauseam* de cette bibine tiédasse ruisselant d'à peu près toutes les chaires et toutes les tribunes, depuis celles des éditorialistes de presse jusqu'à celles du Parlement, en passant par celles des prédicateurs religieux ou des « experts » de service, la prose en fusion de Libertad fasse l'effet d'une brûlure intense et probablement insupportable pour certains.

Libertad était anarchiste mais, nous allons le voir, il n'est pas nécessaire d'être de sa chapelle non seulement pour comprendre, mais pour partager son sentiment sur nombre de points. En le lisant, ce qui nous a paru intéressant, au-delà de la question, que nous laisserons aux spécialistes, de savoir quels sont exactement sa place et son poids dans la tradition anarchiste en particulier et plus largement dans le mouvement social de son temps, c'est qu'il incarne, avec ses limites et ses contradictions propres, à la façon d'un personnage romanesque balzacien ou flaubertien, un *type social*, celui du « juste », dont nous voudrions esquisser ici un portrait. Il nous paraît significatif à cet égard que, dans *Les Cloches de Bâle*, Aragon lui ait ménagé une apparition : peu sympathique apparemment aux yeux du communiste, le personnage, par son relief et sa consistance, s'est imposé à l'attention du romancier.

* *
*

Ce qui frappe d'abord chez Libertad, c'est qu'il tient des propos sans complaisance et parfois pénibles à entendre. Non tant par provocation que parce qu'il parle de choses terribles à voir. Quelles horreurs hors du commun dénonce-t-il qui justifient ses « outrances » verbales ? En fait, ce qui déclenche les foudres de l'imprécateur, ce n'est rien que le tableau le plus ordinaire et le plus constant, celui du monde qui l'environne quotidiennement et dont chacun peut, comme lui, avoir le spectacle : « Les accidents, la maladie, la misère, avec, pour les entretenir, les haines entre les pauvres, les haines entre nations. » [*infra*, p. 298]

Quoi, dira-t-on, ce n'est que cela ? Mais c'est vieux comme le monde ! Il n'y a véritablement là ni sujet nouveau ni motif à sortir de ses gonds et à jeter feu et flammes, comme il le fait avec délectation. Sans doute les sociétés humaines sont-elles loin d'être parfaites. La nôtre ne l'est pas, hélas, et ses défauts appellent de sévères critiques, mais il en est de pires et on ne saurait honnêtement méconnaître ses bons côtés et ses agréments. Une attitude moralement juste et intellectuellement saine ne consiste-t-elle pas à s'efforcer, avec patience et réalisme, d'en étendre les avantages et d'en réduire les inconvénients, au lieu de tout condamner uniformément et de fulminer des anathèmes ? N'y a-t-il pas quelque chose de démesuré et par là d'insensé dans cette fureur sans nuance qui noircit tout et n'épargne pas plus les victimes que leurs persécuteurs ?

C'est vrai, la misère et l'injustice sont vieilles comme le monde, mais leur ancienneté entraîne-t-elle qu'on doive en être moins indigné et moins pressé d'y mettre un terme ? Il s'agit là d'un vieux débat, qui peut paraître dépassé à certains, et qui pourtant conserve son actualité :

celui qui oppose, en matière de transformation sociale, les tenants de la réformation progressive et continue de l'ordre établi aux partisans de la rupture franche et radicale avec celui-ci. Pour les uns, il est préférable de prendre son temps, pour gérer et aménager l'existant sans hâte ni secousse ; pour les autres, on n'a que trop attendu et, même si on ne peut jamais, en toute rigueur, « du passé faire table rase », il est devenu urgent de subvertir et de changer en profondeur ce qui est. Mais bien avant que cette opposition fondamentale ne prenne la forme moderne dans laquelle elle a été expérimentée, théorisée et institutionnalisée, bien avant que les notions mêmes de « révolution » et de « réforme » ne viennent structurer explicitement la pensée et l'action politiques, on peut les voir à l'œuvre, tantôt en filigrane et implicitement, tantôt sous des habillages spécifiques (religieux, culturels ou autres), dans l'histoire de la plupart des sociétés de classes [1].

Aussi loin que l'on remonte dans l'histoire des luttes sociales, en face de l'attitude d'acceptation plus ou moins résignée, voire de collaboration plus ou moins enthousiaste, qui est généralement celle du plus grand nombre, on voit se manifester une attitude de refus catégorique et même de rébellion déclarée contre l'ordre établi, qui est généralement le fait d'une minorité plus ou moins éclairée intellectuellement et moralement. Nous parlons ici d'une volonté de rupture *radicale* avec les principes mêmes de l'organisation sociale en place et pas seulement d'un désir de changement limité à telles de leurs conséquences. Le désir de réformes ponctuelles est en effet une chose largement répandue, même chez les plus conservateurs. Un peu

1. On peut dire à cet égard que le couple réforme/révolution thématise dans sa forme moderne l'opposition séculaire et irréductible entre deux rapports au monde *socialement conditionnés*, deux visions existentielles fondamentales (peut-être le terme philosophique de « *Weltanschauung* » serait-il plus approprié ici) de la réalité sociale et plus précisément des *structures de domination* qui ont fait et font encore universellement et de façon prépondérante la substance de cette réalité.

de mécontentement y suffit. Aussi l'attitude réformiste s'est-elle manifestée sous une forme ou une autre, y compris de façon violente et explosive (révoltes, émeutes, jacqueries, etc.), à un moment ou à un autre, dans toutes les sociétés historiques, où elle n'a cessé d'être un des moteurs du changement social. Mais d'un changement qui, en tout état de cause, ne remet pas sciemment en question les principes de fonctionnement des rapports sociaux existants et reste encadré, maîtrisé ou impulsé par les institutions régnantes, sans qu'au bout du compte le pouvoir échappe aux mains de groupes nantis fermement retranchés dans leurs privilèges. Ce qui explique qu'aujourd'hui encore les partis de droite et les organisations patronales puissent aussi réclamer des « réformes ». En revanche, lorsque le désir de changement vise la *racine* même des choses et touche aux principes fondamentaux, on passe à un tout autre registre. Ce n'est plus seulement de réforme qu'il s'agit mais de révolution. Il va de soi que tous ceux qui ont partie liée avec l'ordre établi – et ils sont toujours plus nombreux qu'on ne pense – acceptent à la rigueur de l'amender mais pas d'y mettre fin. Aussi y a-t-il toujours deux manières de maintenir l'ordre des choses : la méthode conservatrice qui consiste à verrouiller le statu quo et la méthode réformiste qui consiste à concéder pour mieux préserver.

Que le rejet radical du monde existant ne soit, généralement, que le fait d'un petit nombre, voilà qui est attesté depuis très longtemps, ne serait-ce qu'à travers des mythes fondateurs, comme ceux que nous rapporte l'Ancien Testament, où on peut lire, au chapitre de la Genèse, que Sodome et Gomorrhe furent anéanties par la colère divine, faute de pouvoir aligner non pas « cinquante justes », ni trente, ni même vingt, mais dix seulement de leurs habitants qui n'auraient pas sombré eux aussi dans l'ignominie et l'iniquité où se vautraient leurs concitoyens. Bien sûr, même s'il est douteux qu'on ait jamais été en mesure de recenser exactement le nombre des « justes » dans une population, ce que l'on a constamment observé, c'est que leurs effectifs étaient et restent infiniment moindres que ceux des gens qui, à des degrés et à des titres divers, s'accommodent passivement de l'état de choses existant, quand ils ne s'en font pas les promoteurs actifs.

Pour éviter tout malentendu sur ce point, sans doute est-il utile de rappeler qu'il existe différentes façons de refuser la soumission à l'ordre établi et que toutes les formes de refus ne sont pas moralement équivalentes. La seule ici qui nous intéresse, c'est précisément celle du « juste », ce terme étant pris dans sa plus large acception, à la fois religieuse et laïque, pour désigner celui ou celle qui, *à ses risques et périls, ose s'opposer au cours ordinaire des choses, par fidélité à une idée plus haute, intellectuellement plus exigeante et moralement plus généreuse, de la justice* – donc au nom d'un bien commun plus universel et non pas pour des raisons de convenance personnelle ou pour servir des intérêts partisans.

L'ordre établi a coutume de se défendre en entretenant la confusion, en traitant uniformément tous les trublions comme des ennemis du genre humain et en frappant avec la même sévérité ceux qui sortent de la légalité par le haut, pour la dépasser, et ceux qui en sortent par le bas, parce qu'elle les dépasse. Tous des « hors-la-loi », des « voyous », des « terroristes » ! Spartacus ou Jésus sont crucifiés comme des larrons parmi d'autres, Socrate est incarcéré et jugé comme un criminel, Che Guevara est traqué et abattu comme un bandit et les opposants politiques des dictatures sont emprisonnés avec la pègre. Un tel amalgame a une utilité pratique évidente, mais il est dépourvu de toute justification théorique, même si dans la réalité empirique on peut constater qu'entre les deux types extrêmes de la transgression (par surcroît de sens moral) et de l'infraction (par anesthésie morale) il y a place pour toute une gamme de comportements « déviants » et d'attitudes intermédiaires dont il est parfois difficile de démêler dans quelle mesure ils visent l'universel et dans quelle mesure ils servent le particulier ou, plus difficile encore, de discerner comment en servant l'un ils peuvent atteindre l'autre. Mais il n'est pas dans notre propos d'examiner maintenant cet aspect de la question.

Ce que nous retenons en l'occurrence, c'est qu'il existe une démarche de contestation et de refus de l'injustice du monde social, d'inspiration morale, qui est inhérente à l'essence même de la vie en société et continûment attestée au long des siècles, du moins dans les sociétés structurées par des rapports de domination entre groupes et entre individus. Il s'agit là d'une sorte d'*invariant structural*, lié au fait que ces dominations sociales, indépendamment même de la question de leur légitimité, ne peuvent s'établir et se maintenir qu'au prix de terribles dommages et de cruelles douleurs et qu'elles conduisent certaines de leurs victimes à s'insurger, d'abord pour crier qu'elles ont mal et que c'est assez de souffrance. Ensuite, il arrive que ce cri, chez certains, se prolonge en une question : « De quel droit nous fait-on du mal ? Au nom de quoi devons-nous l'endurer ? »

La porte est alors ouverte à la critique sociale. Il y a des chances en effet qu'un questionnement de cette nature débouche sur le constat que « le monde est mal fait » et que la source de tous les maux est inhérente à une organisation sociale défectueuse, à des institutions iniques, des pouvoirs arbitraires, des mœurs corrompues, etc. Plus exactement, du fait du naturalisme anthropologique propre aux idéologies religieuses et philosophiques qui ont historiquement prévalu dans les sociétés de classes, on a longtemps considéré que les maux de la société avaient pour origine les tares, les vices et autres imperfections, inscrits dans la « nature humaine ». Le monde social était jugé mauvais parce que la société n'était perçue que comme un agrégat d'individus, et d'individus intrinsèquement vicieux (ou viciés). Le mal était dans la société parce qu'il était d'abord, par essence (ou naissance), dans les individus. En conséquence, la critique sociale ne s'adressait pas à ce qui est spécifiquement social (par exemple les conditions d'existence, la structure de répartition des capitaux économiques et culturels, les modèles de pouvoir, etc.) mais elle a commencé par être une critique *ad hominem*, s'adressant à certains, voire à tous les membres d'une population donnée, pour dénoncer plus ou moins vigoureusement leurs contributions respectives à l'ignominie et à l'iniquité régnantes et pour stigmatiser leur mauvaise volonté supposée. L'illustration archétypique de ce genre de critique peut être trouvée dans la tradition vétéro-testamentaire des prophètes d'Israël. Il est intéressant de constater que, si à maintes reprises les prophètes juifs, comme Ezéchiel par exemple, n'ont pas craint de dénoncer les fautes et les crimes commis par les puissants, par les princes et les « pasteurs du troupeau », *dans l'ensemble* – il importe de le souligner –, les Esaïe, Jérémie, Osée, Habacuc et les autres grandes figures de la lignée prophétique s'en prennent indistinctement à tous les membres de la collectivité, hommes et femmes, jeunes et vieux, riches et pauvres, dont ils stigmatisent – et avec quelle implacable violence verbale ! – les reniements et les indignités partagés. Leur réquisitoire ne vise pas seulement les sphères du pouvoir mais aussi et peut-être surtout les gens ordinaires et leurs comportements de la vie quotidienne, tenus pour *également responsables* de tout ce qui va mal dans la société et qui déclenche le courroux divin. « Malheur au peuple chargé d'iniquités, proclame Esaïe, les petits seront abattus et les grands seront abaissés. »

Cette fonction de critique sociale, qu'on pourrait appeler *fonction prophétique*, est loin toutefois d'être l'apanage des prophètes juifs. On la voit s'incarner, sous toutes les latitudes, à toutes les époques, dans des individus et des groupes divers dont le trait commun est de trouver insupportable le monde environnant, non pas seulement parce que celui-ci serait contraire à leurs désirs égoïstes mais parce qu'il ne cesse de profaner, tourner en dérision et bafouer de mille façons, dans la pratique quotidienne, les idéaux les plus sublimes, les principes les plus admirables et les valeurs les plus sacrées, dont on continue hypocritement à se réclamer pour la parade. Car, au fond, la vocifération prophétique consiste d'abord à rappeler ce que chacun sait et à quoi tous acquiescent en principe : une certaine idée de la dignité humaine et le devoir de la respecter effectivement en tout être et en toutes circonstances, en soi-même comme en autrui, conviction d'où découle le cortège des règles et obligations que s'impose l'individu décidé à vivre moralement et que résume la formule humaniste selon laquelle l'homme non seulement ne doit pas être un loup pour l'homme mais doit, au contraire, *Homo homini res sacra*, tenir son semblable pour sacré.

Malheureusement, comme les rapports sociaux existants n'offrent pas les conditions objectives de réalisation de cette exigence morale, le « juste », qui est conduit à assumer la fonction prophétique, ne peut qu'entrer en dissidence et dénoncer le divorce entre les principes affichés et les actes, dont s'accommode lâchement l'immense majorité de ses contemporains. La voix du prophète rappelle à ces derniers que si le monde est un abîme d'injustices et un océan de souffrances, ils y sont tout de même pour quelque chose, ne serait-ce que par leur inlassable complaisance, leur passivité, leur frilosité, leur crainte de s'exposer, leur connivence foncière. Chacun sent bien, au fond de soi, que les reproches du prophète sont justifiés. Mais la bonne foi et l'inclination à l'autocritique étant des dispositions peu cultivées, chacun se rassure en accusant le prophète d'intolérance. Cette accusation, quoique facile et stéréotypée, ne manque pas d'un certain fondement ; toutefois, loin d'être infamante, elle souligne au contraire ce par quoi le prophète est un individu hors du commun, au-dessus de la tartuferie et de la bassesse ambiantes, ce pour quoi il mériterait d'être glorifié et pris en exemple : il ne tolère pas, il ne peut plus tolérer *l'intolérable*.

La plupart des gens ne s'avisent pas que c'est grâce à leur prétendue vertu de « tolérance » que la machine sociale à broyer des vies humaines fonctionne continûment, avec autant d'efficacité. La véritable tolérance est une conquête difficile de la civilisation et du rationalisme ; et elle est incompatible avec le mépris de l'humain sous quelque forme que ce soit. Impliquant le respect des différences, c'est une vertu majeure qui concourt à la recherche de la vérité et à la préservation de la paix civile, sur toutes les questions livrées à l'arbitraire des seules opinions individuelles. Malheureusement, la notion est trop souvent entendue comme une invitation à l'indifférence et au refus du choix. La prétendue tolérance n'est plus alors qu'accoutumance et nivellement, relativisme invertébré et incapacité d'assumer des responsabilités qui ne sont plus affaire d'opinion fluctuante mais découlent des principes fondateurs du pacte social et des valeurs de civilisation auxquelles on prétend adhérer. Quand on est en face des dégâts effroyables, matériels et plus encore humains, causés par la barbarie, le mépris, l'avidité, le mensonge et le déni de justice inscrits dans l'ordre établi, dans ses institutions et ses mœurs, tolérer c'est se rendre complice. La seule excuse que pourraient invoquer les complices, c'est leur inconscience, d'autant plus profonde qu'elle est davantage favorisée par les dominants à qui elle profite.

Alors se lèvent des prophètes, des « justes », des âmes qui ne sont pas encore éteintes, des esprits pas encore frappés de cécité, des cœurs pas encore blindés et qui crient, pour eux-mêmes et pour tous les autres : « Assez, ça suffit ! » Ils se rebellent parce qu'ils en ont assez de devoir supporter l'insupportable. Ils sont à bout de patience, ils ne peuvent pas s'habituer à l'horreur du monde : ils ne peuvent plus tolérer, composer, pactiser, s'accommoder, s'arranger, transiger, « être réalistes », « reculer pour mieux sauter », « faire la part des choses », « faire le dos rond », « laisser glisser », « s'en laver les mains », « prendre de la hauteur », « garder la mesure », exécuter toutes les figures de la dissimulation, de la trahison et de la veulerie, se taire et vivre comme s'ils étaient déjà morts, en état de coma spirituel dépassé. Ils ont bu le calice jusqu'à la lie et leur âme a la nausée ; elle déborde de désenchantement, de tristesse et de dégoût. Ils se sentent partagés entre une immense compassion et une intense indignation qui s'enflamme parfois en fureur contre eux-mêmes et leurs semblables. Ils ont appris à voir les choses comme elles sont, ils regardent désormais la réalité en face et ils voient sa lèpre. À la différence de leurs contemporains, ils ne peuvent plus faire semblant ni *se raconter des histoires* pour garder bonne conscience, ils ne détournent pas les yeux et refusent le *divertissement* permanent auquel ils sont invités de toutes parts. Ils sont ulcérés, définitivement révoltés, et on ne sait jamais ce qui domine en eux de la colère ou de la pitié.

Bien évidemment « ils ne sortent pas de terre comme des champignons ». De Weber à Bourdieu, la sociologie a élaboré les outils nécessaires à l'étude de leur engendrement. Leur émergence à un moment donné, dans une population donnée, est fonction de l'état du champ des luttes religieuses et politiques, du rapport des forces pour conserver ou modifier l'ordre existant, de leurs propriétés positionnelles et de leur trajectoire personnelle. Le fait qu'ils occupent le plus souvent des positions dominées et appartiennent à des groupes mieux pourvus en capital symbolique qu'en capital économique, ayant en conséquence, au-delà de la morale de leurs intérêts, un intérêt certain pour la morale et une disposition protestataire, n'autorise pas à invalider leur démarche et n'ôte rien à la pertinence de leur critique sociale. Quand le consensus le plus large, celui des intérêts égoïstes, de l'avidité de jouissance, de la vanité, de la lâcheté et de l'hypocrisie, a rameuté au plus bas la multitude des esprits et des cœurs, quand « l'encens s'élève, mais vers les athlètes et les *pop stars*, les assoiffés de fric et les rois du crime[1] », alors le temps des hérétiques et de la rébellion est venu. (Le constat qu'ils sont généralement peu nombreux attire l'attention sur des mécanismes sociologiques fondamentaux, ceux de

1. George Steiner, *Maîtres et disciples*, Gallimard, 2003, p. 184.

la socialisation et de la conformation des individus, sur lesquels nous reviendrons un peu plus loin.)

Du coup les gens « normaux » les tiennent pour des malades. Certes, le monde tel qu'il va les rend malades. Les « justes » forment une engeance peu à la mode, qui souffre chroniquement d'une affection étrange, à la fois intellectuelle et morale, consistant à se vouloir *conséquents*, c'est-à-dire à prendre au sérieux les exigences de leur foi ou de leur idéal et à s'efforcer d'y conformer leurs actes. Ils n'ont pas cette capacité de se moquer des principes et d'être illogiques, que le scepticisme relativiste, particulièrement dans les périodes de décadence et d'anomie, insuffle à la plupart de leurs contemporains, à tous ces *habiles* prompts à « s'adapter » et à trouver des accommodements. Pour un « juste », vivre moralement, c'est faire son devoir, quoi qu'il en coûte, sans ruse ni casuistique. Le devoir s'énonce à l'impératif, pas au conditionnel. On ne le fait pas à moitié ni au tiers, on ne le fait pas par intermittence, on ne le fait pas par procuration, on ne le fait pas de façon facultative, on le fait ou on le nie. Parce qu'il refuse la demi-mesure, le « juste » se voit reprocher d'avoir perdu toute mesure ; parce qu'il exècre la tiédeur, il est accusé d'être un incendiaire ; parce qu'il rappelle des obligations incontournables, il est dénoncé comme liberticide ; parce qu'il invoque la pureté de l'idéal originel, sans concession ni compromission, il est raillé comme angéliste et nostalgique. Bref, au milieu d'une société qui communie au plus bas, dans la désinvolture morale et le reniement de ses engagements, il se retrouve en état d'*excommunication*. Au milieu de ses congénères, il sent qu'il est devenu un étranger, un barbare, un « *alien* » vivant sur une autre planète, voire un aliéné mental. Et, par conséquent, un gêneur.

D'où la tentation, si souvent manifestée historiquement, de faire de nécessité vertu, en l'occurrence de faire sécession avec le monde et de se retirer effectivement d'une société à laquelle on n'appartient déjà plus. Sans doute l'immense armée de ceux qui, de l'Antiquité à nos jours, en Orient comme en Occident, ont adopté les différents modèles, religieux ou laïques, de la vie extra-mondaine ne s'est-elle pas recrutée uniquement parmi les « justes » en rupture avec leur société. D'autres motivations ont pu entraîner ce genre de démarche séparatiste. Mais il n'est pas douteux que, parmi ces légions d'ascètes, d'ermites, de moines, de cénobites, de vagabonds ou de marginaux divers qui ont préféré vivre à l'écart de leurs contemporains, il y ait eu un grand nombre d'hommes et de femmes pour qui c'était la seule façon concevable de critiquer radicalement la société de leur temps. Des moines bouddhistes refusant de faire tourner plus longtemps la roue des désirs, ou des cyniques comme Diogène, optant pour une vie de chien, jusqu'aux disciples d'Épicure répudiant l'asservissement aux faux plaisirs, ou aux émules de François d'Assise abandonnant tout pour vivre la vie des plus humbles, autant de refus de donner son adhésion au jeu fallacieux et corrupteur du monde environnant.

Bien entendu, on évitera de prêter anachroniquement à ces insoumis et contempteurs du monde une attitude politique ou une vision sociologique que la culture de leur époque rend impensables. Leur démarche a fondamentalement une visée de salut personnel. Dans cette perspective, la critique sociale proprement dite ne peut être qu'implicite et objective, en ce sens que les voies de la vie spirituelle et de la « sagesse » sont perçues comme rigoureusement incompatibles avec l'intégration au monde tel qu'il est. Il ne s'agit pas par conséquent de chercher à changer la réalité d'un monde temporel irrémédiablement vicié mais de le laisser à sa vacuité et à son absurdité pour ne s'occuper que de se changer soi-même par une conversion de tout son être. Chacun d'eux va répétant à sa façon : « Mon royaume n'est pas de ce monde. »

À vrai dire, il s'agit là d'une démarche extrêmement ambiguë, et même contradictoire, à cause de sa double dimension. En tant qu'elle est séparation d'avec le monde social, elle abandonne celui-ci à ses pesanteurs dégradantes.

Mais même le retrait au désert pour mener une vie de stylite ou d'anachorète est encore une façon d'exister socialement, ne serait-ce que par l'influence qu'on exerce sur des fidèles et les moyens de subsistance qu'on en tire, et par l'exemple vivant qu'on propose, qui devient *ipso facto* une action pédagogique réformatrice, même en l'absence de toute intention de réformer. À plus forte raison lorsque cette intention existe, comme on le voit avec évidence dans le cas d'un François d'Assise, chez qui on trouve conjointement le rejet radical du monde qui l'entoure et la volonté néanmoins d'y introduire un nouvel ordre (dans les diverses acceptions du terme), précisément en y travaillant à faire reconnaître et institutionnaliser l'ordre des moines mendiants qui s'est agrégé autour de sa personne. Le double aspect de la sécession et de la réformation devint tout à fait évident avec le développement au XVIe siècle de l'Église réformée, dont certains membres devaient finalement pousser la volonté de schisme jusqu'à quitter l'Europe pour tenter de refonder ailleurs une société nouvelle.

En résumé, on peut donc dire, que, du fait de l'incapacité de percevoir la société comme une réalité spécifique ne se réduisant pas à un ensemble de relations interindividuelles, la critique sociale a été pendant des siècles condamnée à se cantonner dans la dénonciation des vices inhérents à la « nature humaine » et à ne proposer rien d'autre, en fait de remède à tous les maux de la société, que le changement des comportements personnels dans le sens d'une ascèse du corps et de l'esprit et d'un détachement croissant par rapport aux choses de ce monde.

Il faudrait pouvoir s'étendre davantage sur cette conception ascétique du changement pour en montrer la part de bien-fondé, qui semble d'ailleurs connaître aujourd'hui un regain d'actualité. À défaut, bornons-nous à rappeler qu'elle a prévalu jusqu'à une époque relativement récente. Plus précisément jusqu'à ce que la philosophie des Lumières et la Révolution française de 1789 imposent l'idée que, pour remédier aux maux de la société, il faut aussi, voire surtout, changer son organisation et donc le pouvoir. Il est à cet égard significatif que cette société monarchique et curiale, où les structures de l'ordre féodal étaient depuis longtemps en voie de décomposition, ait paru encore intouchable même aux esprits les plus indépendants du XVIIe siècle. On en trouve une édifiante démonstration, entre autres, dans le théâtre de Molière : celui-ci brosse une peinture peu flatteuse de certains vices contemporains mais, lorsqu'il invente le personnage d'Alceste, qui sera sans doute le porte-parole le plus explicite de sa critique sociale, il n'en fait pas un « insurgé » militant pour une société nouvelle mais un « misanthrope », c'est-à-dire quelqu'un qui exècre l'essence même du genre humain. Si Alceste ne peut plus tolérer les aberrations et les tares du monde qui l'entoure, il continue à en imputer les manifestations à « l'iniquité de la nature humaine » pour laquelle il professe une « immortelle haine » – pour reprendre ses propres termes. Il n'imagine pas un seul instant qu'on puisse remédier à quelque chose qui est de l'ordre de la nature, c'est-à-dire aussi massif, accablant et imparable qu'une épidémie de peste ou un séisme. On s'y résigne ou on s'en va. Comme il ne peut plus s'en accommoder, il décide « De chercher sur la terre un endroit écarté / Où d'être homme d'honneur on ait la liberté ». Ce n'est pas qu'il soit un lâche ni qu'il ait peur ; mais, ayant pris la mesure du mal, il est convaincu de l'inanité de tous les efforts pour le combattre ou y remédier. En conséquence, il cherche à se mettre non pas tant à l'abri qu'*à l'écart*. Il ne veut plus tremper dans la corruption et l'imposture généralisées. Conformément à la séculaire démarche des « justes » refusant le monde qui les refuse, il va s'exclure lui-même, prendre ses distances, sortir d'un jeu qu'il ne supporte plus de jouer. C'était ce que, près d'un demi-siècle plus tôt, les pèlerins du *Mayflower* faisaient à leur façon. Un peu plus d'un siècle plus tard, Alceste aurait eu une autre alternative : non pas le choix entre la compromission et la démission mais entre la soumission et l'insurrection. Encore fallait-il, pour pouvoir crier « Aux armes citoyens ! », laisser aux manufactures le temps de se développer et à la critique rationaliste le temps de désacraliser l'ordre établi.

* *
*

Libertad, quant à lui, était de ces « misanthropes » que le monde social ne cesse d'engendrer, mais qui, à la différence d'Alceste, restent dans la mêlée et continuent à se battre, vaille que vaille, pour changer la réalité. Entre l'époque d'Alceste et celle de Libertad, plus de deux siècles d'histoire ont modifié, à bien des égards, le rapport des hommes au monde qui les entourait, en particulier dans les sociétés industrialisées occidentales, où les aspirations des peuples à la démocratie s'étaient renforcées et où la lutte des classes battait son plein sous l'impulsion d'un mouvement ouvrier dont les organisations politiques et syndicales militaient ardemment pour une révolution socialiste. Comme cela était sans doute inévitable, ce mouvement ouvrier était, depuis ses origines au siècle précédent, travaillé en permanence par une dialectique de l'identité et de la différence, de l'union et de la distinction, qui avait pour effet d'exacerber les divergences et les clivages de ses diverses composantes. On sait à quelles divisions dommageables ces contradictions ont finalement abouti.

Quoi qu'il en fût de ces oppositions et tensions au début du XXe siècle, l'idée de la nécessité d'opérer une rupture décisive, franche, et violente si nécessaire, avec l'ordre établi, c'est-à-dire avec la domination du capital sur le travail, avait fait son chemin. Les « justes » de cette époque-là étaient pour beaucoup des révolutionnaires sociaux qui considéraient que la classe ouvrière, classe exploitée et opprimée par excellence, était désormais l'agent historique d'un changement social de grande envergure, et que celui-ci n'était pas à attendre et subir passivement mais à organiser de façon rationnelle et intentionnelle.

À dire les choses de cette façon, on risque de se cantonner dans un registre académique dont les possibilités d'expression restent bien en deçà de leur objet. En effet, on ne saurait rendre totalement compte de l'entrée en lutte de ceux qui s'insurgent pour plus de justice sans évoquer leur capacité de sympathie (ou d'empathie) avec la souffrance d'autrui, et singulièrement des plus faibles. Qui n'a pas éprouvé personnellement cette douleur profonde et durable que provoquent chez certains humains non pas seulement l'expérience des injustices et des humiliations subies mais encore le spectacle de la destruction de leurs semblables par des conditions d'existence indignes, de leur écrasement impitoyable par les rouages d'une organisation sociale arbitraire, de leur misère, de leur déchéance, de leur détresse insondable, silencieuse et triste, ne pourra comprendre tout à fait ce que c'est qu'« être révolté » ni par conséquent ressentir ce qui a fait crier Ezéchiel, lever le poing à Spartacus, pleurer François d'Assise et poussé tant d'autres « justes » de par le monde à refuser leur allégeance à un ordre établi dont ils auraient pu, comme les autres, s'accommoder tant bien que mal. C'est seulement sur ce fond de sentiments tacitement partagés que le discours théorique sur l'exploitation, les inégalités, l'oppression, etc., peut prendre véritablement tout son sens et tout son impact. Au-delà de toute rhétorique, la communication des consciences suppose que les individus concernés aient en commun les mêmes structures affectives commandant un même type de rapport au monde existant. Tout se passe comme si les « justes » avaient développé la capacité, hypertrophiée chez eux et atrophiée chez les autres, de percevoir clairement et d'évaluer exactement les monstruosités et les abominations inhérentes à l'organisation de la société, c'est-à-dire de les ressentir intensément à la fois comme injustifiables sur le plan théorique et insupportables dans la pratique, sans possibilité de les euphémiser ni de s'y accoutumer si peu que ce soit.

* *
*

Manifestement, Libertad était de cette famille. Ses origines, son parcours, ses conditions de vie devaient l'avoir doté de cette hypersensibilité à l'arbitraire de la domination sociale et au malheur de ses victimes, ce que l'on pourrait appeler l'« *ethos* du juste »[1]. On lit dans ses textes l'expression d'un dégoût incoercible pour le monde. Parlant des malheureux qui se suicident par familles entières à cause de trop de misère, il devine chez eux « on ne sait quelle nausée [qui] monte au cœur en face de la société » [*infra*, p. 296]. Nul doute qu'il ne ressente lui-même la « lassitude » qu'il leur prête et qui lui fait prononcer cette apostrophe émouvante, digne d'un François Villon exprimant sa pitié pour les gueux : « Ô mes frères les lassés, mes frères les souffrants… » [*infra*, p. 298]

Mais Libertad n'est pas homme à se laisser accabler par le spectacle d'un monde qui ne peut qu'inspirer l'horreur et la compassion quand on l'observe « au beffroi de la misère » [*infra*, p. 298]. S'il y a chez lui quelque chose d'un Sénèque, une inclination à ce « *taedium vitae* [dégoût de la vie] » dont parlait le moraliste, il y a davantage encore d'un Tacite, que sa vision pessimiste de l'histoire portait à un « *odium humani generis* [haine du genre humain] », à la façon d'Alceste.

À cet égard, on ne saurait être surpris de constater que, chez Libertad, la haine du mal social sous toutes ses formes conduit à fustiger avec la même violence le comportement des bourgeois exploiteurs et le comportement des prolétaires exploités dans une veine assez semblable à celle des prophètes juifs qui promettaient le même châtiment aux grands et aux petits, aux riches et aux pauvres,

1. L'« *ethos* » est l'éthique sous sa forme *pratique*, c'est-à-dire l'ensemble des dispositions d'un individu à ressentir spontanément comme « bon » ou « mauvais », « bien » ou « mal », les différents aspects de son vécu.

tous également coupables d'infidélité aux commandements divins. On sait qu'il s'agit là d'un des points importants de doctrine qui opposaient anarchistes et socialistes plus ou moins « scientifiques » dans leurs analyses respectives de la lutte des classes. En schématisant à l'extrême, on peut dire que, pour les socialistes, à cause sans doute de l'influence du point de vue « marxiste » dans le mouvement ouvrier, les agents sociaux se classent en fonction d'un critère objectif essentiel : la place qu'ils occupent dans les rapports de production, c'est-à-dire celle de propriétaire des moyens de production et d'échange ou bien celle de détenteur d'une force de travail physique et intellectuelle. En vertu de la loi de l'offre et la demande gouvernant le « libre » marché du travail, celui-ci est livré pieds et poings liés au bon vouloir de celui-là qui, pressé par une impitoyable concurrence, va l'exploiter sans vergogne et sans limite. Cette opposition irréductible est, selon les socialistes, la pierre angulaire *objective* de toute l'organisation sociale. Au contraire, pour les anarchistes comme Libertad, le critère de classement est la façon dont les individus se rapportent personnellement à l'ordre social établi : ils en sont soit adversaires et cherchent à le détruire, soit partisans et cherchent à le préserver, selon la perception que chacun en prend. De sorte qu'on peut trouver des bourgeois et des prolétaires dans les deux camps et qu'il n'y a pas de raison de considérer les uns comme seuls coupables en exonérant les autres de toute responsabilité. Point de vue scandaleux aux yeux des socialistes, pour qui cela revient à mélanger les bourreaux et les victimes, et qui s'y refusent non pas seulement en vertu de considérations sentimentales (les clichés romantiques sur le « bon peuple » vertueux) ou de stratégie politique sur le terrain des luttes (rassembler les travailleurs, les mobiliser politiquement), mais aussi parce que les mécanismes mêmes de l'exploitation capitaliste sont censés établir une ligne de démarcation bien nette entre les uns et les autres et qu'on ne peut se tenir objectivement des deux côtés de la ligne à la fois.

En vérité, le point de vue de Libertad ne minimise en aucune façon ce qu'il appelle lui-même « l'atrocité des lois sociales et économiques, l'absurdité criminelle de la propriété et du salariat » [*infra*, p. 410] ; et il n'atténue en rien la responsabilité des puissants dans tous les maux qui frappent les peuples. Ce n'est pas lui qui irait, à la façon de tant de nos journalistes, ranger des problèmes sociaux dans la rubrique des faits divers ou des catastrophes naturelles. Par exemple, à propos de la grande épidémie de choléra de 1908 qui fit d'innombrables victimes, il écrivait : « Gouvernants économiques et politiques, financiers et législateurs, vous avez déchaîné le choléra sur l'humanité ; ce sont vos lois mauvaises, c'est votre âpreté au gain, vos désirs de jouissance jamais calmés qui font que des millions d'hommes sont la proie désignée de l'épidémie. » [*infra*, p. 409] Mais, dans cette circonstance comme en toute autre, il dénonce conjointement la part de responsabilité qui incombe, selon lui, aux exploités et opprimés eux-mêmes. Les reproches qu'il leur adresse peuvent se regrouper sous deux principaux chefs d'accusation : d'une part leur collaboration trop fréquente avec les maîtres pour assurer la domination de ces derniers dans tous les domaines ; d'autre part et surtout leur consternante résignation à leur propre malheur : « Exploités économiques, moutons politiciens, ouvriers et électeurs, vous avez déchaîné le choléra sur l'humanité ; c'est votre acceptation tacite, votre passivité devant l'exploitation, votre résignation devant la souffrance, devant la misère, votre consentement à l'abjection et à la saleté qui font de vous le champ où croasseront bientôt les corbeaux de la mort. » [*infra*, p. 408]

Le ressentiment de Libertad contre les victimes consentantes est tel qu'il en arrive à souhaiter que l'épidémie fasse encore plus de morts, qu'elle continue d'« avancer vite à travers l'Europe corrompue par le luxe et la misère » et qu'elle « vide les palais et les chaumières sous ses attaques redoutables » [*infra*, p. 410]. Il finit par s'écrier : « Oui, je voudrais la leçon plus cruelle encore. » [*infra*, p. 408] Le propos est énorme : cette forme de politique du pire ne peut manquer de choquer une sensibilité humaniste, qui y trouvera comme un relent de sadisme. On a là une version politique de la croyance pédagogique à la « bonne correction », selon laquelle plus le fautif expie la faute commise et moins il est enclin à recommencer – dans la logique du : « C'est bien fait pour lui, ça lui servira de leçon, la prochaine fois il fera attention ! »

On a compris depuis longtemps que cette croyance (de nature foncièrement religieuse) à l'efficacité de la punition *corrective* est peu fondée, démentie comme elle l'est constamment par l'expérience et par l'histoire. Le redoublement des souffrances qu'endurent les opprimés ne conduit pas nécessairement à l'éclosion d'une conscience révolutionnaire. Au contraire, l'accablement des corps et des esprits par un excès de misère a souvent un effet, depuis longtemps observé, d'asphyxie et de démoralisation. Sans doute Libertad se laisse-t-il emporter par le dépit et l'irritation auxquels sont inévitablement exposés tous ceux qui se battent contre l'oppression sociale lorsqu'ils constatent qu'ils sont bien mal compris et bien peu suivis par la masse des opprimés. Comment par exemple un militant politique ou syndical n'éprouverait-il pas un sentiment de *trahison* lorsqu'il s'entend dire par un de ses camarades particulièrement exploités, à qui il propose une action revendicative, voire la simple lecture d'un tract : « Ça ne m'intéresse pas, je ne fais pas de politique » ? Aux yeux de qui a compris la nécessité de se battre – parce qu'il n'y a d'autre voie, pour sortir de la « tristesse ouvrière », comme l'écrivait Navel, que la lutte syndicale et politique –, ceux qui refusent de se mobiliser sont coupables de désertion et affaiblissent le combat collectif. Quant à ceux qui collaborent délibérément avec les dominants, ce sont des traîtres avérés, sans scrupule et sans excuse. On conçoit que les dominés les plus investis dans les luttes sociales, et qui y puisent espoir et dignité, se sentent *frustrés* et parfois *furieux* de ce que leur militantisme courageux et altruiste n'éveille autour d'eux que de faibles échos dans une population trop souvent atone, qui paraît s'arranger de tout, y compris de sa propre humiliation, pourvu qu'on lui fournisse « du pain et des jeux ».

Libertad possédait au plus haut point cette capacité d'indignation devant l'injustice qui est indispensable à la révolte et qui conduit souvent, sur la lancée, à reprocher à la victime de faire par son absence de résistance le jeu de son bourreau. La résignation du faible devant la violence du fort devient dans cette perspective une forme de complicité qui appelle aussi condamnation de la part du prophète animé d'une « sainte colère ». Libertad semble commettre en l'occurrence l'erreur intellectualiste de la plupart des prophètes qui croient qu'il suffit de parler vrai et juste pour être entendu et qui finissent par se fâcher de l'être si peu. Nous nous poserons un peu plus loin la question de savoir si cette colère est bien fondée. Mais à supposer qu'elle le soit, autorise-t-elle le « juste » à sévir contre ceux qui ne le suivent pas et à réclamer qu'ils soient frappés sans pitié, que ce soit à coups de bacilles du choléra ou avec d'autres armes ? Quel terrible paradoxe, pour qui proclame « Il n'est point de sauveur suprême », que d'en arriver à souhaiter la mort pour ceux-là mêmes qu'on voulait aider à se libérer de leurs chaînes ! Il advient ainsi que chez le « juste » la haine de l'oppresseur oblitère l'amour de l'opprimé – d'autant plus que l'opprimé n'est pas forcément aimable et qu'il peut à l'occasion se confondre avec l'oppresseur. Sans doute est-il inévitable que « ceux qui ont faim et soif de justice » aient tendance à se transformer en justiciers implacables, et que, submergés par leur indignation, l'envie les prenne de se saisir d'un fouet pour fustiger les marchands du temple ou même d'une bombe pour pulvériser le temple lui-même. Dans cette circonstance, avant de reprocher au « juste » son « inadmissible violence », comme font les pharisiens de tout acabit, il convient de dénoncer et désarmer d'abord la violence inerte et d'autant plus inhumaine des institutions, à laquelle la violence du « juste » est la réponse ultime et désespérée.

Mais il importe alors de se souvenir que la volonté de justice ne se confond pas avec la soif de vengeance et que le droit de remontrance se double d'un devoir de compréhension. Le « juste » a le droit, et même le devoir de se mettre en colère, *à condition que sa colère soit juste*, c'est-à-dire qu'elle ne frappe pas aveuglément. Tenir cette condition pour négligeable ou secondaire – « Qui veut la fin veut les moyens » ; « On ne fait pas d'omelette… » ; etc. –, c'est donner raison à celui qui, avec Goethe, « préfère l'injustice au désordre » ; ou qui, avec Camus, « préfère sa mère à la justice ». Vieux dilemme qui n'a cessé de crucifier la réflexion éthique dans sa forme traditionnelle.

Fort heureusement, les militants sont généralement conduits à surmonter leur irritation ou leur déception par la conscience aiguë qu'ils prennent de ce qu'est réellement l'oppression sociale et de ce que sont les effets délétères de l'exploitation sur la subjectivité des individus qui y sont soumis. Ils savent que les souffrances de toute sorte, la pénibilité des conditions d'existence et de travail, l'épuisement, les privations, la mauvaise hygiène, l'insuffisance d'instruction, les discriminations, les humiliations, la peur, le chômage, l'angoisse, l'alcoolisme, la drogue, l'absence de toute perspective, bref, la misère et ses maux sans nombre, ont des conséquences physiques et psychologiques destructrices. Ils comprennent bien par conséquent que le manque de combativité des dominés est un effet même de la domination, et qu'on ne peut décemment en faire grief à des victimes qui sont plus à plaindre qu'à blâmer.

Mais il est permis de se demander s'il n'y a pas, dans cette absolution de principe, un préjugé aussi discutable que celui de la sévérité vindicative. Il est certain que, dans une optique rationaliste, et *a fortiori* scientifique, la devise qui semble s'imposer est celle que préconisait Spinoza : « Ne pas se moquer, ne pas se lamenter, ne pas haïr, mais comprendre. » Admirable maxime. Mais justement, s'agissant de comprendre le fonctionnement des rapports sociaux de domination, comment convient-il d'apprécier le rôle joué par les différents protagonistes et singulièrement par ceux qui sont le plus dominés ? Sont-ils des victimes ou des coupables et dans quelle mesure ? Peut-on incriminer la malfaisance du système sans prendre en compte *toutes* les contributions à son fonctionnement ?

* *
*

On touche là à un aspect de la lutte des classes assez contradictoire, dont les organisations politiques et syndicales traditionnelles ont dû se débrouiller en pratique sans jamais lui donner de réponse *théorique* entièrement cohérente. La réflexion achoppe en effet sur une sorte d'aporie qu'on peut résumer ainsi : comment peut-on attendre de travailleurs exploités et opprimés qu'ils comprennent la nécessité de la lutte et qu'ils se mobilisent, quand on sait ce que sont les mécanismes objectifs et les effets *réels* de l'exploitation capitaliste et de l'oppression sociale ? Si celles-ci tendent – comme on peut le vérifier partout – à déshumaniser toujours plus le travailleur, à le robotiser, à le réduire à la condition d'objet parmi des objets, alors on ne peut s'étonner de l'état d'ilotisme dans lequel il est maintenu et on ne peut évidemment lui reprocher en aucune façon sa résignation fataliste. Du même coup, l'entreprise de lui faire prendre conscience de son état et de le mettre en mouvement, surtout dans une optique révolutionnaire, devient une sorte de gageure bien intentionnée mais vouée à l'échec, comme si on voulait convaincre des cailloux de remonter d'eux-mêmes la pente où ils ont roulé. Si donc on s'obstine à l'appeler au combat, c'est qu'on mise, peu ou prou, sur l'existence en lui de ressources subjectives qui lui permettent de relever la tête et de sortir de sa passivité. Auquel cas, on ne peut plus invoquer les effets de l'exploitation comme *excuse absolutoire* au refus de se battre.

Tout au plus peut-on y voir des circonstances qui atténuent la responsabilité personnelle sans jamais l'annuler. On est alors en droit de s'interroger sur la part prise par les dominés à leur propre asservissement et sur *leur part de responsabilité* dans la reproduction des rapports de domination, c'est-à-dire, pour être plus explicite, sur la nature et le degré de leur *connivence* avec l'ordre établi.

Dans le mouvement ouvrier, toutes tendances confondues, aujourd'hui comme au temps de Libertad, le discours militant continue d'entrelacer les deux thèmes, en accentuant selon les circonstances le réquisitoire ou le plaidoyer. On peut en trouver une éloquente illustration dans un placard anti-électoral intitulé « Le criminel », rédigé par Libertad en 1906. Il y écrit tout d'un trait : « C'est toi le criminel, ô peuple, puisque c'est toi le souverain. Tu es, il est vrai, le criminel inconscient et naïf. » [*infra*, p. 218] Dans une même invocation, aux accents rousseauistes, le peuple est chargé d'une infamante responsabilité, pour en être immédiatement exonéré au motif qu'il ne sait ce qu'il fait. Mais si effectivement quelqu'un agit mal sans le savoir, *sans le faire exprès*, donc sans le vouloir expressément, est-il juste de le mettre dans le même sac que ceux qui savent ce qu'ils font ? N'est-il pas abusif de les traiter tous comme des « criminels » sans autre forme de procès et de prétendre punir avec la même sévérité celui qui agit mal par inadvertance et celui qui agit avec l'intention de faire du mal ?

D'un autre côté, reprocher à quelqu'un d'avoir *voulu* le mal qu'il a fait ne relève-t-il pas du procès d'intention ? Dans la tradition rationaliste, d'excellents esprits, de Socrate à Descartes et Leibniz, ont considéré qu'on ne peut vouloir délibérément le mal, que « nul n'est méchant volontairement », qu'« il suffit de bien juger pour bien faire » et qu'on agit toujours *sub specie boni*, en croyant bien faire et en vue d'un bien. Il n'y aurait pas de méchants mais seulement des aveugles et des ignorants. Dans une telle hypothèse, on conçoit que les patrons, les grands commis et les grands actionnaires capitalistes, inspirateurs ou réalisateurs de politiques économiques et sociales *programmées*, qui réduisent des peuples à la misère et au désespoir, jettent à la rue des milliers de travailleurs, font crever des enfants de faim ou s'entretuer des populations entières, soient indignés de s'entendre traiter de « criminels » puisqu'ils sont, en bons libéraux, sincèrement convaincus pour la plupart de vouloir la prospérité générale. Un grand technocrate français, notoirement connu pour ses convictions chrétiennes hautement proclamées, ne soutenait-il pas, il y a quelques années, qu'il dirigeait la politique du Fonds monétaire international avec le souci de « rechercher le bien public » ?! Faudrait-il donc, en bonne justice, tenir tous ceux qui offensent l'humain pour non responsables du mal qu'ils provoquent, éteindre toute vindicte à leur encontre et finalement leur accorder le pardon de leurs offenses pour la raison qu'« ils ne savent pas ce qu'ils font » et sont « plus bêtes que méchants » ? Comment les empêcher alors de poursuivre leurs méfaits ?

On voit comment, à s'en tenir aux termes usuels de la problématique morale, on est pris dans un dilemme sans issue rationnelle. Telles sont les difficultés inextricables auxquelles se heurte la réflexion quand elle reste tributaire d'oppositions de nature métaphysique comme celle du mécanisme objectiviste et du spontanéisme subjectiviste qui sous-tend l'aporie signalée précédemment et qui est inscrite au cœur même de l'idéologie individualiste dominante. La soumission au préjugé idéaliste qui maintient une coupure ontologique radicale entre le sujet, tout *intérieur*, et la réalité objective, tout *extérieure*, empêche de comprendre vraiment le fonctionnement tant des rapports sociaux que des individus. Dès lors qu'on absolutise les contraintes objectives pesant sur l'individu, on doit conclure à son aliénation totale et définitive ; ce serait proprement miracle d'en sortir. Si au contraire on absolutise sa « liberté », comme fait l'individualisme, alors on doit conclure à l'impossibilité de toute aliénation.

Aucun des deux points de vue, objectiviste ou subjectiviste, n'est vraiment pertinent – sauf peut-être, à la limite, dans des situations de nécessité extrême – pour cette raison qu'aucun des deux postulats philosophiques ne tient compte des conditions sociales concrètes d'émergence et de développement de la conscience morale individuelle ni des effets réels des processus de la socialisation. Celle-ci tend à mettre en adéquation les structures internes de la subjectivité personnelle et les structures objectives externes, de telle sorte que chacun finisse par acquérir, *volens nolens*, les dispositions fondamentales à sentir, agir et penser en fonction de sa condition sociale et des positions qui lui sont assignées dans les différents champs sociaux où il est appelé à s'impliquer. Des concours imprévus de circonstances, des événements contingents et la pluralité des instances pédagogiques en concurrence (famille, école, Église, métier, groupes électifs, etc.) peuvent entraîner des clivages, des « ratés » et des « brouillages » de socialisation, générateurs de problèmes ponctuels d'intégration, mais globalement (statistiquement, dirait le sociologue), dans une formation sociale donnée, à une époque donnée, la socialisation des individus les conduit efficacement à s'assurer les propriétés physiques, mentales et autres, indispensables pour s'accommoder de leur condition (de classe) et graviter sur l'orbite où les ont placés les verdicts d'institution, ce qui est la condition *sine qua non* de toute vie collective, en tout ordre social. Cela n'est évidemment possible que dans la mesure où les contraintes, d'abord exogènes, sont devenues endogènes et se sont transformées en *obligations* personnellement et spontanément assumées, voire en automatismes et en réflexes tellement *incorporés* qu'ils n'ont même plus besoin du concours de la réflexion et semblent être innés. Dès lors que les contraintes externes se sont muées en motivations internes, avec toutes les variations et nuances individuelles qu'on peut imaginer, peu importe que ces motivations soient bien fondées ou totalement mystifiées : celui qui les éprouve a désormais le sentiment de faire *librement* ce qui, en réalité, dans la situation objective où il se trouve, « est la seule chose à faire », celle pour laquelle il « se sent fait ». [1]

En d'autres termes et pour en revenir au comportement des exploités en face de leurs exploiteurs, on peut dire qu'ils sont les uns et les autres fondamentalement façonnés par leur socialisation respective, pour fonctionner ensemble dans un *rapport* de domination/soumission, ou mieux d'*interdépendance* (pour parler comme Norbert Elias), qui cesserait d'être fonctionnel et de se reproduire d'une génération à l'autre si les uns ou les autres cessaient de l'éprouver comme allant de soi dans son principe et refusaient de s'y plier. Cela se produit d'ailleurs de temps à autre, dans certaines conditions particulières, mais pas de façon suffisamment massive pour enrayer le fonctionnement du système. Si « quelques poignées de rebelles », de « fortes têtes », de « dévoyés », de « hors-la-loi » et d'« anarchistes » – comme disent les défenseurs de l'ordre établi – se montrent trop récalcitrants, les forces de répression se chargent de les faire rentrer dans le rang et réactivent, au besoin en cassant les têtes qui dépassent, la salutaire disposition des autres dominés à la patience et à l'obéissance que leur socialisation a déjà inscrite dans leur être.

Mais si la coercition n'est jamais totalement absente des rapports de domination, aucun ordre social ne s'est jamais maintenu *durablement* par le *seul* recours à la coercition. Le pilier de soutènement le plus solide de toute construction sociale, c'est sa *légitimité*, c'est-à-dire la reconnaissance (au double sens d'acceptation et de gratitude) explicite ou implicite dont elle est l'objet, à tort ou à raison, de la part du plus grand nombre. Cela est vrai pour la société capitaliste comme pour n'importe quelle autre. C'était vrai à

1. Du même auteur, on retrouvera un large développement de cette approche – ni objectiviste ni subjectiviste – de l'incorporation de l'ordre social dans son *Introduction à une sociologie critique. Lire Pierre Bourdieu*, Agone, « Éléments », 2006. [nde]

l'époque de Libertad, comme cela reste vrai aujourd'hui. Il n'y a donc pas lieu de s'offusquer quand on entend parler de cette forme d'adéquation spontanée qui s'instaure entre les différents protagonistes de la vie sociale et les amène à s'adapter les uns aux autres, à s'ajuster à leur environnement et finalement à collaborer de multiples façons, sans même le vouloir expressément, au maintien et à la reproduction de l'ordre établi, alors même qu'ils ont bien des raisons de se plaindre de celui-ci. Dans les sociétés de classes, il semble que les partisans de la lutte des classes aient eu une propension, compréhensible mais fâcheuse, à surestimer dans leurs analyses les antagonismes et le dissensus pour en faire la dimension majeure de la dynamique sociale ; et à sous-estimer fortement la seconde dimension, celle de la collaboration des classes et du consensus, qui va bien au-delà de ses manifestations les plus immédiatement visibles et en particulier bien *au-delà des intentions conscientes* des agents dominés, ces derniers pouvant même en arriver à développer consciemment une réelle hostilité contre les dominants tout en continuant à obéir, sans nécessairement s'en rendre compte, à la logique de la domination qu'ils ont intériorisée sous forme de dispositions profondes et de connivence objective.

On a souvent souligné, après La Boétie, les manifestations de « servitude volontaire » chez tous ceux qui se soumettent à un pouvoir despotique. On devrait être tout aussi attentif, pour le moins, au fait que la servitude la plus difficile à combattre, parce que la plus dissimulée, c'est la *servitude involontaire* liée à une socialisation dont les effets incorporés se naturalisent et se font oublier à mesure qu'ils s'intègrent à la personnalité, pour former un véritable *inconscient social*, générateur de soumission à la fois individuelle et collective [1]. Ce qu'oublient, ou

1. Du même auteur, on lira *De notre servitude involontaire* (Agone, « Contre-feux », 2001), où il développe une analyse de ce thème en forme de « Lettre à mes camarades de gauche ». [nde]

ignorent, malheureusement, la plupart des doctrinaires de l'insoumission et du refus d'obéissance.

* *
*

Plus d'un observateur a noté la surprenante aptitude des individus à s'adapter à des conditions d'existence qui semblent *a priori* proprement insupportables à force d'être inhumaines, comme par exemple la vie dans les bagnes ou les camps d'extermination. Dans ses *Souvenirs de la maison des morts*, Dostoïevski, parlant de son expérience du bagne sibérien, faisait cette remarque faussement banale que « l'homme est un être qui s'habitue à tout ». Absolument tout. Les témoignages sur les camps de la mort, comme ceux recueillis par Michael Pollak (*L'Expérience concentrationnaire*), ou les terribles récits de Primo Levi (*Si c'est un homme*) et de Chalamov (*Récits de la Kolyma*), le confirment [1]. Le même constat vaut pour l'existence, en apparence plus « normale », que sont obligées de mener des populations entières de par le monde. Non seulement il y a toujours des bagnes, mais c'est la vie « ordinaire » elle-même, avec ses banlieues ghettoïsées, ses quartiers de taudis, ses ateliers clandestins, son travail à la chaîne et son chômage, ses familles désintégrées et son sous-prolétariat clochardisé, ses drogues, ses bouges, ses bordels et ses fillettes prostituées, ses enfants-soldats ou ses dealers, ses famines et ses épidémies, ses tueries et ses massacres, ses racismes, ses apartheids et ses chiourmes, c'est la vie la plus quotidienne, sans horizon et sans espoir, qui reste un vaste bagne pour des millions d'êtres humains condamnés à l'extermination par la misère sans fin, y compris dans des pays dits « développés », comme le nôtre, où il faut être aussi

1. Fedor Dostoïevski, *Souvenirs de la maison des morts*, Folio, 1991 ; Michael Pollak, *L'Expérience concentrationnaire. Essai sur le maintien de l'identité sociale*, Metailié, 2000 ; Primo Levi, *Si c'est un homme*, Pocket, 1988 ; Varlam Chalamov, *Récits de la Kolyma*, Verdier, 2002. [nde]

mal informés, ou aussi aveuglés de préjugés que la plupart de nos journalistes, pour redécouvrir avec étonnement, de loin en loin et comme incidemment, que des centaines de milliers d'enfants vivent au-dessous du « seuil de pauvreté », dans notre belle Europe…

Et malgré tout, ces populations affreusement déshéritées, ces « damnés de la Terre » arrivent à survivre, à s'accommoder de leurs conditions d'existence en les aménageant diversement, et même dans bien des cas à éprouver cet *amor fati* dont parlaient les Latins, à « aimer leur destin » pour les gratifications qu'ils peuvent en retirer, aussi confondant pour l'entendement que cela paraisse. Bien sûr, il y a des ressentiments qui fermentent, des colères qui couvent, provoquées par trop de peines et de frustrations, et qui par moments explosent. Mais, faute de comprendre quelles sont les causes profondes et structurelles de leur mal, les « révoltés » sont plutôt enclins à s'en prendre, sous les prétextes les plus divers, à d'autres déshérités, qu'on se charge généralement de leur désigner. « Les haines entre pauvres », comme dit Libertad [*infra*, p. 298], sont d'ailleurs un ingrédient universel indispensable au fonctionnement des rapports de domination.

On ne saurait ignorer ni sous-estimer cet aspect de l'oppression sociale, observable partout : *l'un des pires effets de la misère, c'est de transformer ses victimes en bourreaux de leurs semblables*. Comme l'a souligné Philippe Bourgois à propos du commerce de la drogue à East Harlem, « ce sont les victimes elles-mêmes qui sont les organisateurs et les agents les plus efficaces et les plus impitoyables de la violence et de la terreur. C'est là que réside la dimension la plus mal comprise et la plus cruciale de l'oppression. Partout dans l'histoire et dans le monde, les victimes (prisonniers ou opprimés) collaborent aux formes les plus barbares de leur propre torture. Si on refuse de voir et de reconnaître cette dimension, de peur de contribuer aux stéréotypes racistes ou par sensibilité et par respect de la réputation d'une communauté, on nie l'un des principes les plus fondamentaux de l'oppression[1] ».

Il faut réfléchir là-dessus si on veut vraiment comprendre comment il se fait qu'un ordre social, souvent oppressif – et même, comme l'ordre capitaliste, répressif jusqu'au meurtre institutionnalisé et à l'assassinat de masse –, conserve sa pérennité, en dépit des contradictions et des crises qui le travaillent et le secouent. Un des facteurs essentiels, peut-être le plus décisif, de cette stabilité doit être cherché dans le fait que toute domination sociale, pour s'accomplir totalement, passe par *la collaboration tantôt volontaire et délibérée, tantôt involontaire et inconsciente, mais toujours nécessaire, des opprimés avec leurs oppresseurs.* Il convient de regarder lucidement les choses, sans manichéisme et sans crainte du « politiquement incorrect » : ce ne sont pas les grands profiteurs en personne qui se chargent d'assurer quotidiennement le bon fonctionnement de la machine à extorquer la plus-value et à maximiser les profits. Pour accomplir cette besogne, ils ont impérativement besoin de se faire seconder par une armée d'auxiliaires qu'ils recrutent parmi les dominés eux-mêmes. Tout au long et au-delà de ces longues chaînes de délégation de pouvoir, la logique de la domination tend à structurer tous les champs sociaux de façon homologue : dans la société de classes, la *libido dominandi* s'inculque dès le jeune âge et le fin du fin devient pour chacun, avec ou sans mandat formel, d'être en position de jouer au « patron », au « caïd », de « faire la loi », avec son conjoint, ses enfants, ses camarades, ses voisins, ses collègues, ses élèves, ses concitoyens ou, à défaut, son chien. Chacun entreprend de se tailler un fief, si minuscule soit-il, de s'adjuger une seigneurie, si dérisoire soit-elle, et de régenter qui il peut, comme il peut, pour compenser la domination dont il est l'objet par ailleurs. Dans un climat général de domination,

1. Philippe Bourgois, « Une nuit dans une "shooting gallery" », *Actes de la recherche en sciences sociales*, septembre 1992, n° 94.

les différentes formes de domination se font écho et se servent d'alibi les unes aux autres ; et les dominants de banlieue, de bureau, de boudoir, d'alcôve ou de cour de récréation ne sont pas nécessairement les moins féroces. Ce qui néanmoins ne signifie pas que toutes les dominations s'équivalent, ni qu'il n'y ait jamais que des rapports de domination entre les agents sociaux.

Si donc on veut être conséquent avec ce que la science sociale révèle de la socialisation, on doit convenir que *tous* les membres d'une formation sociale donnée sont en quelque sorte ontologiquement impliqués, à des degrés divers, dans le fonctionnement de ses structures de domination, et que la logique objective de ce fonctionnement ne peut s'accomplir « librement » que dans la mesure où elle est assumée subjectivement par les individus : soit sous des formes explicites (par exemple celle d'une idéologie professionnelle et corporatiste) ; soit, le plus souvent, sous la forme pratique de dispositions et inclinations à agir spontanément dans un certain sens. De sorte qu'on peut indifféremment les accuser ou les excuser de faire ce qu'ils font, suivant qu'on préfère – par préjugé idéologique, ou simplement par commodité – considérer qu'ils sont acteurs ou qu'ils sont agis, responsables ou irresponsables. En fait, ils sont toujours l'un et l'autre, inséparablement et dans des proportions variables selon qu'ils disposent plus ou moins largement des moyens (connaissances, outillage conceptuel, temps libre, revenus, incitations du milieu, etc.) de *développer* la dimension explicite, *réflexive* et intentionnelle de leur action, et de passer du stade de la maîtrise pratique de leur pratique au stade de sa maîtrise théorique. Reste que, moralement et intellectuellement, il n'est pas indifférent qu'un individu agisse de façon intentionnelle et réfléchie, ou qu'il agisse en se laissant porter, sans le vouloir expressément, par la logique objective d'un système qu'il a intériorisée et assimilée à son insu même et qu'il sert sans avoir le sentiment d'y être asservi.

Il serait injuste de mesurer à la même aune la part de responsabilité personnelle dans l'un et l'autre cas.

La contradiction dont le discours militant est resté prisonnier vient de ce qu'une philosophie traditionnelle et essentialiste du sujet a du mal à penser, faute d'un langage adéquat, le mouvement dialectique réel de la construction de soi qui permet à un individu de se *libérer*, c'est-à-dire de *se désaliéner progressivement* et de gagner en autonomie relative à partir des contraintes d'abord subies et intériorisées pratiquement, puis réfléchies, maîtrisées théoriquement et utilisées de façon critique. Cela implique, bien sûr, un interminable travail sur soi-même qui ne peut s'accomplir qu'à condition d'être socialement stimulé et soutenu tout au long de l'existence. Si les militants (révolutionnaires en particulier) pratiquaient la socioanalyse et la réflexivité, c'est-à-dire théorisaient davantage leur *propre* démarche avec les outils conceptuels de la sociologie critique, cela éviterait peut-être à certains de tomber dans l'incohérence qui consiste à prêter aux travailleurs une volonté forcément « mauvaise » (et donc condamnable) puisqu'elle n'est pas *spontanément* subversive ; et à considérer en même temps que les conditions objectives d'existence sont de nature à empêcher toute volonté de résistance de se faire jour. Libertad semble par endroits sur le point de surmonter la contradiction mais, comme la plupart des pourfendeurs de l'idéologie dominante, il continuait de penser, à certains égards et sans s'en rendre compte, à l'intérieur de cette idéologie qu'il exécrait encore plus qu'il n'en démontait les subtils rouages et n'en percevait tous les pièges. Il n'était évidemment pas seul à penser ainsi : le discours militant était (et reste) imprégné d'un volontarisme sans limite, à la manière des couplets de *L'Internationale*, dont le texte – par ailleurs si juste politiquement – abonde en auto-exhortations significatives : « Foule esclave, debout, debout... Sauvons-nous nous-mêmes, Décrétons le salut commun... Soufflons nous-mêmes notre forge... Décrétons la grève aux armées », etc.

Tous les militants révolutionnaires savent d'expérience que, sur le terrain des luttes réelles, les mobilisations sont autrement plus difficiles qu'elles ne le paraissent dans la chaleur vibrante des meetings, et qu'on ne se bat pas par décret.

Alors, pour expliquer les lenteurs et les échecs, on invoque l'inertie du « système », sa puissance écrasante et sa violence impitoyable. L'introduction du concept de *système* (capitaliste en l'occurrence) dans l'analyse – due à l'influence exercée dès le XIXe siècle par la science sociale naissante (elle-même influencée par les sciences naturelles) sur la pensée politique – a certainement marqué un progrès dans la compréhension des rapports sociaux ; et il y aurait toute raison de s'en féliciter si malheureusement ce concept n'avait pris très rapidement, et conservé depuis, une acception mécaniste réductrice et abusivement homogénéisante, selon laquelle « le » système, défini comme monolithique et exclusif, se réduirait à l'ensemble des rouages économiques et politiques imposant *de l'extérieur* leur froide logique objective. C'est ainsi que toute réflexion sur le fonctionnement des rapports sociaux et la possibilité de les modifier a été condamnée à osciller indéfiniment entre le constat *objectiviste* de l'écrasement des travailleurs par le système et l'affirmation *subjectiviste* que, pour le combattre et y mettre fin, *il suffit de le décider*. D'où le corollaire, volontariste par excellence, d'après lequel ne pas se mobiliser c'est faire preuve d'une insigne *mauvaise volonté*, qui mériterait punition.

La contradiction que nous signalons apparaît avec évidence chez Libertad, par exemple dans la suite du texte « Le criminel », quand, toujours à l'adresse du peuple bourreau de lui-même, il lance : « Tu te plains ; mais tu veux le maintien du système où tu végètes. » [*infra*, p. 218] On peut entendre des propos similaires, aujourd'hui comme hier, dans la bouche d'innombrables militants. La réflexion continue à s'enfermer dans deux affirmations exclusives l'une de l'autre, sans en être particulièrement incommodée à vrai dire et sans qu'on trouve bizarre qu'un système objectif tout-puissant laisse subsister chez le travailleur qu'il écrase une volonté miraculeusement intacte et « optimiste » qui pourrait, par une sorte de *fiat* inconditionnel, se dresser contre lui et le mettre en échec. On en arrive ainsi à reprocher au travailleur aliéné ce que Libertad reproche au peuple entier – « Tu ne veux, donc tu ne peux être libre » [*infra*, p. 220] –, sans se poser la question qui s'est posée à beaucoup et que Marcuse formulait en ces termes : « Comment des gens qui ont subi une domination efficace et réussie peuvent-ils créer par eux-mêmes les conditions de la liberté ? » ; c'est-à-dire, comment des conditions sociales d'existence dont on dénonce par ailleurs l'inhumanité peuvent-elles permettre à cette volonté d'émancipation de se former et de s'exercer ?

L'affirmation que « le travailleur est aliéné » ou, au contraire, qu'il est « libre », reste une thèse métaphysique vide tant qu'elle n'a pas de contenu sociologique (socio-économique, socioculturel, etc.) dûment établi, c'est-à-dire tant qu'on n'a pas examiné concrètement – comme le faisait Marx – quelle est la situation effective de tels ou tels travailleurs dans tels ou tels secteurs de la production, à tels ou tels moments historiques ; tant qu'on n'a pas apprécié à quel niveau et sous quelles formes s'est stabilisé (provisoirement) le rapport des forces entre travailleur(s) et exploiteur(s) capitaliste(s) ou autre(s). Des esclaves peuvent diminuer, voire mettre fin à leur servitude, non pas parce qu'ils seraient libres par essence mais parce qu'ils ont découvert que leur soumission fait la force de leur maître et qu'ils ont entrepris de se battre, ne serait-ce que pour obtenir un morceau de pain ou une heure de repos supplémentaire. On ne naît pas avec la liberté. On la construit et on la conquiert, sur toutes les adversités et toutes les pesanteurs. L'ouvrier de Michelin qui prend sa carte syndicale et qui a le courage de faire grève témoigne par là même qu'il est parvenu à un degré de libération supérieur à celui du cadre industriel ou commercial hautement diplômé qui s'engage dans une concurrence à outrance avec ses collègues pour gagner les faveurs patronales et « faire carrière ».

Sans doute la vision du social aurait-elle pu éviter ce genre d'aporie si l'attention portée depuis le XIXe siècle à l'étude – d'ailleurs indispensable – des structures objectives, en particulier par le courant marxiste, n'avait donné à la critique sociale une orientation objectiviste durable, une sorte de pesant lest « structuraliste » qui devait aboutir (dans les années 1960) à l'éviction du sujet de l'action historique. La découverte du « système », de ses mécanismes et de ses nécessités a quelque peu éclipsé le rôle des individus dans le fonctionnement des structures. Plus exactement, on a négligé de développer la conception *matérialiste* de la subjectivité, dont Marx lui-même avait tracé les linéaments, en étudiant plus à fond ce que les structures objectives produisent sur le plan des structures de la subjectivité individuelle, ce que Sartre devait appeler plus tard *l'intériorisation de l'extériorité* et dont la sociologie bourdieusienne a fait ensuite un de ses principaux objets d'analyse. Bref, pour résumer d'une formule ce qui s'est passé, on pourrait dire que ce qui a gravement fait défaut au mouvement ouvrier, au-delà de l'analyse économique, c'est une théorie des rapports entre *habitus* et *champ social* pour éclairer les effets de conditionnement *réciproque* entre le système objectivé à l'extérieur et le système incorporé à l'intérieur. Faute d'éclaircir la dialectique ultra-complexe selon laquelle les hommes font une histoire qui les fait, il est presque impossible d'éviter « une difficulté, très commune, de l'analyse sociologique, le danger que les "intentions objectives", que dégage l'analyse, n'apparaissent comme des intentions expresses, des stratégies intentionnelles, des projets explicites » – comme l'écrivait Bourdieu [1].

Disons, en manière de conclusion provisoire sur cette question, que dans la mesure où l'injustice sociale est bien

1. Pierre Bourdieu, *Esquisse pour une auto-analyse*, Raisons d'agir, 2004, p. 90.

le produit du fonctionnement objectif d'un système (et plus exactement d'un système de systèmes) que nul ne peut totalement maîtriser, ni pratiquement ni théoriquement, il serait absurde de s'emporter contre le système si celui-ci, loin d'être purement extérieur aux sujets, ne s'emparait de chacun d'eux, corps et âme, et n'en faisait, à des degrés variables, ses instruments consentants. Et c'est assurément là la plus grande difficulté de la lutte révolutionnaire : *pour lutter contre l'injustice, il ne suffit pas de s'attaquer au système qui s'est fait choses ; il faut aussi bien mettre en cause le système qui s'est fait personnes.* Or on ne peut pas s'attaquer aux personnes comme si elles n'étaient que des choses, et même quand on les reconnaît *objectivement* coupables, on n'a pas le droit de les traiter comme des objets.

* *
*

Que dirait Libertad s'il pouvait voir ce que la société capitaliste est devenue, lui qui portait un regard tellement sévère déjà sur les dominés de son époque, ces prolétaires du capitalisme industriel dont les conditions d'existence accablantes à tous égards étaient des circonstances pour le moins atténuantes ? À son époque au moins, la lutte des classes était une réalité effective dont la notion était explicitement présente à l'esprit de bien des travailleurs. On pouvait en discuter les modalités et les conséquences, du moins constituait-elle une représentation du monde et de l'Histoire sur laquelle on pouvait s'appuyer à la fois pour comprendre le présent et pour préparer l'avenir. La classe ouvrière française, qui avait commencé au siècle précédent à secouer ses chaînes – et qui, selon l'appréciation de Marx, avait porté la contestation plus loin que partout ailleurs en Europe –, était massivement présente sur le front des luttes à travers ses fractions les plus avancées et les plus organisées ; elle faisait mieux que résister à l'oppression, elle rayonnait sur le monde du travail, faisait trembler les classes possédantes et dirigeantes, fascinait les intellectuels en décomposant dans leur esprit les visions traditionnelles de l'Histoire ; et elle semblait pouvoir faire avancer la civilisation par la promesse d'un monde plus juste, pacifique et tellement imminent que les bourgeoisies capitalistes paniquées, pour y faire obstacle, ne reculèrent pas devant un conflit mondial où, avant même que la Grande Guerre n'ait commencé, la haine entre prolétaires balaya brutalement et pour longtemps toute solidarité internationaliste.

Aujourd'hui, la classe ouvrière n'est plus, chez nous, que l'ombre de ce qu'elle fut et son rêve d'hégémonie semble définitivement brisé. Non pas que, comme certains le croient, ses effectifs aient diminué avec le passage de la société industrielle à la société de services, d'information, etc. C'est qualitativement et non quantitativement que le monde ouvrier a perdu son importance. Au début du XXe siècle encore, dans une société industrielle monstrueusement inégalitaire, qui n'arrivait même pas à sauver les apparences démocratiques de la domination bourgeoise, où les grandes conquêtes sociales restaient à faire, où les populations rurales étaient en voie d'urbanisation et de prolétarisation accélérée, le monde ouvrier avait un présent certes encore misérable, mais il pouvait croire en un avenir radieux : il était capable de lutter, pas seulement pour des augmentations de salaire ou une diminution de la journée de travail mais en même temps pour mettre fin à la tyrannie du capital et instaurer la fraternité socialiste entre les peuples ; il avait imposé sa présence sur la scène historique, avec ses organisations pour mener la lutte des classes, ses doctrines, ses objectifs, ses traditions, ses drapeaux et sa fierté ; sa culture était originale et vivante ; bref, dans la pâte sociale, la classe ouvrière entretenait comme un levain révolutionnaire qui lui valait la crainte haineuse de tous les possédants et le respect, voire l'admiration des autres travailleurs.

Pour une foule de raisons sur lesquelles nous ne pouvons nous étendre ici, le monde ouvrier a cessé aujourd'hui d'être considéré comme le vecteur d'un changement révolutionnaire. Sa conscience de classe s'est progressivement affadie, brouillée et délitée. Le développement massif du chômage a créé les conditions favorables à des politiques de répression et de régression sociale, qui ont elles-mêmes entretenu des tendances récurrentes à un racisme anti-immigré dont les germes sont toujours présents, dans les classes populaires comme ailleurs. Prises dans un véritable cercle vicieux, les organisations politiques et syndicales les plus représentatives de la classe ouvrière ont renforcé le processus d'aliénation en se ralliant, officiellement ou non, à la social-démocratie et à l'économie de marché. Le socialisme du XIXe siècle (et de la première moitié du XXe siècle), qui voyait dans le prolétariat l'émancipateur du genre humain, lui proposait un destin digne de Prométhée ; la modernité capitaliste ne lui fait plus miroiter que celui d'un Babbitt.

À vrai dire, la seule révolution qui intéressait le prolétariat industriel (et qui continue peut-être à intéresser pour quelque temps encore certaines populations parmi les plus pauvres de la planète), c'était la révolution qui aurait consisté à retourner les rapports sociaux pour les remettre sur leurs pieds, en rendant à l'ensemble de la collectivité l'entière maîtrise de son destin, c'est-à-dire en instaurant une démocratie effective, indissociablement politique, économique et sociale. De cette révolution-là, aujourd'hui, il n'est plus (ou presque plus) question chez nous. Pour le reste, nous vivons dans une société révolutionnaire en diable, où des millions de personnes, y compris « de gauche », se piquent de faire tous les jours une « révolution » dans un domaine ou un autre. Ces « révolutions » – qui entraînent parfois des changements réels (par exemple sur le plan des mœurs) mais qui le plus souvent se réduisent à des artifices de mise en scène affectant la modalité des pratiques bien plus que leur matérialité – restent symboliques et ont en commun d'ignorer totalement le socle économique des rapports sociaux et les intérêts de classe.

Plus on « révolutionne » la société capitaliste d'aujourd'hui, plus les riches s'enrichissent et les pauvres s'appauvrissent, plus le Capital s'enfle et plus le Travail devient précaire et déprécié. On conçoit que ce type de révolution rituelle soit vu d'un très bon œil par tous les partisans de l'ordre établi, car celui-ci parvient à merveille à digérer les changements de cette nature. Mieux même : quand il ne les « récupère » pas après coup, il les organise à grand renfort de publicité. La modification incessante des pratiques, leur obsolescence accélérée, la quête exacerbée de « nouveauté », le « bougisme », toute cette frénésie mobiliste attisée commercialement est devenue un ressort essentiel de la manipulation des masses et de l'automanipulation. La « révolution » désormais fait circuler la marchandise et les visages de Lénine et Che Guevara servent d'icônes publicitaires. « La jeunesse » elle-même est offerte joyeusement en sacrifice au Moloch capitaliste.

Si Libertad trouvait dans le comportement aliéné du prolétariat de son époque des motifs de colère, quelle serait sa fureur alors au spectacle de nos classes moyennes enlisées dans les marécages du capitalisme de consommation, de communication et de spéculation ? Il aurait apparemment encore plus de raisons de crier à la compromission, à la veulerie et à la tartuferie. Il est difficile en effet d'ignorer l'importance prise par la collaboration des classes, et l'ampleur de la contribution, pas seulement politique, que les classes moyennes apportent au fonctionnement du système capitaliste. Sans leur adhésion massive, celui-ci s'effondrerait ou, en tout cas, serait obligé, pour atteindre ses fins, de renoncer à sa façade démocratique et de recourir en permanence à la violence répressive. Jamais sans doute autant qu'à notre époque, dans les sociétés « développées », un système de domination n'a bénéficié d'un tel concours des dominés eux-mêmes à l'*encadrement* de leurs semblables et à leur propre asservissement aux intérêts des maîtres. Pour prix de leur autosoumission, les membres des classes moyennes sont invités à patienter, encore et toujours, génération après génération, en picorant des miettes du festin où ils rêvent de s'attabler à la faveur d'une miraculeuse croissance ininterrompue. Le reste n'est plus chez eux que littérature et pieux sentiments.

On peut faire confiance aux bataillons de petits-bourgeois pour sauver le système qui *fait corps* avec eux, qui est devenu en eux structures de sensibilité et structures de pensée. En eux, l'« esprit du capitalisme » s'est fait chair et sang pour engendrer la version petite-bourgeoise de l'*Homo oeconomicus capitalisticus*, petit possédant possédé, roturier qui rêve d'anoblissement, prétendant dépourvu des moyens de ses prétentions, engeance malheureuse qui cherche désespérément à compenser, dans l'accroissement besogneux de son avoir, la déliquescence de ses raisons d'être. Créatures du système rendues dépendantes des opiums qu'il distille, vouées à osciller entre engouements de la mode et accès de déprime, entre foucades égoïstes et apitoiements humanitaires, les petits-bourgeois ne cessent de contribuer à recréer le système en se battant pour reproduire (ou améliorer) les positions qu'ils y occupent, dans d'inexpiables luttes catégorielles qui dressent leurs fractions les unes contre les autres, comme des coqs de combat sous le regard condescendant de leurs managers grands bourgeois. Et si on ne peut pas dire, en toute rigueur, qu'ils savent exactement ce qu'ils font, du moins peut-on dire que pour la plupart ils ne *veulent pas le savoir* [1].

Car nous ne sommes plus à l'époque de Libertad, et les classes moyennes actuelles ne sauraient être assimilées au prolétariat de la fin du XIXe siècle. On ne peut plus arguer que leurs conditions d'existence et de travail sont de nature à annihiler toute capacité de résistance de leur part. Sans doute sont-elles soumises en permanence à un travail de

1. Du même auteur, on lira *Le Petit-Bourgeois gentilhomme* (Labor, Bruxelles, 2003), où il développe une analyse de la « moyennisation de la société ». [nde]

conditionnement idéologique d'une puissance inégalée jusqu'ici et dont on ne saurait minimiser les effets abêtissants. Il n'en demeure pas moins que le message de soumission à l'ordre établi passe d'autant mieux qu'il trouve, pour l'accueillir, les structures de personnalité connivents et complaisantes caractéristiques de l'entre-deux où se meut le petit-bourgeois, être social hybride écartelé entre le bonheur (actuel ou escompté) de dominer et la douleur irrémédiable d'être dominé.

Nous avons encore ici et là quelques Libertads en activité dont on ne sait plus très bien si les manifestations éruptives épisodiques sont celles de vieux volcans en voie d'extinction ou si elles sont annonciatrices d'explosions et de ruptures à venir, tant il reste vrai que nos sociétés « développées », en état d'anomie avancée, ne cessent de flotter et dériver dangereusement, telles des plaques tectoniques faussement stabilisées, sur le magma planétaire du sous-développement et des inégalités. Sans doute nous faudrait-il aujourd'hui beaucoup d'autres prophètes lucides, courageux et encolérés, des « justes » irréconciliables avec l'infamie régnante mais qui auraient assimilé les apports de la science sociale – ceux de Marx, Elias, Bourdieu, entre autres – et qui pratiqueraient l'autosocioanalyse en même temps que l'analyse du monde objectif.

Gardons-nous toutefois d'entretenir encore des illusions dont l'histoire n'a que trop montré l'inanité. Quelle que soit l'importance du rôle joué dans le changement social par des individus inspirés, si charismatiques soient-ils, rien ne peut se faire si leur vision n'est pas en consonance avec les attentes informulées d'une population suffisamment nombreuse pour créer un rapport de forces différent dès lors qu'elle se sera emparée de cette vision nouvelle pour en faire son projet propre. Mais précisément, où trouver aujourd'hui, dans nos sociétés européennes, la *masse* d'hommes et de femmes lucides, déterminés, courageux et désintéressés, capables de se battre pour autre chose qu'un replâtrage, pompeusement déguisé en « modernisation », du vieux système d'exploitation et d'aliénation auquel l'immense majorité prête la main, justifiant ainsi son appellation usurpée de « démocratie » ? Chez les petits-bourgeois ?...

Alain Accardo
Avril 2006

Avant-propos de l'éditeur

Quand le tout jeune Victor Lvovitch Kibaltchiche (Victor Serge) quitte Bruxelles pour Paris, il sait déjà que « l'anarchisme exige avant tout l'accord des actes et des paroles ». Il va donc directement à sa tendance la plus extrême, représentée alors par Albert Libertad, « qui par une dialectique rigoureuse en arrive, à force de révolutionnarisme, à n'avoir plus besoin de révolution ». De l'homme, il brosse ce portrait : « Infirme des deux jambes, marchant sur des béquilles dont il se servait vigoureusement dans les bagarres, grand bagarreur du reste, il portait sur un torse puissant une tête barbue au front harmonieux. [...] Violent et magnétique, il devint l'âme d'un mouvement d'un dynamisme extraordinaire. Lui-même aimait la rue, la foule, les chahuts, les idées, les femmes. » Quant à sa doctrine, il la résume ainsi : « Ne pas attendre la révolution. Les prometteurs de révolution sont des farceurs comme les autres. Fais ta révolution toi-même. Être des hommes libres, vivre en camaraderie. »[1]

Quelle fut donc la vie haute en couleur de ce personnage aujourd'hui oublié[2] ? Né le 24 novembre 1875 à Bordeaux

---

1. Ces citations sont extraites de Victor Serge, *Mémoires d'un révolutionnaire 1901-1941*, Seuil, « Points/Politique », 1978, p. 24-25.

2. Il y a toutefois des exceptions, comme le film de Benoît Delépine et Gustave Kervern, *Aaltra* (2004), dédié à Albert Libertad, où l'« entarteur » Noël Godin, en clochard volubile, raconte les hauts faits de cet anarchiste de la Belle Époque.

de parents inconnus, Libertad, de son vrai nom Albert Joseph, fut pupille des enfants assistés de la Gironde, puis exerça divers métiers, dont celui de comptable. Un mois après son arrivée à Paris, en août 1897, il se signale en apostrophant le prêtre du Sacré-Cœur en plein prêche. À la suite de cette algarade – il ne fallut pas moins de cinq hommes pour l'expulser de l'église –, il est condamné à deux mois de prison ferme. D'autres condamnations suivirent pour « refus de circuler, rébellion, outrage à agents, voies de fait, cris séditieux ». Parmi les nombreuses bagarres auxquelles il fut mêlé, notons celle de Noisy-le-Sec, en juin 1901, à laquelle prit part un jeune ouvrier libertaire de la manufacture d'allumettes d'Aubervilliers, Léon Jouhaux, futur secrétaire général de la CGT et « grand bonze » du syndicalisme réformiste français.[1]

Dès son arrivée à Paris, il collabora au *Libertaire**, à l'hebdomadaire *Le Droit de vivre** et, épisodiquement, à l'éphémère quotidien libertaire et dreyfusard de Sébastien Faure, *Le Journal du Peuple*, où il exerça son nouveau métier de correcteur[2].

En octobre 1902, Libertad inaugura les Causeries populaires dans un local de la rue du Chevalier-de-la-Barre, à Montmartre – des annexes seront ouvertes par la suite cité d'Angoulême, rues Muller et Croulebarbe –, ainsi qu'une bibliothèque, rue Duméril[3]. En cette période, qui voit la naissance et le succès des Universités populaires et des Bourses du travail[4], le but de Libertad est d'offrir au petit peuple parisien un lieu de débat et un instrument de propagande autonomes, au service des idées anarchistes qu'il

1. Sauf indication contraire, toutes les informations biographiques qui suivent sont tirées du CD-ROM du *Dictionnaire Maitron*, L'Atelier, 1997.

2. Libertad fut admis au syndicat des Correcteurs en 1901.

3. Sur ce groupement, lire la brochure de Gaetano Manfredonia, *Libertad et le mouvement des Causeries populaires*, La Question sociale, 1998 et l'article de Libertad intitulé « Activité anarchiste », *infra*, p. 256.

4. Sur la question d'une alternative à l'éducation bourgeoise et l'approche différente entre les Universités populaires et les Bourses du travail durant cette période, lire Marcel Martinet, *Culture prolétarienne* [1935], Agone, 2004.

défend. C'est à l'occasion d'une de ces « causeries » que Rirette Maîtrejean entendit pour la première fois s'exprimer le charismatique Libertad avant de rejoindre ses partisans. « Il fallait voir Libertad haranguant la foule dans la rue, aux terrasses des cafés. Il cherchait à convaincre les ouvriers qu'en travaillant pour l'ordre social, pour les manufactures, pour la guerre, ils contribuaient à leur propre asservissement. Dressé sur ses béquilles, il criait. Des gens se mettaient à rire. Et parfois, un jeune homme, un ouvrier, venait se joindre à lui. C'était un nouveau disciple. [1] » Le succès ne se fit pas attendre : les réunions de Montmartre accueillirent bientôt régulièrement plus de deux cents personnes et des bals populaires étaient organisés le dimanche. « À l'occasion de l'un d'eux, et suite à une intervention policière, mille cinq cents personnes se retrouvèrent dans la rue. Des propos même de la police, Libertad était "le roi du quartier". [2] »

En décembre 1902, Libertad participa également à la fondation d'une Ligue antimilitariste avec Henri Beylie, Émile Janvion*, Georges Paraf-Javal* et Georges Yvetot*. Cette ligue prit part au congrès antimilitariste d'Amsterdam de juin 1904, qui vit la création de l'Association internationale antimilitariste (AIA). Préconisant la seule désertion comme moyen d'action, Libertad et Paraf-Javal refusèrent d'y adhérer pour ne pas se plier aux décisions d'une organisation qu'ils jugeaient d'emblée inapte à remplir le but qu'elle s'était fixée.

Le 13 avril 1905 paraît le premier numéro de l'hebdomadaire *l'anarchie**. Signant de nombreux articles sous différents pseudonymes, Libertad va consacrer les trois dernières années de sa vie à promouvoir cet outil de propagande, qui prendra rapidement une place importante dans le champ de la presse anarchiste d'avant 1914. Pour resituer en deux mots le contexte, rappelons que les années 1880 virent se développer un véritable modèle d'anarchisme fondé sur

1. Rirette Maîtrejean, *Souvenirs d'anarchie*, La Digitale, 2005, p. 72-73.
2. Céline Beaudet, *Les Milieux libres. Vivre en anarchiste à la Belle Époque en France*, Les Éditions Libertaires, 2006, p. 174-175.

l'action, « caractérisé par une volonté de lutte farouche et par tous les moyens contre l'ordre en place » et doublé d'« une conception de l'individu autonome, agent de la transformation sociale »[1]. D'où l'appellation d'anarchisme individualiste qui le distingue des courants qui insistent en particulier sur l'action collective (communisme libertaire, anarcho-syndicalisme, etc.). Ce modèle trouvera à la fois son point d'aboutissement, son apogée et son chant du cygne avec *l'anarchie* de Libertad.

Avec sa personnalité hors norme et sa doctrine faite de radicalisme et d'implications au quotidien, Libertad aurait dû être non seulement l'un des personnages-clefs du mouvement anarchiste d'avant 1914 mais aussi l'une des figures auxquelles ce mouvement aurait pu se référer quand, venu le temps des basses eaux, il chercherait dans un passé glorieux des raisons d'attendre des lendemains moins désespérants et de nouveaux modes d'intervention dans la vie quotidienne. D'autant que Libertad ne se contentait pas de fasciner ses compagnons par ses dons d'orateur et de débatteur, il possédait également un véritable talent de plume. Et chacun sait quelle est la place de l'écrit dans la contre-culture libertaire depuis les origines.

Quand le mouvement anarchiste connaît un regain d'intérêt au moment de la guerre d'Espagne, Libertad est bien sûr mentionné dans le célèbre numéro spécial du *Crapouillot* (1938) sur l'anarchie auquel ont collaboré Jean Bernier, Alexandre Croix et Victor Serge. Après la Deuxième Guerre mondiale, les journalistes Raymond Manévy et Philippe Diole l'évoquent dans un livre certes vivant mais contestable et non dénué d'erreurs, *Sous les plis du drapeau noir*[2].

1. Gaetano Manfredonia, *L'Anarchisme en Europe*, « Que sais-je ? », PUF, 2001, p. 63-64. Parmi « les conceptions qui délimitaient le champ idéologique de l'anarchisme français », l'auteur cite l'« initiative individuelle », la « libre entente », le « communisme libre », la « spontanéité du fait révolutionnaire » et l'« exaltation des actes de révolte ».

2. Raymond Manévy et Philippe Diole, *Sous les plis du drapeau noir (Le drame de l'anarchie)*, Domat, 1949.

Dans sa chronique du mouvement libertaire au temps des attentats, André Salmon fait le portrait d'un « libertaire éloquent, orateur populaire, militant farouche aux mains pures de sang[1] ». Jean Maitron étudie dans son histoire du mouvement anarchiste[2] le courant représenté par Libertad et *l'anarchie*, bien que les inclinations du fondateur du *Dictionnaire biographique du mouvement ouvrier français* le portent plutôt vers les libertaires ayant fait le choix du syndicalisme révolutionnaire, tels Pierre Monatte et Paul Delesalle.

Malgré ces quelques évocations, Libertad reste inconnu du plus grand nombre et sous-estimé, sinon ignoré, dans sa famille politique. Sa mort prématurée en novembre 1908, des suites d'un anthrax, aurait pu renforcer la fascination posthume exercée par le personnage, mais sa courte vie militante, la radicalité de ses prises de position et son peu de sens des convenances lui valurent nombre d'inimitiés et de calomnies. Comme chacun sait depuis Beaumarchais : « Calomniez ! calomniez ! il en restera toujours quelque chose. » Il fallait aussi compter avec ce que Guy de Maupassant nommait « l'éternelle, universelle, indestructible et omniprésente bêtise » – sans doute la chose du monde la plus répandue et la mieux partagée, même dans les milieux qui prétendent vouloir changer le monde. Il fut donc sans doute plus facile de répandre des rumeurs sur son compte que de répondre à son argumentation passionnée sur la collaboration volontaire que les exploités et les opprimés apportent à leurs maîtres.

Si Libertad a suscité l'admiration de quelques-uns, tels Victor Serge et Rirette Maîtrejean, il a surtout inspiré l'aversion. Et d'abord dans son propre milieu, vérifiant l'adage « Gardez-moi de mes amis, mes ennemis je m'en charge ! » Après avoir participé à la fondation des Causeries populaires, le franc-maçon Paraf-Javal rompit avec elles

1. André Salmon, *La Terreur noire*, Jean-Jacques Pauvert, 1959, p. 171.

2. Jean Maitron, *Le Mouvement anarchiste en France* (vol I & II) [1975], rééd. Maspero, 1983.

pour fonder le Groupe d'études scientifiques, qui fustigeait les « faux anarchistes », au rang desquels Libertad était en première ligne. Le titre de la brochure qu'il consacra aux Causeries est en soi assez éloquent : *Évolution d'un groupe sous une mauvaise influence. Les Causeries populaires et le journal* l'anarchie *sous l'influence de L...* (1908). Dans les pages pleines de fiel et de sous-entendus qu'il lui consacra, Jean Grave alla jusqu'à écrire qu'il « représentait un cas pathologique d'éréthisme sexuel aigu » – assimilant d'un même mouvement ses partisans aux cambrioleurs et aux mouchards, « car les trois catégories sont étroitement mêlées »[1]. Le journaliste Henri Rochefort*, qui lui au moins n'était pas anarchiste, écrivit dans la rubrique nécrologique de *La Patrie* du 16 novembre 1908 : « Sa qualité d'agent provocateur ne faisait de doute pour personne, pas même pour Louise Michel qui pourtant donnait volontiers dans tous les pièges.[2] » Enfin, le romancier Louis Aragon vint parfaire le tableau accréditant la thèse de Libertad « agent provocateur » dans son roman *Les Cloches de Bâle* (1934) – manière, sans doute, pour celui qui avait évoqué quelques années plus tôt « Moscou la gâteuse » de faire allégeance à ses nouveaux maîtres en évoquant l'agonie de l'anarchisme tel que l'avait pensé et vécu Libertad.

Plus récemment, l'éditrice des mémoires de Jean Grave a néanmoins admis, d'une manière à la fois confuse et alambiquée, qu'« il ne semble pas, d'après les rapports de police, qu'il ait été un agent provocateur, mais la violence [des paroles de Libertad] le fit bien souvent apparaître comme tel[3] ». Elle aurait sans doute gagné en clarté en se souvenant de la célèbre réplique : « Être ou ne pas être, telle est la question ! » Mais l'essentiel est définitivement dit sur l'absence de fondement de la rumeur.

1. Jean Grave, *Quarante ans de propagande anarchiste*, préface de Jean Maitron, Flammarion, 1973, p. 387, 400.

2. *Ibid.*, p. 387, note 1.

3. *Ibid.*

Cela ne suffit pourtant pas à expliquer l'oubli dans lequel est tombé Libertad. On trouve aussi des éléments de réponse dans l'évolution du courant qui s'est réclamé de ses idées après sa mort. Victor Serge a pointé ces errements avec beaucoup de lucidité : « "Vivre selon la raison et la science", conclurent certains, et leur pauvre scientisme [...] les conduisit à toutes sortes de ridicules comme l'alimentation végétarienne sans sel et le fruitarisme intégral, et aussi à des fins tragiques. [...] D'autres conclurent : "Soyons des en-dehors, il n'y a de place pour nous qu'en marge de la société", sans se douter que la société n'a pas de marge, qu'on y est toujours, y fût-on au fond des geôles, et que leur "égoïsme conscient" rejoignait par le bas, parmi les vaincus, l'individualisme le plus féroce.[1] »

On aura reconnu dans la première déviation le « pauvre scientisme » d'un Paraf-Javal et, plus généralement, la propension de nombre de militants se réclamant de l'anarchisme individualiste à enfourcher un quelconque « dada », supposé, par ses seules vertus et par sa seule propagation, changer la face du monde. Dans la seconde, il s'agit de la fameuse affaire de la bande à Bonnot dont les principaux protagonistes étaient tous des familiers de *l'anarchie*, à l'exception de Bonnot lui-même. Comme l'explique Victor Serge, « je me sépare des autres théoriciens individualistes (E. Armand*, André Lorulot*) en affirmant la nécessité de participer à la lutte sociale » et en combattant une tendance qui « dévie de plus en plus vers la pratique de "l'illégalisme économique" »[2]. Ces divergences n'empêcheront pas Victor Serge et sa compagne, Rirette Maîtrejean, de tomber pour association de malfaiteurs et vol qualifié au moment où d'autres « théoriciens apeurés se défilaient[3] ». Durant tout

1. Victor Serge, *Mémoires d'un révolutionnaire*, *op. cit.*, p. 25-26.

2. « Notice autobiographique » datant de la fin des années 1920, reproduite *in* Victor Serge, *Le Rétif. Articles parus dans* l'anarchie *1909-1912* (textes réunis et présentés par Yves Pagès), Librairie Monnier, 1989, p. 218.

3. Victor Serge, *Mémoires d'un révolutionnaire*, *op. cit.*, p. 40.

le procès, le souci des deux prétendus théoriciens du banditisme anarchiste fut double : « Ne point nuire aux coaccusés, dont on est solidaires, quelles que soient les divergences de tendances, devant la vindicte bourgeoise, et dégager pourtant de ces sanglantes aventures la pensée anarchiste qu'elles compromettent et dévoient [1]. » À l'issue des délibérations, Rirette Maîtrejean est acquittée et Victor Serge condamné à une peine de cinq ans de réclusion, doublée d'une interdiction de séjour de cinq ans sur le territoire français.

L'affaire Bonnot marque donc la fin de l'anarchisme individualiste tel que Libertad l'avait incarné. Contre ceux qui prétendirent continuer dans la même veine en cultivant leur petit arpent individualiste comme on exploite un fonds de commerce, il faut rappeler que ce dernier n'hésita jamais à se jeter dans la mêlée des luttes sociales pour y faire avancer la prise de conscience par les exploités des nécessités de la révolte. Rirette Maîtrejean évoquait, par exemple, ses interventions enflammées auprès des ouvriers en grève de Draveil-Vigneux, ce dur conflit social qui marqua l'apogée de la répression clemenciste et le début de la fin de l'hégémonie du syndicalisme révolutionnaire dans la CGT [2]. De même, loin de ressasser des théories fumeuses, « bon nombre des préoccupations [des partisans de Libertad] touchaient directement la vie des ouvriers : moyens de contraception et avortement, fausse monnaie, déménagements à la cloche de bois, etc. [3] »

L'absence de ses textes peut expliquer aussi pourquoi on a si rapidement enterré la pensée de Libertad. Après sa mort, seuls quelques articles ont été repris dans de petites brochures ayant peu de chances de rencontrer un large public. Il a fallu attendre les éditions Galilée pour voir publier en 1976, sous la direction de Roger Langlais,

1. Victor Serge, *Le Rétif*, *op. cit.*, p. 218.
2. Rirette Maîtrejean, *Souvenirs d'anarchie*, *op. cit.*, p. 74.
3. Céline Beaudet, *Les Milieux libres*, *op. cit.*, p. 175.

un recueil d'articles de Libertad. Extraits exclusivement de *l'anarchie*, ces textes, regroupés par grandes thématiques – « Vie quotidienne », « Démocratie », « Révolte » – étaient accompagnés d'écrits de L. Israël, Levieux*, Lorulot, Mauricius, auteurs liés au courant anarchiste individualiste. Nous n'avons retenu ici que les articles écrits de la main de Libertad, auxquels nous avons ajouté des textes parus dans des journaux comme *Le Droit de vivre* et *Le Libertaire*, sans toutefois prétendre, loin de là, à l'exhaustivité[1]. La présentation chronologique que nous avons adoptée nous a paru la plus à même de respecter le caractère proprement journalistique de ces articles. Libertad réagissait en effet aux événements, petits ou « grands », de l'actualité, d'abord épisodiquement puis de façon systématique quand il a disposé de son propre journal. Ce sont donc des réactions à chaud aux faits et débats de l'époque que Libertad a suivis au fur et à mesure de leur évolution, d'où l'importance de restituer le *work in progress* que constitue cette intervention militante au vif de l'actualité.

Si les bizarreries propres au style de Libertad ont évidemment été conservées ici, nous ne sommes pas allés jusqu'à reproduire les coquilles de la presse et des brochures d'époque. Pour le confort du lecteur d'aujourd'hui, la ponctuation et les standards typographiques d'il y a un siècle ont en revanche été actualisés. Les notes de commentaire donnent rapidement quelques clefs pour expliciter telle ou telle allusion ou éclairer le contexte. De même, un glossaire permet de situer la plupart des personnages et des journaux mentionnés par l'auteur. S'il reste parfois des obscurités

1. Nous n'avons d'ailleurs pas retenu les quelques articles de la rubrique « Chiquenaudes et croquignoles » de l'édition Galilée. D'une part, ces courts textes non signés, un peu à la manière des « Nouvelles en trois lignes » de Félix Fénéon, ressortissent à un tout autre genre d'écriture journalistique et mériteraient sans doute une exhumation plus complète ; d'autre part, la rubrique a continué sous la même forme après son décès : il était donc difficile de savoir ce qui pouvait lui être attribué en propre.

qu'il nous a été impossible d'éclaircir, nous espérons qu'elles ne nuiront pas à l'intelligence du texte.

La préface qu'Alain Accardo a bien voulu écrire démontre la portée politique des idées de Libertad sur les conditions de la reproduction d'un système que beaucoup déclarent vouloir changer mais ne font, en réalité, que contribuer à maintenir. Ces réflexions dépassent évidemment très largement la seule histoire de l'anarchisme et des débats qui ont agité ce courant politique. Mais dans la mesure où Libertad en a été partie prenante, avec toute la passion qui l'animait, il importait, pour clore ce recueil, de montrer la très proche parenté de ses idées avec celles, classiques, de l'anarchisme. Un anarchisme qu'il systématise et pousse dans ses derniers retranchements pour introduire toutes les ruptures possibles dans le bloc d'un ordre social qui doit être attaqué de toutes parts si l'on ne veut pas se contenter de « tout changer pour que rien ne change ». C'est ce à quoi s'attache la postface de Gaetano Manfredonia, qui replace Libertad dans la pensée anarchiste de son temps et en finit avec cette méfiance dont il a fait l'objet si longtemps.

Comme sans doute tout mouvement radical désireux de changer véritablement, au profit du plus grand nombre, un système économique et social mortifère, l'anarchisme « doit être à la fois individualiste (efforce-toi d'être toi-même un homme nouveau) et révolutionnaire (devoir et nécessité de participer à la lutte de classes) [1] ». C'est en gardant à l'esprit cette double approche et les conséquences, pratiques et théoriques, qu'elle implique que le lecteur doit aborder les écrits de Libertad.

Charles Jacquier
Marseille, septembre 2006

1. Victor Serge, *Le Rétif, op. cit.*, p. 219.

PREMIÈRE PARTIE

Le Droit de vivre
Le Libertaire
Les Temps nouveaux
(1897-1904)

Gibier de misère

12-19 septembre 1897

> Si tu veux être heureux
> Nom de Dieu
> Fous le bon Dieu dans la merde
>
> Ravachol

Les deux marchands d'émotions quotidiennes à un sou pour cœurs de concierges (ces bonnes chiennes de garde) et de romans éducateurs pour petites ouvrières (les futures suicidées) ont ajouté à leur marchandise habituelle l'article d'actualité contre les révoltés. C'est *Le Petit Journal** et *Le Petit Parisien**, roquets aboyant après les beaux chiens de chenils bourgeois, *Figaro*, *Débats** et autres, qui frappent à leur tour, mais à bonne distance, aux jambes des anarchistes.

Au bois de Vincennes, dimanche dernier, quelques camarades avaient projeté une simple promenade. On s'était donné rendez-vous par la voie d'un journal. On devait chanter et quelques-uns dire, en plein air il est vrai, leur indignation contre un monde où tout, paraît-il, est cependant pour le mieux.

Manifestation redoutable au premier chef et dont il importait, on le voit, de signaler l'audace criminelle aux autorités armées pour en prévenir le retour.

Le même dimanche, au matin, un homme avait le courage, dédaignant la honte patiente de ceux qui l'entouraient, de protester à haute voix, dans une basilique, contre la cynique effronterie d'un prédicateur de charité. L'histoire de ce criminel, que *Le Petit Journal* à la tête de ses confrères, désigne à la haine publique pour avoir osé troubler un exercice de culte, vaut d'être contée dans sa révoltante réalité, comme aussi l'histoire de ce qui fit éclater sa colère.

Frappé dès l'enfance d'ataxie, né dans un milieu pauvre, cet homme dut, malgré la plus redoutable des infirmités, demander au travail dont il était incapable le droit de vivre. Il fut occupé par des amis qui durent eux-mêmes, un jour, renoncer à ses services. Sans ressources et sans emploi à vingt ans, mais d'intelligence heureusement assez robuste et vaillante pour commander à des membres impuissants, l'infortuné que ses premières plaintes contre une société qui l'accueillait pareillement avaient déjà rendu suspect dut quitter Bordeaux, son pays.

Il partit à pied vers Paris.

Ceux qui rencontrèrent dans la vie ces effrayants infirmes que sont les ataxiques peuvent imaginer le douloureux calvaire parcouru, de la Gironde à la Seine, à travers des campagnes hostiles au vagabond, sous l'incessante persécution du gendarme ou le regard haineux du paysan, par cet homme, plus faible qu'un petit enfant. Il arriva pourtant jusqu'ici, mais tant épuisé, tant écœuré surtout par la dureté de ses semblables et le désespoir de se subvenir qu'il ne vit plus que la prison pour refuge. Ses premières nuits, en effet, furent d'atroces fuites de banc en banc sur les boulevards extérieurs, devant l'injure et la menace des agents. Les pauvres jambes flageolantes et l'estomac torturé, l'ataxique, achevant son calvaire, gravit dimanche matin le mont des Martyrs et pénétra dans la basilique édifiée à renfort de millions en mémoire éhontée du cœur de ce problématique Jésus qui chassait les vendeurs du temple…

Le jeudi et le dimanche matin, la basilique du doux cœur de Jésus s'ouvre à plusieurs milliers de mendiants, qui viennent à la distribution du pain. Ces miséreux font queue ainsi qu'aux théâtres les jours de représentations populaires, une ou deux heures durant, à la porte de la crypte. Les portes ouvertes, on les parque sous la surveillance de curés et de sacristains chargés de leur direction, des chants et de la récitation des prières pendant la messe de plus d'une heure et le sermon dont ces âmes privilégiées doivent se nourrir avant de satisfaire, avec les 0,20 franc de pain accordés, à leur fringale d'estomac. Un mot, un geste, un rire, de l'inattention pendant le prêche ou le refus de prier à haute voix et chanter entraînent l'expulsion et la privation d'aumône. Pendant l'office, comme dompteurs en cage ou gardes-chiourme au bagne, les sacristains et les curés délégués à cette fonction parcourent les rangs, menaçant qui ne témoigne pas de son ardeur. Enfin, les deux heures d'attente et les deux heures d'office supportées, les mendiants sont autorisés à défiler un à un devant le distributeur qui leur remet *une livre de pain*. Par ce temps de sacrifices à l'alliance et de pain cher, on le voit, c'est un véritable sacrifice.

Dimanche dernier, à ce repas de gueux, un révolté se présenta, le vagabond ataxique. Sans attendre sa ration, quand il entendit le prédicateur parler de *l'influence des idées malsaines*, il osa crier au menteur abominable qui parlait ainsi combien son audace était exaspérante.

Pensez-vous que les gueux qui formaient le bataillon autour de ce fier mais si faible isolé, le voyant déjà chanceler sous la poigne bien nourrie des suisses et bedeaux, pensez-vous qu'un seul d'entre eux prit sa défense ? Le gibier lâche de misère se dispersa sans murmures, abandonnant aux chiens d'église le vagabond audacieux qu'on remit aux agents.

Et comme le prisonnier revendiqua non seulement son acte de révolte mais parla d'autres révoltés, la prison s'est ouverte et refermée sur lui. Le tribunal statuera sur le cas de ce criminel, dont *il faut espérer qu'on va débarrasser la société* pour au moins quelque temps ! [...]

Elle est haut et, paraît-il, solidement perchée, votre grande machine du Sacré-Cœur.

La haine monte plus haut et détruit plus solide.

Marâtre
30 avril-4 mai 1898

Mon accord habituel avec les agents de l'autorité m'avait fait convoquer par la chambre.

Le comptoir était ouvert quand j'arrivai.

La cour statuait sur une infraction à un arrêté d'expulsion.

J'aurais voulu voir là tous les bons patriotards ; tous ceux à qui un regard vers l'est remplit les yeux de larmes ; tous ces naïfs prêts à verser leur sang pour la patrie ; tous ceux que le pitre Déroulède fait tressaillir de ces vieux clichés, éternellement resservis : France, Patrie, Drapeau.

L'accusé, un de ces gogos du patriotisme, avait servi sa patrie, il avait été soldat zélé, il s'était battu pour un pays, la France, contre un autre pays, l'Allemagne, cherchant à tuer, au risque d'être tué. Il faisait son *devoir*.

À ce moment, nul ne s'occupait de l'état-civil de ce *valet* : il était jeune, il était fort, il était bon pour tenir le fusil ou la charrue. Chair à canon, chair à travail.

Son livret militaire le portait comme élève de l'Assistance publique de Paris, né à Paris.

Mais un jour, cet homme devient maladif, puis miséreux, il n'a rien, il demande des secours.

Cette fois-ci, on s'occupe de savoir quel est cet homme qui a faim et s'il a les droits nécessaires pour manger un morceau de pain.

Et l'on avise de trouver que cet homme avait été porté à l'Assistance publique vers l'âge de six mois, mais qu'il était né à Strasbourg, de parents nés aussi à Strasbourg ; de plus, il n'avait fait aucune démarche en vue d'opter pour la nationalité française.

Alors, lui refusant les secours qu'il demandait, on l'expulse et on le conduit à la frontière allemande.

Mais là, comme ici, on n'a pas besoin de bouches inutiles et on ne veut pas recevoir cet Allemand d'occasion, trop vieux pour servir, dans une légion étrangère quelconque.

Ô ironie ! la bête a un coin des bois pour se reposer ; nul ne s'avise de demander à l'oiseau quel pays l'a vu naître ; mais l'homme, cette bête dont la tête regarde le soleil en face, n'a pas de place où mettre ses pieds !

Cet homme n'a pas de patrie, il n'a droit à rien, ni au pain ni au toit : c'est un intrus.

Sous le prétexte patrie, on voit la véritable raison : ce serviteur n'a plus de forces ; ses maîtres ne peuvent plus l'exploiter, et, après avoir sucé son sang, ils le jettent au loin, comme l'ivrogne fait d'une bouteille vide.

Peuple, éternel marcheur, gobeur de tous les grands mots, chauvin de tous les drapeaux, jobard de tous les temps, la voilà bien ta mère patrie tant chantée, celle que dès le jeune âge on t'apprend à vénérer, à qui tu dois ton sang, afin de la faire forte et belle – riche surtout.

C'est une mère dont le cœur n'est pas assez large pour aimer tous ses enfants, une mère n'ayant d'amour que pour ses fils dotés de quelques millions ; une mère qui fait les derniers venus des esclaves des premiers-nés ; une mère dont les benjamins sont les forts et les astucieux.

Ah ! quand donc, enfin las, les peuples te démasqueront-ils, et te cracheront-ils à la face ton nom : *marâtre.*

Candidatures phénomènes
30 avril-4 mai 1898

Sous ce titre, *Le Cri de Paris** publie : « Parmi les citoyens français ayant fait régulièrement leurs déclarations de candidature, on relève dix-sept bossus, trois manchots, quatre-vingt-quatorze claudicants, un cul-de-jatte, douze bègues, six sourds, deux aveugles, trois paralytiques ; le nombre de crétins n'a pu être exactement examiné, mais il est considérable.

» Il y a un candidat nain dans la Dordogne, deux candidats géants, l'un dans la Nièvre, l'autre dans l'Ardèche.

» Douze octogénaires sollicitent les suffrages de leurs concitoyens. »

Tous atteints de la folie des grandeurs.

Le nombre des candidats crétins n'a pu être déterminé, malgré cela, on peut en citer quelques-uns ; à ce propos, *L'Aurore** du 26 avril publiait l'article suivant : « Le Génie de la paix ».

C'est à Sens que le « Génie de la paix » pose sa candidature. Voici un extrait de son programme :

« Partisan des grands principes de 1789, qui, tout en brisant le fanatisme religieux nous ont jetés dans le fanatisme politique, je désire une alliance européenne basée sur une religion nouvelle, dont je serai l'instigateur et qui mettra un frein aux passions politiques qui nous placent dans une situation équivoque.

» Cette alliance, basée sur une Constitution nouvelle, sera faite dans le but d'amener un désarmement général de toutes les nations et de façon qu'aucune puissance ne puisse apporter de désordre dans le concert européen.

» Je demande l'établissement d'une nouvelle religion basée sur le progrès. Cette religion, étant reconnue par tous les États européens comme religion d'État, ne s'appartiendra plus et rentrera dans le droit commun des choses d'ici bas, après entente des grands corps savants de l'Europe, présidés par moi, Génie de la paix. »

En réalité le « Génie de la paix » s'appelle tout simplement Mittet. Sa profession de foi porte cette signature : « Mittet, candidat de l'Alliance universelle, Esprit nouveau, Génie de la paix. »

Candidature militaire : l'idée de messieurs Coppée et Cornély a fait son chemin. La candidature de protestation militaire vient de faire son apparition dans le 7e arrondissement. Le général Rebillot*, champion du sabre et du goupillon, s'exprime ainsi dans sa profession de foi.

Parlant « du monde de cosmopolite entré en France par la brèche qu'y a faite en 1870 le canon allemand », le vaillant général déclare :

« Débridés par notre insouciance, ils ont poussé l'audace jusqu'à vouloir lui imposer la réhabilitation d'un traître, jusqu'à insulter l'armée. À la clarté de cette manifestation, on a pu voir que des étrangers dominaient dans le pays de tant d'honneur, de tant de siècles et de tant de gloire. Ma candidature est avant tout, chers citoyens, une prétention (?) contre cette ignominie. Militaire, elle n'a pas d'étiquette politique et n'est qu'une réponse aux injures, aux tentatives des sans-patrie et à la persécution religieuse.

» On a sonné au drapeau sous lequel j'ai servi pendant quarante-deux ans, vécu mes meilleures années, versé mon sang, et je réponds : "Présent !" »

C'est très bien. Mais pourvu que les électeurs, dont quelques-uns ont dû également verser leur sang pour la patrie et qui l'ont fait simplement, sans espoir de galons ou de rubans, pourvu que les électeurs ne se fassent pas porter absents.

Et ce n'est pas tout… le 2e arrondissement nous donne dans le genre rigolo : un candidat *royaliste et antisémite*, un sieur Henry de France. Toutes réserves gardées, on n'est jamais sûr de rien, il paraît que ledit n'est pas le royal voyageur, trop occupé à se créer un royaume en Afrique pour désirer un siège tout aussi aléatoire à la Chambre des députés. C'est regrettable ! En ces temps de vieilles rengaines patriotiques et nationales, un candidat du sang était sûr d'être élu.

À MON FRÈRE, SERGENT AU *** DE LIGNE

4-11 mai 1898

Je viens de lire ta lettre, dans laquelle tu nous annonces, avec beaucoup de joie, ta nomination de sergent.

Ton père et moi en avons été si affectés que ta mère, dans son orgueil maternel, n'a pas osé se réjouir et que ta petite sœur a compris, à voir notre air triste, qu'un malheur se cachait sous ce titre de sergent. Eh oui, un grand malheur.

Déjà, quand tu es parti soldat, tu sais combien nous étions peinés de te voir partir à l'armée, en ce lieu de corruption où tu prendrais mille vices, où tu perdrais ta dignité d'homme. Ce que nous souffrions de penser que, toi qui n'avais cédé qu'à la raison, tu obéirais au bon plaisir.

Mais, au milieu de ces souffrances, nous songions que tu n'étais, après tout, qu'un rouage infime et que ton cœur et ton esprit restaient à nous, avec nous.

Et voilà que ta lettre vient renverser notre pot au lait, notre échafaudage d'espérances, de te revoir bientôt aussi fier et aussi libre qu'avant.

Et non, la grande corruptrice t'a corrompu ; nous te perdons à nouveau et combien plus douloureusement que la première fois. Cette émasculatrice d'homme a fait son œuvre, elle t'a pris ta dignité.

Tu vas être sergent, tu es sergent. C'est-à-dire que tu as accepté d'être quelqu'un dans cette hiérarchie de valets ; tu descends le premier degré de l'infamie et qui sait à quelle profondeur de bassesse tu pourras arriver.

Tu es sergent ! et dans la lutte, peut-être prochaine, tu seras de ceux qui lutteront contre nous, contre ton père, contre moi, contre tous tes frères de misère.

Tu es sergent ! et dans cette lutte, tu seras forcément parricide, fratricide, tu lutteras contre les droits, les besoins de notre mère, de notre chère petite sœur.

Alors que je travaillerai avec le vieux père à acquérir une vie meilleure pour eux, tu seras l'obstacle qu'il faudra renverser.

Et ne viens pas me dire que tu pourras alors ne pas lutter contre nous. Tu ne seras plus le soldat qui peut tirer sa charge en l'air, celui que l'on commande et qui peut ne pas obéir ; tu seras celui qui commandera le feu contre ceux dont nous tous, les opprimés, les révoltés, serons. Si d'avoir partagé les mêmes souffrances, si d'avoir mangé le même pain gagné par un commun labeur peut donner des droits et, surtout, des devoirs, mon frère, arrache de ta manche ces galons et jette-les au loin.

Sois le commandé qui obéit à la force mais ne sois pas celui qui commande.

Pied de banc ici ; chaouch demain à Biribi[1] : est-ce donc là ton rêve ? Est-ce dans la lutte aux frontières, contre d'autres malheureux, ou bien dans la lutte même contre le sein qui t'a nourri que tu veux briller ? Je ne le crois pas.

1. Biribi est le nom donné aux bagnes militaires d'Afrique du Nord où étaient envoyés déserteurs, réfractaires et « fortes têtes ». Georges Darien les a longuement évoqués dans *Biribi, discipline militaire* (1890), dont il tirera un drame en trois actes, créé au théâtre Antoine à Paris, le 5 novembre 1906.

Arrache ces galons, arrache-les afin que ton vieux père puisse embrasser son fils, afin que ta mère, sans larmes amères, puisse penser à toi, et que nous ne soyons pas obligé d'apprendre à ta petite sœur que le grand frère s'est perdu, roulé dans la fange.

Porte ta livrée sans galon en attendant le jour où tu reprendras la blouse.

Et si, par hasard, la révolte venait avant ce moment, sache te servir de ton fusil.

Dans l'espoir que tu resteras un homme, je te serre bien fort sur ma poitrine.

V...
Pour copie conforme,
LIBERTAD

LEÇONS MILITAIRES
4-11 mai 1898

Avec la Grande Muette, on n'en finit jamais. Aux informations du journal *L'Aurore*, je lis :

« Un grave accident s'est produit au cours des manœuvres de garnison exécutées ces jours derniers dans les environs de Marseille.

» Une compagnie d'avant-poste du 61e d'infanterie, qui allait être faite prisonnière, se jeta dans un chemin de traverse pour rallier le gros des troupes ; les soldats, baïonnette au canon, avaient pris le pas de gymnastique, lorsque tout à coup, à un tournant de route, ils virent déboucher un escadron du 9e hussards se jetant à fond de train sur eux.

» Il se produisit de part et d'autre une bousculade ; des cavaliers sautèrent à bas et furent plus ou moins contusionnés, les fantassins, débandés, se bousculèrent et l'un d'eux fit feu sur un maréchal des logis, heureusement avec une cartouche à blanc. Le coup n'en atteignit pas moins le sous-officier, qui a été assez sérieusement blessé au maxillaire inférieur.

» Dans la rencontre des deux troupes, il y a eu dix-sept blessés et une dizaine d'entre eux ont dû être transportés à l'hôpital. »

Quel entrefilet à lire ! quelle leçon se dégage de ces lignes ! Tout commentaire serait inutile. Ce « grave accident » n'est, à mon point de vue, qu'un fait très ordinaire et dans la norme des choses.

Quoi ! tous les jours, vertueux gouvernants, par une éducation pervertisseuse vous enseignez la haine, vous apprenez à se tuer aux hommes, vous leur mettez des armes dans la main pour combattre leurs semblables, et quand, enivrés par cette odeur de poudre, ils frappent un peu trop au hasard, vous appelez cela un accident ?

Je n'y vois là qu'une chose trop réglée, les balles qui servent à Fourmies[1] peuvent bien servir ailleurs.

Mais parfois, l'élève devient plus fort que le maître et craignez de trop leur apprendre à tuer.

1. Dans cette petite ville industrielle du nord de la France, le 1er mai 1891, une manifestation ouvrière pacifique, venue réclamer la libération de camarades arrêtés la veille, fut sauvagement réprimée par l'armée : on dénombra quatorze tués et quarante blessés, dont une jeune ouvrière de vingt et un ans, Marie Blondeau, qui restera le symbole de ce drame. Ce massacre, qui provoqua une vive émotion en France et à l'étranger, suscita de nombreuses protestations dans la presse et affermit l'antimilitarisme des milieux ouvriers de la fin du XIXe siècle. (Lire Maurice Dommanget, *Histoire du premier mai*, [1972] rééd. Le mot et le reste, 2006).

Au prolétariat juif, à propos de la lettre aux députés socialistes

11-18 mai 1898

Je viens de parcourir votre lettre au parti socialiste français. De hautes idées sont en germe. On y sent l'expression d'un prolétariat conscient de lui-même ; de la situation qui lui est faite, de celle qu'il devrait avoir ; on y sent une force qui se reconnaît.

Mais pourquoi donc adresser cette lettre aux députés socialistes ? À ces partisans de la révolte raisonnée dont vous paraissez et dites ne pas être.

Oui, Karl Marx, Lasalle, leurs adeptes s'agitent dans une sphère trop étroite : votre colère, prolétaires juifs, notre colère pour mieux dire, la colère des prolétaires de toutes les religions, de toutes les tyrannies, ne peut s'arrêter là.

Et je vous citerai textuellement, ne trouvant pas mieux à dire :

« Elle monte, elle s'étend, elle va, embrase tout. Elle révolte tout ce qu'il y a en nous de vie, de lumière, d'amour, de beau, de vérité, de bonheur contre tout ce qu'il y a en nous de vide, de fané, d'ennuyeux, d'ignorant et de malade. Et c'est de là, de ces révoltes puissantes, fomentées dans les profondeurs des natures nobles à côté de la lutte des classes que viendra le choc définitif générateur de la révolution sociale.

» Car ces natures nobles et conscientes n'ont pas classe. Elles se recrutent partout. Tout individu a dans son propre organisme une part de mal, de routine, d'obscurité, de petitesse et d'ennui, si ce n'est de désespoir, et, par contre, une certaine part de sève, de lumière, de conscience, de grandeur et de bonheur, qui, arrivés à une certaine intensité, veulent réagir, se révoltent et cherchent à combattre la partie mauvaise.

» Aucun homme civilisé, capable seulement de s'élever par moments au-dessus de la vulgarité et de la mesquinerie des occupations ordinaires et des vanités dont est remplie la société, n'est exempt de cette lutte intime, individuelle.

» Que la conscience de cet individu soit seulement éclairée ; qu'il vienne à reconnaître que pour grandir son être, non pas dans le domaine du crédit financier, ou du pouvoir hiérarchique, ce qui ne peut satisfaire que les natures médiocres, les petites ambitions, et ne constitue que des jouissances inféconde et un triste fantôme de bonheur, mais bien dans les vastes sphères de la pensée, du sentiment, de la jouissance profonde, saine et complète de la vie ; qu'il vienne à reconnaître que pour étendre la jouissance salutaire, la lumière, l'amour, en un mot le bonheur complet sur toute l'étendue de son être, de sa vie et de sa sphère, il est indispensable de l'étendre aussi à tout l'univers, et que, pour cela, il est indispensable de renverser ce misérable ordre social, pour le remplacer par un ordre nouveau, conforme au bonheur universel, et vous aurez en lui un militant redoutable, qui combattra au nom d'un idéal, et qui mènera les masses à la victoire.

» Et cet individu-là peut être fils d'un tsar, ou fils d'un Rothschild, aussi bien qu'un simple prolétaire. La richesse, le pouvoir politique, l'intérêt des classes ne sont des frontières que pour l'homme borné, l'homme-nain ; mais l'homme véritablement homme s'élève au-dessus de ces frontières, éprouve des malaises et des souffrances d'un autre ordre, dont il tend à se débarrasser. Il veut être plus puissant, plus riche, il veut dominer un plus vaste horizon ; et ces frontières sont trop étroites et n'entourent qu'un désert intérieur. »

Après ces fortes idées, si nettement exprimées, je suis étonné que vous pensiez, seulement un instant, pouvoir retirer un mieux quelconque du parlementarisme, d'un député de quelque étiquette qu'il s'affuble.

Toute enrégimentation dans la société actuelle est une concession faite, un pas en arrière.

Le ferez-vous ?

Je ne le crois pas. Ne vous arrêtez pas d'un degré dans cet échelonnement dont vous parlez, allez tout droit au jour plus radieux, à cet idéal anarchique.

Idéal d'aujourd'hui, réalité de demain.

Germinal, au mur des Fédérés

1er-7 juin 1898

Près de leur tombe, au milieu du bariolement des couronnes et des bouquets portés à grand renfort d'ostentation, dans l'herbe, en lettres noires sur fond rouge, une main avait écrit ce seul mot : Germinal.

Celui-là avait su donner la juste note à cet anniversaire.

Germinal ! ce n'était plus le banal souvenir à des morts, c'était l'appel aux vivants, ce n'était plus l'inutile glorification du passé, c'était l'appel à l'avenir.

Sur la tombe de ces hommes, morts pour la liberté, ce mot appelait leurs fils à des révoltes libératrices.

Les couronnes, les bouquets, les discours, c'étaient de vains palliatifs ; Germinal, c'était la lutte toujours vivante, se dressant, terrible, appelant les travailleurs, les révoltés pour les prochaines moissons.

Le peuple s'amuse
7-14 juin 1898

L'ouvrier sort de l'usine empestée. C'est l'heure de la délivrance. Après le dur labeur, quelques instants de repos.

Il sort, sans doute las, écœuré, la haine au cœur contre ceux qui le tiennent enfermés ainsi pendant des heures pour assurer leur luxe.

Mais où dirige-t-il ses pas ? Il sort, il va, court vers les kiosques de journaux. Un sourire de contentement me monte aux lèvres, il est las, mais il a encore vivace au cœur la fierté de l'homme : il va chercher là le pamphlet, l'écrit aux paroles revendicatrices, afin d'entrer en communion d'idées avec tous ceux qui souffrent, les frères de misère, les exploités de tous les mondes.

Je m'approche, prêt à parler, à serrer la main à ce souffrant quelconque. *Le Sport*, dit-il d'une voix forte et fiévreusement l'ouvre. Le parcourant, il s'en va disant : « Je le savais, c'est Untel qui gagne, monté sur le Roi-Soleil. »

Et cet ouvrier, c'est tous, c'est le mercenaire, l'esclave type.

Le Sport, *Le Vélo**, *Les Courses*, *Paris-Vélo* et vingt autres, voilà le pamphlet que lit l'opprimé, voilà le tocsin de révolte qu'il fait sonner à ses oreilles.

La plèbe romaine dans son excessive misère réclamait « *Panem, Circensens* », du pain et des jeux, et s'avilissait devant un tyran.

L'Espagne, sous la domination cléricale, demande à corps et à cris des processions et des arènes.

En France, sous la griffe du parlementarisme plus humain… pour les bêtes, plus délicat, le peuple veut des courses.

Ces messieurs, les esclaves, veulent des jouets, soit : les empereurs construisent des cirques, la reine d'Espagne est là à chaque nouvelle corrida, et son excellence Felisque[1] préside au Grand Prix.

Les Romains, les Espagnols, les Français se serrent d'un cran la ceinture et se couchent heureux et contents.

Aussi, exploiteurs, bourgeois, prêtres pensent qu'il y a encore de bons temps pour eux sur cette terre et ils rééditent cette phrase des vieux Gaulois : « Nous ne craignons rien, si ce n'est que les cieux ne tombent sur notre tête. »

Mais pourtant ne vous y fiez pas, sous le calme trompeur de la mer bout une tempête. Qui sait, qui sait… si sous cette apparente tranquillité le peuple, votre grand nourricier, vous trempait une dernière soupe ?

Irresponsables ?

15-21 juin 1898

Demain, un homme, dans la haute acception du mot, doit passer devant d'autres hommes pour répondre à la société d'une tentative de meurtre sur deux agents de l'autorité. Et cette question de la responsabilité des agents, des gendarmes, des geôliers, des soldats, de tous les infimes rouages de l'autorité, va se discuter à nouveau.

On ergotera pour, on ergotera contre. Mais les plus probantes des preuves sont à mon avis les faits. Les faits sûrs, ceux qu'on ne tient point des on-dit ; les faits dont on peut répondre, proclamer l'authenticité : les meilleurs sont donc ceux dont on a été victime ou témoin.

1. Libertad fait probablement allusion à la déformation populaire du prénom du président de la République du moment, Félix Faure.

Les agents sont irresponsables…

Le 21 juillet 1897, poussé par la misère, je prenais la route du trimard ; le 26 juillet, j'arrivais à Angoulême ; harassé de fatigue, je m'assoie sur les pierres du marché et, vaincu par le sommeil, je m'assoupis. Je suis réveillé brutalement par deux agents qui me passent les menottes aux mains et, sans se préoccuper de mon infirmité, me roulent à terre et m'entraînent.

La foule s'interpose ; passage à tabac à l'intérieur du poste.

Irresponsables ?… À Tours, devant mon attitude pas assez humiliée, les agents me refusent le secours de route.

À Orléans, j'attendais dans le poste ; négligemment je m'assoie sur un banc de *cuir*, un agent me jette en arrière, me disant : « Le banc de *bois* est pour les vagabonds. »

Irresponsables ?… J'arrive à Paris le 21 août, sous les Halles ; parmi des milliers de victuailles, je me couche près d'une bouche à feu d'hôtel, afin de réchauffer mon corps ; trois agents viennent, me portent hors des Halles, sous la pluie.

Irresponsables ?… Le 26 août, je suis étendu sur un banc, deux agents passent : « En voilà un qui a sa cuite. — Je crois plutôt le contraire. — Emmenons-le. — Laisse-le donc crever tranquille. »

Ce soir-là, deux hommes passèrent et m'emmenèrent coucher : c'étaient deux ennemis de la société, deux anarchistes.

Le 5 septembre, je me dresse, au Sacré-Cœur, contre les mensonges du prêtre. Bedeaux et agents m'assomment.

Irresponsables ?… Le 9 septembre, le greffier-chef de Mazas[1] me jette un coup pied ; j'étais nu devant lui, il m'arrache l'ongle de l'orteil gauche, je lui lance mon soulier à la face ; malheureusement, je le rate. Le porte-clefs, voyant mon sang jaillir, se tourne vers le chef et lui dit : « Je n'ai rien vu. »

1. Prison parisienne construite sous le Second Empire dans le quartier de la Bastille pour recevoir les détenus en prévention. Détruite en 1900, elle est transférée à Fresnes.

Celui-ci, à son regret, ne put me faire mettre au cachot pour mon acte de révolte.

Irresponsables ?… Le 7 janvier 1898, sans aucune provocation, je suis appréhendé comme vagabond ; brutalisé, je me défends, abîme la tête d'un des sergents ; au poste, terrible passage à tabac, qui me laisse le corps moulu plus de huit jours.

Irresponsables ?… Le 21 janvier, aux Mille Colonnes, je vends les déclarations d'Étiévant[1], je suis amené au poste avec un camarade ; vingt agents à tour de bras nous frappent. Gosse a les testicules écrasés ; moi, j'ai les jambes noires sous les coups de botte.

Irresponsables ?… Le 15 février, rue Réaumur, je suis arrêté sous le fallacieux prétexte qu'un enfant m'avait entendu crier « À bas l'armée ». Arrivé au poste, on dit : « C'est un anarchiste. » Et l'on me passe à tabac honteusement.

Irresponsables ?… Après dix jours, le geôlier, chargé de m'annoncer ma délivrance me fit retirer ma veste et me dit : « Au cachot. » Ce n'est que dans le couloir qu'il me dit que je vais être lâché.

Irresponsables ?… À Sainte-Pélagie, le gardien-chef dit : « C'est un anarchiste, il serait bien de lui faire passer trois jours au cachot afin de le mâter d'avance… »

J'en passe et des pires…

De simples faits, comme vous le voyez, de simples faits, sans détails inutiles.

Étiévant était-il l'agresseur ?

Le 10 janvier, au moment de son acte, encore noir des coups des agents, j'ai répondu : « Le boîtier qui protège les rouages de la montre n'est pas moins utile que le mécanisme

1. « Par le fait même de sa naissance, chaque être a le droit de vivre et d'être heureux. Ce droit d'aller, de venir librement dans l'espace, le sol sous les pieds, le ciel sur la tête, et le soleil dans les yeux, l'air dans la poitrine – ce droit primordial, antérieur à tous les autres droits, imprescriptible et naturel –, on le conteste à des millions d'êtres humains. » Éditée en brochure, cette déclaration d'Étiévant* devant la cour de Paris eut un certain retentissement. On peut la lire dans son intégralité sur <http://bibliolib.net/article.php3?id_article=29>.

lui-même ; le sergot qui protège les rouages autoritaires [est] une des utilités de l'état de choses actuel. »

Et quand cette utilité est doublée d'un zèle aussi intempestif, je dis : *responsables !!!*

LE MOUVEMENT, RÉUNION ÉLECTORALE

18-24 juin 1898

C'était lundi soir, au préau de l'école de l'avenue Parmentier. Grande représentation électorale : les candidats en personne jouaient les grands *premiers* ; les rôles de comparses étaient tenus par les différents membres des comités de ces messieurs.

Après une réunion des plus tranquilles, où les mots de vieux birbe, jeune blanc-bec, pot-de-viniste, etc. étaient les moindres douceurs que s'adressaient les coureurs de mandats, au moment où l'agitation était à son comble, où le président, las d'agiter sa sonnette en vain, proposait l'ordre du jour comme palliatif, le camarade Libertad monta à la tribune et de sa propre autorité prit la parole. Ce fut d'abord un tumulte, mais, comme un coup de gueule ne l'effraie pas, il parvint à dominer le bruit.

En peu de mots, il a montré le leurre qu'est le suffrage universel, cette arme dont les gouvernants tiennent le manche et dont ils tendent la lame au populo, cet imbécile qui s'y coupe toujours :

« Je ne viens pas ici pour vous flatter, je n'ai pas besoin de vous passer la main dans le dos, je ne veux rien de vous.

» Le laquais qui se choisit un maître en est responsable, en supporte seul les conséquences ; s'il lui plaît de vider le pot de chambre, d'être battu, soit... Aussi ne me mêlerai-je point de vos affaires, vous laisserai-je prendre un maître, riant tout simplement de votre jobardise.

» Mais où je réclame, c'est quand ce maître que vous vous choisissez, vous me l'imposez ; et cela est actuellement. Parce qu'il aura plu à cinq mille votards de donner la majorité à Baudin (ou à tout autre, cela m'est égal), cette majorité de valets pourra m'imposer son maître, à moi le libre ? Vous trouverez naturel, je pense, que je la trouve mauvaise.

» Si vous êtes mûrs pour l'abstention, pour la liberté, je vous dirai : "Commencez par jeter bas vos maîtres." Mais vous avez l'air de tenir à vos chaînes ; oiseaux encagés, vous ne savez pas trouver votre subsistance tout seul. C'est le bâton qu'il vous faut. Soit, qu'on vous donne le bâton.

» Et pourtant, l'occasion est bonne, l'heure est aux révoltes en Italie, en Espagne, l'évolution hâte sa marche par la révolution.

» Seuls nous autres Français, parce qu'on nous jette comme pâtée l'illusion de notre chimérique souveraineté, nous laisserions passer l'heure ? Je ne le crois pas et je vous appelle à la lutte pour votre affranchissement, pour la grande révolution sociale. »

Lettre au camarade Blanc, préfet de police

17-23 juillet 1898

Cher et vénéré camarade,

Depuis longtemps, j'ai une manie – oh ! bien peu dangereuse : je lis toutes les élucubrations officielles ou officieuses qui tapissent les murs de la capitale.

Mal m'en a pris quelquefois, car j'ai dû payer une fois de dix jours de prison ces imprudents et paisibles colloques avec les murailles. Il est vrai que je lisais une affiche dreyfusarde, mais depuis – honni soit qui mal y pense – je ne lis plus que les affiches esterhazistes[1] et préfectorales.

À ces lectures, j'ai acquis l'assurance de la touchante sollicitude pour la population parisienne. Ici, une ordonnance réglementant la marche des automobiles ; là, une autre ordonnance prescrivant, aux fenêtres donnant sur la rue, pots de fleurs, descentes de lit, cages à oiseaux, etc., le tout pouvant chuter malencontreusement sur la tête d'un de tes administrés ; là-bas un arrêté sur les cris, les bicycles, les ordures, les fumées noires, etc. J'en passe et des meilleures.

Aux petits oiseaux, tu donnes la pâture.

Et ta bonté s'étend sur toute la nature.

Or donc, dans le cas qui m'occupe, n'ai-je pas hésité une minute à me placer sous ta si bienveillante et universelle protection.

Je rentre le soir un peu tard en mon domicile, clopin-clopant, au « cinq et trois font huit » de mes béquilles.

Or, depuis deux mois à peu près, deux hommes, un grand et un petit, suivent mes pas.

J'ai beau tourner, retourner, me défiler le long d'un mur, me mêler aux rassemblements, peine perdue ! Toujours ces deux individus derrière les trousses.

Quoiqu'un peu timide (!) de mon naturel, je profitai un beau jour de notre passage dans une avenue fréquentée pour les examiner. J'osai les frôler.

Le grand a de longues moustaches mérovingiennes, ses prunelles circonspectes battent à fleur de tête – et quelle tête ! – le guilledou du « Ah ! si je te tenais », son front étroit dénote chez lui l'irréfutable indice du bon escarpe ou du loyal serviteur ; en tout un air de brute, un rôdeur

1. Substantif faisant allusion à l'officier français d'origine hongroise Esterhazy (1847-1923), attaché à l'état-major de l'armée et accusé d'être l'auteur du bordereau qui fit condamner Alfred Dreyfus.

de barrière pas trop mal mis, un assommeur officiel à l'allure louche d'un mec doublé d'un coupe-bourse.

Mais le petit ! oh, celui-là : une figure fouinarde en lame de couteau, aux yeux en trous de vrille, face sinistre et glabre, le type de ce qu'on est convenu d'appeler « la mine patibulaire ». Au total un souteneur petit calibre qui donnerait bien dix ans de ta pauvre vie, cher et vénéré camarade Blanc, pour être mieux musclé et moins gringalet afin de dégringoler moins réglementairement… quelques pontes aux fortifs.

Détails complémentaires : ces deux individus font sonner sur le bitume d'énormes gourdins qui ne demandent que plaies, bosses et autres moulinets quasi préfectoraux.

J'ai donc le droit, tu en conviendras, cher et vénéré camarade Blanc, d'être très peu rassuré à l'égard de mes deux suiveurs à l'approche des endroits déserts. Et lorsque je longe le canal, par exemple, je me demande avec angoisse si ces malandrins, sans égard pour mon infirmité, vont se jeter sur moi.

Quelquefois – que Bérenger* m'excuse –, cette idée saugrenue me traverse la pensée ! seraient-ils tentés par mon déhanchement d'infirme ?

Sont-ce des inversés ? sont-ce des pédérastes ? sont-ce… sont-ce ?

Mais que Thémis m'absolve, l'autre jour j'ai cru remarquer entre eux, oserai-je l'avouer, quelques accointances *avec la boîte* ; des clignements d'yeux, un je ne sais quoi furtif indiquant le traquenard, sentant à plein nez le guet-apens… policier.

Peut-être me suis-je trompé ?

Eh quoi ! serions-nous revenus au temps où Vidocq était roi des voleurs et roi des policiers ?

En cette occurrence très possible – surtout par le temps de panamisme[1] et d'esthérazisme qui court –, j'ai décidé de me garer.

1. Allusion au scandale de Panamá, l'une des plus célèbres affaires de corruption des années 1890. Lire <http://fr.wikipedia.org/wiki/Scandale_de_Panama>.

Port d'armes ! – pour quoi faire ? Jeter de la poudre aux maquereaux ! J'ai deux béquilles bien plombées – bien soigneusement plombées par mes soins et dix ans d'habitude les ont faites légères à mes mains.

Connaissant – toujours par lecture d'affiches – la haute sollicitude que tu portes à mes camarades administrés, j'ose donc te prévenir que je suis bien décidé à faire respecter ou mon derrière ou ma bourse.

Qu'ils prennent garde, car je sais manier le bâton. Je cognerai dur et ferme. Et gare à leur peau.

Mais j'y songe... De quel droit, moi, le lapin, me révolterai-je contre le chasseur ?

Clemenceau et consorts ne comprendraient plus. Et ils se contenteraient d'argumenter sur *l'auge*, rapport à la prétendue « parole de pardon » que moi, faible, infirme et traqué, j'eusse dû aux « plus forts »...

Donc, un peu de patience.

Mais, cher et vénéré camarade Blanc, je compte sur toi, sur ta sollicitude, sur tes arrêtés, sur tes bienveillantes ordonnances pour introduire une phrase, une simple phrase dans icelles en faveur de la liberté due à autrui, et en faveur aussi d'une primauté qui doit être accordée d'office, je pense : la primauté de la circulation des gens sur celle des automobiles.

Et vite, s'il te plaît, préfet des mouchards !

Obsession

28 août-3 septembre 1898

Durand, sortant de son hôtel, un sourire de contentement sur les lèvres, eut un petit recul, en lisant une minuscule affiche :

Pendant que nous crevons dans la rue,
Le bourgeois a des palais pour se loger.
Mort aux bourgeois !
Vive l'anarchie !

Puis il ricana, et cria au concierge : « Vous enlèverez ces idioties plaquées sur la porte. »

Et son sourire tranquille revint quand il aperçut, glorieux dans leur nullité, deux agents faisant les cent pas. Mais il s'arrêta, en même temps qu'eux d'ailleurs. Des étiquettes rouges tranchaient sur la crudité blanche du mur :

Les sergots sont les bouledogues du bourgeois
Mort aux flics !
Vive l'anarchie !

Les sergots s'usèrent les ongles à gratter ces affiches et Durand s'en alla soucieux. Lorsque, au coin de l'avenue, un bruit de clairons et tambours se fit entendre et au loin apparurent deux bataillons, il se sentit protégé et poussa un soupir de soulagement.

La troupe passant devant lui, il se découvrit ; à ce moment, comme un vol de papillons, flotta dans l'air une multitude de carrés de papier ; indifféremment, il lut :

L'armée est une école du crime.
Vive l'anarchie !

Quelques-uns de ces papiers volèrent sur les soldats, d'autres les couvrirent ; l'obsession le reprit, il se sentit comme écrasé par ces légers papillons.

Comme il s'asseyait en sa place ordinaire pour prendre le bock ou l'apéritif habituel, sur la table s'étalait encore une étiquette :

Va, gave-toi, le jour viendra où la haine nous
[rendra cannibales.
Vive l'anarchie !

Il ricana, mais cette fois il n'amoncela pas soucoupe sur soucoupe.

Se levant, il se dirigea rapidement vers le coin de la rue X, où les exploiteurs demandent des ouvriers, et machinalement chercha des yeux son affiche réclame, elle était recouverte et on lisait :

> L'exploiteur Chose ou Machin demandent vos
> [fils pour les avilir,
> Vos filles pour les violer, vous et vos femmes
> Pour vous exploiter.
> Avis aux pantres.
> Vive l'anarchie !

Il hocha la tête et se rendit vers son bureau. On lisait sur une plaque : « Durand et Cie, société au capital de 2 millions », mais, dessous, l'exaspérante critique disait son mot :

> Le capital est le produit du travail volé
> Et accumulé par les fainéants.
> Vive l'anarchie !

Il l'arracha rapidement. Il expédia quelques affaires et, pour se distraire, pensa à voir sa maîtresse. Chemin faisant, il acheta un bouquet qu'il lui offrit.

Elle sourit, voyant parmi les fleurs comme un billet doux : « Des vers, maintenant ? » dit-elle.

> La prostitution est le déversoir du trop-plein
> [des bourgeois.
> Du fils de pauvre on fait l'esclave et de sa fille
> [la courtisane.
> Vive l'anarchie !

Elle lui jeta son bouquet à la face et le chassa.

Honteux, fatigué, il rentra chez lui ; la porte avait repris son aspect ordinaire.

Or, rentrant dans le salon, sa femme lui dit : « Vois cette potiche que je viens d'acheter, une occasion. » Il la prit, la tourna, la retourna ; un papier tomba :

> Le luxe du bourgeois est payé par le sang du pauvre.
> Vive l'anarchie !

Et ce « Vive l'anarchie ! », et ces réclamations acerbes, tout cela voltigeait autour de lui et, ce soir-là, il ne vit pas sa femme, de crainte de trouver, en un endroit discret et touffu, une étiquette où il eût lu :

Le mariage, c'est la prostitution.
Vive l'anarchie !

Un peu de logique

8-15 octobre 1898

Ce samedi matin, parcourant les journaux quotidiens, j'eus un mouvement d'étonnement. D'un jour à l'autre, des feuilles avaient changé de manière de voir.

Je ne savais quel souffle anarchiste avait pu traverser les bureaux de rédaction. Toujours était-il que toutes étaient partisanes de la propagande par le fait, de l'être humain faisant enfin ses affaires lui-même, de l'acte du révolté se faisant raison de ses propres mains.

Et c'étaient surtout les journaux *bien-pensants* les plus *affirmatifs*, les plus *violents*, et Meyer Arthur faisait chorus avec Rochefort Alphonse[1].

Mon étonnement augmenta quand ma patronne, une bourgeoise, ni plus méchante ni meilleure qu'une autre, s'avança et me dit : « Eh bien, vous ! Que dites-vous de madame Paulmier ?… Ah ! elle ne l'a pas manqué, votre journaliste… Elle avait du nerf, celle-là !… Elle a bien

1. Il s'agit sans doute du journaliste Henri Rochefort, affublé par Libertad du prénom Alphonse qui, en argot, signifie « maquereau ».

fait… et si tout le monde faisait comme cela, vous verriez s'ils continueraient d'écrire leurs immondes articles. »

Je restai un peu étonné et, une fois de plus, je constatai que le vent libertaire avait dû souffler bien fort pour convertir cette réactionnaire entêtée.

« Madame, lui répondis-je, je suis très heureux que les idées que je formulais, il y a quinze jours à peu près, aient germé en vous et que vous les adoptiez. Je suis de votre avis.

» Madame Paulmier a bien fait de se faire justice au lieu de compter sur ce qu'on appelle la *Justice*. Et comme vous je pense que si tous les hommes soucieux de leur primordial droit à la vie avaient autant de nerf qu'elle, ce serait fini de la société capitaliste. De même que Luccheni*, elle a…

» — Comment, que mêlez-vous là-dedans votre canaille de Luccheni, cet assassin idiot…

— Madame, je ne comprends plus ; leurs deux actes sont tellement semblables que si vous approuvez l'un, vous approuverez certainement l'autre.

— Mais non ! elle vengeait son honneur, tandis…

— Madame, deux minutes de patience.

» Madame Paulmier, à la lecture d'un article dont les données avaient déjà paru, se crut offensée en son honneur ; elle en conçut immédiatement une haine et un désir de vengeance contre tous les journalistes de *La Lanterne**. Munie d'un revolver, elle chercha, ayant été attaquée par un nommé Moustou, à tuer un sieur Millerand, et ne le trouvant pas, elle blessa à mort ce pauvre Ollivier, bon, généreux, etc., et surtout innocent en l'affaire.

» Luccheni ayant vu les rues de Milan couvertes de mille deux cents cadavres (chiffre officiel), se sentit blessé en son affection par la mort de tous ses frères de misère et il en conçut un désir de vengeance contre tous les souverains, contre tous les maîtres, contre les bourgeoises qui avaient crié : “Tirez fort et visez juste !” Et pour venger ses amis frappés par Humbert*, armé d'un tiers-point, il se mit à la recherche d'un sieur d'Orléans ; ne le trouvant pas, il tua au hasard l'impératrice d'Autriche, *belle malheureuse*, innocente en l'occurrence.

» Et madame Paulmier a bien fait et Luccheni a eu tort ?... Je pense, quant à moi, que les déterminantes sont plus fortes et plus naturelles dans l'acte de Luccheni, que les mille deux cents cadavres de Milan pèsent certainement plus que l'honneur, ce prétendu honneur civil, digne pendant de l'honneur de l'armée. »

Elle ne m'a pas compris et elle m'a quitté en murmurant : « Il est fou, celui-là aussi. »

Messieurs et dames de la bourgeoisie, et vous journalistes, valets de presse, un peu de logique, s'il vous plaît !

Cambrioleurs... soit !

29 janvier-4 février 1899

Sur ton canard hebdomadaire, racolant les lecteurs, sans l'excuse de la faim, comme la fille racole les passants, « Psst ! psst », à la dernière page tu as signé un dessin représentant des anarchistes cambriolant, armés de la pince-monseigneur.

Dans cette société basée sur le vol, où l'homme à n'importe quel degré de l'échelle sociale, afin de vivre, doit exploiter son prochain ; dans cette société, véritable association de malfaiteurs, où les plus adroits et les plus forts ont droit à la prime, tu aurais pu nous donner le mauvais rôle.

Au contraire.

De nous, tu aurais pu faire des gouvernementaux escroquant trois milliards et demi au peuple sous le fallacieux titre d'impôts ;

Des députés ou sénateurs, dont la main est toujours largement ouverte aux pots-de-vin ;

Des constructeurs de cuirassés qui ne vont pas sur l'eau ou des fournisseurs de conserves avariées ;

Tu aurais pu nous peindre sous les traits d'un Lockroy* ou d'un Cavaignac* fermant les yeux sur lesdits constructeurs et lesdits fournisseurs.

Tu aurais pu nous revêtir de la soutane et nous représenter près d'un lit de malade ou près d'un homme faible, tâchant d'extorquer ou de détourner un héritage, ou bien d'un habit vert, faisant écrire à de pauvres hères des romans que nous eussions signés ;

Nous représenter en lieutenant de réserve comme l'éternel dispensé, ou nous chausser de guêtres blanches, portant orgueilleusement la fortune de notre beau-père ;

En wilsonistes, vendant des croix ;

En panamistes, trafiquant les chèques ;

Ou simplement, en bistrots frelatant leur vin ou en crémiers falsifiant leur lait.

Oui, tu aurais pu dans toute cette séquelle nous tailler un habit de voleur hypocrite : tu ne l'as pas fait et je t'en remercie pour mes amis et pour moi.

Pouvant nous faire cambrioleurs aux faciès honnêtes, aux griffes gantées, volant à l'abri du Code, tu nous as faits cambrioleurs à main armée, volant à nos risques et périls.

Pouvant nous faire chevaliers du faux, tu nous a faits chevaliers du rossignol… Merci.

Crois-le, Forain [1] foireux, ton image était fausse, et tu le savais. Mais s'il me fallait choisir entre Cartouche et Belluot*, entre le faussaire et le bandit, je serais pour le bandit, et saches bien qu'entre Wilson le député et Pini* le forçat, il n'y a pour moi pas d'hésitation possible.

1. Allusion au peintre et dessinateur français Jean-Louis Forain (1852-1931), célèbre pour ses innombrables caricatures de presse. Il fonda avec Caran d'Ache le *Psst*, un journal antidreyfusard à la brève existence.

Cloaque pour cloaque, au Palais-Bourbon je préfère le bagne affreux et la pince-monseigneur au rasoir d'Henry [1], d'Henry le grand Faussaire national.

Le Verbe

27 août-2 septembre 1899

Alors que tout semble endormi : les puissants en un farniente tranquille, les souffrants en un sommeil fait de lassitude et d'épuisement ;

Alors que les gouvernants tondent les gouvernés, que les prêtres et les savants patentés corrompent le peuple, que les seigneurs pressurent les serfs et que les patrons volent les ouvriers ;

Alors que, en des heurts sanglants, des frères de misère couvrent la terre du meilleur de leurs veines, sous l'œil férocement attendri de leurs maîtres, que des miséreux à buffleterie protègent la propriété contre des miséreux en blouse ;

Alors que tout semble aller pour le mieux en le meilleur des mondes ;

Alors, dis-je, prompt et terrible comme la foudre, le Verbe passe…

Et cette fausse tranquillité, cette accalmie faite de lâchetés, de concessions, de perversions, cet arrêt inutile dans l'éternelle marche en avant, apparaît dans toute sa laideur.

1. Allusion au colonel Henry, auteur de faux documents ajoutés au dossier d'Alfred Dreyfus ; il se suicida au mont Valérien après quelques heures de détention suite à ses aveux.

Période néfaste, où les consciences s'aveulissent, où les corps s'émasculent ; tour à tour moqueur et sévère, insinuant et violent, le Verbe la dissèque :

Sa voix retentit du château à la chaumière, de l'usine au palais.

Il frappe le puissant à la joue, il pousse rudement le veule esclave, il violente les peuples pour les amener vers la lumière.

Il brise comme un hochet le sceptre des rois, le sabre des soudards ; à son passage, souvent les têtes roulent à la lueur de violents incendies empourprant l'horizon.

Qu'est-il donc ?

Il est le cri trop longtemps comprimé des souffrances humaines.

Il est la haine des chaînes morales et physiques ; il est le désir de vie et de liberté.

À travers les âges et les légendes, il a passé sous des milliers de noms et de formes.

Il est Prométhée, Lucifer ou Azraël levant l'étendard de la révolte contre les dieux ; il est Caïn contre Abel ; il est Jésus chassant les marchands du Temple.

C'est sa voix puissante qui soulève les albigeois, les Jacques, Jean Huss et la Bohême, les anabaptistes ; et les châteaux brûlent, et les seigneurs tremblent.

Puis il est partout à la fois ; les arts font leur Renaissance, les mœurs font leur Réforme.

Il est Galilée jetant son *E pur si muove* [1] à la face du tribunal de l'Inquisition.

Et comme tout s'endort, c'est lui encore, toujours qui réveille les peuples ; il est Voltaire, Rousseau, il est les Encyclopédistes ; il est le souffle du 4-août ; il est les Girondins, il est Marat, il est Hébert le violent, Babeuf le philosophe, Anacharsis Cloots le terrible rêveur ; sous les pas de l'autocrate, il est les nihilistes.

1. « Et pourtant elle tourne. »

Il est, en ces temps, dans toute sa sublime beauté, ces initiateurs que Deibler[1] faucha ou que la chiourme tua ; ceux que les murs enserrent et les tortures achèvent.

Il paraît souvent vaincu, mais on ne saurait faire qu'il n'ait clamé ce qui est, ce qui doit être. Qu'importent les baillons et la prison, les tortures et la mort, le Verbe découvre, peu à peu, au monde ébloui, l'idéal corps de la Vérité laissant à chaque bûcher, à chaque gibet, à chaque couperet un lambeau de sa robe de Nessus faite d'erreurs et de mensonges.

Or, de tous ces cris jetés à la face du mal, de ces mille incarnations du Verbe devant l'oppression, le Verbe actuel doit être fait.

Il doit flageller du petit au grand, nul amour, nul respect ne sauraient l'arrêter, il laisse à d'autres la pitié.

Allons, ces mâles poitrines ! allons, les cerveaux sains ! venez clamer vos désirs de beau et de vrai.

C'est plus que l'heure des revendications, c'est l'heure de la justice.

Les institutions sacro-saintes tremblent sur leurs bases. Un souffle violent agite l'air, c'est le verbe de révolte qui passe.

Ultime bonté

10-16 septembre 1899

Le soleil jetait sur le paysage de lourds rayons. Des cultures monotones s'étendaient au loin, sans nulle ombre, sans nul abri, champs de blé à la cime d'or ondoyante, champs de

1. Allusion au bourreau Anatole Deibler, qui exécuta 395 condamnés à mort entre 1885 et 1939.

betteraves aux larges feuilles d'un vert cru. En long ruban blanc, la route coulait au milieu, de temps en temps parcourue par quelques piétons las et quelques bandes en joie qui s'en allaient à la fête, dans quelque village par là.

Comme le centre d'un cercle dont la circonférence se formait au loin, bien loin, très imprécise, la ferme jetait une note de grisaille dans l'horizon.

Toute la vie qui la faisait bruire ordinairement, ainsi qu'une ruche par un jour d'été, semblait éteinte. On entendait seulement, par instant, un lent mugissement, ou le jappement d'un chien aboyant en ses rêves.

C'était jour de repos, la ferme était désertée. C'était jour d'assemblée au bourg voisin : la jeunesse emplissait les bals, et, dans les auberges, pères et mères rappelaient leurs exploits du temps passé.

Personne… Mais pourtant… si. Au seuil de la ferme étalant la maison des maîtres sur le bord de la route, une femme, une jeune fille est là, songeuse. Ses yeux semblent se porter sur un au-delà dont ils rayonnent, sa figure resplendit d'une beauté victorieuse comme à la vue d'un tableau magique, assis, là-bas, sur les nuages.

C'est Jeanne, la fille de ferme ; elle est restée seule en la maison dont elle accepte de bon cœur d'être la gardienne.

Ses vingt ans aiment la solitude ; ses vingt ans ne rient pas aux fêtes du village, et les gars des fermes, et les fils des châteaux papillonnent en vain autour d'elle.

Elle songe alors. Elle revoit tout le passé. Jean l'aimé, qui avait pris son cœur ; le meilleur à son gré, en ce groupe d'anarchistes où ses désirs de liberté l'avaient jetée, elle, la fille d'un communard. Elle revoit toute la lutte faite pour se débarrasser de l'ambiance méchante, des pensées, des préjugés qui tentent de l'écraser ; pour se débarrasser même de la morale étroite du père rêvant une liberté châtrée.

Elle revoit l'alliance libre avec l'élu aux cris de la meute étroite du quartier, prêcheuse de raisons d'intérêts près des raisons d'amour ; puis la conscription néfaste, qui jeta le dévolu sur son amoureux ; la fuite de celui-ci vers la frontière, afin d'éviter l'affront sanglant de la livrée, le port du fusil contre d'autres souffrants.

Enfin son départ de ce laid Paris, où elle n'était plus que la femme de l'insoumis, du sans-patrie.

Son arrivée, après de longues marches, en cette ferme où, forte fille, elle s'était mise au dur labeur de la terre ; son acceptation par ce monde de paysans, vaincu à la voir si vaillante à la peine, si douce à tous, qu'elle n'était plus la Parisienne comme aux premiers jours, mais la fille de la maison respectée et crainte quand même, pour ce qu'elle paraissait tout savoir, pour les idées bizarres et grandes qu'elle émettait.

Par-dessus tout, elle voyait l'Idée enfin concrétisée, victorieuse de l'humanité, l'ère de justice enfin vécue.

Mais, comme ses yeux s'égaraient sur la grande route, elle fut de suite rappelée à la triste réalité, à la vie mauvaise, maîtresse des heures présentes.

Péniblement s'avançait un homme en haillons ; la besace habituellement portée courbait son épaule, et la jambe, douloureusement, se traînait.

Il venait en droite ligne vers la ferme, mais d'un pas mal assuré ; la main droite serrait nerveusement un bâton, en crainte des chiens, valets bien disciplinés, hurlant aux chausses des pauvres.

Jeanne le regardait venir : elle pensait à cet autre, aussi malheureux sans doute, en son exode en les pays lointains. Une douce affection lui venait pour ce miséreux, en dehors de la norme des trop honnêtes gens.

Et quand il fut près d'elle, avant que sa voix un peu pleurarde eût jeté le traditionnel : « Un verre d'eau, s'il vous plaît », elle s'était effacée, laissant libre la baie de la porte, l'invitant d'un geste doux et large.

Il se jeta, plutôt qu'il ne s'assit, sur le siège qu'elle lui tendait et ses yeux se promenèrent sur cet intérieur tranquille, reflétant un ravissement étonné de cet accueil si hospitalier.

Le regard de Jeanne avait couru de sa tête poudreuse à ses pieds saignants ; et, vive, alerte, elle avait posé près de l'homme le nécessaire pour les ablutions.

Il l'avait remerciée d'un geste, ne trouvant aucun mot pour lui dire les impressions étrangement douces qu'il ressentait.

Ses pauvres pieds endoloris reposaient en l'eau fraîche, et sa figure, débarrassée de la poudre des chemins, lui donnait un air moins triste, que déjà près de lui une serviette, posée sur un coin de la table de famille, était recouverte d'une collation.

Le pain bis s'offrait, le jambon arrondissait sa panse et, tout près, une bouteille couverte de buée invitait à la soif.

Il but, il mangea sans réfléchir, seulement heureux de l'heure présente. Puis, quand son besoin fut satisfait, il sentit il ne savait quel désir de causer, de raconter ce qu'il était. Immédiatement, Jeanne le mit à l'aise, et alors, il dit tout, heureux enfin de ne pas mentir.

Il avait trente ans ; pour quelques vétilles, soldat, il avait été jeté aux travaux publics ; revenu dans son pays, sans métier, avec ce lourd passé qui lui fermait les portes, il devint paria, il vola, il prit pour vivre où il pût : la justice le jugea bon pour la prison.

Depuis lors, il vagabondait par les chemins, sans feu ni lieu, vivant des aubaines, par-ci par-là, des poulets égorgés en quelque coin de haie, des fruits maraudés en quelque clos.

Elle l'écoutait, prise d'une infinie tristesse, d'un désir de lui être bonne, de lui être douce, de porter en cette rencontre la suprême satisfaction à tous ses besoins.

Comme il ne parlait plus, restant rêveur, elle lui offrit le gîte en l'écurie pour reposer ses membres las.

Il accepta avec joie. La paille fraîche se faisait tentante, il s'y étendit alors qu'elle était encore là.

Alors dans ses yeux, un désir nouveau put se lire, fort, dominant à cette heure, mais sa bouche restait fermée, son esprit ne pouvant le formuler.

Jeanne comprit, elle eut un court moment d'hésitation en pensant sans doute à celui de là-bas, à l'exilé. Tout un combat, rapide mais terrible, se livra en elle. Les vieux préjugés qui se réveillaient à cette heure, en lutte avec les idées nouvelles de suprême beauté.

Là, près d'elle, les yeux se faisaient pleins de désirs...

Et... lentement, elle se courba, son beau corps se moula, en la litière, ses seins resplendissant de beauté, brisant leur enveloppe, éclorent aux yeux émerveillés et vainqueurs du pauvre hère...

La ferme allait disparaître au tournant de la route ; il la regarda une dernière fois, longuement, comme s'il eût voulu graver en lui les traits de cette oasis si douce, en l'aride désert de la vie.

Sur le seuil de la porte, comme s'il s'effaçait, elle songea à Jean, l'élu d'amour. Elle se sentit plus grande, plus digne de lui ; elle comprit qu'il la voulait ainsi : libre de tous préjugés, suprêmement forte devant les puissants et les maîtres, suprêmement douce aux révoltés, aux parias.

Comme sa pensée se portait à nouveau par-delà les nuages, elle souhaita que son bien-aimé trouvât sur le chemin même beauté, même bonté, et elle resta délicieusement rêveuse.

Haine

8-14 octobre 1899

Le tramway glissait tout droit son chemin au milieu des voitures zigzaguant autour de lui. De temps à autre la corne du conducteur jetait son appel strident, et la voie se faisait libre à son passage.

À l'intérieur, les voyageurs quelque peu bercés se dévisageaient d'un œil tout à la fois indifférent et scrutateur. Les uns, le nez plongé dans un journal, jetaient des regards furtifs par-dessus la feuille ; les autres, se tournant les pouces, examinaient leurs voisins dans le désir de trouver un visage ami ou simplement sympathique, afin de passer agréablement ce quart d'heure de promiscuité banale.

Seuls, deux hommes causaient. L'un, prenant des attitudes de tribun, haussait la voix comme s'adressant à tous, et tous les yeux indistinctement se portèrent vers lui, les oreilles se tendirent ; le receveur, même, se pencha à l'intérieur. L'homme, flatté, pérora. Il était pour l'armée, la loyale armée, l'armée purifiée, l'armée du peuple ; il décorait son thème de larges phrases à effet.

Déjà les têtes acquiesçaient, lorsqu'une voix incisive s'éleva, et, de quelques phrases brèves mais claires, point par point, détruisit les arguments du phraseur : « Oh ! vous êtes anarchiste ! — Oui, je le suis. »

Et, de cette affirmation, ses mots se grandirent, se firent plus forts, plus puissants ; ils étaient autant de coups de hache portés à l'édifice social.

« Je porte en moi la haine du mal, de l'étroit, et tous les moyens me semblent bons pour détruire votre abjecte société. Et nous réussirons, car notre haine est procréatrice de vouloirs. Notre haine, vous dis-je, sera le torrent qui emportera capital, religion, armée, le trio infâme. »

Or, comme il s'arrêtait, une voix douce, aux intonations musicales, répéta : « Oui, oui, la haine est seule procréatrice de vouloirs. »

Tous les cerveaux restaient sous le poids de ces rudes pensers. Vers cet écho caressant le jeune homme, l'anarchiste tourna la tête : près de lui, le couvrant d'un regard doucement scrutateur, une femme, qu'il avait à peine regardée tout à l'heure, lui apparut, merveilleusement belle. Une statue de l'orgueil ; sa figure aux traits réguliers et fermes, s'auréolait d'un diadème de cheveux noirs, son corps se moulait victorieusement en les étoffes. Leurs regards se croisèrent longuement, lisant tour à tour dans leur cerveau, et ils se tendirent les mains comme des déjà-vus : ils se causèrent.

Et le tramway allait son train, se vidant et se garnissant à nouveau. Une fois, à un carrefour, elle avait fait le geste de se lever, mais elle s'était rassise, lui plus loin avait eu le même geste et n'avait pu quitter sa place.

Comme ils causaient, que les idées emplissaient de force et de charme leur conversation, le tramway se vidait complètement et, impatienté, le receveur répétait : « Tout le monde descend. »

Ils se regardèrent étonnés. Comment étaient-ils là, qu'étaient-ils venus y faire ? Elle sourit : « Vos idées sont si belles et si vraies. — Vous les possédez, amie, plus belles que je ne puis vous les donner. Elles sont, je veux le croire, en un champ non encore cultivé, mais que le moindre coup de charrue rendra étrangement fécond, y faisant naître lourde moisson de vérité et de beauté. »

Les gens les coudoyaient brusquement affairés ou simplement pressés de leur inutilité. À la terrasse d'un café, un coin solitaire appelait les amoureux ou les rêveurs : elle le lui montra. Il rougit, instinctivement sa main se tendit vers son gousset. Elle sentit la valeur du geste : « Bah ! que vous importe. Anarchiste vous êtes, sans préjugés mesquins ou faux ; de plus, comment voulez-vous qu'il en soit autrement, adversaire de la société, en dehors d'elle, vous êtes, vous devez être un paria de la fortune. »

Il s'assit auprès d'elle, et la conversation se renoua, découvrant de sublimes horizons et les idées de ces deux cerveaux s'entrechoquaient, produisant des éclairs d'éblouissante clarté.

Leur vie ordinaire, les rendez-vous donnés, les affaires de la norme courante, tout cela s'estompait au loin.

Cette communion de leurs cerveaux appelaient les désirs : entre tous, le désir de se confondre l'un l'autre. Cela se lisait surtout en l'homme moins maître de ses passions, de même que son intellect vibrait à la conception de ses idées, ses yeux s'allumaient à la braise de ses grands yeux noirs.

Elle se leva, sans cesser le brillant tournoi, héla un cocher, invita du geste son ami : « Je ne sais pas ce qui est en moi. Vous voulez me connaître mieux, prolonger la conversation. Je le veux aussi. Mais il faudra arrêter là vos désirs. Me le promettez-vous ? »

Il le promit…

Dans l'appartement somptueux on eût pu croire à un rendez-vous intime. L'un près de l'autre, toujours ils traitaient de questions du plus haut passionnant. Inlassable, elle le tenait sur les terrains les plus élevés du domaine de la pensée.

Mais en cette atmosphère où vibraient leurs émanations, on voyait aussi chez elle le désir d'amour se personnifier, l'envahir lentement et à son insu.

Comme ils parlaient d'union libre, d'affection largement donnée, leur désir commun les incendia.

Il la prit par la taille et ses lèvres se collèrent à ses lèvres.

Mais, tout à coup, le corps de l'inconnue s'échappa à cette étreinte passionnée : « Non ! pas à toi ! pas à toi ! »

Il y avait en ce cri une expression indéfinissable, on y sentait le désir vaincu par la volonté, on y devinait l'évocation terrible de quelque cause mystérieuse empêchant l'acte d'amour.

Lui, douloureusement surpris, cherchait dans ses yeux à lire le pourquoi.

« Je ne voudrais pas que tu penses un instant, dit-elle, que je veux, en courtisane habile, réveiller en toi des désirs que je laisserais ensuite insatisfaits, recommencer un supplice de Tantale.

» Ton supplice est mon supplice, car tout mon corps va vers le tien. La communion de nos corps serait si âprement bonne, si voluptueusement terrible après la communion de nos cerveaux ! Mais nous ne pouvons ; non, non, pas avec toi… avec toi… Assieds-toi là, tout près de moi : écoute. »

Sa voix avait des vibrations pleines de passion, nuançant de désir, d'horreur, se faisait charmeresse ; et, docile à ses appels, il buvait ses paroles.

Elle tenait ses mains dans les siennes, ses yeux dans les siens, elle dit.

Fille d'ouvrier, elle avait par son intelligence obtenu une bourse. Pauvre, au sortir du lycée, à dix-neuf ans, elle avait dû vivre ; elle fut caissière en un grand magasin de modes.

D'esprit et de connaissances très affinés, elle savait beaucoup et se croyait à même de pouvoir lutter dans la vie. Pourtant elle devait vivre l'histoire banale de la séduction. Le fils d'un gros client de la maison l'avait remarquée, courtisée, prise surtout par la sentimentalité.

Il était très riche, il fit pendant leur liaison mille folies.

Cela ne dura qu'une saison ; un soir, il ne vint pas. Trois jours elle l'attendit en vain. Puis, par un mot froid, presque moqueur, il lui apprit la rupture définitive, lâchement calculée ; le besoin de repos pour un mariage riche qui devait couronner sa vie de garçon ; un regret, un souhait, un conseil et mille francs épinglés à la lettre.

Cet abandon porta un coup terriblement douloureux à son cœur ; elle sentit se briser en elle toutes fibres sentimentales, le voile de nuit qui couvrait ses yeux se leva. Elle comprit, elle vit, elle jugea. Elle se vit le jouet de ce riche, comme tant d'autres l'avaient été et le seraient d'autres de la même espèce, elle comprit qu'il ne saurait en être autrement, qu'elle vivait dans une société qui la vouait par avance à la prostitution ; son instruction même n'était qu'un leurre, faisant d'elle un objet de luxe, un objet plus délicat, à l'usage des raffinés de la haute.

De cet effondrement de tout son amour, de toutes ses affections, de tous ses préjugés, naquit la rouge haine. Elle la généralisa, la reporta sur l'odieuse organisation sociale qui rendait possible pareille abjection. Elle haït, elle exécra la société : dès cette heure, elle chercha sa vengeance.

Depuis plus d'un mois, elle se sentait dans un état anormal, douloureux : elle ne savait.

Voulant être forte pour la lutte, elle vit un médecin. Et – terrible révélation ! – l'être était parti, viciant son corps, lui laissant une maladie l'attaquant au plus intime de son être.

À cette nouvelle, elle eut un sourire affreux, prit l'ordonnance, et sortit raide, impassible. Dehors, elle chiffonna le papier et le jeta.

À ce point de son récit, sa voix se fit forte, claironnante : « Dès lors, je tenais ma vengeance. Ah ! ce poison qu'il avait jeté dans mon sang, j'allais le verser à mon tour à tous ceux de sa classe, à tous ceux de sa race. Je n'avais nul besoin des conseils et des remèdes du médicastre. Je ne voulais pas, je ne veux pas guérir !

» Ah ! cette beauté qui me faisait objet recherché, objet de luxe, je m'en sers, je m'en servirai. Je les attire dans mes rets, je les amène à moi, ils s'en vont d'ici emportant la terrible maladie : vieux et jeunes, à tous, en échange de leur or, je jette la corruption. Avec les beautés de mon corps, je leur glisse l'affreux venin.

» Je vaincs les répugnances de mes vingt ans : la haine domine en moi !

» Je vais, semant la destruction. Je séduis les pères de famille, les gens *rangés*, pour porter plus loin les germes fatals.

» Je hais ! je hais ! je hais !

» Je me meurs de ma souffrance, je me corromps moi-même, mais j'entraîne à la mort la société, hâtant la décomposition finale.

» Meure la société, sous le poids de la pourriture ; ce fumier sera peut-être l'humus d'où germera un monde nouveau ! »

Et l'anarchiste, le violent terrorisateur, le terrible, courba la tête sous le poids de cette haine.

Il sentit combien, dirigée, elle serait féconde, et, à son tour, comme un écho, il clama : « La haine seule, est procréatrice de vouloirs. »

Au *Triomphe de la République* (Lettre ouverte à M. le Syndic – Adhésion du syndicat des Gueux)

19-25 novembre 1899

Nous baladant mélancoliquement par les rues de notre grande ville, nous avons eu l'heureux plaisir de lire votre honorée aux corporations, en un journal abandonné dans le ruisseau… Et suivait l'accueil si favorable fait par les associations ouvrières. Depuis le larbin rasé et la coquette chambrière, jusqu'au croque-mort imberbe, et la gente infirmière, depuis l'employé des contributions jusqu'au gabelou, depuis le ramasseur de mégots jusqu'à l'allumeur de réverbères tous, tous allongeront la fille de votre *Triomphe*[1].

Seuls, les gueux sont oubliés… Oubli heureusement réparable… Nous avons pris l'initiative de les réunir… À notre appel, des carrières et des ponts, des égouts et des rues, ils sont sortis, sont venus clamer leur désir en un immense et effrayant meeting.

Ces gueux nous ont fait l'honneur de nous déléguer pardevers vous, et nous nous empressons de répondre à votre questionnaire.

L'adhésion de notre syndicat à cette fête ne saurait faire aucun doute, car nul plus que nous n'y a sa place marquée. Et nous tous, les sans-gîte, les sans-liquette, les sans-le-sou, les sans-rien, nous irons d'un commun accord acclamer la conception si exactement juste de Dalou : le *Triomphe de la République*.

Notre syndicat n'a pu qu'admirer cette idée grandiose : le défilé du monde du travail devant la tribune où fraternisent le capital et la politique ; le défilé des exploités au

1. Dû au sculpteur Aimé-Jules Dalou, le *Triomphe de la République* (1889) est un groupe en bronze monumental érigé place de la Nation.

pied des exploiteurs, près de ce leurre de magnifique envergure : le *Triomphe de la République*.

Et cette comédie tragique nous enthousiasme tant que, si vous nous le permettez, nous vous donnerons un conseil sur la formation de la cavalcade.

En tête, tous les bardés tricolores, députés ou maires, toutes les nullités, tous les coquins, représentants de la jobarderie nationale. Au centre, viendraient les braves ouvriers, les compagnons charpentiers, menuisiers, serruriers aux pantalons larges et aux allures révolutionnaires, toutes les estimables corporations, tout le monde du travail honnête. Le sarrau, la cotte, la veste, le bourgeron, la blouse, la redingote étriquée de l'employé sympathiseraient démocratiquement.

Même, dans un symbole large et généreux, on pourrait voir là, le traditionnel bœuf gras, mué pour la circonstance en veau d'or, le capital gras : les travailleurs du Verre et du Fer, les gogos du suffrage universel, traînant dans un char luxueux Campionnet*, Schneider, Rességuier*, Waldeck, Galliffet [1] se tenant étroitement embrassés avec les représentants de l'exploitation honnête et ceux de la politique austère.

Alors, après ces honorables, notre place sera toute désignée : en regard de la tête faite de luxe et de pléthore, la queue faite de misère et de privations.

Après le hoquet de remerciements des repus et l'acclamation idiote des esclaves, la supplication muette et lâche des miséreux.

Les ventres vides, logique complément des panses trop pleines.

Mais je m'écarte de la route tracée…

Nous ne pouvons vous donner le nombre, même approximatif, des membres présents à cette fête ; à l'appel de notre chambre syndicale, les gueux sortiront de tous les pavés, des arches de pont, des fortifs et d'ailleurs.

1. Évocation de figures patronales et d'hommes politiques emblématiques de la seconde moitié du XIXe siècle.

Malgré tout notre désir de voir nos amis porter une livrée collective nous avons dû y renoncer, les costumes les plus disparates sont à prévoir : les pardessus sans chemise, la chemise sans veste, l'homme vêtu d'un caraco de femme et la femme d'un paletot d'homme, le haut-de-forme accordéon près de la casquette à trois ponts, tout cela grouillera en un pêle-mêle des plus suggestifs. Cela les dispensera de crier leur joie : à les voir passer, on lira, on comprendra le *Triomphe de la République*.

Ces loques haillonneuses recouvrant ces loques humaines, ces affalés, ces déjetés, ces vaincus de la vie, scorie de l'exploitation bourgeoise, ces hommes rongeant leur poing, ces femmes hagardes, ces vieillards titubants, ces mioches grouillants, tous, à demi nus par la douce température de novembre, cela clamera bien haut le « triomphe de la République ».

Et comme traditionnel délégué nous avons choisi le plus veule d'entre nous, la tête la plus courbée, les fesses toujours tendues pour les coups de botte, c'est un tireur de pied-de-biche quelconque, ex-notaire, victime du Panamá.

Nous ne possédons pas d'emblème corporatif, mais nous en formerons vite un de la dépouille d'un de ceux qui crèveront de faim, dans ce jour de fête, jour du « triomphe de la République ».

Cette loque aux couleurs indécises accrochée à quelque béquille fera le drapeau de deuil, l'emblème de la mort.

Ah ! le beau jour ! toute la démocratie ouvrière affirmera par des cris et des vivats son attachement à cette bonne mère : la République.

Ce sera le triomphe de la livrée, le triomphe du travail, des travailleurs, de la liberté… ce sera surtout le triomphe des arrivistes.

Ce sera le triomphe de la République, cette féconde accoucheuse des bonnes lois ouvrières et des non moins excellentes scélérates.

Mais nous abusons de vos instants et nous nous hâtons de revenir à nos moutons…

Si vous avez une communication à faire à notre chambre syndicale, par quelque rafle adroitement faite sous les ponts ou près des Halles vous trouverez toujours un crève-la-faim à qui parler.

Nous vous prions de pardonner cette façon de vous écrire, mais nous avons goinfré, en une honteuse beuverie, les trois ronds votés, à cet effet, par notre syndicat.

Avec la certitude d'une réussite complète, agréez, monsieur le Syndic, l'assurance de ma gueuserie parfaite.

ALBERT LIBERTAD

PS : Nous omettions de vous donner un petit conseil. En ce jour de fête, nous croyons qu'il sera logique de décupler les forces policières, même de faire intervenir quelques régiments : rien mieux que cela ne fera taire les mécontents (il y en a toujours), ne placera mieux en lumière le « triomphe de la République ».

Quelques Malgaches, quelques relégués, quelques insoumis, quelques colons d'Aniane[1] ne feraient pas mal non plus dans le défilé, toujours pour affirmer le triomphe pacifique de ladite République.

1. Allusion à une maison de force et de correction pour les mineurs, fondée à Aniane (Hérault) en 1843. Elle fut l'objet d'articles dénonciateurs de Zo d'Axa, qui la qualifiait de « Biribi pour les gosses » dans *La Feuille* en 1898 (lire Zo d'Axa, *En-dehors*, Champ libre, 1974).

La légende de Noël Dédiée aux petits-enfants de l'an 3000 (ou plus)

24-30 décembre 1899

Il était une fois, il y a bien longtemps de cela, vers l'an 1900, un gros amas de pierres et de boue que les naturels d'alors appelaient Paris.

C'était la capitale d'un pays favorisé par un climat tempéré et où les céréales, les vignobles, les plus beaux fruits poussaient en abondance.

En s'approchant de cet amas de pierres, vainquant les odeurs pestilentielles qui s'en dégageaient, on le voyait sillonné de voies de toutes sortes : les unes, larges, bordées de belles maisons ; les autres, étroites, avec, de chaque côté, rangées et serrées, des maisons aux allures de souricières.

Ce jour-là, l'année se terminait ; c'était fête par cette ville, mais la nature paraissait bouder et la neige tombait à gros flocons.

Malgré cela, tout le long des rues, les magasins jetaient des flots de lumière et les yeux étaient attirés par des amas de victuailles bizarrement achalandés.

Les promeneurs, les acheteurs étaient nombreux : les uns, recouverts de chaudes fourrures, allaient riants et béats, se moquant de la froidure ; les autres, au contraire, marchaient craintivement, ils étaient recouverts de loques, au travers desquelles se dessinaient leurs os ou se montraient leurs chairs.

De temps en temps, les seconds prenaient devers les premiers des attitudes suppliantes, que vous ne connaissez pas, chers enfants, mais qui consistaient à tendre la main en prononçant des paroles sans suite, d'un ton dolent. Ils demandaient l'aumône, c'est-à-dire qu'ils priaient les heureux de leur donner une part de leur superflu afin de pouvoir acquérir du nécessaire pour eux et leurs enfants.

Les trois quarts des bien-vêtus passaient indifférents ; d'autres, parcimonieusement, cherchaient en leur poche la plus petite offrande pour leur donner.

Quand les loqueteux se montraient trop entreprenants, des hommes habillés tous de même sorte, bien chaudement, les rudoyaient et les chassaient des larges voies ; quelquefois même ils les emmenaient après leur avoir mis des chaînes aux mains.

Et il y avait, en même temps, si peu d'humanité, si peu de respect de la dignité humaine, que les gens bien vêtus faisaient cercle et jetaient des lazzis aux pauvres hères ainsi traités, et que les mal-vêtus courbaient la tête, effaçaient leurs épaules, tâchant de faire oublier leur crime d'être pauvres en acquiesçant aux actes des hommes en uniforme.

Ces derniers s'appelaient des agents de la force publique, on les entretenait gros et gras ; ils avaient pour mission de défendre les bien-vêtus, les bien-nourris, contre les loqueteux, les miséreux. Ils étaient, ce qui vous étonnera, de cette classe si malheureuse.

Mais nous causons beaucoup sans entrer dans le sujet.

Une femme était perdue en cette foule. La souffrance se lisait sur ses traits, et la misère sur les pauvres hardes qui la recouvraient. Mais en l'examinant, on la sentait jeune, on la voyait belle.

Maintes fois sa main avait dessiné le geste de l'aumône, jamais elle n'avait eu la force de le terminer. Une fierté dernière rayonnait en ses yeux, tout son être se révoltait contre l'avilissement, la supplication.

Souvent déjà des bien-vêtus l'avaient coudoyée et lui avaient jeté des appels grossiers et, comme elle s'attardait devant un étalage garni de mets succulents et tentateurs, elle sentit dans son cou l'haleine chaude d'un homme qui lui soufflait : « Si tu veux monter, la chambre et la pièce ronde. »

C'est à peine, chers enfants, si vous osez comprendre ces paroles, tant elles vous paraissent surprenantes. La dignité de la femme, son libre choix, en ces temps barbares, n'étaient pas plus respectés que la dignité et la liberté humaine. La beauté, la grâce, la jeunesse des femmes pauvres étaient achetées par les bien-vêtus, les riches. Nul de leurs goûts n'était respecté et les plus vieux, les plus laids à fourrures avaient, presque pour un morceau de pain, les plus jeunes et les plus jolies femmes.

On affectait alors une plus grande morale et une grande pudeur et nos unions libres de maintenant étaient fort bannies : l'amour se faisait toujours par intermédiaires, ou se vendait en des marchés spéciaux.

Notre pauvre inconnue rougit, se retourna. L'homme était vieux, il était laid, des yeux enfoncés dans la graisse de ses joues, deux ou trois mentons, un gros ventre… Ô sa jeunesse à ce vieillard, à ce laid jouisseur. Elle hésita, puis parut sur son beau visage une contraction ; elle haussa les épaules… elle accepta.

Elle suivit l'homme, dans un hôtel, en quelque rue voisine de la grande artère. Et dans une chambre banale où se sentaient les ruts vénaux, elle vendit son corps aux caresses bestiales du passant.

Satisfait, l'homme s'en allait à d'autres plaisirs. Elle, devant l'hôtel, regardait la « pièce ronde » comme égarée, puis elle se ressaisit. L'acte qu'elle venait de commettre, c'était pour ce métal. Ce métal, c'était du pain pour l'enfant qui avait faim ; ce métal, c'était du charbon, pour l'enfant qui avait froid… pour son enfant, là-bas, dans la mansarde.

Elle entra, en coup de vent, dans un magasin où s'étalait le pain doré sous toutes ses formes. Des servantes qui s'empressaient près des bien-vêtus, la dévisagèrent soupçonneusement : « Une livre de pain, s'il vous plaît. » Car le pain, chers enfants, cette indispensable nourriture, se vendait ainsi que tout. On la servit et, heureuse d'avoir du pain à elle, la pauvresse, elle jeta la pièce sur le comptoir. Elle rendit un son mat… Une voix méchante disait : « Fausse, faut pas nous la faire, ma petite. » Des mains brutales lui arrachaient le pain et la poussaient dehors.

Elle comprit : elle avait été volée, trompée. Le sacrifice dernier de la mère pour l'enfant avait été inutile. Des injures venaient à sa bouche contre le goulu qui avait mangé sa chair, respiré sa jeunesse, sans vouloir lui laisser une bribe de son bien-être.

Mais sa tête vite se courba, de grosses larmes coulèrent le long de ses joues ; découragée, lasse, elle prit le chemin des voies étroites, des maisons noires, laissant loin derrière elle le quartier de luxe et de pléthore.

Et, dans la plus étroite rue, devant la plus noire maison, elle s'arrêta, elle suivit une longue allée, monta l'escalier, et, tout en haut, retenant sa respiration, doucement elle ouvrit la porte de sa chambre.

Ô l'affreuse mansarde, ô le noir taudis. Par terre un matelas sur lequel deux ou trois sacs étaient jetés, tout près une table aux planches mal jointes, un fourneau dont les trois trous béants semblaient jeter du froid, une malle grise en un coin et c'était tout. Un jour blafard se glissait par une lucarne dont la vitre cassée laissait souffler la bise.

C'était tout, disions-nous ? Non. Dans un coin, jetant presque une note gaie, un berceau. Dans ce berceau tout l'amour maternel se dessinait vainqueur ; des milles riens embellissaient ce nid. Un enfant de cinq ou six ans y reposait.

Le premier regard de la femme fut pour lui. Hélas ! elle rentrait comme elle était partie, les mains vides, pas de pain, pas de bois, c'était la mort, l'inévitable mort. Sa mort, celle du chérubin, de cet avenir. Ses yeux ruisselèrent de larmes, elle s'approcha à pas lents du berceau. Ô ironie, l'enfant, en son rêve, souriait à la vue de quelque lointain paradis, du vôtre, ô chers enfants.

Alors, elle retint son souffle, mais un désir de baiser cette chair innocente, cette chair de sa chair, naquit, impérieux, et elle posa ses lèvres sur le front de l'enfant.

Celui-ci ouvrit lentement ses grands yeux encore plein de joie extatique, les jeta sur sa mère en larmes, sur la table vide, sur le poêle éteint, et tout triste : « Ô maman ! ce n'était qu'un rêve… mais quel beau rêve ! Nous n'avions plus faim… Nous n'avions plus froid… jamais. »

Assassins patentés

7-13 janvier 1900

Douze honnêtes bourgeois, commerçants ou industriels patentés, viennent, pour clore dignement l'année 1899, si féconde en infamies, en turpitudes, de commettre un monstrueux forfait.

L'armée, la calotte, l'aristocratie, la magistrature, pourvoyeuses habituelles de fusilleurs, d'inquisiteurs, de sabreurs, de pédérastes et de faussaires, viennent d'être dépassées par la bourgeoisie. Cette sœur cadette a voulu se montrer digne de ses aînées.

Furhmann, Desjardins, ô pauvres petits gosses aux mains sales, qui expiez par deux ans de prison le crime d'être mal vêtus, voici des frères de misère qui vous viennent.

Victimes des juges marteau-pilon de la correctionnelle, ouvrez les rangs, voici les victimes du jury infâme de la Seine.

Joubert, Moine, Fontana, Louis Martin, Mordo, Wertheimer, Benhaïm, pléiade d'enfants, à la centrale… et vite.

Condamnez Joubert, il a volé, il y a trois ans, une toupie à un étalage ;

Condamnez Moine, les renseignements de police prétendent qu'il a des idées avancées ;

Condamnez Fontana, ce mioche a déserté une fois le domicile paternel, faisant l'école buissonnière ;

Condamnez Louis Martin, sa concierge certifie qu'il rentre tard le soir, et qu'il ne lui parle jamais ;

Condamnez Mordo, il est bulgare, en France depuis seulement quatorze ans : sus à l'étranger ;

Condamnez Wertheimer, il est juif ! sus aux Juifs ;

Condamnez Benhaïm, il est intelligent ! il est pauvre ! il est juif !!! sus, sus, au pauvre Juif intelligent…

Il n'y a nulle preuve contre eux, dites-vous ? Qu'importe ?

Moine, Mordo ont des alibis certains. Qu'importe ?

Joubert, Fontana sont des gosses en rupture de jupons. Qu'importe ?

Martin, Weirthermer sont venus par hasard, en curieux. Qu'importe ?

Benhaïm, la tête remplie d'X et Y, ne songe pas à manifester. Qu'importe ?

Qu'importe ? Qu'importe ?? Qu'importe ???

On a attenté à la sacro-sainte propriété, on a violé le temple trois fois saint du narcotique populaire, il faut des représailles…

Il faut de la chair fraîche à la justice.

Et c'est là tout le réquisitoire.

Le Bonnet l'a dit d'un air saccadé, rageur, les dents serrées en prononçant les mots : idées avancées, étranger, juif.

C'était piteux.

Le hasard nous avait placé près de la mère de Fontana et de la sœur de Mordo ; après les dépositions idiotes des agents, ce piètre réquisitoire, la défense nette et d'ailleurs si facile des accusés, nous les soutenions tous deux de paroles d'espérance, comptant sur un verdict général d'acquittement, tant il nous semblait impossible qu'on frappât ces enfants dont l'innocence venait d'être si clairement démontrée.

Nous, si souvent frappés par la justice, nous croyions qu'on ne pouvait aller aussi loin dans l'hypocrite répression. Quatre mois de détention nous semblaient déjà une monstrueuse condamnation.

Ces douze hommes, détenteurs de la liberté de ces enfants, nous paraissaient avec des allures douces de vieux bonhommes, souriant parfois de la nullité des accusations. Nous étions tranquilles à leur départ dans la chambre des délibérations.

Et quand, après trois quarts d'heure de réflexion, ils revinrent portant cet horrible verdict, nos poings se crispèrent, les ongles nous entrèrent dans les chairs.

Quel nom donner à ces vieux satyres ? Où donc était logé leur cœur ? De quelle boue étaient-ils donc pétris ?

Toutes les lois sont scélérates.

Tous les jugements sont iniques.

Tous les juges sont mauvais.

Tous les condamnés sont innocents.

Autant de vérités, pour nous anarchistes, ne laissant aucun doute en notre esprit.

Mais il nous semblait exister encore un certain vernis, un certain décorum exigeant tout au moins du prévenu un semblant de culpabilité d'après le Code.

Nous savions que l'on condamne le voleur d'un pain malgré qu'il meure de faim, le pauvre diable qui se défend, le soldat qui veut sa liberté, l'ouvrier qui se rebelle contre le patron.

Mais nous croyions que la justice se mettait à l'abri derrière les lois et que les jurés, sortant de leur comptoir, cherchaient tout au moins une preuve de sa culpabilité, si minime soit-elle.

Et voilà nos dernières illusions qui s'enfuyaient.

« Au meurtre ! À l'assassin ! Sus aux bandits ! » Ô tous ces mots qui bourdonnaient à nos oreilles ou qui serraient notre gorge… Les agents de la Sûreté se rapprochent, l'instinct de conservation prend le dessus devant l'inutilité de l'acte.

Les avocats se lèvent, faiblots, demandant la loi de sursis.

Benhaïm seul dit : « Je crie devant ce Juif crucifié que je suis innocent ; mais puisque le jury me reconnaît coupable, je ne veux pas de votre indulgence, condamnez-moi au maximum. »

Et Fontana veut se tuer ; et Mordo pleure de rage ; et Benhaïm devient fou !!!

Victoire, victoire, nationalistes, antisémites, un bon point à Bonnet le pourvoyeur, un bon point au jury dans son anonymat canaille.

Mordo l'étranger, le Bulgare, Wertheimer, Benhaïm, les Juifs ont leur vie brisée.

Et les valets de justice ont dit : « Joubert, un an ; Moine, quinze mois ; Fontana, un an ; Louis Martin, deux ans ; Mordo, quinze mois ; Wertheimer, quinze mois ; Benhaïm, cinq ans de réclusion. »

On parle de grâce pour eux ; peut-être rendra-t-on ces enfants à leur mère dans un geste d'hypocrite magnanimité, mais le jury de la Seine, mais les douze vieux bonzes qui siégeaient ont, en notre cœur, en celui de beaucoup d'autres, rompu le dernier lien qui pouvait nous tenir attachés à la société.

Bandits ! trois fois bandits !

Furhmann, Desjardins, Joubert, Moine, Fontana, Louis Martin, Mordo, Wertheimer, Benhaïm, autant de plus à ajouter à la liste terrible des victimes des lois scélérates.

Or donc, agrandissons le débat, battons le fer tant qu'il est chaud ; en avant pour ces petits, inconnus d'hier, trop connus d'aujourd'hui.

Aux appels féroces du Bonnet à la haine mesquine entre races, entre pays ;

Aux actes ignobles du jury cannibale de la Seine ;

Répondons par des appels terribles à la haine de tout ce qui est autorité, caste, religion, de tout ce qui fait l'oppression : poids séculaire écrasant la liberté.

Pas de pitié… Ces tueurs de gosses n'en méritent pas.

Les pantins. À Paul Adam[1]

1er-8 avril 1900

C'est avec un réel souci de l'exactitude, de la vérité que m'a paru écrit votre article « Les pantins » en « le » journal par excellence.

J'y ai reconnu l'auteur de quelques belles pages de *La Force* et je n'ai pu m'empêcher de constater sur quelles données précises vous vous étiez appuyé et avec quelle haute philosophie vous aviez croqué cette critique.

Soucieux du vrai, vous avez relégué aux rôles de simples comparses, de personnages de deuxième plan, tous les décrocheurs de timbales, tous les prometteurs de lune, pour bien faire ressortir le rôle ignoble du candidat perpétuel : l'anarchiste, l'œdipe.

De quel art incontestable ces choses-là sont dites, avec quelle connaissance de ses classiques, en homme qui a fait, sans nul doute, ses humanités.

Combien vous retapez drôlement la vieille fable mythologique et avec quel goût et quel à-propos l'« œdipe tue son père par altruisme », « précipite le sphinx dans l'abîme », « fornique avec sa mère qui est la nature animale », « dont il a deux fils qui s'entretuent, produits de l'individualisme naturel », « se crève les yeux », j'en passe et des meilleurs, puis finalement jette ce « chien pourri sur la gueule du bourgeois ».

Et vous n'êtes pas moins exact dans votre rapide aperçu de la philosophie libertaire. Tout le monde saisira ces images cristallines où vous évoquez « l'apôtre de l'individualisme, possesseur du lit de Procuste et son continuateur », « qui veut tuer les sphinx pour résoudre les

1. En réponse à un article de l'écrivain Paul Adam* (1862-1920) publié dans *Le Journal**, que dirige Fernand Xau.

questions », « qui ampute et qui étire par le fer », « qui est la fatalité des lois naturelles à qui combat au moyen des Euménides » et dont, malgré cela, « les furies grecques utilisent la vocifération ». Garçon : un démêloir !

Et tout du long l'article est semé de pareilles perles et de pareils rubis enchâssés dans l'or coulant d'un style inimitable.

Je ne voudrais pas un moment essayer de vous prouver que les anarchistes ne sont et ne peuvent être des candidats ; je ne voudrais pas non plus relever point par point les contradictions et les mensonges faits dans les quelques lignes de votre article.

Non, dis-je, je ne ferai pas la sottise de vous prendre pour un ignorant… tout au plus penserai-je que les ailes grises de quelque girouette vous troublent la cervelle et que les snobs intellectuels sont aussi comiques que leurs confrères à modes changeantes.

Écrire pour écrire – pour subvenir à ses besoins de luxe –, faire chatoyer son style de mots rutilants, gonfler de paroles sonores des phrases creuses, être obscur pour paraître profond, cacher le vide de ses idées sous le manteau du scepticisme ou de l'amère désillusion, bien jouir de la vie et jouer les misanthropes… ce sont choses maintenant fort à la mode.

Et vous me permettrez, alors que vous m'apprenez mon rôle d'œdipe, de vous parler de ces nébuleux personnages, au faciès tragi-comique, allant pontifiant de côté et d'autre, jouant aux sphinx.

Ils tiennent ce rôle pour la galerie – comme les pantins si bien décrits –, pour se dispenser d'avoir des idées, pour pouvoir, eux, les vidés, remplir colonne sur colonne, livre sur livre, à la grande joie des badauds littéraires, des esthètes à longs cheveux qui auront un sourire entendu tout en cherchant en vain l'énigme et, se creusant la cervelle, se répéteront afin de se donner du cœur :

> Les intellectuels, c'est pas de la rouss'lette…
> Qu'ils ouvrent le cul, qu'ils ouvrent la bouche,

Qu'ils lancent des mots, des sons ou du vent,
On les sent plus forts. Leur verbe nous touche.
Ça n'est pas banal. C'est toujours savant.

Ainsi que l'a dit l'ami Paillette dans une tablette à eux consacrée : « Ô beau sphinx, aux allures de “petit monsieur”, aux gestes mesurés, neurasthénique mondain par suite de l'envahissement des ratés, beau sphinx. Salut et respect. »

Si œdipe sois-je, jamais il ne me viendra à l'idée de vous renverser de votre piédestal, ni vous ni aucun de vos pareils, point que je craigne d'être dévoré, mais par avance convaincu que tous ces poseurs d'énigmes n'ont rien dans le ventre et que ce seraient des efforts et du temps bien mal employés.

Il vous eût été facile pourtant de nous donner des « tuyaux » inédits en vous rappelant les beaux jours de la caricaturale figure du « Brav'général » et en nous parlant des lances que vous avez rompues dans le fief au beau Maurice. L'histoire de cette joute où vous jetiez votre gourme parlementaire, et où votre candidature faisait rêver les névrosées de l'endroit eût été pourtant bonne à connaître. Et évoquant votre échec vous auriez pu nous parler de votre « mufle fielleux de jaloux combattant le succès du rival ».

Oh là ! petit monsieur, que les candidats sont laids, mais que les élus sont beaux. Les admirables gens, lorsque de candidature en candidature, arrivant au plus haut degré de l'échelle du parlementarisme, ils rougissent votre boutonnière.

Pour le sceptique qui vous parodiait, est-il plus belle attitude que cet agenouillement devant la décoration ?

La tache rouge vous ennoblit de pair avec les grands couturiers, tueurs de femmes et les grands généraux, tueurs d'hommes ; votre rire et votre goguenardise sont si peu estimés, si peu craints que le gouvernement les récompense.

1. Le « Brav'général » n'est autre que Boulanger et « Maurice », Barrès.

Vraiment pouviez-vous mieux connaître cela qu'en essayant de mordre les anarchistes ennemis de tout gouvernement... de les mordre, il est vrai, après mille détours, mille circonlocutions, mille fioritures, constatons-le.

Je m'étais plu, non point que jamais je vous ai pris au sérieux, à vous penser de situation indépendante. Votre officiel « mariage », façon des plus esthétiques d'arriver, qui vous assurait une situation « honorable » me semblait devoir en échange vous donner quelques libertés d'allures.

Que non point, dans cette feuille placée sous l'égide tutélaire de Fernand Xau, il vous faut tout comme un autre plier l'échine, prostituer votre plume, vous occuper de l'opinion du « patron ».

Et, pour sembler se moquer un peu des candidats patronnés dans la « boîte », il faut bêcher bien fortement les ennemis de la « maison ».

Ainsi, on conserve un air frondeur qui est très bien porté dans les salons, et pour sa terrible critique (menaçant en un geste large parlementaires de toutes classes) le candidat-directeur glisse lui-même un billet... doux.

Les intellectuels, c'est pas de rouss'lette...

Furhmann & Desjardins

2-9 septembre 1900

« 20 août ! Voilà trois ans que, pédestrement, je suis arrivé à Paris. » Telle est la réflexion que j'ai faite ce matin en jetant un regard sur l'éphéméride... et je passai, lorsque la date a flamboyé douloureusement en ma mémoire.

20 août !!! Voilà un an que deux gosses, pour le crime d'avoir les mains sales, ont été retirés de la vie. À l'aurore

des promesses amoureuses du désir de rut, on les a châtrés de tout bonheur, de tout plaisir, sur la simple affirmation de gueules louches.

La presse, chez qui il est de mode, maintenant, d'être anticléricale, n'est pas encore, c'est trop dangereux, anti-policière.

Aussi n'a-t-elle pas jérémié sur ces deux petits gueux à cotte bleue et pantalon sale.

Tout aussi étrangers à la dégradation de la façade de Goulié que les « autres » à celles de l'église Saint-Joseph, il est temps, même au nom de la justice gouvernementale, de les lâcher.

Ceux qui se targuent de tenir une plume libre dans la presse émancipée voudront bien se joindre à nous et rappeler que c'est le trois cent soixante-sixième jour que les deux gosses sont là-bas, au bloc.

Nous ne parlons pas, nous ne nous adressons pas à ces honnêtes, à ces purs, à ces vaillants qui ne veulent demander que pour les leurs, à grands coups de grosse caisse et pour que ça rapporte.

Nous, nous ne battons pas le tam-tam sur le ventre de ces deux petits, pas plus que ces messieurs du comité général, nous ne les connaissons pas : ce sont deux anonymes qui, lâchés, retourneront à leur anonymat, reprenant chacun leur occupation première.

Logiquement, nous saisissons l'heure légale où on peut, où on doit les lâcher, puisque, au bout d'un an, on accorde habituellement la liberté conditionnelle aux coupables selon la loi.

Nous n'évoquerons pas la démocratique clémence présidentielle pour ces deux pauvres, dont la noblesse n'est certainement pas aussi authentique que celle de monsieur Christiani[1]. Mais nous pourrions simplement lui faire remarquer que ledit gentleman, dont l'attentat était précis

1. Allusion à l'agression publique du président de la République Émile Loubet par le baron Christiani, qui le frappa d'un coup de canne.

et la « culpabilité juridique » certaine, a vite profité de sa grâce et que les deux prolétaires, dont l'accusation repose sur des dires contradictoires de gens forcément louches, sont encore maintenus.

La raison serait-elle que les pères de l'Église, à l'heure des coups de traversin, ont exigé la libération de l'un... et que les autres, sans parents aucuns, je crois, n'ont pu intéresser l'éminence grise de l'Élysée.

Peu nous chaut : tant mieux pour Christiani – nous ne voulons le bagne pour personne –, mais que l'on nous permette de rappeler à la mémoire ces deux petits que nul ne revendique, que nul ne connaît et qui sont les victimes expiatoires d'un mouvement raté.

À cette heure, la goule judiciaire doit être satisfaite...

Qu'elle les lâche.

Et c'est là notre douleur de ne pouvoir l'exiger.

La paille & la poutre

15-22 juin 1902

L'Aurore insérait récemment une lettre adressée à monsieur Théophile Delcassé, en tant que ministre des Affaires étrangères, et signée Bernard Lazare*.

De tout autre, j'en aurais ri : mais je ne saurais oublier l'appui fraternel qu'en une circonstance douloureuse ce camarade voulut bien me prêter et, plus que cette considération personnelle, l'esprit large et généreux qu'il a montré bien des fois.

J'ai donc considéré le contenu de cette lettre comme une gageure ou comme une boutade.

Après avoir dénoncé l'accueil que lui firent les associations antisémites d'étudiants à Bucarest, parlé d'une réunion présidée par un fonctionnaire du ministre de l'Instruction publique et des cultes, des empêchements quasi officiels apportés à ses études sur la situation d'une collectivité à laquelle il s'intéresse, Bernard Lazare termine par ces mots : « Alors qu'un Roumain jouit de toute liberté en France, un Français, me semble-t-il, doit à son tour jouir de toute liberté en Roumanie. »

Quoique ce ne soit pas à mon habitude d'appeler Roumain, Allemand, etc., des gens qui se plaisent à n'avoir d'autre patrie que l'humanité, je pourrais citer à Bernard Lazare des noms de Roumains persécutés dès leur arrivée sur le sol français ; d'autres expulsés, non sans avoir fait un stage au dépôt. J'ai rencontré là, entre autres, les frères Péria, qui venaient en 1900 *s'occuper d'une collectivité qui les intéressait* (les anarchistes).

Toujours les gouvernants ont profité de leur nationalité pour se débarrasser de ceux qu'ils considèrent comme gêneurs.

Le gouvernement roumain persécuta Bernard Lazare comme le gouvernement belge expulsa Charbonnel*, comme notre petit père Loubet s'associe à la ligue des mouchards russes.

Mais si une étiquette mensongère exista jamais, s'il est un gouvernement auquel Bernard Lazare n'aurait pas dû se réclamer, c'est bien le gouvernement républicain français, dont les ministres se font valets extradeurs pour le compte de tous pays. Pourquoi citer des noms, c'est un fait acquis. La Suisse résiste jusqu'à la rupture avec l'Italie ; la France va au-devant des désirs du tsar ou du kaiser.

Elle a fait mieux, je vous le répète, elle a laissé se créer une agence de mouchards tsarophiles, qui surveilleront, dénonceront, persécuteront les Finlandais, les Polonais, les doukhobors[1], les anti-autocrates.

1. Les doukhobors (en russe « lutteurs de l'esprit ») rejetaient le gouvernement des hommes, les prêtres russes orthodoxes, les icônes, tous les

Voici une lettre adressée au camarade Arbogast, secrétaire du syndicat des Ébénistes, et insérée par ses soins dans le numéro trimestriel du *Bulletin de l'ébénisterie*, que je crois utile de reproduire en son entier pour vous prouver que je n'exagère rien.

« Chers camarades,

» Je suis arrivé chez ma mère à moitié mort de fatigue, de faim et de froid.

» Quelles souffrances physiques et morales j'ai endurées !

» Voici ce qui m'est arrivé : le samedi 15 mars à 6 heures et quart du matin, j'ai été invité par deux agents à les suivre à la préfecture pour y recevoir une petite communication. Les mouchards m'ayant assuré que ce n'était pas une arrestation et qu'à midi je serais libre, je les suivis.

» À la préfecture, nous étions trois anarchistes, un Belge, Scarcériaux, un Italien, Mino, et moi. Je réclamai immédiatement quarante-huit heures de délai pour arranger mes affaires, et sur la demande : "Où je voulais aller", je répondis : "À Londres."

» Menottes aux mains, on nous conduisit au dépôt ; là j'écrivis au ministre de l'Intérieur, réclamant un délai pour toucher mon salaire, car je n'avais pas d'argent. Je ne reçus pas de réponse, pas plus qu'aux lettres que j'envoyai aux camarades Tréont et Arbogast (secrétaire du syndicat des Ébénistes).

» Le lundi 17 mars, l'Italien Mino fut frappé et blessé à la main par un gardien sous prétexte qu'il ne sortait pas assez vite de sa cellule. À midi, le gardien accuse le camarade belge, Scarcériaux, d'avoir chanté dans l'escalier.

» Quelques instants après le brigadier entra dans la petite salle où nous nous trouvions et cria : "Qui est-ce

---

rituels ecclésiastiques et la Bible – à l'exception des Évangiles et du caractère divin de Jésus de Nazareth. Leur pacifisme leur valut une dure répression de la part des autorités politique et religieuse. À la fin du XIXe siècle, les doukhobors quittèrent la Russie en masse pour s'installer au Canada. Lire <http://fr.wikipedia.org/wiki/Doukhobors>

qui commande ici ? Vous êtes des étrangers, je me fous de vous ; si vous ne marchez pas, je vous ferai crever ; j'en ai déjà tué, prenez garde ! je suis corse."

» Le camarade Scarcériaux se voit infliger vingt-quatre heures de cellule, au pain sec et sans lit.

» Le mardi 18 mars au soir, on m'appelle avec douze autres prisonniers pour le départ. Je proteste et refuse de partir. Le gardien me répond : "Je me fous de vos affaires ; si vous rouspétez, nous avons des moyens pour vous faire marcher. "

» Enchaînés l'un à l'autre, on nous conduisit en voiture cellulaire jusqu'à la gare de l'Est. Le train partit à 10 heures.

» À 9 heures du matin, arrivée à Châlons. Je n'en puis plus tellement j'ai faim et froid ; on nous entassa avec treize autres prisonniers dans une petite voiture qui nous mena à la prison.

» Nous y restâmes jusqu'à 4 heures du soir ; défense était faite de se coucher sur les lits. Un camarade est traité de *vache* et de *mec* pour avoir réclamé un paquet de tabac qu'on lui avait pris le matin.

» Arrivés à Nancy, nous restons toute la nuit dans le wagon cellulaire avec un morceau de pain et une tasse d'eau, nous ne pouvions ou plutôt on ne nous donnait la permission d'uriner que le matin et le soir une fois.

» À 11 heures, arrivés à la frontière nous étions encore six, escortés par des gendarmes. J'ai été jusqu'à … à pied. Là, j'ai écrit à ma mère, pour avoir de l'argent. J'ai attendu deux jours en vain ; ne voulant pas mourir de faim, j'entrai dans un restaurant où, ne pouvant payer la dépense, je fus arrêté, et restai dix jours en prévention.

» Sorti le mardi 1er avril, j'ai fait à pied les 245 kilomètres qui me séparaient de … Ma mère est ici, mais elle est vieille et pauvre. Nous sommes dans la plus grande misère.

» J'ai besoin de repos, ayant marché jour et nuit sans presque rien manger ; que voulez-vous je ne peux pas mendier.

» Envoyez-moi le plus tôt possible mon salaire qui est de 33,60 francs ; vous voudrez également m'envoyer mon linge et mes papiers.

» Camarades, malgré mon éloignement je suis avec vous de cœur et d'esprit contre toute injustice. Je penserai toujours à vous, mes frères de France avec lesquels j'ai lutté et que j'aime de tout mon cœur. J'espère que vous aussi ne m'oublierez pas.

» Salut fraternel à tous les camarades du syndicat et aux camarades anarchistes de Paris.

» Salut fraternel et révolutionnaire.

JW

» PS : Je pense souvent à tout ce que les bourreaux de la République m'ont fait subir. »

Lisez-la avec soin, relisez-la, et méditez un peu sur la paille et la poutre.

Mais ne me parlez plus jamais de l'esprit libéral de la France et du gouvernement de la République, vous feriez rire de vous.

À NOS AMIS QUI S'ARRÊTENT

1-8 août 1903

Sous des titres divers et par de multiples camarades, voilà que se répète la même plainte : « Où vont les anarchistes ? » Écho de plaintes aussi respectables : « Où va la patrie ? » ; « Où vont les Français ? » ; « Où va la famille ? »,

« Où allons-nous ? » ; « Où va l'esprit de religion ? » Rengaine respectable qui se traduit pour les gens simples : « Ah ! de notre temps… »

Les gens qui se sont endormis ou pétrifiés se réveillent tout à coup et, ne se reconnaissant plus ou plutôt ne reconnaissant plus le milieu, lequel a évolué lentement, mais sûrement, se mettent à crier : « Casse-cou, péril, danger, Cause » ainsi que le ferait un de nos grands-pères à la vue des tramways électriques.

Calmez-vous, mes amis, il n'y a pas de périls en la demeure. Secouez-vous. Réveillez-vous. L'anarchie n'est pas une chose morte. Elle vit, donc elle se transforme.

Pour quelques-uns, l'anarchie peut n'être qu'une scission du socialisme révolutionnaire. Peut-être, alors que cette idée fut jetée, ne fut-elle que cela. Elle est actuellement autre chose.

Il s'est dégagé de toutes les philosophies mondiales une philosophie nouvelle, de toutes les philosophies mortes, une philosophie vivante : Lao-Tseu et Épictète, Confucius et Épicure, Rabelais et Pascal, Fourier et Proudhon, Marx et Bakounine, Stirner et Nietzsche – sans parler du travail de création et d'adaptation de cerveaux encore vivants – ont coopéré afin de lui donner une forme assimilable à tous les individus.

Tous les Encyclopédistes, Diderot en tête, tous les critiques de l'Ancien Régime, Voltaire, Rousseau, tous les véritables démolisseurs de religions : le curé Meslier, Volney, Dupuis lui ont porté la force de leurs critiques.

Tous les savants lui donnent l'appui de leur science et, s'ils ne la vivent pas en société, ils la vivent, tout au moins, dans leur laboratoire, appliquant à leurs recherches sa méthode de libre examen. Aussi, qu'ils le veuillent ou non, chacune de leurs découvertes augmente la force de cette philosophie et culbute l'autorité routinière.

Cette philosophie, cette science, dirais-je, qui fait remonter tout à l'individu, lui donnant enfin sa place, nous voulons la mettre en pratique. Nous voulons la sortir des livres où elle était enfouie, des chaires où elle s'enseignait à de seuls privilégiés, des laboratoires où elle se limitait à de pures expériences, et la jeter dans le terrain multiple de la vie, aux prises avec les individus dans le champ d'expérience qui est le monde.

Là elle prend son véritable nom : l'*anarchie*, c'est-à-dire la philosophie du libre examen, celle qui n'impose rien par l'autorité et qui cherche à prouver tout par le raisonnement et l'expérience ; celle qui ne fait intervenir aucune entité, aucune idée subjective dans sa dialectique, celle pour qui la loi, implacable, jusqu'ici, des majorités ne saurait exister devant l'unité qui a raison et qui le prouve.

Il peut sembler aux esprits superficiels que cette nouvelle forme délaisse la lutte, alors qu'elle s'engage sûre d'elle-même sur tous les points.

Parce que, lasse de s'attaquer à des entités – État, société, bourgeoisie –, elle s'attaque aux individus, essayant de les transformer, de les révolutionner ; parce que, mieux encore, elle se retourne sur elle-même, soucieuse de débarrasser son propre terrain des mauvaises herbes, les gens de la veille, les pétrifiés ou les endormis crient d'une voix de cauchemar : « Où allons-nous ? »

Évadés du socialisme, quelquefois pour des querelles étroites de mots, chassés par une majorité d'un congrès, ils avaient recueilli ce mot « anarchie » qu'on leur avait jeté à la face sans apercevoir (pour la plupart) le poids redoutable de cette épithète, sans autorité. Ils ne virent l'utilité de la lutte, lutte qu'ils n'engagèrent, fort courageusement d'ailleurs, que contre les formes tangibles de l'autorité ; ils recommençaient l'errement social qui fit détruire la Bastille et laisser reconstruire de nouvelles prisons.

Plus de chefs, et leur instinct leur faisait créer des pontifes nouveaux ; plus d'autorité et l'anarchie, cette façon d'être scientifique, devenait un dogme hors duquel il n'y avait point de salut.

Lorsque Veidaux* conseille de cultiver son individualisme et d'accomplir d'abord la révolution en soi, ce sont, chez les *anarchistes* partisans d'une forme sociale *a priori* et *révolutionnaires*, toujours des murmures et des cris. Ils ne comprennent pas, c'est hors de leur tracé.

Certes, Veidaux me semble frapper à faux à l'heure actuelle, et son article s'adresse beaucoup à cette forme passée de l'anarchie dont l'intransigeance enfantine ne fut peut-être pas inutile à l'époque où elle naquit, mais qui, n'ayant plus sa raison d'être, se meurt tranquillement.

De plus en plus, l'anarchiste actuel sent que, si l'autorité a une forme objective dont l'armée, la police, les prisons sont des réalités matérielles, de plus en plus, dis-je, il sent qu'elle prend surtout sa force dans des idées subjectives qu'on ne peut arracher qu'une à une des cerveaux.

L'anarchiste sent que s'il ne peut se dérober à la forme extérieure de l'autorité il lui est aussi difficile, sinon plus, de se dérober à sa forme intérieure, jetée en lui par l'atavisme des siècles.

Il sent qu'il ne suffit pas de supprimer l'envoûtement des pierres d'églises (quoique cela ait son utilité) mais aussi l'envoûtement des idées religieuses des cléricaux et des anticléricaux.

Il voit que la tête coupée de Louis XVI, les coups de pieds successifs aux rois et aux empereurs dans ce siècle dernier n'ont rien prouvé et que toute une foule est prête à acclamer n'importe quel mode impératif : royaliste ou socialiste.

Et il constate que, malgré toutes les persécutions, l'idée de Galilée a prévalu : qu'une fois démolie l'erreur de la terre immobile, et prouvée sa double rotation, un chemin était fait sur lequel l'humanité ne rétrogradait jamais.

Pour lui, tout est donc de prouver qu'il a la plus grande part de raison possible avec lui et d'essayer de démontrer qu'il possède actuellement une vérité, dût-elle ne vivre que vingt ans ainsi que l'a dit Ibsen, un peu par boutade.

Oui, maintenant, il ne comprend plus les phrases clichés. Il les laisse à ceux qui forment un parti et pour lesquels une discipline peut s'imposer, un opportunisme peut exister.

La vérité ne saurait être contrariée par des critiques : il n'existe pas la cause des disciples de Pasteur ni celle des disciples de Roux, et n'importe qui peut détruire leurs théories s'il apporte la preuve de ses dires.

Les anarchistes laissent aussi s'affubler les socialistes de cette épithète de révolutionnaires. Cela est d'une belle ironie en tête des programmes de ces hommes prêts à toutes les concessions, à tous les opportunismes, dans la bouche de ceux qu'on ne peut jamais voir sans qu'ils vous recommandent le calme et la dignité, de ceux qu'on ne voit pas dans aucun des lieux où la simple expression de sa pensée produit un remous dans la foule hurlante comme la pierre jetée dans la mare.

Où vont donc les anarchistes ? Ils vont ! Quoi qu'en disent les aveugles, ils vont, ils sont partout maintenant. La philosophie anarchiste, cette philosophie qui n'est pas un dogme ni une métaphysique et qui prend base sur le terrain ferme de la science, se glisse partout avec elle.

Ce mouvement ne craint pas la réaction. Comme celui de 1892 ou 1893, il n'est pas le produit d'un sentiment de curiosité maladive ou d'une pose esthétique, ni même celui d'une colère irraisonnée et impulsive contre un état de choses, mouvement que peut faire évanouir un parti ou calmer une répression terrible, j'en conviens et je le sais de bonne part. Non. Il est raisonné, s'appuie sur la science, il sait où il va, ou plutôt, où il veut aller. Nulle répression ne peut rien faire contre lui, il ne pourrait *craindre* qu'une démonstration prouvant sa fausseté, son inutilité. Alors il disparaîtrait et les forces qui le composent iraient à la recherche d'autres formes plus favorables, plus utiles au développement de l'individu.

Pour nous, l'anarchiste est celui qui a vaincu en lui les formes subjectives de l'autorité : religion, patrie, famille, respect humain ou qu'en-dira-t-on et qui n'accepte rien qu'il n'ait passé au crible de *sa* raison autant que ses connaissances le lui permettent.

Convaincu avec Veidaux qu'un individu conscient de son but en vaut vingt-cinq mille, avec Paraf-Javal que rien ne vaut le travail du ferment pur, nous nous appliquons à vivre ce que nous croyons être bon, à formuler ce que nous vivons, sûr que c'est là la véritable lutte. Et lorsque l'occasion vient, nous savons nous en prendre aux formes matérielles de l'autorité, mieux et plus, nous le disons orgueilleusement, que ceux qui, alors grisés de mots, prêchent le calme à l'heure des gestes.

Correspondances & communications

21-27 mai 1904

Chers camarades,

Je tiens, par ces quelques mots, à ajouter à l'intelligence de la campagne anti-électorale. Je pense que vous les insérerez et que vous m'accorderez que, depuis huit ans que je partage les luttes anarchistes à Paris, je n'ai pas abusé de ce droit de camaraderie, puisque c'est la première fois que je tiens à répondre.

À Paris, la campagne abstentionniste s'est menée dans très peu de quartiers, si peu que vous comprendrez qu'il est nécessaire que je mette les points sur les i, afin de ne pas aider à la confusion dans le cerveau des camarades et des sympathiques.

Pour d'autres, je ne sais trop… Mais j'ai vu, pour le 12e, un ordre du jour de dernière heure (dans *L'Humanité* du dimanche 8 mai) de remerciements à ses électeurs ! et de désistement en faveur d'un candidat socialiste ! par un candidat abstentionniste ! Cela m'a paru du dernier grotesque... pour ne pas dire plus.

Dans un autre quartier, une campagne soi-disant abstentionniste était entièrement menée contre un candidat au profit, par conséquent, d'autres candidats.

Cela m'a simplement prouvé que le travail n'était pas bien fait et, pour dire vrai, m'en doutant un peu et ne me tenant pas ordinairement à de simples critiques, avec quelques camarades nous l'avons organisé différemment en d'autres quartiers.

Tout d'abord dans le 11e, quartier de la Folie-Méricourt, d'où, par suite de l'élection au premier tour, nous nous sommes transportés au 18e où notre présence ne pouvait influencer en rien le débat, les deux partis en présence se trouvant à trois ou quatre mille voix de différence.

Je me crois obligé de dire que le cas contraire m'eût été parfaitement indifférent et que gêner les partis politiques, si avancés soient-ils, ne m'empêcherait nullement de travailler où cela me semble utile et me paraît devoir donner un résultat.

Que les camarades ne se préoccupent pas trop de la source des recettes et des dépenses : pour organiser huit réunions, et les garnir d'auditeurs, autant que possible était (non de camarades, puisque volontairement nous avions négligé l'insertion dans tout journal libertaire, et les autres n'insérant pas), nous avons dépensé *sept* ou *huit* francs... et beaucoup de bonne volonté.

Avant d'être expliqué, le syllogisme « *Notre ennemi c'est notre maître ; or l'électeur est le maître* (le peuple souverain) ; *donc l'électeur, voilà l'ennemi* » a été lu par des milliers de personnes, commenté, discuté dans la rue et sur la place, s'étalant orgueilleusement aux meilleurs endroits dans le 11e et le 18e.

Dans aucune de ces réunions (de même que dans celles du 3e et de Saint-Ouen, où nous fûmes) le nom d'un candidat n'a été prononcé, ni le mot nationaliste sans être accolé à socialiste et réciproquement, afin de rester ce que nous voulions être : absolument neutres ou plutôt absolument ennemis des candidats et des électeurs, des bergers, bons ou mauvais, et du troupeau électoral.

Nous avons distribué plus de trois mille brochures sur l'absurdité de la politique, chaque camarade tenant à en payer un cent (1 franc), à les plier, à les distribuer ; distribué aussi plus d'un millier de *Libertaire*, autant de *Temps nouveaux** ; enfin vendu des brochures en très grand nombre.

Nous ne nous sommes pas préoccupés du nombre d'abstentions que notre campagne a pu produire, travail sans contrôle et qui n'était pas notre but immédiat. Il nous a plu simplement d'éveiller le cerveau des individus à cette heure de fièvre et d'agitation où nous pouvions les rencontrer et de leur donner le désir de connaître les idées qui pouvaient nous placer au-dessus des ambitions des médiocres et des emballements ridicules des foules.

Nous pensons avoir réussi dans le 11e et dans le 18e ; nous n'avons pas eu à remercier *nos électeurs* ; personne n'a commis la bêtise de voter pour nous, tout le monde a bien compris qui nous étions et vu que le nom du candidat répondait tout simplement à une formalité.

Peut-être cela tient-il à ce que nous n'avons pas réédité l'erreur des premiers socialistes de vouloir nous compter sur le dos d'un individu, n'attendant pas du nombre le fait d'avoir raison et ne nous plaisant pas à tailler des verges pour nous fustiger.

Bien plus, nous avons prouvé, par l'exemple, dans douze préaux d'école, en pleine période électorale, que, sans autorité, sans président qui hurle et qui rappelle à l'ordre, sans étouffer aucune idée, des réunions se vivaient où des penseurs différents se heurtaient en toute sérénité. Quel contraste avec les réunions électorales où les appétits, les intérêts et la bêtise faisaient se manger le nez à des amis de la veille !

Pour terminer, que tous les camarades se disent bien que la campagne anti-électorale, avec les préaux gratuits et l'affichage gratuit, est un moyen à employer pour la diffusion de nos idées. Ce moyen ne demande pas d'argent et ne nécessite pas de tripotages. Il demande seulement :

— beaucoup de bonnes volontés pour la confection d'affiches plaisantes, attirant l'œil, suppléant ainsi au nombre pour l'affichage en bonne place, pour la distribution raisonnée de brochures et de journaux ;

— de l'esprit de suite ;

— une grande observation de soi-même pour ne pas se laisser attirer dans le piège des contradicteurs qui vous verraient, avec plaisir, tomber dans la partialité.

De ce qu'un travail est mal fait, il ne s'ensuit pas qu'il ne soit pas à faire, il faut le recommencer mieux.

En toute camaraderie,

ALBERT LIBERTAD

Deuxième partie

l'anarchie (1905-1908)

– ANNÉE 1905 –

Aux anarchistes !
13 avril

L'heure nous paraît venue de jeter dans la circulation un organe anarchiste. Peut-être nous trompons-nous.

Rompre tout à coup avec les idées reçues de l'humanité. Ne pas être l'opportuniste qui les suit, ni l'idéaliste qui bâtit dans l'île de Salente[1] ou dans le pays de l'utopie ; vouloir se vivre et avoir l'orgueil de vouloir se vivre, non dans des caprices de fou névrosé, mais en se mettant d'accord avec les connaissances scientifiques actuelles, la meilleure hygiène, la meilleure économie, cela peut paraître encore une œuvre prématurée.

Nous ne sommes pas des libertaires, des libérâtres. Un homme a dit : « La liberté de l'homme peut aller jusqu'où va sa puissance, ce qui ne veut pas dire qu'il y ait raison de le faire. »

C'est ce que nous pensons.

De tout côté, à tout moment, dans le « milieu révolutionnaire », on entend ces mots : « Je suis bien libre. » Libre de vider force verres d'absinthe ou d'alcool, libre de violenter son prochain, libre de travailler dix ou douze heures ou d'abrutir son esprit ; libre d'être fainéant, d'être gendarme ou d'être rentier si on en a la puissance ?

1. Allusion aux *Aventures de Télémaque* (1699) de Fénelon (1651-1715) dans lequel la partie consacrée à la cité de Salente est une utopie qui inaugure celles du XVIIIe siècle.

Il s'agit de savoir si cette liberté et cette puissance correspondent avec le plus grand développement de l'individualité humaine.

Nous ne voulons pas diminuer la liberté de l'individu puisque nous travaillons au contraire à augmenter sa faculté de puissance, mais nous voulons qu'à tout moment l'homme soit maître de lui, soit de force à envisager la minute présente et les minutes à venir.

Nous désirons que l'homme se considère comme une machine dont il doit retirer le maximum de travail, c'est-à-dire de jouissance. Qu'on le sache bien, le mécanicien qui brûle sa chaudière pour arriver à l'étape fait son dernier voyage.

Que les hommes aient la liberté de tout faire mais qu'ils sachent où les conduit chaque liberté et que seulement après avoir pesé le pour et le contre, ils se décident à agir.

Traçons dans notre cerveau, en lignes assez précises, non définitives pourtant, le croquis de l'existence que nous voulons vivre et entrons en lutte immédiate avec les forces adverses.

Disons-nous bien que détruire la Bastille est œuvre médiocre, si l'on conserve en soi l'idée de vindicte qui la fera reconstruire, style moderne pourtant ; que l'autorité qui émane d'un seul n'est pas plus dangereuse que celle qui émane d'une aristocratie ou d'une démocratie. Le tsarisme ou la république sont pour nous des gouvernements équivalents. La liberté d'un peuple est l'échelle qui montre la mentalité des individus qui le composent et non pas la forme de l'État.

La lutte que nous entreprenons est une lutte contre les individus, ce n'est pas contre le gouvernement ou les élus que nous luttons, c'est puéril, c'est contre les électeurs ; ainsi procéderons-nous dans tout ordre d'idée.

Oui, c'est contre le mouton, le mouton de Panurge, que nous nous tournons, contre l'homme qui vote, qui se syndique, qui se marie ; dont tous les pas, tous les gestes sont tracés, non par son expérience, ni même celle de ses amis ou d'individus ayant intérêts parallèles, mais par l'autorité religieuse, patronale, syndicale, gouvernementale, c'est-à-dire par la synthèse de leur ignorance particulière.

Nous sommes anarchistes, c'est-à-dire contre toute autorité subjective d'où qu'elle vienne, et nous ne supportons l'autorité objective qu'à notre corps défendant.

L'idée de dieu, d'honneur, de patrie, les lois, les règlements sont des autorités subjectives, c'est l'ignorance, en leur portant la force des peuples, qui les rend objectives, c'est donc contre elle que nous lutterons.

Aujourd'hui et non demain, à la minute présente, se forme un monde anarchiste, composé d'individus qui n'obéissent qu'à la force objective.

On a laissé courir ce lieu commun : « Il n'y a que les anarchistes qui sont morts pour la cause qui l'étaient véritablement. » Il y a ceux qui vivent, ceux qui veulent vivre encore et plus, en lutte pour le plus grand développement de leur individualité.

Les réformistes, les socialistes, les révolutionnaires avant tout, les opportunistes, les idéalistes, les briseurs de mur à coups de tête, n'aurons pas place ici.

Cette feuille désire être le point de contact entre ceux qui, à travers le monde, vivent en anarchistes, sous la seule autorité de l'expérience et du libre examen.

Aux résignés

13 avril

Je hais les résignés !

Je hais les résignés, comme je hais les malpropres, comme je hais les fainéants.

Je hais la résignation ! Je hais la malpropreté, je hais l'inaction.

Je hais le malade courbé sous quelque fièvre maligne ; je hais le malade imaginaire qu'un peu de volonté remettrait droit.

Je plains l'homme enchaîné, entouré de gardiens, écrasé du poids du fer et du nombre.

Je hais les soldats que courbe le poids d'un galon ou de trois étoiles ; les travailleurs que courbe le poids du capital.

J'aime l'homme qui dit ce qu'il sent où qu'il se trouve ; je hais le votard à la conquête perpétuelle d'une majorité.

J'aime le savant écrasé sous le poids des recherches scientifiques ; je hais l'individu qui courbe son corps sous le poids d'une puissance inconnue, d'un X quelconque, d'un dieu.

Je hais, dis-je, tous ceux qui, cédant à autrui, par peur, par résignation, une part de leur puissance d'homme, non seulement s'écrasent mais m'écrasent, moi, ceux que j'aime, du poids de leur concours affreux ou de leur inertie idiote.

Je les hais, oui, je les hais, car moi je le sens, je ne me courbe pas sous le galon de l'officier, l'écharpe du maire, l'or du capitaliste, les morales ou les religions ; il y a longtemps que je sais que tout cela n'est que hochets que l'on brise comme verre… Je me courbe sous le poids de la résignation d'autrui. Ô je hais la résignation !

J'aime la vie.

Je veux vivre, non mesquinement comme ceux qui ne satisfont qu'une part de leurs muscles, de leurs nerfs, mais largement en satisfaisant les muscles faciaux tout aussi bien que ceux des mollets, la masse de mes reins comme celle de mon cerveau.

Je ne veux pas troquer une part de maintenant pour une part fictive de demain, je ne veux céder en rien du présent pour le vent de l'avenir.

Je ne veux rien courber de moi sous les mots « patrie, Dieu, honneur ». Je sais trop le vide de ces mots : spectres religieux et laïques.

Je me moque des retraites, des paradis, sous l'espoir desquels tiennent résignés, religions et capital.

Je ris de ceux qui, accumulant pour leur vieillesse, se privent en leur jeunesse ; de ceux qui, pour manger à soixante, jeûnent à vingt ans.

Moi, je veux manger lorsque j'ai les dents fortes pour déchirer et broyer les viandes saines et les fruits succulents, lorsque les sucs de mon estomac digèrent sans aucun trouble ; je veux boire à ma soif les liquides rafraîchissants ou toniques.

Je veux aimer les femmes, ou la femme selon qu'il conviendra à nos désirs communs, et je ne veux pas me résigner à la famille, à la loi, au Code ; nul n'a droit sur nos corps. Tu veux, je veux. Moquons-nous de la famille, de la loi, antique forme de la résignation.

Mais ce n'est pas tout : je veux, puisque j'ai des yeux, des oreilles, d'autres sens que le boire, le manger, l'amour sexuel, jouir sous d'autres formes. Je veux voir les belles sculptures, les belles peintures, admirer Rodin ou Manet. Je veux entendre les meilleurs opéras, jouer Beethoven ou Wagner. Je veux connaître les classiques en la Comédie, feuilleter le bagage littéraire, artistique qu'ont légué les hommes passés aux hommes présents ou mieux feuilleter l'œuvre toujours et à jamais inachevée de l'humanité.

Je veux la joie pour moi, pour la compagne choisie, pour les enfants, pour les amis. Je veux un home où se puissent reposer agréablement mes yeux après le labeur fini.

Car je veux la joie du labeur aussi, cette joie saine, cette joie forte. Je veux que mes bras manient le rabot, le marteau, la bêche ou la faux. Que les muscles se développent, que la cage thoracique s'élargisse à des mouvements puissants, utiles et raisonnés.

Je veux être utile, je veux que nous soyons utiles. Je veux être utile à mon voisin et je veux que mon voisin me soit utile. Je désire que nous œuvrions beaucoup car je suis insatiable de jouissance. Et c'est parce que je veux jouir que je ne suis pas résigné.

Oui, oui, je veux produire, mais je veux jouir ; je veux pétrir la pâte, mais manger du meilleur pain ; faire la vendange, mais boire du meilleur vin ; construire la maison, mais habiter des meilleurs appartements ; faire les meubles, mais posséder l'utile, voire le beau ; je veux faire des théâtres, mais assez vastes pour y loger les miens et moi.

Je veux coopérer à produire, mais je veux coopérer à consommer.

Que les uns rêvent de produire pour d'autres à qui ils laisseront, ô ironie, le meilleur de leurs efforts, pour moi je veux, groupé librement, produire mais consommer.

Résignés, regardez, je crache sur vos idoles ; je crache sur Dieu, je crache sur la patrie, je crache sur le Christ, je crache sur les drapeaux, je crache sur le capital et sur le veau d'or, je crache sur les lois et les codes, sur les symboles et sur les religions : ce sont des hochets, je m'en moque, je m'en ris…

Ils ne sont rien que par vous, quittez-les et ils se brisent en miettes.

Vous êtes donc une force, ô résignés, de ces forces qui s'ignorent mais qui n'en sont pas moins des forces, et je ne peux pas cracher sur vous, je ne peux que vous haïr… ou vous aimer.

Par-dessus tous mes désirs, j'ai celui de vous voir secouer votre résignation dans un réveil terrible de vie.

Il n'y a pas de paradis futur, il n'y a pas d'avenir, il n'y a que le présent.

Vivons-nous !

Vivons ! La résignation, c'est la mort.

La révolte, c'est la vie.

Les intellectuels nous quittent !!

13 avril

Un « intellectuel » Bergerat*, Émile, employé au journal *L'Éclair**, a, dans le n° 5961, d'une plume légère, croqué le rapport d'Antisthène à Marius Jacob*, des cyniques aux anarchistes.

Jacob ne serait qu'un partisan de Diogène dégénéré, et les anarchistes en général, des cyniques. Si l'on ne savait les employés obligés de travailler dans la direction donnée par le patron, on pourrait se demander quel idiot est ce Bergerat, mais je ne crois pas son ignorance si grande.

Le peu qu'il a appris dans les manuels classiques sur les philosophies grecques ne peut lui garnir le cerveau au point qu'il n'y ait plus place pour les philosophies présentes.

N'en déplaise à cet homme, si la philosophie anarchiste se rattache à quelque philosophie grecque c'est plutôt à celle d'Épicure qu'à celle de Diogène.

Pour parler comme Bergerat, les anarchistes ont parfois l'« embouchure du tonneau » facile et leurs critiques ont beaucoup de rapport avec celle des cyniques, surtout en ce qui concerne les foules et les intellectuels, les flatteurs du troupeau.

Loin d'être contre le plaisir et la jouissance, les anarchistes cherchent à cultiver le bonheur par tous les moyens possibles. Ils ne rejettent pas les commodités de la vie ; il est vrai qu'ils tiennent pour bon qu'une certaine retenue dans l'usage des plaisirs leur conserve une saveur meilleure.

L'élite, dit Bergerat, Émile, s'écarte de nous sitôt que nous mettons en pratique notre philosophie. Grand bien nous fasse. Il ne nous apprend rien. Philosopher sous les portiques, tolstoïser dans un palais, évangéliser dans un Vatican, renaniser dans une Sorbonne, sont choses communes auxquelles viennent applaudir, délicieusement émues, ces dames de la haute. Cela nourrit son homme et ne dérange pas l'ordre social. Aux engueulades plus ou moins parfumées d'un Bruant, Aristide, d'un France, Anatole, ou d'un Barrès, Maurice, passe, sur l'épiderme, un petit frisson. Pendant la demi-heure de lecture ou d'audition on philosophe, on méprise la richesse, on souffre de la misère sociale, et l'on rentre en automobile chez soi où l'on appelle son laquais pour replacer son oreiller.

Puis dans leur maturité, nos engueuleurs s'assagissent, tracent leur vie, deviennent socialistes ou nationalistes, ils n'ont rien déraciné et monsieur Bergeret[1] marie sa fille à un officier ou quelque chose comme cela.

Merci ! des intellectuels, c'est trop dangereux, j'aime mieux les cambrioleurs d'Amiens, encore qu'ils ne me paraissent être que des engueuleurs d'occasion et de circonstance, eux aussi.

L'employé de *L'Éclair* n'est, par exemple, qu'une pâle copie des maîtres cités, il ne nous donne même pas le frisson ; il est rasant tout simplement.

Cet homme « prenant position de boxe renforcée de savate » n'est pas scientifique pour un sou, une balle de revolver (agent Pruvost) l'enverrait constater de visu le paradis dont il nous parle.

Il serait désireux pour ses maîtres que nous fussions des cyniques, que nous nous contentions d'une croûte de pain, de coucher dans quelque trou. Les anarchistes ne sont pas cela, ils veulent vivre la vie la meilleure, la plus belle, la vie que peuvent vivre les hommes de l'époque actuelle profitant de l'apport scientifique des hommes qui les ont précédés.

Ils veulent leur part de richesse économique, et le vent des paroles évangéliques ou philosophiques n'est plus pour les satisfaire. Ils veulent leur part et sont prêts à la prendre.

---

1. Allusion au héros d'un vaste cycle romanesque d'Anatole France, *L'Histoire contemporaine*, dont le dernier volet, *Monsieur Bergeret à Paris* (1901), constitue un compte rendu sévère des effets de l'affaire Dreyfus sur la vie française.

Les lieux communs contre les bourgeois, les juges, les rentiers que Bergerat appelle « les postillons de la salive anarchique » sont les lieux communs des politiciens de toute espèce, de ses amis, qu'il ne s'y trompe pas, et suivre la foule est le propre des intellectuels, des valets de plume.

Ce ne sont pas des invectives, ni même des cambriolages, qui peuvent nous satisfaire, c'est un travail d'une autre envergure que les laquais ne peuvent pas comprendre.

À Madagascar

20 avril

C'est étonnant, les Malgaches ne sont pas arrivés à notre sagesse. Lorsqu'on vient leur réclamer l'impôt, c'est par des coups de fusils qu'ils répondent.

Ils ne sont pas reconnaissants de la civilisation que nous leur portons. On veut construire dans leur pays un chemin de fer, ils ne s'y prêtent pas de bonne grâce.

Dans les pays civilisés, en France notamment, que n'importe quelle association de capitalistes commence un funiculaire pour monter au mont Blanc : c'est un bonheur pour la population. Ça fait travailler l'ouvrier.

Pas un d'eux ne montera jamais par ce moyen admirer le spectacle magnifique…

Qu'importe ! Le cheminot qui prépare les voies des *sleeping cars* va à pied. Il chemine.

Le Malgache n'a pas la nature généreuse du cheminot électeur de France. Il ne veut pas construire la voie ferrée pour les intérêts des commerçants et industriels du pays. Alors pour bien montrer que le salariat actuel n'est que l'esclavage ancien, différent en cela que l'ouvrier paraît y porter son consentement, pour bien montrer cela, dis-je, on a obligé par la force les Malgaches du Sud à travailler à l'établissement des voies.

Comme ce ne sont pas des esclaves dont la vie importe, on les nourrit et on les loge mal.

Ils se révoltent. Ils laissent les voies inachevées. Ils pillent les magasins de la compagnie. Ils se retirent sur la montagne. Ils font la guérilla.

Là-bas, ils ont pour eux la nature qui fout des fièvres aux envahisseurs tout en les laissant indemnes.

Une campagne nouvelle se dessine : y a-t-il encore un 200e régiment pour s'engager ?

Quel est celui qui va fournir le modèle de voitures qui ne marchent pas ?

Pour quel Lebaudy faut-il marcher encore ? Au nom de la patrie, de l'honneur du drapeau, du développement colonial, qui enverra-t-on assassiner ou se faire assassiner ?

Le rôle de la France est de défendre les nationalités vaincues. Quillard* pleure sur les Arméniens que ces ignobles Turcs tuent à cimeterre que veux-tu. Pressensé* et d'autres des plus purs sont de la Société des amis du peuple russe*. Mais enfin voudrait-on véritablement qu'ils s'occupent de choses aussi proches d'eux et qui pourraient leur porter quelques désagréments.

Ils ne sont pas reçus dans les salons du Grand Turc ou de Trépov*, mais il y a peut-être promesse de mariage entre Painlevé et la fille de quelque Lefèvre (voitures).

Jaurès l'a bien dit : alors qu'il parlait de l'affaire de La Mano Negra[1], se faisait l'ignoble condamnation des inculpés de la révolte de Marguerite (cas similaire aux Malgaches) ; interrogé sur cette affaire et l'attitude à

1. Accusés d'appartenir à une société secrète (La Mano Negra) fomentant des troubles dans les campagnes, des paysans andalous furent arrêtés, torturés et emprisonnés en 1883. Vingt ans plus tard, les détenus survivants purent faire connaître leur calvaire, déclenchant une campagne d'opinion internationale. Ainsi, le 29 janvier 1903, un meeting eut lieu à la salle des

prendre, il répondit : « L'affaire n'a pas assez de recul. On ne peut pas bien juger. »

Ce gros homme a toujours le mot de la fin.

Que les Malgaches se révoltent, qu'ils tuent quelques-uns de nos fils, les patriotes ne peuvent que les approuver, ils libèrent le sol national de la présence de l'étranger, et les antimilitaristes ne peuvent que se réjouir, cela fait de la chair à soldat de moins.

Les émeutes à Limoges [1]
20 avril

Jeter rapidement sur le papier les sensations différentes qui vous poignent aux nouvelles de Limoges est une besogne douloureuse. La main tremble de colère. On regrette de ne pas être là-bas, afin de dire le verbe puissant qui mène à l'action.

Hier, *La Petite République**, cet organe répugnant entre tous, sous la signature de Gérault-Richard*, écrivait que

Sociétés savantes, à Paris, « pour protester contre le maintien au bagne des condamnés innocents de l'affaire de La Mano Negra », dans lequel s'exprimèrent notamment Paul Reclus, Séailles, Jaurès, Sembat, Libertad et Pressensé. L'intervention de Libertad n'est pas reproduite dans la brochure des *Les Temps nouveaux*, « La Mano Negra et l'opinion française ».

1. En 1905, une série de grèves éclatèrent dans les usines de porcelaine de Limoges, où le mouvement ouvrier était important. Ne supportant plus leurs conditions de travail, les ouvriers envahissent les usines le 14 avril ; le lendemain, une première barricade s'élève : c'est le début des émeutes. Le 17 avril, un cortège de 3 000 personnes se rend à la prison pour délivrer les collègues emprisonnés pour vol. Les dragons chargent, un peintre en porcelaine est tué. Cet épisode a un grand retentissement dans la France de l'époque. Lire <http://oclibertaire.free.fr/ca151-f.html#AnchorE>.

c'étaient des garnements qui avaient été piller les armuriers, et le soir même, Labussière*, le maire socialiste, pleurait sincèrement, je n'en doute pas, suppliant la foule en révolte de ne pas se jeter sans armes sur les soldats.

Gérault a raison. Ce sont des garnements qui ont agi utilement.

Les ouvriers honnêtes ne pillent pas les armuriers ; ils se terrent habituellement ; leur révolte consiste à aller voter pour le député socialiste ou à payer leurs cotisations syndicales, et quand ils se fâchent, ils vont la poitrine à l'air, comme là-bas en Russie, devant les balles des soldats. Les ouvriers honnêtes ne savent tuer que légalement quand ils sont soldats.

Car les soldats sont des gens honnêtes, des assassins à gages. Fils d'ouvriers et de paysans, ils ont quitté l'atelier et la terre ; ils ont laissé en leur pays père et mère, frères et amis, sont partis revêtir la livrée, afin de défendre l'organisation sociale dont ils ont été, sont et seront les victimes. Imbéciles !

Jamais il ne me vient à l'idée de plaindre les hommes lorsqu'ils portent l'habit du soldat ; ils peuvent en crever, cela ne saurait me toucher.

Ils ont accepté d'être là, pour défendre le sol qui ne leur appartient pas, le fainéant qui prélève les rentes, l'industriel qui torture leur corps sous le travail, le commerçant qui les vole… Tant pis pour eux.

Ils ont pris le fusil pour tuer leurs camarades, non par besoin personnel, non pour manger, mais pour obéir, qu'ils crèvent donc comme je souhaite que crèvent toutes les bêtes venimeuses.

Il est évidemment des exceptions, mais si rares qu'elles ne peuvent entrer en ligne de compte.

Ce ne sont pas les bourgeois, ce ne sont pas les industriels, ce n'est pas Haviland*, que les révoltés trouvent en face d'eux, c'est le soldat, le camarade d'hier, qui, le fusil en main, les tue sans pitié.

On parle des pierres reçues qui excitent ces bêtes. Si ces gens-là, sans s'occuper de l'acte de leur voisin, levaient la crosse ou arrêtaient leur cheval dans la charge, les pierres ne tomberaient pas sur eux. Et s'il y avait là des conscients, ils comprendraient bien que la pierre n'est pas pour l'individu mais pour le soldat et que ce n'est pas de tirer une balle qui sera le remède, c'est de ne plus être soldat et de redevenir un homme le plus vite possible.

C'est le peuple qui se tue lui-même. Les bourgeois regardent. Haviland, de sa fenêtre, lisant *La Petite République*, peut voir les ouvriers honnêtes, en livrée, tenant des armes pour le défendre, lui, le maître, tirant sur les ouvriers honnêtes, en habits de travail, sans armes, afin de ne pas être des garnements.

J'ai le bonheur d'être un garnement, aussi je pense que le premier travail à faire est de se munir de moyens défensifs et offensifs, quand on doit rencontrer la force ouvrière devenue force capitaliste.

Mais il n'est besoin de rien, quand on rencontre une vermine hypocrite du genre de Gérault-Richard, pour lui foutre un coup de pied au cul.

Débarrassons-nous des mauvais bergers.

Victoire éclatante !!!

27 avril

Un point, c'est tout.

Quelques points… Ces points sont des balles.

L'ordre est rétabli, dans la cité limousine. C'est bien fini… *Le Journal* et *La Petite République*, *Le Matin** et

L'Humanité ferment la rubrique « À Limoges ». *Le Figaro* dit sa joie de la victoire.

L'ordre donc avait été troublé. L'ordre économique ? non, celui-là est trop respecté de tous.

Des hommes demandaient-ils une autre vie que celle menée dans les bagnes porcelainiers ? Voulaient-ils chambarder l'organisation qui les fait moutons ? et voulaient-ils garder leur laine sur le dos ? Que non point. Pour ces choses-là, les honnêtes ouvriers ont l'arme redoutable du vote… tous les quatre ans.

L'ordre troublé était « l'ordre moral ». Un chien de l'usine Haviland voulait couvrir les brebis et quelques fois aussi, par fantaisie de maître, les moutons. Il tondait de plus ou moins près brebis et moutons, selon leurs grâces et leur jeunesse.

Les ouvriers se soulevèrent d'indignation.

Ils décidèrent qu'ils ne continueraient à porter leur laine au patron que sous la direction d'un chien qui n'en voudrait qu'à leur mollet, pas plus haut.

Intraitables sur le point d'honneur, ils se mirent en grève. Et le berger se solidarisa avec son chien. Ne fallait-il pas passer quelques caprices à cet auxiliaire précieux ? Quoi, ces personnes qui donnent leur cerveau, leurs bras, leur esprit et leurs forces ne pouvaient-elles donner leur cul par surcroît ?

Comment pouvaient-elles se permettre de réserver une part du terrain de travail qu'il achetait lui, patron, de telle à telle heure ?

Le patron n'a-t-il pas le droit de courber l'ouvrier sur l'étau ou sur le tour jusqu'à dévier sa colonne vertébrale ? Le patron ne peut-il pas faire travailler le peintre au blanc de céruse qui ronge les chairs ? Le patron ne peut-il pas garder près de la gueule des fours, des heures et des heures, les hommes nécessaires à la bonne cuisson des porcelaines de luxe ?

Le patron ne peut-il accroupir, étendre, faire travailler sur le dos, sur le ventre, la tête en l'air, la tête baissée, les yeux remplis de poussières aveuglantes, les oreilles assourdies, la gorge brûlée ?

« Mais comment donc ! Si, si, le patron a tous ces droits-là et bien d'autres encore ! Nous ne nous révoltons pas de tout cela. Il faut un patron. Il faut des ouvriers. Il faut que le patron soit le maître et les ouvriers ses esclaves. Il est bon, pour qu'il roule en carrosse, que nous prenions le collier.

» Aussi, nous ne nous révoltons que contre telle position, à plat ventre ou sur le dos, selon les sexes, que veut nous imposer monsieur le directeur. Ce n'est pas dans le contrat. »

C'est tout, mes amis ? Que ne l'avez-vous, à quelque coin de rue, ou profitant de quelque rendez-vous, proprement expédié en colis postal vers quelque autre monde ? Le conflit eût été plus vite calmé.

« Pour qui nous prenez-vous ? Nous sommes des citoyens honnêtes. Nous ne faisons jamais nos affaires nous-mêmes. Nous ne voulons pas détruire la cause si vite, nous savons qu'il ne faut pallier que les effets. À quoi donc s'utiliseraient les chiens de nos troupeaux, ceux que nous choisissons nous-mêmes ?

» Et si nos syndicats n'étaient pas appelés administrativement à résoudre ces questions en détail, de quoi donc s'occuperaient-ils ? et quelles raisons aurions-nous de ne rien faire pour notre affranchissement intégral ? »

Les patrons, à la grève, ont répondu par le lock-out, et prévenu les ouvriers-soldats d'avoir à les défendre.

Les soldats obéirent. Ils allèrent, comme ils vont à la cible le matin.

Et quelle cible ! la cible humaine qu'on leur fait toujours espérer. On ne peut pas apprendre aux hommes à tuer sans qu'ils attendent avec impatience le moment de montrer leurs aptitudes.

Quels avantages ! Il n'y a pas de risque dans l'affaire. Les gens qui sont en face sont sans armes. Ils sont condamnés par l'ordre social. Ils n'ont qu'à obéir à leurs patrons. Tant pis pour eux.

Le peuple ouvrier est un corps qui a besoin parfois de saignées afin de réduire son tempérament sanguin.

Il y a donc une saignée, des morts et des blessés. Et l'on rentre, bien sages, bien sages.

Où rentre-t-on ?

« À l'atelier, mon bel ami. L'exemple de la veille a suffi, nous ne sommes pas les plus forts. Nous n'avons pas d'armes, pas de fusils. »

Prenez-en !

« Nous ne sommes pas des voleurs. »

Fabriquez-en.

« La loi interdit de manipuler les matières dangereuses. Et d'abord nous n'agissons pas par ces moyens. Nous sommes des révolutionnaires légaux. »

Allez donc vous faire tondre, imbéciles. Et ce soir, faites un gosse de plus, afin qu'il soit, plus tard, un soldat de plus pour mater vos nervosités, un ouvrier de plus pour engraisser le patron, un électeur de plus pour le candidat socialiste.

« Avant de parler, voyez la nouvelle : "Monsieur Haviland ne fera pas appel au concours de monsieur Pernaud." Lisez notre ordre du jour : "La corporation porcelainière grâce à la solidarité ouvrière et à son énergie a remporté une *éclatante victoire*." »

Deux morts officiels, deux autres enterrés par la troupe, des blessés de part et d'autre, dont quelques-uns n'iront pas loin, des hommes laissés aux mains redoutables des chats fourrés : voilà le bilan.

Et l'épilogue ?

LE PREMIER MAI

4 mai

Premier mai, la fête nationale et internationale du prolétariat organisé. Le « 14 juillet » de la classe ouvrière syndiquée; la deuxième édition de la fête des Bistrots; l'anniversaire tragi-comique de quelque chose que l'on prendra… [1]

Premier mai 1905 : prologue.

Dans l'église archi-épiscopale, a lieu la grande cérémonie; les grands prêtres, qui se sont délégués vers d'autres lieux, sont absents.

La tribune est comble. Le bureau est envahi. Les têtes les plus drôles y paraissent. Un assesseur, délégué et secrétaire de je ne sais quoi, qui a pavoisé sa poitrine d'une grande cravate, avec sa décoration et sa trogne enluminée, donne la note qui convient.

Seuls, paraissent en un défilé curieux, les éternels seconds rôles ou les futurs premiers. Dans la coulisse, on devine les machinistes influents truquant le système.

---

1. La manifestation trouve son origine dans les événements de mai 1886 à Chicago, qui se soldèrent par la mort de trois ouvriers. Lors du meeting de protestation qui a lieu le lendemain, une bombe explose parmi les policiers; trois syndicalistes anarchistes seront condamnés à la prison à perpétuité et cinq autres seront pendus le 11 novembre 1886, malgré l'absence de preuves.

C'est ensuite au congrès de l'Internationale ouvrière socialiste de Paris, en 1889, qu'est adopté l'objectif de la journée de huit heures. Sur une proposition du guesdiste Raymond Lavigne, il est décidé que sera « organisé une grande manifestation à date fixe, de manière que dans tous les pays et dans toutes les villes à la fois, le même jour, les travailleurs mettent les pouvoirs publics en demeure de réduire à huit heures la journée de travail et d'appliquer les autres résolutions du congrès. Attendu qu'une semblable manifestation a été déjà décidée pour le 1er mai 1890 par l'AFL [American Federation of Labor], cette date est adoptée pour la manifestation ».

Cette origine guesdiste et social-démocrate explique les réticences premières des anarchistes pour cette manifestation, laquelle sera revendiquée plus tard par les syndicalistes venus du mouvement libertaire, en référence aux événements de Chicago. Les anarchistes opposés aux syndicats s'en tiendront, comme Libertad, à cette réticence initiale. Lire Maurice Dommanget, *Histoire du premier mai, op. cit.*

L'alcool déborde de presque toutes les gueules par des rots odorants.

Quelques ouvriers réguliers, une centaine au plus, sont venus par esprit de combativité, ou par esprit de devoir. Quelques-uns, sincères, croyant travailler à leur émancipation, et que les épisodes soûlographiques des à-côtés écœurent et désillusionnent.

Une salade bizarre où dansent les mots « prolétariat organisé », « revendications ouvrières », « journée de huit heures ». Tous debout en 1906, le patronat, les exploiteurs, les exploités, « Ma » corporation, les délégués, la chambre syndicale de ..., etc., s'assaisonnent devant nous.

On a l'impression d'entendre un phonographe qu'un ressort d'horlogerie remonte constamment, mais dont les crans usés du rouleau ne permettent qu'à quelques mots de sortir.

Une tentative de débat sérieux est impossible. On est dans la salle, non pour s'instruire, mais, paraît-il, pour faire impression sur le patronat. Il faut être d'accord forcément, *tous amis, tous frères*, pour que la presse ne puisse dire qu'il y a désaccord.

On travaille pour la galerie.

Est-ce que la presse devra dire demain le nombre de gens ivres à la tribune ? Devra-t-elle parler des recettes exceptionnelles des bistrots à un kilomètre de rayon de la Bourse du travail ? Est-ce qu'elle devra compter le nombre d'hommes rentrant à la nuit, chez eux, le ventre plein d'alcool et la bourse vide ?

En face de la Bourse du travail, un groupe décoré de rouge est en train de boire. Je passe... un homme s'en détache et me donne deux sous « pour m'embrasser sur le crâne », me prenant pour un miséreux et pour rire un brin ; des pièces d'argent tombent à terre, roulant de sa poche.

Émancipation ouvrière par l'organisation syndicale.

Mais revenons... Quelques notes cependant, il faut le reconnaître, sont intéressantes et font une tache de lumière sur ce milieu ; deux terrassiers parlent avec une simplicité, une sobriété très grande et font à quelques-uns un véritable plaisir ; un homme qui reste coiffé et à qui la foule syndicale hurle « Chapeau ! »... dit des choses justes ; Gabrielle Petit*, avec son éloquence fruste, conservant son caractère primesautier, rompt la monotonie dégoûtante du rituel dogmatique.

Après un incident, où nous prenons, les meilleurs comme les plus mauvais, des formes grotesques dans la rapidité des gestes, où se sent l'énervement du dégoût et de la fatigue chez les uns, de l'alcool chez les autres, après, dis-je, il faut chanter.

Chanter la goualante de circonstance.

C'est une famille de Drouin de Bercy, ex-tenancière d'un cabaret spécial pour snobs et névrosés, vers Clichy, qui a fabriqué paroles et musique.

Ce n'est pas tant la foule ignorante qui veut la chanson. Ce sont les leaders : le machiniste Pouget s'oublie jusqu'à sortir de la coulisse. Il faut qu'on chante au peuple. Et la femme, avec un certain courage d'ailleurs, se moquant de nos engueulades plus ou moins justes, attend le moment de pousser sa note. Il faut bien vivre.

Nous faisons tous nos efforts pour qu'on ne chante pas, saisissant bien le ridicule de ce cantique sans grâce entre ces quatre murs, donnant à cette lutte un caractère mièvre... Mais en France, tout finit par des chansons. Et nous nous arrêtons, non vaincus par la force de ces hommes, à qui les maîtres cauteleux, glissant la calomnie, ordonnent de nous respecter, mais par leur inconscience, par leur aveuglement, par l'atmosphère d'alcool que nous ne pouvons plus respirer.

Et voici la scène finale : Lépine* a donné ordre à sa clique policière de se réserver... De laisser jouir de son icône, de son idole, de son drapeau, cette foule religieuse. Les portes sont dégagées ; les policiers sont derrière les chantiers du métro, attendant le moment opportun.

La Bourse du travail, resserrée entre deux maisons, dans ce couloir étroit, est laide. Sa base est bariolée d'affiches, ses étages supérieurs sont coupés par une bande rouge en lettres d'or pour 1906. Un drapeau rouge crêpé de noir (couleurs autorisées par la loi) rappelle la tragédie de Limoges. Rien ne manque, ni l'hosanna ni le souvenir aux martyrs.

On va monter le drapeau rouge à la fenêtre ! La goualante c'était bien, mais la vue de l'icône… c'est sublime !

Je regarde et je revis… les scènes où, au cri de « Dieu le veut ! », brandissant la croix, les Pierre l'Hermite menaient les foules à la mort. Seulement, ici, les prêcheurs font du chiqué et laisseront la foule partir toute seule… d'ailleurs, l'emballement de cette foule est purement de surface.

Des buées lourdes vont vers le drapeau rouge et des « Ça ira ! » entrecoupés de hoquets s'entendent… c'est du délire…

Les flics !…

La colère se calme. L'ouvrier honnête réapparaît… et il s'enfuit, suivi par les bottes des agents.

La comédie est terminée… Il faut se disperser et la foule se débande, hoquetant et titubant, alors que des camarades énervés, voulant résister aux ordres et aux bourrades, jettent *l'anarchie* au nez des ouvriers policiers comme défi.

Et tout au fond… les cabarets, les mastroquets, les mille tentacules de cette pieuvre terrible, l'alcool, sucent, aspirent tout ce sang ouvrier.

C'est la fête du prolétariat organisé.

C'est le premier mai.

Vindicte sociale

11 mai

Nous apprenions, par un banal fait divers, que notre camarade Ouin* avait été arrêté à Paris, en vertu d'un mandat lancé par le parquet d'Amiens.

Nous avions peu d'inquiétude, sachant que notre ami n'avait contre lui aucune preuve pouvant dire que, plus qu'aucun autre, il s'était prêté à des voies de fait contre le gardien du Bicêtre amiénois.

Ouin, pour une affaire lointaine, avait été condamné à une interdiction de séjour. Tout le monde connaît ce moyen d'écraser les gens. On les oblige à vivre dans des milieux où ils ne peuvent assurer leur subsistance ; on leur ferme les portes des lieux où ils pourraient peut-être se débrouiller, afin de les repincer à nouveau et de les achever.

Tel n'était pas le cas de notre ami, heureusement ; il avait su se faire une petite situation où, sans trop courber la tête, il pouvait vivre. Mieux que cela, son esprit d'indépendance gênait les tranquillités provinciales et, avec des copains amiénois, il fut des premiers à l'œuvre pour *Germinal**.

La liberté d'opinion existe en France, on le lui fit bien voir.

Pour interdiction de séjour, Ouin vient d'être condamné à *un an de prison*.

Avant la sienne, deux affaires du même genre aggravées de récidive étaient passées ; trois et quatre mois de prison avaient été toute la peine. Une crapule quelconque ne gêne pas la police et ne trouble pas l'ordre social, mais un camarade anarchiste venant voir ses amis, passer vingt-quatre heures à Paris, il faut en profiter pour se débarrasser du gêneur.

Cette condamnation par surprise ne peut rester. « Au point de vue légal, elle est illégale », et l'on peut affirmer que jamais on ne vit frapper aussi durement un homme dont le crime fut de venir passer un jour à Paris.

Notre ami Ouin était en instance de faire lever son interdiction. Il y avait une enquête de faite, on avait été trouver les répondants et tout faisait prévoir une solution favorable et prochaine.

Quelles lois atroces et imbéciles que celles qui peuvent faire qu'un homme venant le 30 avril à Paris sera enfermé pendant un an et bien reçu s'il y vient le 1er mai !

Un habitué du palais nous signale tout un truc spécial des rapports policiers. Ces notes signalent notre camarade sous le nom de « Ouin dit Cou Tordu », sobriquet fait par eux pour les besoins de la cause. Cela établit dans l'esprit étroit des juges comme une tare, tous les habitués de leur prétoire ayant leur sobriquet. Cela suggestionne ces messieurs et leur fait ajouter des mois de prison.

D'autres juges, le fait signalé, auront honte de tomber dans de pareilles mesquineries et réfléchiront que son instance même pouvait lui paraître un droit de venir s'enquérir, à Paris, comment allait son affaire.

Alors que les juges font patte si douce pour les repris de justice (je ne le regrette pas du tout), qu'ils sachent ne pas faire entrer une querelle d'opinion dans une affaire de règlement.

Que les juges oublient que c'est un homme qu'ils ont en face d'eux et qu'ils se rappellent que « juridiquement parlant » Ouin n'est plus qu'un citoyen français.

Le troupeau des jaunes

18 mai

Un affichage officieux vient d'être fait.

L'autorité, en cette circonstance, a abandonné le blanc sale de ses appels officiels ; elle a respecté le rouge, symbole des révolutionnaires ; elle a laissé le système de la bande transversale aux concerts et à la Bourse du travail.

L'autorité a pris un ton du plus beau jaune agrémenté, parfois, de quelques teintes du plus beau bleu. Décemment, elle a muni ses élucubrations de timbres variés selon les discours.

Sur tous les murs, sur toutes les palissades, en haut, en bas ; en long ou en travers, l'appel est jeté : c'est l'appel des jaunes [1].

Il est fait à rendre jaloux un leader socialiste ou syndicaliste, mais avec un doigté, un atavisme de crapulerie qui signalent les fils de l'Église et de l'autorité. Ce n'est pas d'un parvenu à l'assiette au beurre, c'est d'un bien-né ; pourtant on y sent de bonnes phrases classiquement revendicatrices ; ce doit être quelque mécontent, de qui on n'a pas su tailler la place, lors du partage des sinécures ouvrières.

L'appel des jaunes vient à son heure… ou croit venir à son heure.

Le commerçant et l'industriel, le rentier et le gouvernant, le prêtre et le soldat, tous ceux que l'état actuel de la société

1. Le mouvement des « jaunes » naît en 1899 au Creusot et à Montceau-les-Mines où des mineurs créent un syndicat indépendant. En 1901, est créée une Union fédérative des syndicats et groupements ouvriers professionnels de France et des colonies, qui reçoit l'appui du patronat, d'hommes politiques, d'ecclésiastiques et d'intellectuels comme Maurice Barrès. L'année suivante, le 1er Congrès national des jaunes de France rassemble à Saint-Mandé 203 délégués « représentant 201 745 syndiqués » (en réalité, environ 100 000). La mésentente entre les responsables se traduit très vite par une scission. Dès 1909 la Fédération des jaunes commence à dépérir. Lire <http://sitecon.free.fr/syndicat.htm>.

fait vivre se sont réunis, ont réuni leurs forces, se sont imposé un petit sacrifice et ils ont jeté à profusion leur appel… L'appel des jaunes.

Ils ont pensé que l'heure sonnant était à nouveau l'heure du maître.

Ils ont jeté de longs regards tout autour d'eux, prêté l'oreille à tous les cris. Et ils en ont conclu qu'il serait bon de profiter du mouvement de confusion sociale pour reprendre et rattacher plus solidement encore l'humanité d'aujourd'hui.

Quels que soient les résultats acquis, on ne peut nier que la poussée des peuples vers le socialisme, vers le syndicalisme soit une poussée vers l'émancipation, vers l'affranchissement de l'individu. Que ce mouvement soit accaparé par les fils des hommes intéressés à la continuation du *statu quo*, que de nouveaux bergers soient venus sur la route prendre la conduite du troupeau évadé, il n'en est pas moins vrai que c'est un mouvement de libération qui a lancé les hommes sur cette voie nouvelle.

On peut prévoir, on voit même le moment où, dans ce chemin, le troupeau débordera sur les bergers et se libérera à jamais ; où ces bêtes étrangleront bergers et chiens et redeviendront des hommes.

Mais la poussée des jaunes est un mouvement provoqué par les bergers et dont le but avoué est un peu plus de servilisme et d'asservissement.

Ce n'est pas suffisant pour les hommes possédants d'avoir jeté au travers de la poussée des rouges les bergers de sa clique ou d'avoir fait fabriquer des bergers par le troupeau lui-même, obéissant en cela au virus héréditaire de l'obéissance ; ils veulent fabriquer les cadres du troupeau modèle, du troupeau nouveau siècle.

Ils ne peuvent plus séduire les ouvriers par la promesse d'un paradis après la mort. Ils n'ont plus besoin de ce truc-là, si désuet maintenant.

Ils savent, par l'exemple de leurs amis, les bergers du troupeau rouge, ce qu'il faut faire.

Ils ne veulent plus rester en castes fermées ; ils sont prêts à ouvrir leurs rangs à tout individu dont ils reconnaîtront la force des appétits.

Ils savent aussi les promesses qu'il faut faire, les réformes qu'il faut promettre. Ils sont pour la participation aux bénéfices et pour les retraites ouvrières. Décidés à ne rien lâcher de leur bien-être, ils veulent bien promettre encore et encore.

Ils voient l'état de lassitude, de découragement des ouvriers. Ils veulent profiter de l'énervement provoqué par le mirage perpétuel du mirage toujours proche et toujours lointain.

Les bergers jaunes font la critique, hélas ! trop facile, des bergers rouges. Mais ils ne nous trompent pas, ils ne trompent personne. Les bergers se valent.

Les troupeaux sont toujours des troupeaux, mais il faut tenir compte de la direction instinctive, sinon raisonnée, qu'ils suivent. L'esprit de révolte, si enrayé soit-il par les chefs socialistes et syndicalistes, n'en est pas moins général dans les groupements des rouges.

C'est au contraire l'esprit arriéré de servilité, d'obéissance, qui fait marcher le troupeau des jaunes.

La fraction évadée du troupeau commun en formant le troupeau rouge obligea les bergers à se plier à certaines exigences. Ils ne l'en trompèrent pas moins, c'est évident.

Mais le jeu ne durera pas.

Le troupeau des jaunes, au contraire, est le troupeau choisi par les pasteurs, c'est le troupeau élu dont chaque pas mène les bêtes qui le forment vers plus d'avachissement et de misère, vers le parc fermé.

Dans le troupeau des rouges, on est instinctivement contre le leurre du capitalisme et on ne s'accorde avec lui que par lâcheté, par bêtise et sous le souffle mauvais des meneurs de toutes espèces.

Dans le troupeau des jaunes, on fait de cet accord la base, la pierre d'assise de la meilleure société.

Le troupeau des jaunes peut bêler, mugir, nous savons qu'il n'y a que des moutons et des bœufs, bons tout au plus à mettre à l'engrais.

Dans le troupeau des rouges, on peut trouver encore des béliers et des taureaux qui brisent la longe et deviennent des individus libres.

La corne des bergers nouveau jeu et les abois de leurs chiens ne trompent personne.

Si les rouges quittent le parc où ils piétinent, ce sera dans un geste ample qui les libérera de tous les troupeaux.

Et les feuilles jaunes s'en iront au courant de l'égout n'ayant prouvé qu'une chose, que la langue des bergers est partout et toujours la même.

Mais ne nous endormons pas, ne laissons pas se former le troupeau des jaunes, nous avons déjà assez de peine à désagréger le troupeau des rouges.

L'Homme & la foule

18 mai

Non loin de Châtellerault, dans le petit village d'Usseau, l'Homme a établi sa redoute contre la société.

Il s'appelle François Roy. Il a plus de soixante-dix ans. Il est entré en révolte contre l'ordre, le jour où l'ordre l'a fouaillé. Il a fait ses affaires lui-même.

Ses parents cultivaient des lopins de terre à Saint-Eloy ; il aurait continué le même travail. Le régiment lui fait abandonner les champs : il devient agent d'assurances, il effleure la politique, puis spécule et il perd sa part de terre qu'il ne travaillait d'ailleurs plus.

Alors, il connaît la douleur d'être chez les autres. Il devient garde-chasse. On raconte qu'il changeait souvent de place. Et cela n'a rien d'étonnant, un homme se plie difficilement au rôle de valet ou de contremaître. Il braconnait sur les terres qu'il gardait. Parbleu, idiot est celui qui prépare la moisson pour autrui alors qu'il crève de faim.

Un nommé Grandpied, ex-conseiller municipal d'Usseau, le fait condamner à cinquante francs d'amende pour braconnage. Son titre de garde-chasse lui est enlevé.

À soixante-sept ou soixante-huit ans, l'Homme doit donc connaître, à nouveau, la dure recherche du pain pour vivre : il s'y résigne difficilement. L'idée de la lutte lui vient. Il veut rendre à celui qui se promène, honnête et heureux, dans les prés et les champs, après l'avoir acculé à la mort.

Il rencontre ce Grandpied avec sa fille. Il tire un coup de fusil à la gueule benoîte du maître. Quelques plombs s'égarent sur la progéniture. L'autre sera peut-être aveugle.

L'Homme rentre chez lui. Et la clique policière vient l'y chercher. Il y a là le procureur de la République, le juge d'instruction, le greffier, et des chiens à baudrier en grand nombre.

La porte est close. Des sommations sont faites, auxquelles nul ne répond. Les gendarmes s'approchent pour enfoncer la porte. Un coup de fusil riposte à l'attaque. Le greffier et un gendarme sont touchés.

La troupe, toujours employée à défendre les frontières, vient entourer la maisonnette. Elle doit remporter là une de ces victoires qui distinguent l'armée française. Puis vient la foule, la foule des honnêtes, le troupeau des oies domestiquées toujours contre les oies sauvages. Ça jette des grêles de pierres sur la toiture de l'abri de l'Homme. Alors, il répond encore, et frappe d'une main sûre. Un gendarme et un sergent de ligne tombent.

Alors la peur prend toute cette clique sociale aux mollets, le cercle s'agrandit. Et c'est un véritable siège. Les pioupious du 31e et tous les gendarmes de la région sont là. La foule guette l'Homme et l'Homme guette la foule. Lui ne veut pas obéir et la foule s'indigne de ce qu'un homme existe sur cette terre de fonctionnaires et d'électeurs. D'un côté, un vieillard de soixante-dix ans, de l'autre, une compagnie de ligne, une brigade de gendarmerie ; plus que tout cela, la meute enragée de l'opinion publique.

L'Homme tire pour se défendre. Les gens de la foule, l'arme au poing, tirent pour défendre le principe sacré de la propriété et du respect des lois. Mort au révolté. Sa main paraît-elle, ce sont des coups de fusil de droite et de gauche. Qui le tuera ?

Il faut le prendre, vivant ou mort : l'honneur de la justice veut cela. Tout le monde porte son moyen. L'un parle d'envoyer un chien qui l'étranglera, l'autre parle de pompes, le troisième de canons, un quatrième d'armures. Grenier, le fumiste musulman, le député clown qu'on ne s'attendrait pas à voir en l'histoire, propose d'envoyer des matières asphyxiantes. Qu'il aille donc décrasser sa cervelle !

C'est du tragique et c'est du comique. L'arme au poing, les soldats sont là, prêts à tirer. Il y a des bivouacs partout.

Seul, l'Homme prépare sa défense, il perce des meurtrières. Ce n'est pas un fou, c'est un homme. Il ne tire pas au hasard. Une femme, malgré les soldats, passe à sa portée avec des moutons. Elle va lentement et l'Homme sent bien que ce n'est pas là l'ennemi.

La circulation est arrêtée. On ne peut aller aux marchés avoisinants ; la route est barrée. Pour le passage d'une course d'automobiles ou d'un cortège royal ou d'une chasse à courre, le troupeau bêlant des pelés, des tondus, des galeux ne murmure même pas. Mais il paraît haïr Roy, comme on hait celui qui donne un exemple qu'on ne se sent pas la force de suivre.

La foule vient de partout. Et cela se voit. Jamais les aubergistes n'ont fait pareille fortune. Un raconte qu'il a fait plus en ces huit jours que dans ces quatre dernières années. On voit tout le détraquement d'une société où le mal de l'un enrichit l'autre. Société hypocrite, confite en la saine morale, où l'on est obligé d'attendre et par conséquent de souhaiter que crève l'autre, pour manger à sa faim.

Les ministères de l'Intérieur, de la Guerre et de la Justice doivent coopérer à cette prise. Tout le monde hésite à s'avancer. Les autorités qui sont là – général, préfet, sous-préfet, procureur général, commandant de gendarmerie, d'artillerie – comprennent le ridicule de la situation. La foule seule hurle à la mort.

Ce sont des voyages de Paris à Châtellerault et de Châtellerault à Paris. L'ordre social est troublé. Quel exemple donne un homme qui se révolte ! Comment la société est faible près d'un individu !

Sera-ce le canon ? sera-ce la mélinite ? Des gens du génie sont venus pour poser les pétards et les faire partir par un fil, de loin.

Ce sera pour ce soir. Alors, de partout arrivent les spectateurs de la mort, les oiseaux nocturnes du crime légal, les vampires honnêtes qui ne sucent le sang que selon les règles du Code. Ils viennent à pied ou en automobile, en carriole ou en break. Toutes les putains et toutes les grandes dames du pays, tous les maquereaux et tous les maîtres de maison, les escarpes et les commerçants sont côte à côte. Le public du Tourbillon de la Mort, des corridas, des vélodromes et de la guillotine est là. Il n'y a pas de défection.

Ce public a la bave aux lèvres. Qu'on lui serve l'Homme sans danger : il le mangera. Ces dames ont peur, délicieusement. Un frisson leur court le long du dos. Elles défendent l'ordre social. Elles sont pour la justice contre le criminel. Quand on apprend que, décidément, ce ne sera pas pour cette nuit, tout ce monde de marlous et de femmes honnêtes, de nobles et de prostituées, pousse des cris, comme au théâtre quand le traître n'est pas assassiné.

Enfin le jour ou plutôt la nuit est arrivée. Toute la garnison de Châtellerault est sur pied. Il faut que ce soit. « Si l'on n'en finissait pas cette nuit, l'on pourrait craindre des manifestations, car la population est exaspérée. » (*Le Journal* du 14 mai.)

La mélinite est là. Les sapeurs du génie sont là. Le lieutenant Le François est prêt. Et Babin, le général, va enfin remporter une victoire. Gloire à lui. Honneur à l'armée française.

Deux cent trente pétards portant cent grammes de mélinite sont placés. Le procureur Vasco voudrait qu'on attende l'heure légale. Le général Babin ne veut opérer que dans l'ombre. Il veut tout de même faire des sommations, le commandant Sempe déclare que c'est inutile ; l'Homme est en état de rébellion contre la loi !

À huit cents mètres de la maison, dans le petit bois, la foule hurle, danse, chante et « sable le champagne ».

« J'arrive au bourg. Sur la place, deux cents automobilistes se pressent, entourés par des hommes et des femmes vêtus de peaux de bêtes ; ces hommes et ces femmes rient et chantent ; il en est qui se lancent dans des calembours orduriers. Tout ce que le département de la Vienne compte de filles, de souteneurs, d'escarpes, d'assassins en rupture de maison centrale, de banqueroutiers et aussi de renifleurs de sang sont là. Quel spectacle plus beau que celui d'un homme qui va mourir ! Celui-ci ne sera pas guillotiné, comme tant d'autres, il sera dynamité, pas tout à fait comme le nègre de Gaud et de Toqué[1], mais presque... Il faut absolument avoir vu cela, et tous ceux qui avaient été de la répétition générale de la nuit de vendredi à samedi étaient présents à la première sans seconde. D'autres, qui n'étaient pas là à la répétition, étaient accourus aujourd'hui. Le samedi soir est favorable aux spectacles de famille. On se reposera le dimanche. » (F. Hauser, correspondant du *Journal*, 15 mai 1905.)

Ce n'est pas nous qui parlons, c'est *Le Journal* ; sa clientèle l'empêche de dire toute la vérité. Mais chacun sait la démêler. Ces deux cents automobiles, ce n'est pas les filles et les souteneurs illégaux qui les possèdent. Les bêtes velues

1. Au Congo, le 14 juillet 1903, ces deux administrateurs coloniaux s'amusèrent à mettre des grenades au cou d'un Noir et à le faire sauter.

et sadiques qui sablaient le champagne, ce ne sont pas des banqueroutiers et des gens en rupture de maison centrale : pour nous, ce sont des gens honnêtes, ce sont ceux qui forment l'élite, ce sont les fainéants, les souteneurs, les filles, les voleurs légaux, la boue, la lie de tous les peuples, qui vit de ceux qui travaillent en les faisant crever.

Qu'ils rient ! l'Homme va sauter, l'Homme va mourir. Ils ont eu peur ! Où serait l'ordre si un homme pouvait se venger lui-même des crimes de la société ?

Enfin, une sonnerie des clairons, les soldats s'échappent. Le moment est venu. C'est une lueur intense qui enflamme l'horizon, un bruit long comme un grondement, une épaisse fumée et c'est la clique qui applaudit, qui vocifère, qui hurle.

La clique sélectionnée – général, préfet, procureur, sous-préfet, juge d'instruction, galonnards – est assemblée.

Le général, aux reproches qu'on n'a pas attendu l'heure, une chinoiserie d'ailleurs, dit que pas un de *ses* hommes n'est blessé. Quant à l'autre, sous les décombres, on ira lui porter secours… au lever du jour.

Et l'homme meurt peut-être dans les débris fumants de la bicoque ; les défenseurs de l'ordre, les représentants de l'humanité, attendent. L'arme au poing, les sapeurs du génie s'avancent enfin.

On fouille les ruines, on fait même partir des nouveaux pétards.

On cherche. On ne trouve pas. L'Homme n'est pas là. La peur reprend le troupeau. S'il allait surgir de quelque pan de mur et canarder à son aise les chiens qui envahissent son terrier…

Mais une clameur s'entend. Une clameur de soulagement. Un cri de violence. La danse du scalp se gigote dans cette foule en délire. L'ordre est vainqueur.

Oui, quatre brutes l'ont trouvé. Que leur nom passe à la postérité et que les hommes qui les trouveront sachent où mettre leurs pieds, si ce n'est mieux : René Mounet, Grandin-Mounet et son petit, Éclairci.

L'Homme est pantelant, le visage couvert de plâtras. Il dormait, lors de la détonation terrible, de l'effondrement, il a été précipité en l'air, est retombé couvert par les murs et les poutres. Et il s'est sauvé, affolé, terrifié, vaincu par la douleur stupéfiante.

Les quatre soutiens de l'ordre gueulent à rompre leur conduit : « Le voilà ! il est pris. »

Alors le spectacle devient terrifiant, atroce ! Cent, deux cents personnes se précipitent sur le vieillard en lambeaux, le jette à terre, le frappent, le « roulent comme un saucisson » au bas du talus.

Dix mille personnes clament : « Montrez-le ! » Une meute se précipite autour des gendarmes. On veut écarteler Roy. Les soldats l'entourent. On l'amène au hameau tout près, au milieu des hurlements.

« Et la foule qui ne sait comment assouvir son désir de briser quelque chose se précipite alors dans la maison de Roy et dans son jardin, elle pille les chambres et saccage les bosquets. » (*Ibid.*)

C'est fini. Ca va s'écouler, reprendre leurs fonctions ; piller, voler, violer, empoisonner, assassiner légalement.

Et nous, nous revenons plus forts, plus puissants en notre idée. Nous aimons l'Homme, nous haïssons la foule.

Nous nous répétons le cri de cette feuille : « Contre les bergers, contre les troupeaux. »

Il arrive !... il arrive !... l'Alphonse !

25 mai

Il arrive après un long voyage dans « ses États », voyage tout de tendresse et de sollicitude pour ce pauvre peuple espagnol dont la seule richesse est d'avoir un roi comme lui [1].

Des acclamations bizarres, atroces, l'accueillent sur son passage. Les rires qui résonnent à son oreille ont étrangement le rythme des sanglots.

Sont-ce des louanges que psalmodient ces voix ou des prières ?

Derrière la prêtraille, la garde civile, les fonctionnaires, est-ce que le peuple est vêtu ou en loques ? Est-ce que ces ventres sont pleins ou sonnent creux ?

Qu'importe, le roi a mangé.

Quand le roi a bu, l'Espagne est ivre.

Et ces bras qui se tordent de douleur sur le passage de l'automobile royale esquissent – qui en douterait ? – des applaudissements frénétiques. Cette voix qui gronde au loin, ce sont – comment l'expliquerait-on autrement ? – les vivats en l'honneur du roi.

Le petit Alphonse est un roi partisan du progrès. Il sait se partager entre la joie de la torture et celle de la vitesse. Sa main de roi sait manier avec la même grâce le volant de l'automobile et les grains du rosaire.

Il est charitable ! Il sait rendre les millions qu'il prend puisqu'il jette des sous aux pauvres.

Il est internationaliste ! Il n'y a plus de Pyrénées, et les voyages forment la jeunesse.

Monsieur Alphonse, ce Télémaque dont la piété et la pitié sont les qualités dominantes, vient complimenter

1. Allusion à Alphonse Léon Ferdinand Antoine de Bourbon (1886-1941), le roi Alphonse XIII d'Espagne.

monsieur Émile et le peuple français : recevoir les souhaits de monsieur Paul et de la ville de Paris [1].

Il vient, il arrive, vous dis-je…

Allons, les valets, les républicains, les socialistes, les anticléricaux, les révolutionnaires, voilà le roi de l'inquisition… à genoux, à plat ventre.

Paul Brousse, laquais de la majorité, sois donc des courtisans qui risqueront, selon ta prédiction, d'avoir les tripes secouées.

Jaurès, mon bel ami, de la même voix que tu larmoies pour les victimes de La Mano Negra, complimente l'éphèbe royal de sa sollicitude pour le peuple.

Gérault-Richard, offre-toi pour guider sa jeunesse dans les bouis-bouis, les beuglants et les bordels dont tu es l'habitué assagi maintenant et où tu faisais – te le rappelles-tu ? – l'annonce de ta bonne voix d'absinthique…

S'il lui arrive quelque accident… la sixième page de ton canard n'est-elle pas là pour désigner le remède souverain ? Tu toucheras des deux côtés.

Allez-y tous de votre boniment, messieurs les politiciens. Tous ! Que pas un n'oublie !

Au nom de la patrie et de l'internationalisme, du peuple et du bourgeois, de la religion et de la Libre pensée, menez le peuple républicain aux pieds de ce tyran.

Et toi, la foule, toi, le peuple, va donc faire la haie pour voir passer un roi, dont la gueule n'a même pas la valeur esthétique de n'importe lequel de ceux qui t'entourent.

Toi, qui crèves dans les ténèbres, va donc t'éclairer aux vasques lumineuses de l'avenue de l'Opéra, égosille-toi à acclamer celui dont tu es l'hôte – toi qui n'as rien –, puisque ce roi est l'hôte de la France républicaine.

1. Allusion à Émile Loubet (1838-1929) – alors président de la République – et à Paul Brousse (1844-1912) – militant anarchiste puis socialiste dont la carrière politique, à partir de son tournant réformiste, eut pour cadre principal le conseil municipal de Paris.

Cet Alphonse n'est, pour moi, pas plus criminel qu'un autre ; je le répète, il n'est qu'un symbole. C'est cela, d'ailleurs, que devrait haïr un peuple républicain.

Au contraire. C'est vers le manteau royal que montent les acclamations démagogiques.

Le peuple français, après trente ans d'éducation républicaine, mitigée de socialisme, n'est qu'un tas de grenouilles qui coassent de désir à la vue d'un roi.

Roi de pacotille, roi d'à côté : qu'importe, c'est un roi, un vrai roi. Sur son passage, des milliers de gens souhaiteront qu'il s'arrête, ce freluquet, pour lui embrasser les mains, les pieds, le cul, s'il le désire.

Et la valetaille socialiste glissera à son oreille : « Ne vous gênez pas, sire, dans vos désirs, nous les avons préparés à être des moutons pires que les vôtres, prêts à toutes les bassesses, à tous les services. »

Il arrive !... il arrive ! l'Alphonse. Numérotez-vous ! prenez vos places ! Il n'y en aura pas pour tout le monde.

Écrasez-vous, peuple de travailleurs, pour voir passer un homme qui ne fait rien.

Applaudissez, mugissez de joie, peuple de crève-la-faim, à la vue d'un homme qui mange, d'un homme à qui vingt-cinq millions d'esclaves préparent la becquée !

... Après son départ, pleurez à nouveau au souvenir de La Mano Negra, de Montjuich, d'Alcala del Valle [1] en compagnie de la clique socialiste.

Maudissez les bourreaux imbéciles ; les bourreaux que vous êtes, que sont tous ceux qui acclament les assassins, les inquisiteurs.

Il arrive !... il arrive !... l'Alphonse !

1. Prisons espagnoles dans lesquelles furent incarcérés les inculpés de La Mano Negra.

Numéro 13

1er juin

Tu es en France ! Tu es à Paris !

Tu vas connaître les halles et l'Élysée, le pavillon de la Marée et le Palais-Bourbon.

Je te plains, ô roi, plus esclave que l'esclave.

Tes oreilles s'ouvriront et tu n'entendras pas.

Tes yeux regarderont et tu ne verras pas.

Non, tu n'entendras pas, tu ne verras rien de vrai, rien de sincère ; tu ne sauras rien de cette terre de France que pendant plusieurs jours tu auras foulée.

Que de compliments, que de toasts, que de mensonges tes oreilles vont ouïr, que d'apparats, que de trompe-l'œil, que de stucs, que de fards, que de verroteries tes yeux vont voir !

Tu n'as jamais eu, tu n'auras peut-être jamais la joie de savoir.

Si un visage te sourit, tu ne sais jamais si c'est là un signe de joie amicale ou un signe de basse courtisanerie.

Si une voix sanglote, tu ne sais jamais si c'est là une peine véritable qui cherche ta sympathie ou une douleur trompeuse qui cherche ta pitié financière.

En France, comme en Espagne, tu n'auras autour de toi que des coquins, dont les paroles et les gestes sentiront la répétition théâtrale.

Les dames de la halle te grimaceront le même sourire que la mère Loubet. Et ton ouvreur de portière, général ou cire-bottes, aura la même flexion de dos que le sieur Delcassé.

Tu entends, tu n'auras jamais la joie de connaître une impression de vrai.

Autour de toi tout est truqué.

Dans le ventre de ta mère, déjà tu étais une chose d'apparat. Fœtus, tu connaissais les honneurs, ton pipi alors que tu étais en langes coulait concurremment à des ruisseaux de sang et de larmes.

Que le laquais ou le roi qui te jeta ait fait son geste plus tôt ou plus tard dans quelque autre ventre et tu serais peut-être un homme. Tu n'es qu'un roi.

Et depuis ta naissance, tout autour de toi est mensonge. Les sourires, les pleurs, les compliments, les malédictions, tout est truqué.

Tu n'es pas un homme, tu es un symbole. Le poing qui se dresse sur ton passage, la malédiction qui peut résonner à ton oreille, n'est même pas pour toi. Tu n'existes pas.

La couronne encercle ton front, tout comme le carcan enserre le cou du bagnard. Tu n'es plus un homme, tu es un numéro toi aussi : le numéro 13.

Comme j'habite cette terre dénommée France, il paraît que tu es un peu mon hôte. Que pourrais-je faire pour toi ?

Tu mangeras à ta faim et à ta soif. Je serre donc mon pain rassis et mon eau fraîche. Tu connaîtras les aises du bon dodo : je ne dédoublerai point mon lit à ton occasion. Des cicérones, des laquais te mèneront par la ville, ailleurs que rue Muller, à moins que ta mère ne t'ait recommandé le Sacré-Cœur placé dans le voisinage, je ne bougerai donc pas de mon travail.

Que me faut-il donc faire pour t'être utile ? Faire tous mes efforts pour t'arracher la livrée, bagnard royal numéro 13.

On te mentira, des lèvres te glisseront le mensonge à l'oreille. Je voudrais, je veux te hurler la vérité.

Arrache le bandeau que l'on met sur tes yeux et regarde, regarde, te dis-je, regarde.

Vois, là-bas, au loin, jusqu'en Espagne. Le peuple est affamé. Sitôt partie cette *guardia civil* qui protégeait tes pas et faisait crier des vivats, ce sont des malédictions qui montent en élan vers toi.

Chacun de tes pas fait couler des larmes. Partout où tu dois passer, des coupes sombres sont faites. On arrache le père aux enfants, le fils à la mère, l'ami à l'ami. Tous ceux qui ont levé la tête, tous ceux qui t'ont jeté à la face, à la face de tes laquais, la malédiction sont écrasés par tes émissaires.

Tu n'es rien qu'un adolescent, et tu produis l'effet de la peste dont les avant-coureurs sont la mort et la douleur.

Tu as la tare d'être roi, c'est peut-être pire que la tare d'être esclave.

Tu n'es pas un maître, un fort, tu es un roi. Tu n'as pas besoin d'être intelligent, d'être subtil, tu l'es par le hasard d'un jet sexuel. Tu pourras t'appeler dans l'histoire Alphonse le Crétin ou le Fou. Tu es roi quand même. Tu ne commandes pas, tu es le mannequin royal.

Personne ne connaît Alphonse, on ne connaît que le numéro 13. Tu peux être doux, affable, spirituel, amoureux, nul ne le saura jamais. Tu es le représentant du régime qui a fait Montjuich, Alcala del Valle, et dans les prisons qui semblent être sous tes ordres on tord les membres, on arrache les ongles.

Tu vas entendre des acclamations, je te parle des larmes. Déjà, à moi qui peux entendre, sont venus tant de gémissements, tant de désolation et tant de haine que tu serais effrayé si tu pouvais seulement en deviner la millième partie...

Pour gaver ton ventre, on gaspille de quoi nourrir le ventre de milliers de laboureurs.

Pour que tes nuits s'éclairent comme le jour, au soleil de l'électricité, des femmes doivent courber le front sur le labeur, à la faible lueur d'une chandelle.

Fainéant, improductif, pour que tu aies des palais, que ton manteau soit semé d'or, que ta table soit garnie de mets fins, ton peuple crève de misère.

Tu es l'Alphonse d'un peuple, mais tu n'auras même pas les baisers voluptueux d'une « marmite ».

Tu n'auras, à ta disposition, que la chair légitimée du numéro qu'on collera au tien pour des raisons que tu ignoreras, ou que celle de la courtisane qui se vendra à toi.

Homme de vingt ans, tu ne connaîtras pas l'amour.

Tu n'es pas un homme, tu es un roi.

Je t'écris une lettre que tu ne liras jamais car les rois ne savent pas lire.

Je te plains en t'écrivant, Alphonse, comme moi de chair et d'os, avec des aspirations et des désirs peut-être généreux… et je songe pourtant que, s'il était en mon pouvoir, je te détruirais, toi et tes pareils, avec la conscience de faire un travail utile.

Entends-tu, numéro 13 ?

Méli-mélo
29 juin

L'affaire n'est pas terminée.

Ce pauvre Leydet* a certainement quelques capitaux placés dans l'imprimerie du palais de justice : il veut épuiser les stocks de formules de mandats pour hâter les tirages.

Caussanel* est arrêté sur le témoignage de sa concierge[1] – tout le monde sait que les concierges sont assermentés. Cette concierge est un modèle de mémoire ; elle se rappelle, trois mois après, les mots dits au hasard des conversations banales. Ce n'est pas une femme, c'est un phonographe enregistreur.

Songez un peu à ce tour d'hypocrisie. On suggestionne le cerveau de cette femme, lectrice des romans de *La Petite République* ou du *Petit Journal*, par des racontars de police

1. Allusion à l'attentat perpétré à Paris contre Alphonse XIII, dans la nuit du 31 mai au 1er juin 1905.

ou de presse. On lui apprend que ce doit être de la ferraille que son locataire a reçu ; on l'hypnotise, on l'interroge vingt jours après avoir fait courir les pires mensonges.

Les paroles de Caussanel, « Vous recevrez un paquet », se muent dans sa tête en « Vous recevrez un paquet de ferrailles. » Et cette femme, sans mentir, sur son Dieu ou sur son honneur, pourra soutenir sa déposition. En effet, elle ne mentira pas… elle se trompera. Elle prendra pour la vérité la suggestion glissée par la police et les journaux.

Le camarade Jean Grave est appelé aussi devant l'homme de police[1]. On a trouvé, dans le trou où furent cachées, soi-disant, les pommes de pin tragi-comiques, au milieu de journaux, deux articles manuscrits de lui.

Il aurait dit qu'il voyait là une machination policière. Cela n'aurait rien d'étonnant. Il semble en effet assez drôle de plier de gros objets avec des manuscrits, n'ayant pas, j'en suis sûr, le format du *Temps**.

Pour moi, j'aurais répondu simplement : « J'envoie des articles à bien des journaux dans le monde entier ; car l'idée anarchiste est fort répandue, ne vous en déplaise. Soit pour l'Espagne inquisitoriale, soit pour qu'on les traduise, j'ai pu envoyer à Vallina* des articles, écrits de ma main, parce que personne ne me paie un secrétaire, comme à vous. L'article paru ou non paru, le manuscrit ne m'en est pas renvoyé. Or, je ne pense qu'on l'encadre, il sert à des usages journaliers ; à allumer le feu ou à essuyer la poêle. Il a servi en ce cas à envelopper des pommes. Si vous suiviez tous vos écrits, juge Leydet, vous seriez peut-être vexé d'en voir servir à des usages plus intimes.

1. Jean Grave évoque de la façon suivante cet épisode dans ses Mémoires (*op. cit.*, p. 442-443) ainsi que sa stupéfaction de voir le juge lui présenter des manuscrits écrits de sa main et une lettre que lui avait adressée l'éditeur Stock : « Leydet m'affirma les avoir trouvées lui-même dans les bois de Vélizy, enveloppant des bombes, soi-disant cachées par Vallina – un camarade espagnol arrêté. Quant à la lettre de Stock, elle était déchirée en menus morceaux, jetés au vent. Et miracle ! tous avaient été retrouvés ! parmi les herbes, les buissons, les taillis et autres frondaisons. Elle était là, reconstituée ! »

» Les policiers ont cru faire un bon tour. Dans ces temps de vols et de pillages légaux, il est facile d'obtenir le manuscrit des gens. Au besoin, on arrête à la poste le véritable manuscrit, qu'on remplace par une copie. En temps voulu, on le sème à côté d'un cadavre et l'on vous accuse d'avoir commis l'assassinat. Vieux jeu, cher magistrat. Votre collègue Zévaco nous a appris bien d'autres trucs. Vous repasserez. »

Cela aurait terminé l'entretien, sans nul doute. Devant la vérité simplement dite, un magistrat même est un peu désarmé. Il passerait à un autre « coupable ».

Nous sommes dans un pays de liberté individuelle !! N'importe quelle concierge, quel indicateur, quel flic peut vous faire emprisonner. Ce magistrat a donc le choix.

Allons, juge Leydet, à qui le tour ?

N'as-tu pas trouvé, aux environs du trou, quelque étron suggestif dont l'expertise chimique pourrait te désigner un des coupables en te donnant la composition de son menu.

Les mains plus ou moins sales, ça ne doit pas te gêner.

Autour d'une mort

13 juillet

Un homme est mort[1].

Toute la clique des courtisans, tous les valets de presse, tous les nécrophiles ont bavé sur lui, gentiment.

1. Il s'agit du géographe et militant anarchiste Élisée Reclus, décédé le 4 juillet 1905.

Henri Rochefort et Lucien Descaves*, ceux de *La Petite République* et ceux du *Matin* ont fait le panégyrique du mort. Pas de ses idées… toujours vivantes, mais du corps qui entre en désagrégation.

C'était l'anarchiste modèle, comme il fallait être, le bon, le pur. Et les gens à la Jules Simon qui avaient travaillé à son séquestre, les honnêtes de l'ordre moral qui n'avaient lâché leur proie que devant le cri d'indignation, d'ailleurs vertueusement intéressé, de la science universelle se lamentent sur cette disparition, d'un commun accord. Crocodiles et valets, ça pleure à la ligne.

Moi, je ne connaissais pas cet homme, je ne l'ai jamais vu, il ne devait même pas savoir que j'existais ; j'ai eu le bonheur de lire son œuvre scientifique, de feuilleter son œuvre philosophique. J'ai une opinion à jeter sur lui. Cet homme puissant par lui-même, était médiocre par son entourage, sa fréquentation. Il subissait le sort commun aux forts ; le cercle des lâches, des imbéciles, de ceux qui ne vivent que du reflet des autres écrase, empêche la formation des chaînons qui devraient tenir le cerveau de ceux qui pensent en rapport constant avec le cerveau de ceux qui peuvent agir. Les courtisans, les laquais prennent la place des ouvriers.

Des fois, il venait à Paris ; je le savais. J'aurais éprouvé un grand plaisir à le voir. Il allait dans des milieux ridicules où les snobs seuls pouvaient se trouver, où quelques camarades étaient écrasés par l'ambiance banale. Ses quelques visites étaient pour des intellectuels avancés, des anarchistes de lettres. Là-bas, en Belgique, pouvaient le voir ceux qui ont des moyens pécuniaires à consacrer à des voyages de plaisir. Cet homme n'a jamais rien su des efforts véritables faits pour continuer le travail qu'il avait si puissamment amorcé.

Les jolis gestes de sa vie ont pris dans l'imagination religieuse des individus des formes patriarcales que l'on parle d'imiter, d'admirer sans comprendre. Si harmonieusement ait-il voulu faire sa vie, il n'a pu former la véritable famille anarchiste et je n'ai pas rencontré ses enfants, ni les enfants de ses enfants, dans la rue ou dans le groupement, côte à côte avec nous, nous portant l'appui de la science et de l'esprit qu'a pu leur donner leur situation spéciale.

On a su l'accaparement spécial de Louise Michel baladée jusqu'à la mort[1]. Des hommes comme Élisée Reclus, mort, comme Kropotkine, vivant, ne peuvent pas suivre le travail qu'ils ont pourtant si bien lancé. Malgré leur désir ces hommes si essentiellement individus ne peuvent rompre avec le cercle terrible que les mesquineries bourgeoises et ouvrières ont tracé autour d'eux.

Ils ne peuvent que jeter des pensées, assembler des idées sans avoir jamais la joie de sentir germer leurs raisons dans le terrain des cerveaux capables de les vivre. Les terrains où se pose le grain de leurs idées sont des terrains épuisés, des cerveaux de suiveurs.

Beaucoup ne sentiront pas tout le respect affectueux qu'il y a dans mes paroles. Ils prétendront vouloir lire en ces lignes des médisances ou des calomnies. Ils y verront de la basse envie. Ces gens liront avec leurs lunettes. Je m'en moque. Reclus est mort, rien de ce que je peux dire ne l'intéresse plus. Ce n'est que pour les vivants qu'il est bon de causer.

Si les semeurs d'idées, qu'écrase encore le troupeau des laquais et des courtisans, lisaient ces lignes, secouaient leur collier de servage, entraient en rapport direct avec les hommes qui peuvent agir, vivre des idées fortes, mes quelques mots, dans leur sécheresse, auraient été plus utiles que les viles louanges qui ressemblent aux verroteries banales chargeant les corbillards.

1. Décédée à Marseille le 9 janvier 1905 après un meeting, Louise Michel fut enterrée à Paris, le 22 janvier 1905 ; ces funérailles donnèrent lieu à un immense rassemblement.

Sur la Séparation. Tranchons, ne dénouons pas

20 juillet

Je disais à un de nos camarades, dont la plume est alerte : « Tu devrais nous jeter quelques réflexions sur la séparation de l'Église et de l'État [1]. — Je ne connais pas du tout la question. Je n'ai pas suivi les longs débats auxquels elle a donné lieu. Bien plus, je me suis gardé de lire les élucubrations finales que l'on a apposées sur tous les murs. — C'est pour cela, mon ami, que tu me parais un des seuls autorisés à écrire un article sur ce sujet. »

Il n'a pas voulu voir la force de cette raison. Je me suis alors rappelé que j'étais dans les mêmes conditions d'ignorance (?) et je viens tout simplement vous communiquer les réflexions que me suggère cette comédie.

S'il me plaisait de jouer sur les mots, je dirais tout d'abord que l'on ne sépare pas plus que l'on n'associe des entités. L'État et l'Église, ce ne sont pas des êtres dont l'individualité est bien dessinée. Mais je ne jouerai pas. L'État et l'Église seront pour moi deux associations aux intérêts que je supposerai différents ; je me placerai, autant que possible, au point de vue d'un bon citoyen.

Par suite d'on ne sait pas très bien quelle raison, ces deux associations formèrent, il y a un siècle, un traité d'affaires qui prit le nom de Concordat. Le représentant de l'État, à cette époque, était en même temps un fidèle de l'Église. Il en suivait les us et coutumes à propos de naissances, de mariages, etc. Cette personne engageait

1. Quelques mois plus tard, le député socialiste Aristide Briand fera voter la loi sur la séparation des Églises et de l'État qui s'appliquera aux quatre confessions principales représentées en France. Cette loi de 1905 mettra fin à l'antique union entre l'Église catholique et le pouvoir politique, renouvelée par le Concordat de 1801 après la révolution de 1789.

tous ceux qui vivaient dans l'État en question car elle possédait le pouvoir absolu ou presque et ses associés avaient les mêmes idées qu'elle.

Depuis, bien des gouvernements se sont succédé. Mais tous raisonnaient de la même façon que l'individu ayant jeté les bases du traité.

Or, voilà qu'avec le gouvernement dit de la IIIe République vinrent peu à peu au pouvoir des hommes qui, non seulement étaient en désaccord avec l'association de l'Église, mais qui la considéraient comme dangereuse à la tranquillité de l'État. Ces hommes, dans des discours véhéments ou dans des conférences raisonnées, par des écrits passionnés ou par des études approfondies, avaient montré l'enseignement et l'établissement de l'Église comme les pires des maux pouvant atteindre une nation. Quelques-uns montraient partout que les directeurs de cette association « avaient la jupe mouillée », « touchaient de l'argent de l'étranger », « violaient et attouchaient petites filles et petits garçons », « se soûlaient et s'empiffraient comme des pourceaux ». D'autres s'attaquaient à l'histoire de cette association, en faisant ressortir son rôle mauvais dans tous les pays, mettaient ses textes en contradiction. D'autres encore, et c'étaient les meilleurs, montraient toute l'absurdité de ses dogmes, mathématiquement, et, forts de l'appui de la science, démolissaient, pierre par pierre, la forteresse aux abords redoutables de ses légendes et de ses traditions.

L'arrivée, en grande majorité, de ces contempteurs de l'Église à la puissance gouvernementale, à la représentation de l'État (et je rappelle aux camarades que je me place, pour un très court instant, à un point de vue d'honnête homme républicain, de bon électeur, pourrais-je dire), put faire penser que sitôt là, ils commenceraient le travail pour rompre le traité dit Concordat, avec le moins de ménagements possible, car on ne saurait en avoir pour les « gredins de cette espèce ». En très peu de temps toutes les Églises seraient réduites à leurs propres moyens.

Comme une association faite avec un partenaire de mauvaise foi, de mauvaises intentions, ne saurait être inviolable ; comme aussi toute assemblée générale décide de la continuation de l'association ou de sa cessation, et qu'on avait pu constater que la majorité avait choisi comme délégués des hommes ayant marqué la Séparation sur leur programme ; pour ces raisons et pour bien d'autres, on put croire que la chose serait faite dans les huit jours. Il n'en a rien été.

Près de trente ans de discussions ont amené à un projet bâtard, tellement curieux, amendé de droite et de gauche, que nul ne sait ce qu'il signifie. Il n'y a qu'une chose de réelle dans cette loi : c'est le banquet offert à Aristide Briand, où l'on a pu « se soûler et s'empiffrer » chrétiennement aux dépens des bonnes ouailles.

Quel que soit le peu de rapports que l'on ait avec ces coquins de la politique, on n'est pas entièrement pur de leur contact. Je sais, pour ma part, qu'Aristide Briand, Francis de Pressensé, Jean Jaurès ne sont pas les idiots que pourraient faire croire la lecture ou l'audition de leurs élucubrations à la Chambre des députés, en général, à toutes les occasions, mais en particulier à celle de la fabrication de la loi sur la Séparation.

Quoi ! des centaines d'hommes se sont réunis des centaines de fois pour savoir si l'on enseignerait *parallèlement* que le nommé Jésus n'a pas existé ; qu'il est le « Dieu », le « créateur du monde » ; qu'il est un affreux gredin, un faux prophète ; selon les dogmes du positivisme, du catholicisme et du judaïsme.

Quoi ! des milliers de personnes ont pu discuter sérieusement comment l'on pourrait enseigner, dans trente-six mille communes, qu'une femme ayant accouché d'un gars est toujours vierge ; qu'un peu de pâte blanche est de la chair et du sang ; que, contre toute logique, trois font un et un fait trois. Et des milliers d'âneries de même espèce des unes et des autres religions.

Remarquez que je me plais à me servir des arguments de ceux qui ont fait la loi présente. Songez, sans rire, à Aristide Briand rapportant la loi, à Francis de Pressensé, à Merlou*, à Lafferre*, à Meslier, à tous les radicaux, à tous les socialistes s'occupant sérieusement de louer ou de céder gratuitement les églises, les synagogues aux prêtres « à la jupe mouillée », aux hypocrites, aux menteurs. Songez qu'il y a là des gens qui *savent* et qu'ils ont discuté longuement à quel endroit se trouverait, qui assurerait l'intégrité, qui ferait les réparations du local où l'on enseignera que Josué a arrêté le soleil ; que trois jours après sa mort, Jésus de Bethléem est ressuscité ; que la mer Rouge s'est ouverte pour livrer passage aux Juifs.

Quelle moquerie ou quelle bêtise ! Quels fourbes ou quels imbéciles !

Ces gens mesurent le degré de poison qu'il faut verser dans le cerveau du populaire. Il n'y a pas encore assez de cabarets, d'écoles laïques, de loges maçonniques, pour supprimer « radicalement » les abrutissoirs catholique, protestant, judaïque ou musulman.

D'ailleurs les ouailles que plument les églises sont toujours, en même temps, les bons moutons que tondent les États.

L'association de ces coquins ne se dénoue pas.

Elle se tranche.

Pour ceux qu'on ignore

3 août

Gérault-Richard pousse un cri d'appel à propos de notre camarade Malato*. Soit, nous le notons. À part quelques louanges discrètes à ce monsieur Leydet, juge républicain, l'individu ne ment pas dans ces quelques lignes.

Le mufle du juge, ne trouvant pas de pâture dans le présent, va chercher dans le passé de quoi satisfaire sa passion sénile. Il scrute et scrute à nouveau les articles de Malato non pour y trouver la phrase à méditer, mais les mots qui, judiciairement exploités, feraient condamner leur auteur. Il est bon que l'on signale l'opération.

Mais à côté de notre camarade Malato, dont la valeur, l'activité, les relations littéraires font, pas assez pourtant, que la presse s'en occupe et signale à l'attention générale le déni de justice (légalement parlant) qui se prépare ; à côté de Vallina, dont les interrogatoires arrivent à nous si tronqués et si truqués que nous ne pouvons que l'assurer de notre bonne camaraderie quelles que soient les circonstances, il est deux camarades, deux inconnus, deux passants, dont l'enquête nous a révélé le nom, Coca et Harvey*, contre lesquels rien n'a été relevé et qui sont encore, eux aussi, en prison, et dont nul ne s'occupe. On ne peut fouiller dans leur passé politique, révolutionnaire, littéraire, ils n'en ont pas. Ouvriers à différents titres, l'un professeur, l'autre cordonnier, ils s'ignorent l'un l'autre. Ils ont commis le crime, l'un d'être Anglais et d'avoir donné quelques leçons d'anglais à Vallina ; l'autre d'être né dans le même pays que l'alphonse royal.

Pourquoi les garde-t-on ? Que signifie cette prévention ? Que l'on nous dise pourquoi ces hommes sont emprisonnés ?

Seuls, sans famille, sans amis dans ce grand Paris, sans qu'un compatriote ose réclamer pour eux, vont-ils être broyés par l'engrenage judiciaire ?

Nous ne pouvons rien pour eux ; nous jetons ce cri pour que des appuis, non plus sincères, mais plus influents, surgissent et qu'on se rappelle que ceux qui n'ont personne pour les soutenir doivent trouver à leur côté la camaraderie de tous les hommes.

L'Homme & la justice

10 août

Nous avons montré l'Homme en bataille avec la foule ; voyons maintenant l'Homme en bataille avec la justice.

L'ordre social a été troublé. Un homme est entré en lutte avec la société. Cet homme a cru puissamment à la justice. La justice lui faisant défaut, il n'a plus cru qu'à lui-même, à sa force. Son acte en lui-même aurait fait sourire la société et sa justice, s'il ne contenait pas la force de l'exemple.

Tous les « citoyens », tous les numéros, tous les catalogués, tous les inscrits ont appris ce qu'un homme peut faire.

Ce n'est plus l'Homme seul qui dynamite la société. C'est la société qui est obligée de dynamiter l'Homme.

Un vieillard de soixante-dix ans montre aux jeunes comment on procède pour faire l'insurrection. Il ne respecte rien. Il canarde le capital, la magistrature, l'armée, la gendarmerie. Grandpied, le propriétaire, Barreau, le greffier, Genty, le soldat, Fuseau et Masteau, les chiens de garde sont tour à tour les points de mire de l'Homme qui se défend.

La société a vaincu ; elle tient enchaîné l'Homme. Aux premiers jours d'août elle faisait la comédie de le juger. Elle n'avait pu le tuer dans le combat, elle va jouer avec ce vieillard, dans le prétoire.

À Poitiers donc, Roy a comparu.

Il est grand, ses cheveux sont blancs, sa moustache blonde. Ses yeux sont bleus, le regard en est clair. Le front puissant, le menton fort annoncent de la volonté et de l'intelligence.

La foule grogne dans la salle, à son arrivée. Les esclaves n'aiment pas les hommes libres. Il regarde tranquillement l'apparat grotesque de cette représentation judiciaire.

Le nommé Cayla, vivant aux crochets de gens qui travaillent utilement, sous la fallacieuse raison d'être conseiller, préside la cérémonie. Cet individu qui se targue de « juger » son prochain en toute tranquillité, d'écouter le pour et le contre, sans parti pris, est rempli d'animosité. Sans que personne le prie de passer au déluge, il remonte aux premières années de Roy, afin de relever quelques charges contre lui. Et quelles charges !

« Pourquoi vous êtes-vous fait remplacer au bout d'une année de service ? — On avait besoin de moi à la ferme. — La vérité est que le métier militaire ne vous plaisait pas. — Pas beaucoup, c'est vrai », dit Roy en souriant.

Oui, l'Homme n'aime pas obéir et l'armée ne saurait lui plaire. Que quelqu'un ne soit pas heureux de défendre sa paresse, cela offense le conseiller Cayla, cet improductif.

Et plus loin, le Cayla demande à Roy combien d'années il vécut avec sa femme.

« Trois ans. — Vous aimiez votre femme ? — Nous nous aimions. — Comment se fait-il que vous ne l'ayez pas accompagnée, selon un très respectable usage, jusqu'à sa dernière demeure ? — Je n'avais pas d'effets. »

À cette réponse, Cayla joint les mains, lève les yeux au ciel, et s'écrie : « Il n'avait pas d'effets pour aller aux obsèques de sa femme ! Mais on en emprunte, des effets, dans de telles circonstances ! La vérité me semble bien être que de cette mort vous étiez d'avance consolé. »

Toute l'hypocrisie de ce jugeur et de la société qu'il représente est contenue dans cette phrase. La balade derrière un cadavre est la preuve, la preuve légale de l'affection portée.

Comme Roy a essayé de gagner sa vie en montant un commerce d'engrais, abandonnant le travail de la terre, Cayla, le conseiller, l'a traité de fainéant. Et dans la salle personne n'a éclaté de rire au nez de ce parasite, de ce fainéant légal qui ne se contente pas de se faire nourrir par les hommes, mais qui les tue ou les emprisonne.

L'interrogatoire arrive au moment où Roy est garde-chasse, où l'Homme corrompu par la société détient une part d'autorité. Alors cet homme travailleur, probe, estimé, devient un Cayla au petit pied, dans l'exercice de sa « magistrature » ; il pratique le système du double poids, de la double mesure. Il est doux pour ses amis, mauvais pour les autres. Il pille et il rançonne, escamotant les procès-verbaux pour une pièce de dix francs, comme les magistrats accordent un non-lieu pour un millier de francs ou un avancement.

Roy « garde-chasse » se trouve placé entre son devoir, le devoir que lui fait la société, son « intérêt », l'intérêt spécial que lui fait la société, et les sentiments de justice, de bonté, de camaraderie qu'il peut avoir en lui. Il a ce mot typique : « Je faisais mon devoir, et je ne pouvais le faire sans fâcher le monde. »

Cela est vrai, l'association des riches a trouvé le moyen de contaminer, d'empoisonner les pauvres, d'en faire des chiens de garde ; qui de nous ne sait que notre camarade Étiévant avait risqué d'être agent de l'autorité. Pour manger, les gens du capital vous font garder leurs coffres et vous inoculent le besoin de mordre.

À propos du Code, Cayla veut jouer avec Roy : « L'avez-vous lu ? — Je l'ai bien entr'ouvert quelquefois, mais je n'ai pas eu le temps de lire toutes les lois qu'on a mises là-dedans. — Si vous les aviez lues, vous auriez appris que le premier des devoirs d'un homme civilisé est de respecter la vie de son semblable. — Que voulez-vous ! je croyais qu'on voulait me *tirer*, je me défendais. »

Les anarchistes, d'accord avec Cayla, pensent que les soldats sont des sauvages puisqu'ils ne respectent pas la vie de leurs semblables, même sans que leur intérêt personnel soit en jeu, peuvent en profiter pour « demander » la suppression de l'armée.

Ne continuons pas à détailler cette sinistre comédie, où la foule, le jury, les hommes de loi, les gendarmes se dressent vindicativement en face de l'Homme.

Devant cette horde, devant cette meute hurlante, bavant, mentant, calomniant, Roy a un moment de surprise qu'il manifeste d'une voix douce, comme attristée : « C'est drôle, je n'aurais jamais pensé avoir autour de moi tant de haines. »

Cayla s'est montré si hostile à l'accusé pendant le cours des deux séances que la presse n'a pu passer le fait sous silence. Il a trouvé des effets si ridicules, si odieux qu'ils ont été à l'encontre de son but. Oui, la société se vengeait ; on avait touché aux piliers qui la soutiennent, elle avait eu peur. Les gens qui ont peur ne raisonnent pas.

Après lui, rivalisant dans la crapulerie et la méchanceté légale, c'est le nommé Mendès, avocat général, qui vient hurler à la mort.

Il reproche à Roy d'avoir tenu à une voisine des propos galants, le Cayla avait sans doute oublié cela. Le mari était-il donc juré ?

Cet homme demande la mort et il a l'audace de la demander en disant : « Messieurs les jurés, proclamez que la vie humaine est sacrée ! »

C'est d'un cynisme répugnant comme la lâcheté de ceux qui écoutent.

Et il termine : « La société exige qu'aucune circonstance atténuante à cet assassinat ne soit accordée. Il est vieux, mais qu'importe puisque dans le crime il a été jeune. »

Le jury a obéi.

Les douze bonzes, les douze de la foule, la douzaine de gens honnêtes, avec un treizième par-dessus le marché, pour que toujours le compte y soit, ont répondu affirmativement à toutes les questions, sans circonstances atténuantes, et cela fait, pour bien montrer toute leur imbécillité, ils ont signé immédiatement un recours en grâce.

La société doit vaincre l'Homme, le terrasser. L'individu ne doit vivre que si la foule le lui permet.

Roy a donc été condamné à mort. Il a eu le mot de la fin, et son sourire a vaincu le ricanement des pourvoyeurs de guillotine : « Si on me coupe le cou, on ne fera pas tomber beaucoup de cheveux de ma tête. »

Si beaucoup d'hommes voulaient agir, je sais beaucoup de fainéants, de parasites qui n'auraient pas la même quiétude.

Le bétail patriotique
26 octobre

À la caserne ! À la caserne !

Va, gars de vingt ans, mécanicien ou professeur, maçon ou dessinateur, étends-toi sur le lit…

… sur le lit de Procuste.

Tu es trop petit… on va t'allonger.

Tu es trop grand… on va te raccourcir.

Ici, c'est la caserne… on n'y fait pas le malin, on n'y crâne pas… tous égaux, tous frères…

Frères en quoi ? En bêtise et en obéissance, parbleu.

Ah ! ah ! ton individu, ta tête, ta forme ! ce qu'on s'en fout. Tes sentiments, tes goûts, tes penchants, à vau-l'eau.

C'est pour la patrie… qu'on te dit.

Tu n'es plus un homme, tu es un mouton. Tu es à la caserne pour servir la patrie. Tu ne sais pas ce que c'est, tant pis pour toi. D'ailleurs tu n'as pas besoin de le savoir. Tu n'as qu'à obéir.

Tête droite. Tête gauche. Les mains dans le rang. Repos. Mange ! Bois ! Dors !

Ah ! tu parles de ton initiative, de ta volonté. Connais pas, ici, il n'y a que la discipline.

Quoi ! Que dis-tu ? Que l'on t'a appris à raisonner, à discuter, à te former un jugement sur les hommes et les choses ? Ici, on la boucle, on la ferme. Tu n'as, tu ne dois avoir d'autres préoccupations, d'autres jugements que ceux de tes chefs.

Tu ne veux, tu ne peux suivre que ceux dont tu as reconnu la compétence après expérience ? Pas de blague ici, mon petit. Tu as un moyen mécanique pour savoir à qui obéir… Compte les filaments d'or qui sont sur la manche d'un dolman.

Qu'as-tu donc encore ? On t'a appris à ne pas avoir d'idole, à ne rien adorer ? N'importe, courbe ton corps, baise le sol, suis respectueusement, c'est le symbole de la patrie, l'idole du xxe siècle, l'icône démocratique. Ça, mon ami, c'est la forme républicaine de l'étendard de Jeanne d'Arc.

Allons, dépose ton esprit, ton intelligence, ta volonté à la porte… Tu es du bétail… on ne te demande que de la laine…

Entre… et ne pense plus.

À la caserne ! À la caserne !

L'armée, disais-je dernièrement, n'est pas dressée en face de l'ennemi de l'extérieur ; l'armée n'est pas dressée en face de l'ennemi de l'intérieur ; l'armée est dressée en face de nous-mêmes ; en face de notre volonté, de notre « moi ».

L'armée, c'est la revanche de la foule contre l'individu, du nombre contre l'unité.

L'armée ce n'est pas l'école du crime ; l'armée ce n'est pas l'école de la débauche, ou si elle est tout cela, c'est bien le moindre de ses défauts ; l'armée c'est l'école de la veulerie, c'est l'école de l'émasculation.

Malgré la famille, malgré l'école, malgré l'atelier, il reste un peu de sa personnalité en chaque homme ; de temps en temps des mouvements de réaction se produisent contre le milieu. L'armée, dont la caserne est le local, vient achever cette œuvre d'annihilation de l'individu.

L'homme de vingt ans a cette virilité généreuse qui lui permet de s'employer au développement d'une idée. Il n'a pas les entraves de l'habitude, les affadissements du foyer, le poids des années. Il peut pousser sa logique jusqu'à la révolte. Il a, en lui, la sève prête à faire éclater les bourgeons et éclore les fleurs.

Au détour de la route, on lui tend le traquenard de la patrie, le piège de l'armée, la souricière de la caserne.

Alors, toutes les facultés sont enrayées. Il ne faut plus penser. Il ne faut plus lire. Il ne faut plus écrire. En aucun cas il ne faut avoir de volonté.

Depuis la pointe des cheveux jusqu'à celle des pieds, tout votre corps appartient à l'armée. Vous ne choisissez plus la coiffure ni la chaussure qui vous plaît. Vous ne portez plus le vêtement ample ou serré à la taille. Vous ne vous couchez plus à l'heure de votre sommeil… Il y a une chaussure, une coiffure, un vêtement d'ordonnance. Le pain se fait en des fournées communes et l'heure de votre repos est fixée depuis des ans.

Qu'est cela ? affaire d'endurance !

Mais voilà pire… dans la rue vous ne parlez pas à qui vous voulez ! Vous n'entrez pas dans le local qui vous plaît ! Vous ne lisez pas la feuille qui vous intéresse ! Vos fréquentations, vos rendez-vous et vos lectures aussi sont d'ordonnance !

Et si par hasard vous êtes pris de troubles sexuels, il y a le bordel des soldats et celui des officiers, comme il y a aussi des lieux différents pour s'alcooliser.

Tout est réglé, tout est prévu. L'individu est assassiné. L'initiative est morte.

La caserne est l'étable du bétail patriotique. Il sort de là un troupeau qui est prêt à former le bétail électoral.

L'armée est l'instrument redoutable dressé par les gouvernants contre les individus ; la caserne est la canalisation des forces humaines de tous au profit de quelques-uns.

On y entre homme, on y devient soldat, on en sort citoyen.

Panamá mutualiste

9 novembre

Pendant longtemps les prêtres de toutes les religions trafiquèrent sur l'avenir. Un avenir lointain, après la mort.

Ils débitaient le paradis en tranches. Ils l'échangeaient contre les meilleurs produits. Ils conseillaient aux fidèles de dédaigner les plaisirs terrestres pour les plaisirs divins : « Heureux les pauvres, le royaume des cieux leur appartient. » Ils cataloguaient défauts et vices, le goût de manger, le goût de boire, le goût du beau. Ils parlaient de vendredi et de carême. Le jeûne et la flagellation étaient les meilleurs moyens pour connaître le suprême bonheur.

Et les foules suivaient les prêtres. Et les cordes cinglaient les reins. Et les ventres criaient famine. Et les cerveaux s'affaiblissaient sous les privations austères.

Le prêtre, lui, pouvait mener la vie de luxe et de débauche. N'avait-il pas dit à l'avance : « Faites ce que je dis et non ce que je fais. » Et d'ailleurs n'était-il pas celui qui montre le chemin du paradis, l'intermédiaire du dispensateur des bonheurs éternels.

Le fidèle économisait sur le pain de ses enfants, sur la joie de sa famille, sur la part du voisin. Il était parcimonieux.

Il était avare. Mais les sous glissaient de ses mains pour aller dans la sacoche du prêtre. Il ne mangerait pas aujourd'hui pour goûter, après la mort, aux joies ineffables de la volupté divine.

Voilà que, comme un château de cartes, s'effondre ce paradis. L'esprit critique de la science, malgré l'étranglement des gouvernants et des possédants, vient jeter la lumière. Le télescope et la lunette astronomique fouillent vainement l'espace pour découvrir le lieu divin.

Encore, par coutume, par tradition, des milliers de gens s'accrochent à l'illusion perdue ; veulent espérer malgré tout en un bonheur leur venant après cette vie qu'ils n'ont pas la force de vouloir heureuse. Mais pourtant c'est la débâcle, et les maîtres ont cherché d'autres dérivatifs que les christs et les vierges.

Ils ont fait surgir le dogme de la mutualité !

La mutualité, c'est l'épargne du bas de laine mise en commun, nous dit-on. Les mutualistes sont ceux qui veulent assurer leur avenir, l'avenir de leurs enfants.

Caisse pour la retraite. Caisse pour les accidents. Caisse de dotation. Caisse de maladie. Que chacun en vue de l'avenir rogne un morceau de son présent.

Ce dimanche qui passe, c'est le triomphe de la mutualité.

Les valets de presse pleurent des larmes de joie devant son triomphe et entonnent le hosanna !

« La mutualité maternelle, la mutualité scolaire, la mutualité militaire, la mutualité féminine et familiale, toutes ces modalités ingénieuses et touchantes, Loubet les a définies, les a recommandées, on sait avec quel bonheur d'expression.

» Grâce à lui et au concours du ministre de la Guerre, la mutualité est devenue tout à la fois l'école et la formule du devoir social dans l'armée et l'on verra aujourd'hui la nation et l'armée communiant ensemble dans cette fête de la fraternité républicaine présidée par le chef de l'État. Grave et touchante manifestation où le sentiment du plus pur patriotisme s'alliera au triomphe de la solidarité sociale. »

Voilà ce que clame *Le Journal.*

Et *Le Matin* « salue les neuf millions des gens que représentent les cinquante mille délégués, c'est-à-dire toute une France nouvelle ».

Dès l'école on donne à l'enfant le virus de l'épargne. On glisse dans ses mains, sous prétexte de récompense, le livret de Caisse d'épargne, avec la petite somme inscrite, qu'il ne touchera qu'à vingt et un ans et qu'on l'incite à augmenter à toute occasion.

La famille, les amis se font complices de l'école, de l'État, et pour les graves événements de la vie enfantine, première communion ou certificat d'études – abrutissement religieux ou abrutissement laïc –, on augmente le pécule.

On apprend à l'enfant à considérer la monnaie de métal et même, encore pis, la monnaie de papier comme la garantie de son avenir. Les timbres du « sou de l'école » sont les nouveaux symboles de la religion de l'épargne.

Chaque fois que surgit la menace d'une révolte, d'une révolution, l'ouvrier honnête, celui qui économise, montre le poing au révolté, dont les actes menacent de faire baisser les fonds de l'État.

Le jeune ouvrier songe à sa vieillesse. Il se courbe sur le travail ; il fait courber ceux qui l'entourent. Il songe à l'avenir du fils ou à la dot de la fille et, pour cela, il les tient dès le plus jeune âge sous le joug du plus dur labeur.

Économisons en rond ! Jaluzot*, de pair avec ses employés, coopère à la mutuelle. Et Dufayel* verse ses cent sous régulièrement, n'en doutez pas.

N'est-ce d'ailleurs pas socialiste et syndicaliste que de songer à l'avenir au moyen de caisses mutuelles ? Caisse pour le chômage ou caisse pour les retraites.

On passe son temps à fabriquer des remèdes vains ; à poser des emplâtres sur des jambes de bois.

Ce n'est pas aujourd'hui mais demain que les hommes veulent manger à leur faim. Le présent ne les inquiète pas. Ils ne veulent voir que l'avenir.

L'avenir, ce grand X incertain que l'on ne verra peut-être jamais.

Travaille et peine, courbe ton corps sur le travail sans arrêt, tu te reposeras en quelque champ de macchabées.

Travaille pour ta fille, travaille pour ton fils, travaille pour ta vieillesse, travaille pour la patrie, travaille pour l'honneur et surtout, nigaud, travaille pour nourrir la bande de parasites de toutes espèces auxquels viennent se joindre les rongeurs du mutualisme.

Achète une action à l'usine de tes patrons et travaille dur afin qu'elle te rapporte, bon an, mal an, du 3 %. Ne lève pas la tête, ne lève pas la tête, te dis-je, tu vas diminuer le bénéfice de fin d'année. Tu es solidaire du patron que tu as vu, alors que tu rentrais à la géhenne, partir en automobile vers quelque joie nouvelle.

Soldat, tu es solidaire du colonel et du général. La mutualité militaire vous joint. Enfant arraché du sein de ta famille, tu as l'honneur de pouvoir cotiser avec Berteaux*, l'agent de change. Et toi, sous-agent des postes, tu coopères à la mutualité postale avec Dubief*.

C'est une France nouvelle, une France où tous, saisissant l'ombre pour la proie, s'endormiront le ventre creux avec un doux rêve de table abondamment servie.

Mais craignez, chers messieurs, que ce ne soit le dernier bluff. Vous tirez trop sur la corde, je vous le dis ; vous voulez trop emplir votre panse au détriment de l'estomac des imbéciles…

Tant va la cruche à l'eau qu'à la fin elle casse… C'est la dernière corde et elle est bien tendue…

Craignez, vermines et rongeurs, qu'à côté des prévoyants de l'avenir, des honnêtes du petit pécule, se dressent les amants de la vie, tellement pressés de jouir qu'ils prendront leur place, dussent-ils pour cela vous envoyer, à votre tour, goûter du paradis.

La bonne discipline

30 novembre

L'ordre social ne forme qu'un bloc. Un bloc de même fonte.

On peut, selon les teintes, donner à chaque veine un nom différent. On y trouve la veine du capitalisme, la veine du cléricalisme, la veine du militarisme et bien d'autres encore. Mais on ne sait porter un coup de pioche contre telle veine sans toucher telle autre tant elles s'entrecroisent, se mêlent, se mélangent. Elles viennent d'une même coulée.

Aussi, lorsque de nos amis se proposèrent de fonder une ligue antimilitariste, j'entrai en bataille presque immédiate contre le projet.

Je dis « presque immédiate » car je pensais tout d'abord me trouver en face d'une spécialisation contre tel aspect de la société qui ne s'exclurait pas de souffleter telle autre. Mais je compris vite que là n'était point la méthode employée et que j'étais en face d'une spécialisation exclusive de tout autre mode d'agir.

Successivement, et en me plaçant de ce point de vue anarchiste, auquel je m'efforce de rester le plus possible, je n'eus qu'à noter les multiples boulettes que nos amis roulèrent en leurs doigts.

Je ne reviendrai pas sur l'histoire du congrès d'Amsterdam [1], sur la lettre donquichottesque envoyée à ces messieurs les souverains d'Europe pour leur notifier d'avoir à licencier leurs armées. Frédéric Passy était dépassé, ô combien !

Je ne parlerai pas de la forme ridicule d'Association internationale avec sections nationales, départementales

1. L'Association internationale antimilitariste (AIA) est fondée en juin 1904 à Amsterdam.

et communales ; de l'établissement d'une carte avec cotisation fixe dont partie réservée pour la section à laquelle appartient le cotisateur, partie pour le groupe central français, partie pour le groupe international – ne nous voilà-t-il pas aux beaux jours de l'Internationale ?

J'omettrai volontairement cette manie de s'encarter et de centraliser le travail pour dame Police ; les différents enfantillages, œuvres de mains administrativement (?) inexercées.

Oui, tout cela n'est que tâtonnements par lesquels nous risquons de passer tous chaque fois que nous entreprenons un travail, une lutte un peu ardue.

Mais ce qui fait que l'AIA était à combattre, ou que, pour ma part, je crus ce travail de toute utilité, ce fut ce cantonnement exclusif dans l'antimilitarisme et cette fusion – dans ce but – avec tous ceux qui se targuaient de ne pas aimer l'armée.

De ce fait un pacte fut quasi conclu entre anarchistes et socialistes, voire radicaux, en vue de combattre le militarisme. Certes, chacun devait prendre en dehors de cette lutte sa liberté entière. Mais nos amis qui se jetèrent tête baissée dans cette forme de propagande n'eurent plus le temps de se reprendre.

Dans plusieurs villes, à Paris même, dans quelques arrondissements, les groupes de l'AIA furent entièrement socialistes – et ce n'est d'ailleurs pas ceux qui remplissent leur « devoir international » le plus mal –, car les individus qui se sont rencontrés la veille, prêts à se casser la figure dans une réunion électorale par exemple, ne sont pas prêts à marcher ensemble ; le reste, ce fut le petit nombre, fut exclusivement anarchiste. Même des sections se partagèrent pour se trouver d'une même idée et pouvoir lutter plus utilement.

Mais dans les sections anarchistes, où l'idée d'autonomie devait nécessairement régner, ce fut bientôt autre chose. Elles n'attendirent pas les ordres, la ligne du comité national : elles agirent.

Et voilà tout le problème qui se soulève à nouveau, nous obligeant à porter les yeux sur ce milieu que la présence de nos amis rend malgré tout intéressant.

En effet, dans *Le Libertaire*, qui est l'organe français de l'AIA, sous la signature E. M., deux articles viennent de paraître. Avec des atténuations, des restrictions, les sections – anarchistes, cela se lit à travers les lignes et dans les « fautes » qui leur sont reprochées – reçoivent la leçon du comité national.

Il y est développé avec soin, preuves à l'appui et affirmations surtout, deux théories socialistes : « La *centralisation* et la *spécialisation.* »

C'est le comité national qui doit faire paraître brochures, pamphlets, manifestes ; c'est le comité national lorsqu'il le jugera nécessaire qui entreprendra une tournée de conférences. Il pourra en assumer les frais, « la caisse se trouvant constamment et normalement alimentée » ; c'est même le comité national qui se chargerait de la défense des camarades. Il aurait son avocat.

Voilà pour la centralisation.

Et voici pour la spécialisation : « Les sections doivent s'en tenir au rôle nettement déterminé qu'elles se sont librement assigné : la destruction du militarisme », dit E. M.

Et « deux sections, l'une du Midi, l'autre de Paris », sont « amicalement mises en garde contre un système qui, s'il était suivi, ne tarderait pas à constituer un sérieux danger pour la vitalité de l'AIA ».

Quel est donc ce « pêché », véniel d'intention, mais mortel de conséquence ?

Avoir « organisé des réunions qui n'avaient qu'un rapport très lointain avec l'antimilitarisme », une sur « les miracles, la magie et le moderne hypnotisme », l'autre sur « l'immoralité du mariage ».

Et avec des tours et des détours, avec des périphrases flatteuses, couvrant de roses la brassée d'orties avec laquelle il fouette l'insubordination des sections, E. M. en arrive au grand point, utile à résoudre dès maintenant, car la période électorale s'approche à grands pas.

Le comité national ne veut pas être un comité directeur. Que non point. Il veut seulement « indiquer » la marche à suivre, décider de la parution d'une brochure ou d'un manifeste et en choisir les termes. Comme une douce mère, il invite à la sagesse ses enfants, les sections. Voyez ce qui arrive à Lemaire* pour avoir fait paraître la brochure *Aux conscrits*, à Mochet pour un petit manifeste[1] de rien du tout. Le comité national donnera l'heure d'agir et notifiera le texte des paroles sacramentelles à prononcer et à écrire.

Et c'est le comité national qui tiendra unis les éléments hétérogènes que joint le plâtre d'un antimilitarisme fictif. Pour les antimilitaristes chrétiens, juifs ou francs-maçons on ne parlera pas de religion, ni de simagrées cultuelles ; pour les antimilitaristes collés à un numéro féminin selon la loi, on ne touchera pas au mariage ; pour les antimilitaristes politiciens et votards, on ne touchera pas à la politique, au socialisme ; pour les antimilitaristes commerçants, on passera l'éponge sur les falsifications et les vols patentés.

Pourvu que Frédéric Passy, Nicolas Romanoff[2] et Roosevelt, ces partisans de la paix, ne songent pas eux aussi à faire une section qui paierait régulièrement ses cotisations et au nom de laquelle on ne parlerait qu'avec componction de l'impérialisme bourgeois ou féodal.

Les sections se rencontreront donc toutes les semaines, plusieurs fois, pour rabâcher éternellement les mêmes rengaines. Des sous-Guerdat* y feront des cours de révolution, de balistique et de dépavage de rues. On se serrera la main, tous unis dans un commun travail, etc., et l'on ira,

1. Les éditions de l'Internationale antimilitariste ont publié quelques fascicules marqués : Imprimerie spéciale de l'AIA, 51, rue Saint-Sauveur, Paris. On en trouve la liste à l'adresse <http://cgecaf.com/mot.php3?id_mot=259>.

2. Nicolas Alexandrovich Romanov, le tsar Nicolas II.

dans les locaux à côté, dire que les votards sont des idiots et que les anarchistes sont des « quarante sous »[1].

Qu'individuellement les anarchistes se complaisent à entrer dans des associations socialistes soi-disant antimilitaristes, c'est leur affaire. Ils peuvent y faire du travail. Je suis convaincu que, d'avance, ils ne restreindront pas l'envolée de leur propagande. Mais que les anarchistes paraissent avoir fondé eux-mêmes une association antimilitariste où on limitera les sujets parce qu'ils heurteraient les individus encore dans toutes les ignorances, c'est du dernier ridicule.

J'ai autrement confiance dans la logique des idées anarchistes. Je sais qu'elles ne craignent ni le débat ni la contradiction, et dans n'importe quelle section les camarades sauront prendre pied dans la discussion.

Mais cette logique anarchiste nous dit aussi la phrase par laquelle je commençais cet article :

L'ordre social ne forme qu'un bloc. Un bloc de même fonte.

Je ne veux m'unir que par affinités en tâchant de conserver le plus possible mon autonomie, et le plus possible celle du groupe d'amis auxquels je me joindrai pour agir.[2]

Craignons de fabriquer nous-mêmes des marchepieds pour escalader le pouvoir.

L'antimilitarisme est de source essentiellement anarchiste. L'antimilitariste ne peut être qu'anarchiste. Seuls ceux qui luttent contre l'organisation sociale tout entière ont le double vouloir de ne pas la défendre et de détruire ceux qui la soutiennent.

1. Allusion probable au fait que, entre 1827 et 1853, les Ateliers nationaux rétribuaient quarante sous le travail journalier des ouvriers qui se trouvaient au plus bas de l'échelle. Lire <http://fr.wikipedia.org/wiki/Route_de_quarante_sous>.

2. Sur cette question dans le mouvement anarchiste, lire Louis Mercier Vega, « Sur les groupes d'affinité », *Interrogations*, janvier 1978, n° 13, p. 9-19.

Les lois d'exception [1]

14 décembre

Car il y a, sous notre IIIe République, comme sous l'Empire, des lois d'exception, comme il y en a et il y en aura toujours sous n'importe quel gouvernement.

Quelles que soient les lois juridiques, elles écrasent toujours ceux qui tombent sous leur emprise. Elles sont mauvaises, aveugles, vont à l'encontre de tout déterminisme.

Mais les lois d'exception soulèvent plus que les autres notre révolte. Elles gênent le sentiment d'harmonie qui est en nous. Elles déséquilibrent nos idées d'équité. Elles nous semblent, plus que les autres, le sabre de Brennus. Elles font retentir à nos oreilles trop cruellement, le *vae victis*, le malheur aux vaincus.

Chaque fois que, par respect pour la forme, l'extrême gauche socialiste soulève la question de leur disparition, ça se termine par un accord général où il est dit qu'elles existent sans exister, tout en existant.

Ce n'est que par tradition qu'on les garde là, on ne les emploie pas, on ne s'en sert pas. C'est un vieux sabre rouillé pour amuser la Némésis républicaine.

1. Trois jours après l'attentat d'Auguste Vaillant* dans l'enceinte de la Chambre des députés, ces derniers votent une loi liberticide qui abroge les garanties conférées à la presse et défère les délits d'opinion à la justice correctionnelle. Cette loi du 12 décembre 1893 sera suivie par celle du 18 décembre, qui porte sur les associations de malfaiteurs puis par une dernière, le 28 juillet 1894, qui aura pour objet la répression des menées anarchistes à Paris. Connues sous le terme générique de « lois scélérates », elles aboutiront au célèbre procès des Trente (août 1894), qui permis des milliers de perquisitions et d'arrestations dans les milieux anarchistes. On peut lire ces textes de lois ainsi que les analyses critiques qu'en firent Francis de Pressensé et Émile Pouget dans *La Revue blanche* en 1899 à l'adresse <http://kropot.free.fr/Pouget-loisscele.htm>. Rappelons qu'il fallut attendre le 23 décembre… 1992 pour que ces lois d'exception fussent abolies.

Puis, tout à coup, on apprend que quelque juge de province a sorti de l'arsenal des horreurs ce vieux sabre rouillé et qu'il s'apprête à taillader le cou de quelque personne.

Mais c'est si loin de Paris, ce n'est pas encore la période électorale et enfin ces mécontents perpétuels sont si peu intéressants…

On fait ce qu'on peut : la loi sur la Séparation ou les retraites, quelques bonnes lois ouvrières par-ci par-là… les anarchistes ont le tort de ne pas savoir attendre.

Et on n'en parle pas… l'affaire se fait en silence. Le monstre des lois d'exception digère sa proie, prêt à sortir à nouveau à l'occasion propice.

Lorsqu'il y a trois mois surgit le grand bluff de la répression antimilitariste, afin de satisfaire aux cris, aux objurgations de la presse honnête, par toute la France, commissaires et juges d'instruction entrèrent en chasse.

À Paris, à propos de l'appel aux conscrits qui avait déchaîné la colère de ces messieurs de l'ordre social, on trouva bon de ne pas sortir de la légalité classique. À Marseille, à Montluçon, à Limoges, à Épinal l'affaire se termina en queue de poisson.

Pourtant il fallait aussi que la province montrât son ardeur en la circonstance. Le parquet d'Amiens se chargea de l'affaire. D'autant qu'il avait sous sa « juridiction » un homme qui donnait fort à penser aux camarades ouvriers, et fort à craindre à ces messieurs de la bourgeoisie : c'est notre ami Lemaire.

Une brochure adressée aux conscrits, écrite dans un style simple, prenant, avait été publiée par le groupe de La Jeunesse libre*, puis ensuite reproduite par *Germinal* dont notre ami était le gérant.

On commença par l'enfermer ; puis, à la suite de perquisitions, on arrêta l'auteur présumé de la brochure, notre camarade Bastien*.

Comment va-t-on procéder envers eux ? Arrêtés par suite de la même campagne judiciaire, et pour des faits parallèles, vont-ils passer devant le jury, devant la cour d'assises, ainsi que les inculpés de la cour de Paris ?

Il n'en est point ainsi.

Pour eux, on va chercher le vieux sabre ébréché, on fait revivre les lois d'exception, ces lois que l'opinion, au lendemain de leur parution, a appelées « les lois scélérates » dans un pléonasme qui en montre toute l'horreur.

Lemaire et Bastien sont poursuivis en qualité d'affiliés à une association de malfaiteurs.

Pourquoi ? parce qu'ils font partie d'une organisation anarchiste ; parce qu'ils habitent en un lieu reconnu anarchiste ; parce qu'ils participent à la rédaction d'un journal anarchiste.

Je dénonce immédiatement au courroux particulier de monsieur Bulot* les camarades qui s'occupent de la rédaction et de la composition du journal *l'anarchie*.

Ils font partie d'une organisation (organisation me semble un peu fort) anarchiste ; ils habitent un lieu reconnu comme anarchiste ; ils participent à la rédaction d'une publication anarchiste.

Si je ne craignais d'aller trop loin, je pourrais appeler l'attention policière sur les camarades du *Libertaire*, lesquels se rendent coupables du même méfait à la face de tous.

Or, la loi est la même sur toute l'étendue du territoire français.

Donc si les camarades dénoncés plus haut ne sont pas poursuivis dans les vingt-quatre heures, il faut relâcher les camarades Bastien et Lemaire, détenus préventivement à Amiens pour des faits qui ne sont pas poursuivis à Paris.

« Légalement » la juridiction les poursuivra en cour d'assises, pour le fait d'antimilitarisme, mais en attendant leur comparution elle ne prendra pas envers eux un régime préventif d'exception que rien n'autorise : ces camarades tout autant que ceux de Paris ayant un domicile reconnu.

Mais qui va prendre la parole plus haut que nous pour ceux-là ?

Le camarade Bastien n'est-il pas un inconnu, l'ennemi de demain ?

Lemaire n'est-il pas par excellence la bête à détruire ? Ce n'est pas l'orateur dont le verbe enflamme et fait excuser certaines sorties ; ce n'est pas l'écrivain avec lequel les gens de plume peuvent se sentir quelque solidarité : c'est le travailleur de l'idée anarchiste, celui qui prépare les besognes, en laissant tout le plaisir, toute la gloriole aux autres. Que d'ennemis il s'est fait parmi les dirigeants d'Amiens, cet homme qui ne dormait pas.

Les républicains et les socialistes, les cléricaux et les anticléricaux, les royalistes et les fumistes tous ont senti peser sur eux le regard de cet homme prêt à fouailler leur veulerie, à dénoncer leurs crapuleries.

Mais nous croyons que ceux qui se targuent de « justice immanente » au-dessus des personnes et des choses ne voudront pas laisser se consommer une nouvelle injustice ; et que ceux qui parlent contre les lois d'exception, à date fixe, sauront profiter de l'occasion pour se lever contre elles.

Nous sommes là pour leur rappeler que le moment est opportun.

Ne voici pas venir le temps des élections !

La vindicte sociale. Lettre ouverte à monsieur Sébastien Faure

21 décembre

Vous m'avez, monsieur, convoqué par-devant votre justice, à la barre du tribunal populaire, le plus terrible de tous, afin de répondre de je ne sais combien de crimes.

Je n'ai pas cru devoir me rendre à votre citation, j'ai trouvé bon de faire défaut, car il m'a semblé que vous faisiez erreur de personne et que ce n'était pas moi que vous vouliez atteindre.

Je remplis dans la société les fonctions de procureur, d'accusateur public – *public*, je vous prie de le noter –, c'est moi qui ai charge de relever le gant jeté à la face de tous par quelques-uns. Je suis mandaté par la vindicte sociale contre la vindicte particulière.

Je représente l'épicier à qui on chipe un pruneau, le boulanger à qui on vole un pain et la foule qui se met en travers des pas du gamin ou de l'affamé.

Je représente le propriétaire aux aguets, le fusil en main ; le paysan qui sème des pièges à loup près de ses pommiers, le bourgeois qui dresse des bouledogues à happer les maraudeurs à la gorge.

Je représente monsieur Morale qui ne veut plus voir de filles publiques sur « son trottoir » ; monsieur Prudhomme qui trouve peu seyante la libre circulation des mal-vêtus ; monsieur Prolo qui juge la guillotine bien trop rapide pour punir tel ou tel individu.

Je vous représente aussi, monsieur, vous qui croyez à la justice et qui voulez pour moi une peine morale. Je suis l'essence même de la vindicte sociale.

Je suis l'avocat du Bien contre le Mal. Mais serai-je obligé de vous l'apprendre ? qu'est-ce que le Bien ? qu'est-ce que le Mal ? sinon des entités que je vois encore vivant dans votre cerveau, sans que vous ayez l'excuse du métier.

Je suis la purulence normale de la société et il n'est pas possible que je ne sois pas, tant qu'elle subsistera pareille. Je suis un effet, et non une cause. Je peux être à des degrés divers, mais que je m'appelle monsieur Magnaud* ou que je m'appelle Bulot, je n'en suis pas moins l'abcès venimeux qui vient sur les sociétés atteintes du mal de justice et de vindicte sociale.

Vous vous prétendez sociologue et vous vous arrêtez à de pareilles vétilles de réquisitoire contre un procureur général. Comme j'aurais mieux compris votre travail contre l'esprit de justice.

Vos amis et vous me reprochez l'odeur de mort et de vengeance qui suinte de moi. Le vidangeur à la tinette dégoutte de matières fécales ; est-ce sa faute ou celle de sa fonction et des moyens surannés qu'on lui fait employer ? Moi je suinte l'injustice ou la justice – car tout cela dépend de la place où l'on se trouve pour regarder –, c'est la faute de mon métier et des moyens imbéciles et dangereux qu'on me met dans les mains.

On n'emploie pas ma force à soigner, on l'emploie à punir. Tant pis.

Vous auriez mieux fait, monsieur, de vitupérer contre ceux qui sont bien souvent à vos côtés, les législateurs socialistes. N'est-ce pas eux qui, avec leurs complices de la majorité, fabriquent les lois que j'ai charge d'appliquer ?

N'est-ce pas eux qui votent le budget pour solder le mécanisme compliqué de la justice depuis le bourreau jusqu'à l'avocat général, en passant par le gardien de prison ?

N'est-ce pas eux qui me paient et qui me salarient ? Eux qui décident que je toucherai des milliers de francs pour faire un travail inutile et qui, par conséquent, me le font préférer au métier utile de menuisier ou de vidangeur pour lequel je ne toucherais qu'à peine de quoi vivre ?

Pourquoi n'avez-vous pas fait votre réquisitoire contre les foules, même et surtout contre celle qui était devant vous ? Car elle aussi voulait de la justice, de la bonne justice, avec de bons juges et un bon avocat général, vous, monsieur, qui avez juré d'être sans haine, dans un geste de parodie.

La foule n'est-elle pas toujours la masse grouillante qui crie justice à tous les échos ? N'est-elle pas toujours la hurle qui demande la mort de Jésus ou la vie de Barabbas, selon ses caprices ! Et surtout n'est-elle pas le grand ouvrier qui fabrique les législateurs.

Mais sans doute l'auditoire socialiste qui vous écoutait votera mieux à l'avenir afin d'avoir de meilleurs législateurs qui feront de meilleures lois qu'appliqueront de meilleurs juges. Je vous souhaite de ne pas vivre sous cette tutelle.

Ainsi tel pharisien qui, à vos côtés, lâcha son indignation vertueuse contre moi, chasse durement de son milieu le vagabond affamé qui demande asile ; et tel publicain qui me couvrit d'injures a la main lourde et le verbe fort pour la famille qu'il dresse sous le pli de sa justice.

Mais passons.

Je me dégoûte moi-même, pourquoi ne le dirai-je pas ? mais je me sais un effet, je me sais entraîné par le courant populacier de l'idée de justice, de récompense et de vindicte.

Aussi, je ris quand je vous écoute faire votre réquisitoire contre moi et je hausse les épaules alors que j'entends applaudir cette foule honnête, la même qui demandait hier la mort d'Esterhazy, avant-hier celle de Dreyfus.

La vindicte, toujours la vindicte !

Sociologue, permettez-moi de vous donner un conseil. Pour agir utilement, travaillez à la suppression de la justice et à l'établissement rapide du tout-à-l'égout.

Si je m'y retrouve avec tous ceux qui ont en eux l'idée ridicule de vindicte, je n'y serai pas seul.

Au revoir, monsieur,

BULOT

Pour copie conforme,
ALBERT LIBERTAD

– ANNÉE 1906 –

À bas la loi !
15 février

« Les anarchistes trouvent logiques *avec eux-mêmes* monsieur de La Rochefoucauld et tous ceux qui protestèrent sans s'inquiéter de la légalité », nous dit Anna Mahé*.

Ce n'est évidemment pas exact, ainsi que je vais le montrer.

Il suffit d'un mot pour travestir le sens d'une phrase, aussi les trois mots soulignés ont suffi à changer entièrement le sens de celle que je cite.

Si Anna Mahé était un leader de grand journal, elle s'empresserait d'accuser les typographes ou le correcteur de la boulette et tout serait pour le mieux dans le meilleur des mondes.

Ou bien encore, elle croirait de toute sagesse de s'entêter dans une idée qui ne serait pas la manifestation de son raisonnement mais bien plutôt le fait d'un courant de plume.

Elle pense, tout au contraire, qu'il est nécessaire, surtout dans ces articles de tête que nous voulons essentiellement anarchistes, de faire le moins d'erreurs possibles et de les relever nous-mêmes chaque fois qu'il nous sera donné de les apercevoir.

C'est à moi qu'incombe, aujourd'hui, ce travail.

Les catholiques, les socialistes, tous ceux qui acceptent, à un moment donné, le système du vote ne sont pas logiques *avec eux-mêmes* lorsqu'ils se révoltent contre les conséquences d'une loi, lorsqu'ils manifestent contre ses agents, ses représentants.

Seuls les anarchistes sont autorisés, sont logiques *avec eux-mêmes* lorsqu'ils agissent contre la loi.

Lorsqu'un homme dépose son bulletin de vote dans l'urne, il n'emploie aucun moyen de persuasion provenant du libre examen, ni de l'expérience. Il fait l'opération mécanique de compter ceux qui sont prêts à choisir les mêmes délégués que lui, à faire par conséquent les mêmes lois, à établir les mêmes règlements que devront subir tous les hommes. En mettant son bulletin, il dit : « Je me confie au hasard. Le nom qui sortira de cette urne sera celui de mon législateur. Je peux être du côté de la majorité, mais j'ai l'aléa d'être du côté de la minorité. Tant mieux et tant pis. »

Après s'être entendu avec les autres hommes, avoir décidé qu'ils s'en reporteraient les uns et les autres au jugement mécanique du nombre, il y a de la part de ceux qui sont la minorité, lorsqu'ils n'acceptent pas les lois et les règlements de la majorité, comme une tromperie de mauvais joueur, qui veut bien gagner mais qui ne veut pas perdre.

Les catholiques qui décidèrent au moyen de la majorité les lois d'exception de 1893-1894 sont mal venus à se révolter lorsque, au moyen de la même majorité, se décident les lois de Séparation.

Les socialistes qui veulent décider au moyen de la majorité les lois sur les retraites ouvrières sont mal venus à se révolter contre la même majorité lorsqu'elle décide quelque loi qui leurre un peu, beaucoup, leurs intérêts.

Tous les partis, qui acceptent le suffrage si universel soit-il à la base de leurs moyens d'action ne peuvent pas se révolter tant qu'on leur laisse le moyen de s'affirmer par le bulletin de vote.

Les catholiques sont en général dans ce cas. Les messieurs en cause dans les batailles dernières étaient de très « grands électeurs », quelques-uns même étaient des parlementaires ; non seulement les uns avaient voté, cherché à être la majorité dans les Chambres qui préparent les lois, mais les autres avaient élaboré cette loi, en avaient discuté les termes et les articles.

Étant donc des parlementaristes, des votards, les catholiques ne sont pas logiques avec eux-mêmes lors de leur révolte.

Les socialistes ne le sont pas davantage. Ils parlent constamment de révolution sociale et ils s'éternisent en des gestes puérils de vote, à la recherche perpétuelle d'une majorité légale.

Accepter hier la tutelle de la loi, la rejeter aujourd'hui, la reprendre demain, voilà la façon d'agir des catholiques, des socialistes, des parlementaristes en général. Elle est illogique.

Chacune de leurs attitudes n'est pas en rapport logique avec celle de la veille, pas plus que celle de demain ne le sera avec celle d'aujourd'hui.

Ou l'on accepte la loi des majorités ou l'on ne l'accepte pas. Ceux qui l'inscrivent dans leur programme et qui cherchent à acquérir la majorité sont illogiques lorsqu'ils se rebiffent contre elle.

Cela est. Mais chaque fois que des catholiques, des socialistes se révoltent, nous ne cherchons pas les actes de la veille, nous ne nous occupons pas de ceux qui seront faits demain, nous regardons tranquillement briser la loi par ceux qui en sont les fabricants.

Ce serait à nous de faire que ces jours n'aient pas de lendemains.

Donc, les anarchistes sont seuls logiques dans la révolte.

Les anarchistes ne votent pas. Ils ne veulent pas être la majorité qui commande, ils n'acceptent pas d'être la majorité qui obéit.

Lorsqu'ils se révoltent, ils n'ont besoin de rompre aucun contrat ; ils n'acceptent jamais de lier leur individu à quelque gouvernement que ce soit.

Eux seuls, donc, sont des révoltés que ne retient aucun lien, et chacun de leurs gestes violents est en rapport avec leurs idées, logique avec leur raisonnement.

Par la démonstration, par l'observation, par l'expérience ou, à leur défaut, par la force, par la violence, voilà par quels moyens veulent s'imposer les anarchistes. Par la majorité, par la loi, jamais !

La guerre ?
22 février

Il souffle un vent de guerre sur les populations européennes. Il est si terrible qu'on sent prochaine la tempête.

Ce vent ne vient pas d'Autriche où pourtant la crevaison prochaine de François-Joseph laisse pendante la succession épineuse de l'empire austro-hongrois.

Il ne souffle pas des pays ruthènes, de la Pologne, de la Finlande, du Caucase où se prépare le grand démembrement de l'empire des tsars.

Ce n'est pas sur les bords du Rhin, où le conflit des provinces annexées fait toujours parler de revanche, que se déchaîne cet ouragan.

Ce vent ne naît pas non plus, comme on paraît le croire, en la ville espagnole d'Algésiras où se débat la question du vol du Maroc.

Non, ce ne sont que des brises légères qui ne sauraient soulever, pousser, ébranler les couches atmosphériques.

D'où vient donc la tempête ? Quel est le choc puissant qui la déchaîne ?

Elle surgit de la volonté des dirigeants. Ce sont eux qui s'essaient tous les jours à jeter les unes contre les autres les couches humaines, afin de pouvoir continuer en toute tranquillité leur vie de vols et de mensonges.

Voilà que monte jusqu'aux maîtres la marée sociale, cette niveleuse qui renverse les châteaux, qui détruit les frontières, jette bas les forts, tout en préparant la terre aux belles récoltes.

Ils la voient venir sur eux ; ils s'effarent, ils cherchent les moyens de la détourner du bon chemin, de la ralentir dans sa marche. Ils veulent pour cela jeter des cadavres afin que la chair cimentée de sang endigue le flot de la révolution.

Les dirigeants veulent la guerre. Ils en proclament « l'inéluctable nécessité » ; c'est une loi sociale que l'on ne peut enfreindre, nous répètent-ils sur tous les tons.

Ils la veulent et ils la craignent tout à la fois. Ils entendent derrière eux des murmures qui vont grossissant. Ils sentent qu'ils n'ont plus dans la main les fils qui dirigent les gouvernés. Affolés, ils perdent la tête, ils se jettent en travers du mouvement. Ils poursuivent, ils arrêtent, ils emprisonnent… forts encore du concours des ignorants, des inconscients.

Mais la peur qu'ils manifestent, la colère qui les met en délire dessillent les yeux de beaucoup.

Le peuple réfléchit tout à coup que ce commerçant qui se fournit en Allemagne de camelote, cet industriel qui emploie à bas prix des Italiens miséreux, cet agriculteur qui fait venir des Belges pour la moisson, cet entrepositaire qui expédie les meilleures choses aux États-Unis, que tous ces faiseurs ne peuvent pas avoir un sentiment patriotique pareil à celui qui semble les soulever d'indignation. Aussi, derrière leurs colères, le peuple voit nettement l'intérêt de ces messieurs se drapant de chauvinisme.

Il conclut que ce qui est l'intérêt de ses maîtres ne saurait jamais être le sien. Il rit des palinodies gouvernementales. On sent bien qu'il ne marche plus.

Les chasseurs, les piqueurs et les chiens se précipitent derrière la bête. Ils courent, ils veulent la lasser, la cerner… mais le truc n'est-il pas connu ?… La bête ne va-t-elle pas se retourner et tenir tête à la meute ?

Vous cherchez une querelle, gouvernants, craignez de n'avoir la guerre. Non pas celle qui vous intéresse, qui nous décime, qui sème les cadavres des nôtres dans les fossés, qui, vainqueurs ou vaincus, nous laissent toujours prisonniers des lois, des patrons, de la misère, de l'ignorance…

Mais l'autre, *la guerre*, la véritable, celle dont les escarmouches se dessinent de loin en loin, dont les combats parfois rougissent les pavés mais dont il ne saurait tarder de voir s'ouvrir les terribles assises, mettant enfin toutes les forces des combattants face à face.

Il en est qui parlent *pour la paix*, moi je parle *pour la guerre*. Pour cette guerre qui ne jette pas les hommes aux frontières – la révolution n'en connaît pas – mais qui les dresse contre l'oppresseur de tous les jours, en tous les pays.

Et j'ai le désir que cette guerre ne se termine qu'avec la fin de l'autorité, de l'ignorance et de la misère, dût cette victoire s'étayer sur nos cadavres.

Que cette guerre soit de notre part sans pitié, comme sans haine… la vérité ne saurait avoir ni l'une ni l'autre.

Le criminel

1er mars

C'est toi le criminel, ô peuple, puisque c'est toi le souverain. Tu es, il est vrai, le criminel inconscient et naïf. Tu votes et tu ne vois pas que tu es ta propre victime.

Pourtant n'as-tu pas encore assez expérimenté que les députés, qui promettent de te défendre, comme tous les gouvernements du monde présent et passé, sont des menteurs et des impuissants ?

Tu le sais et tu t'en plains ! Tu le sais et tu les nommes ! Les gouvernants, quels qu'ils soient, ont travaillé, travaillent et travailleront pour leurs intérêts, pour ceux de leurs castes et de leurs coteries.

Où en a-t-il été et comment pourrait-il en être autrement ? Les gouvernés sont des subalternes et des exploités : en connais-tu qui ne le soient pas ?

Tant que tu n'as pas compris que c'est à toi seul qu'il appartient de produire et de vivre à ta guise, tant que tu supporteras – par crainte – et que tu fabriqueras toi-même – par croyance à l'autorité nécessaire – des chefs et des directeurs, sache-le bien aussi, tes délégués et tes maîtres vivront de ton labeur et de ta niaiserie. Tu te plains de tout ! Mais n'est-ce pas toi l'auteur des mille plaies qui te dévorent ?

Tu te plains de la police, de l'armée, de la justice, des casernes, des prisons, des administrations, des lois, des ministres, du gouvernement, des financiers, des spéculateurs, des fonctionnaires, des patrons, des prêtres, des proprios, des salaires, des chômages, du Parlement, des impôts, des gabelous, des rentiers, de la cherté des vivres, des fermages et des loyers, des longues journées d'atelier et d'usine, de la maigre pitance, des privations sans nombre et de la masse infinie des iniquités sociales.

Tu te plains, mais tu veux le maintien du système où tu végètes. Tu te révoltes parfois, mais pour recommencer toujours. C'est toi qui produis tout, qui laboures et sèmes, qui forges et tisses, qui pétris et transformes, qui construis et fabriques, qui alimentes et fécondes !

Pourquoi donc ne consommes-tu pas à ta faim ? Pourquoi es-tu le mal-vêtu, le mal-nourri, le mal-abrité ? Oui, pourquoi le sans-pain, le sans-soulier, le sans-demeure ? pourquoi n'es-tu pas ton maître ? Pourquoi te courbes-tu, obéis-tu, sers-tu ? Pourquoi es-tu l'inférieur, l'humilié, l'offensé, le serviteur, l'esclave ?

Tu élabores tout et tu ne possèdes rien ? Tout est par toi et tu n'es rien.

Je me trompe. Tu es l'électeur, le votard, celui qui accepte ce qui est ; celui qui, par le bulletin de vote, sanctionne toutes ses misères ; celui qui, en votant, consacre toutes ses servitudes.

Tu es le volontaire valet, le domestique aimable, le laquais, le larbin, le chien léchant le fouet, rampant devant la poigne du maître. Tu es le sergot, le geôlier et le mouchard. Tu es le bon soldat, le portier modèle, le locataire bénévole. Tu es l'employé fidèle, le serviteur dévoué, le paysan sobre, l'ouvrier résigné de ton propre esclavage. *Tu es toi-même ton bourreau.* De quoi te plains-tu ?

Tu es un danger pour nous, hommes libres, pour nous, anarchistes. Tu es un danger à l'égal des tyrans, des maîtres que tu te donnes, que tu nommes, que tu soutiens, que tu nourris, que tu protèges de tes baïonnettes, que tu défends de ta force de brute, que tu exaltes de ton ignorance, que tu légalises par tes bulletins de vote – et que tu nous imposes par ton imbécillité.

C'est bien toi le souverain, que l'on flagorne et que l'on dupe. Les discours t'encensent. Les affiches te raccrochent ; tu aimes les âneries et les courtisaneries : sois satisfait en attendant d'être fusillé aux colonies, d'être massacré aux frontières, à l'ombre de ton drapeau.

Si des langues intéressées pourlèchent ta fiente royale, ô souverain ! Si des candidats affamés de commandements et bourrés de platitudes brossent l'échine et la croupe de ton autocratie de papier ; si tu te grises de l'encens et des promesses que te déversent ceux qui t'ont toujours trahi, te trompent et te vendront demain : c'est que toi-même tu leur ressembles. C'est que tu ne vaux pas mieux que la horde de tes faméliques adulateurs. C'est que n'ayant pu t'élever à la conscience de ton individualité et de ton indépendance, tu es incapable de t'affranchir par toi-même. Tu ne veux, donc tu ne peux être libre.

Allons, vote bien ! Aie confiance en tes mandataires, crois en tes élus. Mais cesse de te plaindre. Les jougs que tu subis, c'est toi-même qui te les imposes. Les crimes dont tu souffres, c'est toi qui les commets. C'est toi le maître, c'est toi le criminel, et, ironie, c'est toi l'esclave, c'est toi la victime.

Nous autres, las de l'oppression des maîtres que tu nous donnes, las de supporter leur arrogance, las de supporter ta passivité, nous venons t'appeler à la réflexion, à l'action.

Allons, un bon mouvement : quitte l'habit étroit de la législation, lave ton corps rudement, afin que crèvent les parasites et la vermine qui te dévorent. Alors seulement tu pourras vivre pleinement.

Le criminel, c'est l'électeur !

La fin des idoles

1er mars

La tête basse, les reins ployés, agenouillés, les hommes jettent aux idoles le meilleur d'eux-mêmes.

Les idoles demandent de la chair fraîche, la génisse blanche, l'enfant pur. Pour affirmer leur succès, pour assurer leur puissance, elles portent leur choix, elles jettent l'arrêt de mort sur Iphigénie, sur Isaac, ainsi que nous le disent les légendes.

Elles ricanent, les idoles, effroyablement.

L'encens qui plaît à leurs narines est fait de poudre et de sang. Elles se complaisent à la vue de maisons incendiées, de champs dévastés, de crânes fracassés.

Teutatès et Jéhovah sont toujours les dieux des armées.

Or, les hommes, levant la tête, voient le néant des idoles célestes. Ils les jettent bas ; ils chassent les prêtres.

Puis, ils pétrissent l'idole de la patrie, déesse des armées.

Il faut, pour contenter cette idole aux faces multiples, toujours et encore de la chair fraîche. Et les flancs féminins ne s'ouvrent pas assez à l'amour et à la maternité pour satisfaire cette goule.

Elle ne prend pas seulement la chair de ses victimes, elle ne se contente pas de faire couler leur sang, elle prend leur cerveau, leurs pensées, leur volonté. Elle n'en fait pas des « héros » ou des « martyrs », elle en fait des matriculés, des esclaves.

Elle ne fabrique pas seulement des manchots, des éclopés, des éborgnés, des aveugles... ce sont là les moindres de ses atrocités. Elle pétrit le cerveau des hommes aux mêmes moules ; elle en fait des citoyens, des sujets allemands, français, italiens, chinois selon la face que montre ce Janus à mille figures.

L'idole étale orgueilleusement son bonheur fait du malheur de tous. Plus elle suce le sang des hommes et plus elle se gonfle outrancièrement.

Elle est à son apogée...

Mais voilà que commence le déclin. Comme en face de toutes les lois, de tous les dieux, de toutes les idoles, voilà que se dresse la raison.

De son regard scrutateur, elle voit les mains qui tiennent les ficelles, qui machinent les trucs. Elle fait lever les hommes, elle les oblige à comprendre.

Comme les hommes deviennent libres, la patrie, l'idée de patrie s'effondre.

Alors partout les maîtres sonnent l'appel à la répression, à la persécution.

« Quiconque ne saluera pas ce chapeau sera arrêté, entends-tu, Guillaume Tell ? »

« Quiconque ne s'inclinera pas devant ce chiffon sera emprisonné, entends-tu, homme libre ? »

« Que parlez-vous de vos sentiments, de votre raison. Le chapeau de Gessler[1] et les linges tachés de Marianne sont au-dessus de la logique ! »

1. Au XIVe siècle, Guillaume Tell refusa de saluer le chapeau de Gessler, un agent des Habsbourg. Arrêté, il fut condamné à traverser d'une flèche une pomme placée sur la tête de son fils.

Ah ! l'âpre ironie. Les cachots ne sont pas assez nombreux, les prisons ne sont pas assez vastes pour tenir les gens qui ne veulent pas tuer !

Il y en a trop ! Il faut faire des sélections. Il faut construire de nouvelles géhennes. Les hommes ne sont plus sollicités par les beautés tragiques de la patrie. Les offrandes sont rares et les corps ne s'étendent plus d'eux-mêmes sur l'autel des sacrifices.

Gouvernants et laquais, craignez que toutes les logiques ne nous viennent. Craignez que toutes les erreurs ne soient balayées par la puissance de la vérité, que votre règne ne se termine comme finit l'ignorance.

Vous arrêtez l'homme qui écrit, l'homme qui imprime, l'homme qui administre, l'homme qui distribue, l'homme qui affiche, l'homme qui dessine… Mais vous ne pouvez rien contre le nombre innombrable des hommes qui pensent et qui se dresseront en face de vous lorsque la somme de vos persécutions et de vos imbécillités aura rompu l'équilibre qui maintient encore, par on ne sait quel miracle, la société capitaliste.

Vous sortez de votre arsenal juridique les lois les plus désuètes ou les plus atroces. Ici, vous envoyez devant le jury et là, devant les laquais de la correctionnelle. Celui-ci, comme gérant, aura dix-huit mois de prison, pour la reproduction d'une brochure que d'autres reproduisent, en France, sous la même juridiction sans que nulle poursuite soit intentée.

Celui-là, pour avoir favorisé un affichage, sera enfermé pendant six mois.

À Paris, ce sont les Vingt-Six de l'affiche [1] ; à Amiens, Bastien et Lemaire ; à Rouen Torton* et Harel* ; à Sète, Fournier, à Reims, Dhooghe*, Monneret*, Hella*,

1. Vraisemblablement une allusion aux membres de l'AIA condamnés, le 30 décembre 1905, à des peines de trois à quatre ans de prison pour une affiche conseillant aux conscrits de répondre par l'insurrection à tout ordre de mobilisation.

Hamelin*, Loquier* et vingt autres sont poursuivis : *La Voix du peuple** et *Le Conscrit** sont saisis. On perquisitionne, on vole partout ; on décachette les correspondances, on ouvre les paquets. C'est le bon temps de la Terreur blanche.

Et voilà la réponse : des milliers d'hommes, de femmes viennent se réclamer du même délit…

Ceux qui pensent sont trop. Il faut pourtant agir contre eux. On joue aux dés qui l'on poursuivra, comment on poursuivra.

Ah ! Ah ! Ah !… contre le flot montant de la pensée libre, de la vérité, on jette les lois d'exception, l'honneur du drapeau, la patrie en danger.

Vos cris de guerre ressemblent à des râles d'agonisant. C'est effrayant, c'est sinistre, pourquoi ne pas en convenir, mais cela sent la mort…

… La mort des patries, la libération des hommes.

Lettre ouverte aux camarades de Vitry-le-François

29 mars

Si nous aimions employer de longs préambules je ne saurais combien d'excuses vous faire pour avoir attendu votre lettre aimable, afin de vous remercier de votre accueil si agréablement hospitalier.

Je suis arrivé à bon port. J'ai même subi déjà dans ledit port, deux ou trois tempêtes assez redoutables. Mais tout est bien qui finit bien.

J'ai lu le compte rendu du *Nouvelliste**. J'avoue qu'à première lecture, si habitué sois-je aux mensonges de la presse, il m'a un peu suffoqué. Mais n'est-ce pas ainsi que s'affirment la beauté, la force et la réussite de notre propagande ? On ne peut répondre à nos arguments que par la calomnie, l'insulte, le mensonge. Pourtant, il m'a semblé que, cette fois, le « témoin » était tombé dans le domaine du grotesque et du ridicule.

Répondre dans le journal ? User de mon « droit » ? Et pourquoi donc ? Ou bien les lecteurs de cette feuille n'auront pas assisté à la conférence et alors ils croiront de préférence leur berger ; ou bien ils y auront assisté et ne pensez-vous pas, camarades, que je n'ai mieux à faire que de laisser leurs propres souvenirs, leurs propres jugements face à face avec le compte rendu mensonger dudit journal ? Le doute naîtra sur la loyauté de leurs pasteurs et peut-être commenceront-ils à lever le voile qui recouvre les agissements de ces messieurs.

Gardons-nous d'user jamais de pareilles formes. Elles sont trop puériles et vont à l'encontre qui les font. Qui veut trop prouver ne prouve rien.

Que vient faire à propos de morale ce petit bonhomme à demi cul-de-jatte, sa barbe, ses cheveux, ses béquilles, sa nationalité « italien macaronique » ou « russe hirsute » (j'ai ouï dire que les papes, en majorité, étaient des Italiens macaroniques), alors que l'on glisse si rapidement sur les arguments ? N'est-ce pas prouver que, *comme Dieu, pour tout puissant qu'il soit*, notre contradicteur *ne peut pas faire l'impossible*. Et que s'il peut se moquer de l'animal qui digère, il ne peut réfuter avec la même force *l'être qui pense et qui veut.*

Et que penser de la complainte finale sur les bombes et les assassinats anarchistes, alors que je n'ai pas évoqué les souvenirs tragiques des dragonnades, de la Saint-Barthélemy, de l'Inquisition, considérant que de pareils arguments n'étaient d'aucun poids dans notre discussion ? Le christianisme n'est pas mauvais par les cadavres qu'il a semé sur sa route, mais en tant que doctrine fausse, prometteuse de paradis fictifs.

Et quelle attitude de Capitan : « Nous vous barrerons la route *par tous les moyens.* » La bombe « illégale » ? ou la guillotine « légale » ? L'épée de Charlemagne, le poignard de Jacques Clément, de Ravaillac ou le bûcher du tribunal inquisitorial après torture. Fichtre ! vous me permettrez d'avoir un petit frisson. Cela est d'autant plus compréhensible que j'ai dans les oreilles *les applaudissements de la salle* acclamant mon contradicteur.

Je *vitupère* bien inutilement puisque je reviendrai m'expliquer avec l'abbé *qui accepte le défi.*

Je passe, vous le comprendrez, sur le deuxième article, signé L. J'aurais trop à faire si je me préoccupais des abois des roquets et des commentaires de concierges. Mais je ne croyais pas, certes, avoir si bien réussi. Ce n'est plus de la colère, c'est de la rage. La bave coule des lèvres du sire. Jamais ma guenille n'avait fait l'objet de tant de commentaires. Est-ce un amoureux dépité ou un prêtre ébranlé dans sa foi qui répond ? Aurais-je empiété sur le terrain amoureux ou sur le terrain catholique de l'abbé ? Vrai, je ne sais que penser.

Et si je m'adresse à vous, tout en particulier, camarades qui m'avez invité, je vous dirai combien je suis heureux que l'incident, après avoir allongé votre mine devant la farce mauvaise, vous ait libéré de l'emprise que mettait sur vous le milieu où vous viviez depuis votre enfance, tunique de Nessus dont vos épaules ne pouvaient se débarrasser que sous le choc violent capable de vous faire rompre nettement avec votre entourage.

Peut-être sentirez-vous durement la haine des partis s'abattre sur vous ; vous verrez à chaque vilenie nouvelle combien vous avez porté juste pour tant troubler le troupeau des oies domestiques.

Le travail élaboré, c'est vers les réalisations pratiques que nous allons, si chacun de nous commence l'action par lui-même et sur lui-même sans attendre de messie sauveur ou de lois rédemptrices.

Allons, à bientôt, tous mes amis, et vive l'anarchie.
Affectueusement vôtre,

ALBERT LIBERTAD

PS : Vous vous étonnez que les autres journaux n'aient pas bougé, pas dit un mot. Vous ne voudriez certes pas qu'ils complimentent l'abbé de son échec, et pouvaient-ils dire qu'un anarchiste avait eu raison ?… fi, les vilains. Savez-vous que ça ne s'attaque pas qu'aux curés, ces sales bêtes, mais à tous ceux qui cherchent à tromper. Quels que soient les moyens qu'ils emploient.

LE BÉTAIL ÉLECTORAL
19 avril

Ici même, j'ai croqué à grands traits le bétail syndical, le bétail patriotique, le bétail des jaunes, le bétail des honnêtes, il faut aujourd'hui que je dépeigne le plus important des bétails, le plus fort par la bêtise, le bétail électoral.

Sur la peau d'âne du tambour nationaliste, sur la baudruche des tambourins républicains, aux cordes de la guitare sentimentalement humanitaire, aux cuivres de la trompette révolutionnaire, voilà que se bat, que se touche, que se donne le rappel du bétail ; c'est le ranz des électeurs qui retentit partout à travers l'espace.

Votez pour Tartempion, votez pour Machin, votez pour Truc. Des affiches multicolores vous rapprochent à tous les coins de rue afin de vous raconter la candeur, l'esprit, la loyauté d'un quelconque candidat.

En peu de lignes, un Gérault-Richard des boulevards extérieurs, un Rouvier* de grands chemins, un Marchand du surin et de la pince[1] deviennent des parangons de vertu, d'honnêteté et de douceur.

Le bétail électoral commente la force de la houlette d'Untel, le coup de fouet de Tel autre, le doigté crapuleux de Chose et le coup de gueule tonitruant de Machin.

Le bétail pèse aussi la valeur des promesses faites ; non pas qu'il ignore que jamais elles ne sont tenues, mais pour se donner un peu d'illusion.

La lune, le bonheur, la diminution des impôts, la liberté, autant de chimères auxquelles il ne croit plus mais auxquelles pourtant il lui paraît bon de sembler croire encore.

Il court aux rendez-vous que lui donnent les apprentis bergers après avoir fait un choix au zanzibar du troquet. Chez les nationalos ou chez les socialos ? Les dés répondent.

Il garnit la salle et il écoute religieusement l'orateur-candidat qui découpe des tranches de bonheur et débite des petits paquets de réformes. Il ouvre la gueule et les oreilles pour en prendre davantage.

« Les alouettes tomberont toutes rôties dans ta bouche ; ton taudis deviendra un palais ; tu auras des rentes à trente ans, dit le candidat. — Ah ! Ah ! Ah ! qu'il parle donc bien, cet homme ! Ce sont des mensonges qu'il nous raconte, mais que cela nous fait du bien de croire un moment que ce sont des vérités », dit le votard.

Quelquefois, il arrive qu'un autre candidat interrompe pour dire : « Ce n'est pas exact, les alouettes tomberont toutes bouillies dans ta bouche. » Et le bétail électoral suit, attentif, le débat passionnant : « Bouillies ou rôties ? Comment seront préparées ces alouettes qu'il ne mangera pas ? »

Alors que tous sont dans le rêve, une voix interrompt brutalement, sans précautions oratoires, les bonimenteurs :

1. Allusion au général Jean-Baptiste Marchand.

« Les alouettes ne tomberont ni rôties ni bouillies dans ta bouche, nigaud. Et si elles tombaient jamais toutes prêtes, ce serait de par ta bêtise, dans la gueule des candidats. »

Alors, ce sont des cris, des vociférations : « À mort! qu'on le tue! qu'on le chasse! La ferme! Mouchard! Agent de la réaction! Jaune! Rouge! Jésuite! Communard! »

Celui qui veut jeter la vérité est entouré, bousculé; les poings se lèvent sur sa tête, on lui crache au visage, on le jette dehors.

Et tranquille, le prometteur détaille le bonheur, offre le paradis et le bétail électoral reprend le fil du rêve qu'il fait tout éveillé, boit à nouveau le vin décevant de l'espérance.

Comme dans tous les troupeaux, il y a les meneurs, les gens du comité. Ce sont ceux à qui le candidat a promis autre chose que la viande creuse de l'espoir. Ils ont mission de « chauffer » la salle, de veiller à ce qu'aucun gêneur ne puisse entrer. Ils préparent le public, ils soûlent de vinasse quelques forts-à-bras qui feront de leur poitrine un rempart au bonimenteur.

À coté d'eux, il y a quelques sincères : ceux dont la bêtise atteint le dernier degré. Ils font l'appoint le meilleur, ce sont les moutons qui sautent par-dessus bord, montrant la voie à tout le troupeau.

Disons-le bien haut : que le bétail électoral soit tondu, mangé, accommodé à toutes les sauces, qu'est-ce que cela peut bien nous faire? Rien.

Ce qui nous importe, c'est qu'entraînés par le poids du nombre nous roulons vers le précipice où nous mène l'inconscience du troupeau. Nous voyons le précipice, nous crions « Casse-cou! » Si nous pouvions nous dégager de la masse qui nous entraîne, nous la laisserions rouler à l'abîme; pour ma part même, le dirai-je? je crois bien que je l'y pousserais. Mais nous ne le pouvons pas. Aussi devons-nous être partout à montrer le danger, à dévoiler le bonimenteur. Ramenons sur le terrain de la réalité le bétail électoral qui s'égare dans les sables mouvants du rêve.

Nous ne voulons pas voter, mais ceux qui votent choisissent un maître, lequel sera, que nous le voulions ou non, notre maître. Aussi devons-nous empêcher quiconque d'accomplir le geste essentiellement autoritaire du vote.

Chez les nationalistes et les socialistes, chez les républicains et les royalistes, partout nous devons porter la parole anarchiste « Ni dieux ni maîtres ».

Et par la raison, et par la violence, il nous faut empêcher la course à l'abîme où nous entraînent la veulerie et la bêtise des votards. Que le bétail électoral soit mené à coups de lanières, cela nous importe peu, mais il construit des barrières dans lesquelles il se parque et veut nous parquer ; il nomme des maîtres qui le dirigeront et veulent nous diriger.

Ces barrières sont les lois. Ces maîtres sont les législateurs.

Il nous faut travailler à détruire les unes et les autres, dût-on, pour cela, disperser au loin le fumier où poussent les députés, le fumier électoral.

La peur

17 mai

Les bourgeois ont eu peur !!!

Les bourgeois ont senti passer sur eux le vent de l'émeute, le souffle de la révolte, et ils ont craint l'ouragan, la tempête qui déchaîneraient les appétits inapaisés sur leurs tables trop bien garnies.

Les bourgeois ont eu peur !!!

Les bourgeois, gras et quiets, béats et paisibles, ont entendu la rumeur horrifiante des digestions pénibles et pauvres des maigres, des rachitiques, des insatisfaits. Les ventres ont entendu les grondements des bras qui se refusaient à leur porter la pitance quotidienne.

Les bourgeois ont eu peur !!!

Les bourgeois ont ramassé leur magot, leurs titres, ils les ont cachés dans des trous loin des griffes des destructeurs, les bourgeois ont mis de côté leurs biens meubles, puis ils ont cherché où se terrer eux-mêmes. La grande ville était peu sûre avec toutes ces menaces dans l'air. Et la campagne ne l'était pas plus… on y brûlait les châteaux quand venait le soir.

Les bourgeois ont eu peur ! Une peur qui les prenait au ventre, à l'estomac, à la gorge, sans que nul moyen de l'atténuer se présentât.

Les bourgeois ont fait dresser alors, en face des ouvriers, des barricades d'acier et de plomb cimentées de sang et de chair. Ils ont essayé de se réjouir à voir défiler sous leurs fenêtres les petits fantassins et les lourds dragons. Ils ont voulu se pâmer d'aise devant les beaux gardes républicains et les fins chasseurs à cheval. Mais toujours et encore, la peur envahissait leur être. Ils avaient peur.

Cette peur semblait quelque remords. On pouvait croire que les bourgeois sentaient la logique des gestes qui se dessinaient englobant dans la part de chacun et de tous ce qu'eux seuls avaient détenu jusqu'alors.

Les bourgeois ont eu peur que s'équilibrent tout à coup, dans un grand mouvement, les plateaux de la balance qu'ils avaient toujours su incliner à leurs désirs. Ils ont cru que l'heure de dégorger était venue enfin. Comme leur vie était faite de la mort des autres hommes, ils ont cru comprendre que, de ce jour, la vie des autres hommes serait faite de leur mort.

Ô le rêve angoissant ! Les bourgeois ont eu peur, bien peur !!!

Mais voilà que l'ouragan est passé sur leurs têtes, sur leurs ventres sans crever. Les paratonnerres des sabres et des fusils ont suffi pour les quelques bourrasques qui se sont oubliées sur la société.

L'ouvrier a repris son labeur ; il a, de nouveau, courbé ses reins sur la tâche quotidienne. Aujourd'hui comme hier, l'esclave prépare la pâtée de son maître.

L'ouragan est passé... les bourgeois ont relevé la tête peu à peu. Ils ont regardé leurs traits convulsés par la peur... et ils ont ri, mais leur rire était un ricanement, mais leur rire était un glapissement.

Puisqu'il n'avait su faire son travail lui-même, les hyènes et les chacals allaient s'acharner sur le lion pris au piège de son ignorance et de sa confiance.

Les femelles qui, en 1871, crevaient de leur ombrelle les yeux des communards vaincus, ont fait des petits. Ces petits sont dans la magistrature, dans l'administration, dans l'armée. Ils portent le képi ou la toge, ils tuent par le Code, les règlements ou l'épée, mais ils tuent sans pitié.

Les bourgeois ont eu peur !!!

Ils se vengent d'avoir eu peur !!! Comme une masse, le marteau-pilon de la justice s'abat sur les vaincus. Les Magnaud et les Bulot, les Séré de Rivières* et les Bridoison[1], tout cela s'accorde pour frapper durement sur les perturbateurs, les fauteurs de désordre.

Jamais ceux qui ne travaillent pas ne se sont pris d'un pareil respect pour ceux qui travaillent. Les entraves à la liberté du travail sont frappées de mois et de mois de prison. Les hommes sont condamnés jusqu'à la guérison de leurs blessures, les enfants à la correction et les adolescents à Biribi. Il faut mater les raisonneurs.

Les bourgeois ont eu peur !!!

Mais ceux sur lesquels il faut frapper rudement c'est sur les ennemis de tous les bourgeois, du bourgeois réactionnaire au bourgeois socialiste, c'est sur les anarchistes.

1. Juges et militaires, dont la figure fictive du juge Bridoison, personnage du *Mariage de Figaro* de Beaumarchais.

Les autres hommes sont vaincus par le poids de leur propre ignorance; il sera encore de bons jours pour les heureux avant qu'ils se dégagent de leur sottise. Mais les anarchistes sont vaincus par l'ignorance et la passivité des autres, aussi travaillent-ils tous les jours à les instruire, à les révolter. C'est donc eux le danger, c'est eux qu'il faut frapper.

Les bourgeois veulent se venger, mais ils sont lâches et c'est encore sur les à-côtés qu'ils frappent. Ils craignent la puissance de la logique anarchiste et ils savent que se détruiraient comme bulles de savon au soleil les sophismes de leurs raisonnements. Ils peuvent nous écraser du poids mort de la force brutale du nombre mais ils savent que nous les vaincrons toujours dans le combat de la raison.

« Cet homme avait un journal anarchiste dans sa poche ! » « Cet autre avait des brochures de sociologie. » « Ce troisième avait des piqûres d'aiguille sur lui… » Et on frappe plus fort quiconque ose lire autre chose que *La Croix**, *La Petite République* ou *Le Petit Journal.*

Pourquoi ne frappez-vous pas les auteurs, les éditeurs de ces publications ; sont-ils intangibles, au-dessus de toutes les lois, ou bien avez-vous peur de vous trouver en face de la vérité, dites, Bérengers visqueux de la politique.

Bourgeois, vous avez eu peur !!!

Et ce n'était qu'une ombre qui passait sur le ciel de nos béatitudes. Mais prenez garde, vous ne verrez la tempête qui vous engloutira que lorsqu'elle sera imminente. Elle ne s'annoncera pas par de petits éclairs. Elle surgira sur vous et vous ne serez plus.

Bourgeois, vous avez eu le frisson de la peur et vous savourez la joie de la vengeance… mais ne vous hâtez pas trop de vous réjouir, n'exagérez pas trop les représailles de votre victoire, car la révolte prochaine pourrait bien ne pas même vous laisser le temps d'avoir peur…

Les bourgeois ont eu peur !!!

Socialisme & anarchisme
28 juin

Certaines idées flottent dans l'atmosphère aux mêmes époques. De tous les côtés – comme si ce travail était fait d'un commun accord – se posent certains problèmes.

Ces questions se présentent d'une façon précise dans tel milieu, d'une façon floue dans tel autre, mais partout elles sollicitent l'attention des hommes qui réfléchissent.

Les camarades se rappellent la discussion passionnante que provoqua dans *Le Libertaire* et dans les Causeries populaires l'idée de la constitution d'un parti libertaire, lequel parti enverrait des représentants au Parlement. Des représentants de l'opposition, cela va de soi. C'est à peine si on sortait d'une discussion sur le syndicalisme obligatoire et général. On faillit même les mélanger et porter aux mêmes triomphes ou aux mêmes défaites syndicalisme et politique, parti du Travail et parti libertaire[1]. On revoit encore dans cette bataille Paraf-Javal et Georges Paul*, Niel* et Malato. Pour les « leaders » de la discussion, les arguments réciproques ne furent pas convaincants, ou du moins il me semble, et chacun resta sur son terrain [...]. Les dernières élections ont fait revivre cette question de parti libertaire, de parti de concentration révolutionnaire.

D'aucuns ont pleuré gentiment dans leur gilet le regret de ne pas voir la parole anarchiste retentir à la tribune du Palais-Bourbon. D'aucuns sous-entendaient même qu'ils auraient volontiers accepté de se sacrifier pour la cause. Le même recommencement... Sera-ce la même acceptation ? Je ne le crois pas.

1. Sur ce débat, d'un point de vue syndicaliste révolutionnaire, lire Émile Pouget, *La Confédération générale du travail* suivi par *Le Parti du Travail*, introduction de Jacques Toublet, Éditions CNT-RP, 1997.

L'influence du milieu, les courants populaires gagnent même les anarchistes. Ils ont entendu parler partout de victoire de la démocratie, de la république, des partis avancés. Ils en arrivent à escompter le triomphe légal de l'anarchie... Et comme l'anarchie c'est un peu trop fort pour passer par la fissure parlementaire, se glisse seulement le petit avorton du libertarisme.

Si Guesde pontifiant en les estaminets du Nord, Guérault-Richard gavrochant dans les cabarets montmartrois, Coutant* pérorant dans les tavernes borgnes des environs de Paris et Jaurès palabrant dans les cafés méridionaux ont espéré leur verbe retentir du haut des tribunes parlementaires et leurs interruptions pimenter les séances législatives, n'avons-nous pas aussi, parmi nous, des gars incompris qui ne demandent qu'à manifester leur valeur.

J'ai souvent pensé que l'idiotie générale de mes contemporains et l'imbécillité lâche des camarades me permettraient de me caser à quelque gradin officiel. J'ai entrevu le geste et le bruit saccadé de mes triques dominant la houle des députés mieux que le bruit maigre de la sonnette présidentielle. Après cet humble aveu, vous me permettrez bien de vous montrer toute l'absurdité, tout le danger de laisser, sous n'importe quel prétexte, de laisser tomber l'anarchisme dans le traquenard du parlementarisme.

Tous les moyens sont tentés pour parvenir à cette chute. Les plus sincères comme les plus fourbes servent différents arguments.

Tout d'abord l'accord se fait avec les socialistes en écartant la question du vote et du parlementarisme. On marcherait avec les socialistes ultra-révolutionnaires, les syndicalistes action directe, on s'unirait dans une lutte commune. Déjà un journal s'échafaude sur une idée de concentration révolutionnaire. Les éléments s'y associent d'une façon baroque.

Ici même, Ludovic Bertrand a parlé d'un accord avec les socialistes, en négligeant la tactique parlementaire. On marcherait main dans la main jusqu'à tel carrefour déterminé.

D'autres s'efforcent de montrer que les anarchistes ne sont que des socialistes. Ils veulent escamoter la valeur actuelle du mot socialisme sous le couvert de sa valeur passée.

Oui, nous sommes des socialistes puisque nous avons une pensée sociale, puisque nous nous préoccupons de problèmes sociaux : socialistes-anarchistes, pour aller plus vite nous sommes anarchistes.

Ce n'est pas nous qui rejetons le terme, ce sont des individus, un parti qui en abusent : ce sont les socialistes, c'est le parti socialiste.

Il a plu à ce dernier de faire d'une appellation générale une appellation particulière.

Si le socialisme doit signifier la doctrine de monsieur Jaurès ou celle de monsieur Guesde, l'allemanisme ou le broussisme, nous n'en sommes pas. Nous pouvons tenir une place légale. L'anarchisme et l'étatisme pourront se placer côte à côte. Mais est-ce que cela voudra dire qu'ils ne se combattront pas pareillement ?

Notre individualisme, notre communisme n'ont rien de commun avec l'étatisme, le collectivisme allemano-guesdo-broussiste.

Il est aussi quelque chose dont on ne parle pas assez et qui sépare complètement les anarchistes des socialistes, c'est que la doctrine des seconds n'est qu'un ensemble de programmes politiques, alors que celle des premiers comporte tout un enseignement philosophique.

Le socialisme – dans la valeur relative du mot – est incomplet à côté de l'anarchisme. Le programme du socialisme prend l'électeur et le balade parmi ses droits et ses devoirs politiques. La philosophie de l'anarchisme prend l'individu au berceau et l'accompagne jusqu'au four crématoire.

L'anarchisme intéresse l'individu, non seulement en face de la collectivité, mais en face de lui-même. L'anarchisme ne s'adresse pas au citoyen mais à l'homme. Il l'arrête sur la porte des cabarets, des salles de scrutin, des bordels ou des casernes, des églises ou des fumeries d'opium.

Il le conduit sur le terrain de la science, du libre examen, de l'observation.

Alors que le socialisme de Guesde peut faire bon ménage avec le catholicisme, alors que le socialisme de Bebel se réclame du plus pur patriotisme, alors que le socialisme de Viviani, de Briand ou de Millerand s'acoquine avec les « meilleurs juges », l'anarchisme véritable détruit dans le cerveau des hommes les prétoires, les panthéons et les cathédrales qu'y élèvent l'idée de justice, l'idée de patrie, l'idée de Dieu.

On peut regretter parfois que notre choix, notre opinion ne se jettent pas à la face de l'opinion générale, à côté de celles des leaders du radicalisme ou du socialisme. Je ne le regrette pas.

Le jour où notre idée sera assez généralisée pour amener quelques-uns des nôtres au Parlement, nous aurons autre chose à faire que d'y aller pontifier. Nous serons en assez grand nombre pour jeter dans toutes les mains le livre, la brochure ; pour aller parler dans tous les milieux sans nous imposer la palinoderie de l'élection et le mensonge du vote.

Dès maintenant, la minorité que nous formons fait vibrer plus puissamment que la parti socialiste unifié ou indépendant la corde de l'esprit du peuple.

C'est par milliers que nos brochures se répandent. La librairie socialiste ne peut rien mettre en face de la librairie anarchiste. Le socialisme n'a pas d'équivalent des brochures d'un Kropotkine, d'un Reclus, d'un Paraf-Javal, d'un Grave, d'un Nieuwenhuis* ou d'un Malatesta. Elles sont partout, elles entrent partout.

Ce n'est pas la tribune du Palais-Bourbon ou du Luxembourg qu'il faut pour ses idées saines et fortes, ce sont des hommes pour les penser, les écrire, les colporter. Les idées, jetées du haut d'une tribune législative prennent une forme légale qui en diminue toute la force. Elles passent sous l'œil de la censure gouvernementale.

Les idées anarchistes ne prennent pas leur force, leur « autorité », du lieu où elles sont jetées, mais de leur propre valeur.

Il n'y a que les partis décadents qui ont besoin de l'autorité du vote et du nombre. L'anarchisme est assez vivant. […]

Marianne se soûle ! Populo s'amuse ! La Bastille de l'autorité

12 juillet

14 juillet ! Les fenêtres se bariolent de bleu, de blanc, de rouge, de jaune. *La Marseillaise* se beugle par les rues.

14 juillet ! Les marchands de vin sont en joie : pas de pain à la maison, les derniers sous se jettent sur le zinc.

14 juillet ! Les chauvins et les badauds « gais et contents » vont acclamer les petits soldats ; le tableau truqué de la grrrande armée nationale.

14 juillet ! L'épicier du coin, le notaire véreux, l'exploiteur adroit, l'assassin légal vont recevoir la juste récompense de leur dévouement à la république.

14 juillet ! De longs et filandreux discours promettront beaucoup : promesses fallacieuses qui s'en iront loin au vent avec la dernière pétarade du dernier feu d'artifice.

14 juillet ! « Le peuple, il en a d'la réjouissance. »

Quel anniversaire fêtes-tu donc ? Quel souvenir glorieux te fait-il recouvrir de ce décor mensonger ta vie habituelle de labeur et de misère ?

14 juillet ! La Bastille est rasée ; une ère de liberté est ouverte.

Ah ! tu veux rire, bon Populo, la Bastille est rasée : que sont donc autour de nous ces bâtisses mornes, aux murs élevés, aux fenêtres grillées ? Sont-ce des séjours paradisiaques ?

La vieille Bastille est rasée… soit.

La Santé et Saint-Lazare, les centrales et les bagnes, Nouméa et la Guyane, Biribi et Aniane… la Bastille est ressuscitée. Les casernes et les usines, l'atelier et le Gros Numéro, le couvent et le collège… la Bastille est ressuscitée.

Ah ! tu veux rire, bon Populo, une ère de liberté est ouverte. Dis-moi donc quel jour, quelle heure tu es libre… Libre, entends-tu ?

Du berceau à la bière, tu passes par l'école, l'atelier, la caserne et encore l'atelier ; tu te maries, tu te syndiques, tu meurs selon des formules, éternel jouet de l'autorité sous toutes ses formes : père, prêtre, patron, gouvernant, galonnard. Est-ce cela ta liberté ?

La Bastille n'est pas rasée. La liberté est encore à venir.

Ta fête est un leurre.

Ton 14 juillet est une mascarade.

Crois-moi, bon Populo, la Bastille à renverser ne tombe pas sous les coups tangibles de ta force brutale. Tu pourras détruire successivement des centaines de bastilles, accrocher à la lanterne des milliers d'aristocrates, raccourcir des dizaines de Capet, la Bastille sera debout, l'ère de la liberté sera à venir.

L'ennemi le plus âpre à combattre est en toi, il est ancré en ton cerveau. Il est un, mais il a divers masques : il est le préjugé Dieu, le préjugé Patrie, le préjugé Famille, le préjugé Propriété. Il s'appelle Autorité, la sainte bastille Autorité, devant laquelle se plient tous les corps et tous les cerveaux.

Peuple, tant que le monstre existe, il ne saurait y avoir ni repos ni fête.

Chaque jour de perdu est un jour de recul.

En lutte, peuple, pour plus de bonheur, pour plus de beauté.

Mais, sache-le bien, la lutte n'est pas contre telle ou telle bastille, contre tel ou tel maître, elle est contre « la »

Bastille, sous toutes ses formes, contre « le » maître, sous toutes ses faces.

Pour tuer le poulpe, il faut frapper à la tête, car les membres renaissent. Pour détruire la Bastille, il faut démolir l'autorité, base fondamentale, car les murs se rebâtissent.

Et le jour où le monstre sera abattu, si tu en as le désir encore, tu pourras fêter le 14 juillet ; la Bastille sera rasée, la terre enfin libérée verra des hommes libres.

Or donc, sus à l'autorité !

À nos amis
19 juillet

Tout d'abord, rappelons notre premier appel dont la précision et la rudesse anarchistes servirent à écarter de nous ceux qui auraient pu porter leur appui à une demande plus hypocritement tournée.

Nous ne nous plaignons pas. Si la foule des indécis, des imprécis s'est écartée de nous, les individus fermes et résolus ne se sont-ils pas serrés, n'ont-ils pas renforcé le noyau initial dont nous parlions ?

Et ce n'est pas seulement ces individus qui font, qui assurent le succès d'une œuvre alors que la foule indécise gêne les pas des hardis.

Ayant commencé sans autre rapport que la bonne volonté, nous sommes au soixante-septième numéro, assis solidement, prêts à continuer la lutte. Nous n'avons rendu de compte à personne, nous n'avons pas eu de personnalités pour nous soutenir, nous n'avons eu besoin de faire appel aux camarades que d'une façon bénévole, et même au contraire, beaucoup d'amis savent comment on peut nous trouver sur le chemin. Faut-il le dire, nous n'avons jamais eu à le regretter.

Cette fois-ci, sur les instances de quelques de nos amis, nous décidons de faire appel à tous pour assurer le succès d'une autre partie de notre travail.

Les camarades l'ont vu, c'est pied à pied que nous envahissons le terrain de lutte. Après les Causeries du 11ᵉ, celles du 18ᵉ, puis la bibliothèque, puis le journal et sa composition : maintenant, nous voulons former l'imprimerie complète. Il faut la machine à imprimer et il faut la Minerve.

Nous venons demander leur appui à ceux qui s'intéressent à voir dans nos mains de pareilles armes de propagande. Nous ne faisons pas intervenir *l'intérêt de la cause*, ni nous ne nous posons pas en sauveur de l'anarchie, nous vous disons : « Vous savez comment nous concevons la propagande, vous savez ce que nous avons fait avec les moyens modiques dont nous disposions, vous plaît-il de nous aider pour que nous faisions mieux et plus ? »

Nous vous disons : « Nous sommes bien placés pour assurer un travail d'imprimerie, pour jeter dans la circulation anarchiste placards, affiches, étiquettes, brochures ; nous l'avons fait avec peu de chose, vous intéresserait-il de nous fournir plus de moyens, afin que nous fassions davantage ? »

Que nous faudrait-il ? Une grosse somme pour bien faire : cinq mille francs. Cinq cents de nos amis pouvant disposer d'une dizaine de francs.

Que promettons-nous en échange ? De bien faire et c'est tout.

Nous ne nous adressons qu'à ceux qui ont confiance en nous, en notre travail, ou plutôt je dirai mieux : confiance en eux, en leur travail ; car ce n'est que ceux qui se solidariseront entièrement avec nous qui pourront faire l'effort.

Pas de coupons, pas de reçus mensongers qu'on ne rembourse jamais ; pas de titres fictifs pour jouer aux véritables sociétés financières.

« Tu nous donnes vingt francs, ce morceau de métal-or, pour que nous en fassions un rouage d'activité anarchiste. Tu nous crois compétents, bien placés pour faire la besogne mieux que toi. C'est bien, nous nous allons mettre en marche. »

Nous ne demandons pas dix pour promettre douze. L'argent dans notre main se transforme en bataille, en propagande ; nous ne vous proposons pas un petit commerce anarchiste, mais une œuvre de propagande anarchiste.

À celui qui nous donnera, il ne sera pas rendu de comptes ; c'est à lui de voir si nous savons, si nous pouvons utiliser son envoi à un travail qui lui plaise.

Que ceux qui sentent qu'une imprimerie complète serait un outil merveilleux de propagande à la disposition de mains et de cerveaux véritablement anarchistes nous aident… seulement ceux-là.

Il est évident que nous ne nous amuserons pas à rapporter la kyrielle des hommes et des noms. Pour ceux qui enverront par poste, le nom et la ville seront mis en quatrième page afin d'annoncer que la somme est reçue.

Nous pensons qu'il sera répondu à cet appel.

La viande veule

2 août

Nous avons, à Paris, été menacés d'une grande révolution, sans presque nous en douter.

Des perturbations très grandes dans le service des abattoirs de la Villette menaçaient notre vente.

On a laissé venir aux oreilles indiscrètes quelques bribes des raisons. On a parlé de fièvre aphteuse. Mais qu'est cela auprès des autres raisons, celles que nous devons ignorer.

Il ne doit sortir que de la viande morte des abattoirs de la ville, mais il ne doit y entrer que de la viande vivante.

Allez y voir. Les bêtes entrent, tirées, poussées. Il faut qu'elles entrent vivantes, avec un souffle, rien qu'un souffle, un rien.

Et l'on débite cette charogne contaminée pour servir les faubourgs de Paris, de Ménilmontant à Montrouge, de Belleville à la Chapelle.

Allez, ouvriers de l'abattoir, défendez vos « droits », allez, garçons bouchers, défendez les « vôtres », il faut que vous continuiez à abattre, que vous continuiez à servir la viande empoisonnée.

Allez, conducteurs de bestiaux, tournez et retournez vos viandes porteuses de fièvre, de la Beauce à Paris, de Paris à tous les ouvriers du Nord, de l'Ouest et de l'Est… Allez, venez à Paris, contaminez vos animaux ou venez y mener le poison pris ailleurs.

Qu'importent les gestes mauvais, les gestes inutiles, les gestes empoisonneurs ? Il faut vivre. Or travailler, c'est empoisonner, piller, voler, mentir aux autres hommes. Travailler, c'est mélanger de la fuscine aux boissons, fabriquer des canons, abattre et débiter en tranches de la viande empoisonnée.

Travailler, c'est cela pour la viande veule qui nous entoure, cette viande qu'il faudrait abattre et pousser à l'égout.

Impressions
9 août

Le rapide court sur la ligne du Nord, vers Boulogne, vers Calais. La machine mange des kilomètres. Je m'évoque déjà ces amis que je ne connais pas et qui me font venir vers eux pour causer.

Car ce n'est pas une conférence que je vais faire, c'est une causerie. Ce n'est pas en orateur, en conférencier, à des gens que je dois subjuguer par mon éloquence, par ma rhétorique, que je vais parler, c'est à des camarades, à des amis, et seule la force de mon raisonnement, la puissance de ma conviction doit intervenir près d'eux.

Et je songe à cette « responsabilité », si je puis ainsi m'exprimer, à cette responsabilité qui m'incombe de venir soulever des pensers nouveaux, des façons d'être nouvelles parmi ces jeunes gens.

Car ce sont des jeunes gens, je n'en saurais douter, tout au plus des hommes de mon âge, qui m'ont invité à cette causerie.

Il faut, si je viens troubler la banalité de leur existence, que je leur porte, d'un autre côté, du bonheur et de la vie. Je me retrouve à leur place, aux mêmes heures, et je revis mes premières sensations, mes premiers désirs de connaître la « vérité ». Je refais les étapes rapidement et je me demande si ces idées neuves ont porté en moi plus de force, plus de joie.

Le dirai-je… je n'ai pas une hésitation. Oui, l'idée anarchiste a fait de moi un homme différent de celui que j'aurais été dans la banalité des idées coutumières. Tout ce que j'ai de « bon » en moi, de fort, vient de sa logique, de sa douceur.

Et pourtant par quels avatars, par quelles routes épineuses, par quelles fondrières m'a-t-elle fait passer. N'importe ! Elle m'a évité le traquenard de la maladie intérieure, la maladie des préjugés et des dogmes. Chaque fois que l'atavisme et l'influence du milieu courbent mon corps vers la terre, vers la saleté, elle le redresse de merveilleuse façon, avec une onction rude qui soulage les muscles et les nerfs.

Et cette force qu'elle m'a donnée, n'a-t-elle été qu'intérieure ? Non point. Que d'amis elle a placés près de moi à qui j'ai eu le bonheur d'être utile et qui me firent le bonheur de m'être utile. Que d'amis sans préjugés, que d'amis véritables se sont penchés sur moi, comprenant mes faiblesses et m'aidant à m'en guérir. Que d'amis pouvant vous guider et que l'on peut guider.

C'est comme un cauchemar que j'écarte rapidement lorsque j'évoque la vie que j'aurais pu mener ; cette glorification du ventre, du ventre seul. Et je vois, avec joie, la glorification de tout mon corps que m'a permise l'idée anarchiste.

C'est une force personnelle, ce sont des amis, des compagnes agréables que l'anarchie portera à chacun et à tous si je sais jeter l'idée fortement. Je ne dois avoir d'autres inquiétudes que pour la forme à donner à ma propagande, cette forme qui devra mener mes amis vers la logique, sans les faire s'attarder aux carrefours multiples de l'idée anarchiste.

Voilà Calais… C'est la réception banale, deux ou trois copains disposés à recevoir le monsieur-camarade. Je brise la glace à coups de canne. On se sent à l'aise tout de suite. Je suis, sans nul doute, tel qu'ils m'attendaient. Et les discussions commencent : « Le groupe ? Comment se porte-t-il ? Qui vient ? Pas de femmes le fréquentent. — C'est un groupe mort ! — Ce n'est pas l'habitude. — On l'établit. — Oui, mais comment ? — Nous le verrons tout à l'heure. »

Calais fut, il y a quelque dix ans, un milieu anarchiste intéressant, de ces groupes vieille forme où on buvait anarchistement la bistouille et desquels il fallait couper l'atmosphère de tabac avec un couteau.

Les persécutions en dispersèrent les éléments et chacun de son côté, raconta tranquillement qu'il était un précurseur, un vieux de la vieille, qu'il n'y avait plus rien à lui raconter, qu'il n'avait plus rien à apprendre, plus rien à lire... Comme ils n'avançaient plus, ils reculèrent... et un jour quelques-uns se rencontrèrent devant l'urne.

À ce moment, le nouveau courant d'idées naissait, se développait, une fièvre d'action reprenait la ville. Un groupement anarchiste se reformait... Les anciens s'en écartèrent prudemment... Quelques-uns même furent fort surpris de voir leurs enfants y prendre place.

Ce sont des jeunes gens de vingt à trente ans qui lancèrent ce mouvement. Jusqu'ici les groupes étaient restés au cabaret, la propagande n'avait jamais passé les portes de la maison familiale. Dès les premiers pas, nos amis veulent se libérer du café, de la bistouille. Dès les premiers pas, nos amis portent la parole anarchiste chez eux, dans la famille, à leur compagne, à leur sœur. Les entraves redoutables qui empêchaient l'éclosion du travail anarchiste sont brisées.

Oui, je suis heureux de cette causerie continuelle qui a duré des heures et des heures. J'ai fait plus à droite, à gauche, de ci, de là, qu'à la causerie même.

Non seulement les camarades se connaissent, mais ils connaissent les femmes de la famille, et les enfants aussi. Un tutoiement agréable libère les jeunes hommes et les jeunes filles et brise ce respect suranné qui tient éloigné les jeunes gens selon leur sexe.

Les camarades aideront à Calais, comme à Paris, à balayer les chambres, à laver la vaisselle pour que les femmes viennent grossir les forces du groupement ; pour que la vivacité de leur esprit et de leurs réparties, leur grâce même, le dirai-je, augmente la puissance de la propagande.

Et je suis revenu tout rempli d'une impression nouvelle. Je sentais partout où nous passions l'anarchie sourdre, croître et embellir la vie des hommes.

Aux conscrits
27 septembre

Camarades,

Dans quelques jours, *la plus belle et la plus douce des patries* va ordonner à une partie d'entre vous d'avoir à déserter la demeure familiale, à s'arracher aux tendres affections d'un père, d'une mère, d'une amante ou des amis pour subir un encasernement de deux années.

C'est après avoir été préparés par l'école et la famille à l'idée de *patrie*; c'est après avoir appris à considérer comme un ennemi tout être différent de mœurs, de langage et vivant en dehors des limites convenues appelées frontières, qu'on vient, sous le prétexte de *défense nationale*, et au nom de *libertés acquises*, vous imposer un esclavage avilissant.

Mais si la défense de la France est la cause principale de cette imposition, pourquoi les troupes composant l'armée ne sont-elles pas échelonnées le long des frontières et des côtes ? Que font-elles à l'intérieur de la nation ?

Tous les régimes, tous les gouvernements successifs ont toujours employé cette force à ce qu'ils ont convenu d'appeler : le maintien de l'ordre intérieur ; ce qui veut dire en termes clairs et précis : la défense du coffre-fort et la protection des classes spoliatrices contre les revendications logiques du prolétariat.

Un économiste bourgeois, Jean-Baptiste Say, n'a-t-il pas dit que : « Loin de protéger l'indépendance nationale, un grand établissement militaire est peut-être ce qui la compromet le plus, par suite des tendances agressives qu'il détermine chez ceux qui en disposent. » Eh ! oui, ces vieilles paroles sont encore, à notre époque, à méditer.

En effet, que va-t-on vous ordonner, après vous avoir fait revêtir une livrée ridicule ?

De faire abstraction de votre individualité, de comprimer toute initiative, toute vie intellectuelle, et de vous assujettir à une dégradante obéissance soumise à une hiérarchie idiote qui est la négation de tout raisonnement. On vous dira que les ordres de vos supérieurs doivent être exécutés sans murmures, sans examen, avec une foi aveugle.

En dehors de la haine de l'étranger, que vous avez déjà acquise, on vous apprendra à considérer comme méprisable celui qui, né sur le même sol que vous, aura une conception contraire à l'obéissance passive ou à l'acceptation des règles imposées par le gouvernement.

Et lorsqu'on aura détruit en vous tout esprit de réflexion, de liberté, vous serez les machines à tuer dont on se servira pour affermir le règne de l'arbitraire sur l'ignorance.

C'est aussi à un service de police humiliant et provoquant que vous serez employés pour perpétuer la servitude patronale et la misère, lots qui seront demain votre partage ; c'est pour comprimer tout élan de généreuse révolte de l'opprimé que vous, fils de travailleurs, mettrez votre énergie au service de nos oppresseurs ; c'est vous qui, apeurés par la crainte d'un châtiment, sur un ordre barbare de vos officiers, tirerez lâchement sur vos pères, vos mères, vos sœurs, vos amis : car vous tuerez, ici, des indifférents qui seront les parents de ceux qui exécuteront le même ordre dans votre pays.

C'est pour combattre ce fanatisme égoïste de patrie et d'armée sous toutes ses formes, qui détruit, chez l'individu, l'esprit révolutionnaire de solidarité humaine, que nous venons vous dire, jeunes gens, auxquels les habitudes ont toujours tenu lieu de raison, qu'il est temps de rejeter toutes ces métaphysiques religieuses et laïques qui ne servent qu'à consolider les privilèges de quelques-uns en maintenant les maux et la misère du plus grand nombre.

La gloire, l'honneur, l'armée, la patrie, dieu, autant de termes vagues qui, cependant, sont devenus magiques et avec lesquels les dirigeants passés et présents ont courbé et courbent encore les masses.

Toutes les guerres sont criminelles et ne profitent qu'à la ploutocratie qui nous gouverne et aux agioteurs qui nous exploitent. Aussi nous vous disons : ne soyez plus les moutons du sacrifice, jetez l'anathème sur les assassins, cessez d'être des esclaves passifs ; soyez des êtres qui pensent et résolus à défendre non les intérêts de vos maîtres mais votre droit à la vie.

La *patrie* est douce aux riches, inexorable aux malheureux. La *patrie* perpétue l'antagonisme, continue la plus farouche autorité.

C'est pour maintenir cet état tyrannique que vous allez sacrifier deux belles années de votre jeunesse et peut-être votre vie.

Si votre inconscience vous conduit sur un champ de grève, apprenez que c'est contre vous que se retourneront les gestes brutaux de votre veulerie au service de la défense du capital qui opprime vos frères. Ne serez-vous d'ailleurs pas les opprimés de demain ?

Lorsqu'on vous enverra à la frontière ou dans les expéditions coloniales, vous ne ferez encore le sacrifice de votre vie que pour des banquiers véreux ou des agioteurs sans vergogne, et si vous revenez malades et misérables, que fera pour vous votre *mère patrie* ? Rien.

Cette *mère* n'est qu'une marâtre !

Voilà pourquoi nous, antimilitaristes, décidons de répondre à toute déclaration de guerre par l'insurrection.

N'allez pas croire que nous rejetons un maître pour accepter l'oppression d'un quelconque soudard éperonné et couronné… d'autant que le travail antimilitariste que nous faisons ici se fait ailleurs avec plus d'intensité.

Combattre les armées, c'est ouvrir une ère nouvelle à la science du bonheur.

Brisez le cercle des traditions désuètes ; que le bandeau qu'on s'est plu à maintenir sur vos yeux ne vous cache plus le soleil. Esclaves, brisez vos chaînes, que vos cerveaux deviennent amoureux des belles désobéissances révolutionnaires, et si votre sang doit couler, que ce soit pour votre *bonheur* et votre *liberté*.

Ce sont les conscrits qui passent, le troupeau

27 septembre

Dans cet octobre brumeux, que sont donc ces éclats de rire, ces chants et ces gaudrioles ? Où vont donc ces théories d'hommes et de femmes se prenant au bras et se succédant sans répit ? Vers quelle kermesse, quelle fête de fous, quel carnaval se dirigent-ils ?

« Eh ! quoi, ne savez-vous pas ? c'est le départ de la classe ; c'est aujourd'hui que les conscrits s'en vont à l'armée. »

Ainsi les gars de vingt ans quittent ceux qu'ils aiment, le milieu où ils vivent, et les mères et les amoureuses rient par les faubourgs en les conduisant vers le monstre de fer qui les conduira à la caserne.

« Mais beaucoup ont le front barré de tristesse, des nuages de peine passent sur bien des visages et plus d'une retient les larmes prêtes à s'échapper, alors que celui qui part fait des efforts pour ne pas attrister davantage ceux qu'il quitte. Ne va-t-il pas vers son devoir ? »

Voilà bien le grand mot lâché : il va vers son devoir ! Et c'est bien pourquoi les douleurs se masquent de ricanements. C'est parce qu'ils ont de la douleur que les fils ont couru les cabarets et que les pères les ont suivis. C'est parce que les amoureux ont regret de leur départ qu'ils s'enivrent de tous les alcools, alors que les amies les encouragent. Tous ces hommes, tous ces jeunes gens sont dans la tristesse, mais ils se font une raison. Et se faire une raison, c'est prendre un drapeau, un torchon quelconque, le suivre en titubant, accrochés au bras de quelque femelle promise au labeur répugnant du mariage ou de quelque femme employée au travail exténuant du bas-ventre. Se faire une raison, c'est aller assister à quelque cérémonie religieuse, à quelque messe catholique ou maçonnique où l'on promettra de confier son esprit dans les mains des chefs pour la plus grande gloire de la patrie, de Dieu ou du triangle.

Ah ! Que les églises et les bordels, que les cabarets, les usines illuminent ! Que les députés et les prêtres, les bistrots et les tenancières, les commerçants et les industriels se réjouissent ! Sous le drapeau de la patrie, on peut deviner le Gros Numéro, le comité électoral, le clocher de l'église et la cheminée de l'usine.

À la caserne, c'est du bétail à tondre qu'on élève pour vous, ô usinier, ô commerçant ! À la caserne, ce sont des cerveaux d'électeurs et de fidèles qu'on pétrit pour vous, ô prêtre, ô député ! À la caserne, ce sont des ventres à emplir et à vider, à empoisonner et à syphiliser qu'on prépare, ô tenancière, ô bistrot !

Les mères, les pères, les amoureuses essuient un pleur parce que le fils ou l'aimé s'en va à la guerre, risquer la mort peut-être. Et ils se réjouissent aussi, parce que « ça fait du bien aux jeunes gens d'être soldat ».

Vous ne voyez donc pas, ô brutes, que ce qu'il y a de terrible dans le départ de vos fils, de vos amoureux, c'est qu'ils vont devenir à la caserne pareils à vous, pareils aux autres, pareils à tous. Vous ne voyez donc pas que dans la face du plus sot, du plus imbécile qui vous quitte, il y a encore une lueur de liberté, d'individualité, et ne savez-vous pas que, lorsqu'ils nous reviendront, les plus forts et les plus généreux auront la marque de fabrique de la caserne, seront abrutis, aveulis, immatriculés.

Ce n'est pas de la chair à canon, ô conscrits, qu'on veut faire de vous, c'est de la chair à obéissance. Ce ne sont pas surtout des soldats qu'on veut fabriquer, ce sont des électeurs, des ouvriers, des employés, des flics ; ce qu'on veut faire de vous, ce sont des honnêtes et des obéissants.

Riez, chantez, buvez ; titubez et dégueulez, ô conscrits d'aujourd'hui, soldats de demain. Accompagnez-les et soutenez leurs pas, ô femelles honnêtes, ô putains sentimentales. Buvez le coup de l'étrier avec eux, ô pères de famille ; ô camarades de l'atelier, menez leur volonté à l'abattoir de la caserne.

Ceux qui savent et qui comprennent se préparent au départ pour l'armée où les mène l'abrutissement de ceux qui rient, en fortifiant leur volonté, en prenant conscience des meilleurs moyens antiseptiques à employer contre la contamination de la chambrée et de la discipline, contre les microbes de l'honneur et du devoir.

Ceux qui savent et qui comprennent, tout en obéissant à la force des brutes, préparent les armes redoutables de la raison et de l'ironie qui disperseront au loin le joug brutal de la caserne et de l'autorité, le respect du drapeau et de la patrie.

Dans cet octobre brumeux, ce sont des chants, des hurlements, des ricanements…

Dans cet octobre brumeux, voilà aussi que s'esquissent le sourire moqueur de ceux qui savent…, le geste fécond de ceux qui pensent…

Corbeaux à la curée

4 octobre

La classe ouvrière prend sa part de deuil. Elle répudie les violences stériles, elle sait que ce n'est point par des brutalités aveugles mais par la dignité de son effort, par son éducation politique et son organisation syndicale qu'elle conquerra son émancipation définitive.

En d'autres conflits, sur d'autres champs de grève, d'autres, hélas ! sont tombés : à Fourmies, à Chalons, à Limoges, c'étaient des ouvriers qui étaient frappés. Ici, c'est un soldat qui est tombé à son poste. La classe ouvrière reconnaît toutes ces victimes comme siennes. Elle en porte le deuil et elle conserve de toutes le même souvenir attendri.

Alexandre Zévaes*
(Discours prononcé à Grenoble
aux funérailles de Mollier)

Sur la charogne du nommé Mollier, Isidore, ex-soldat au 140e de ligne, la foule des corbeaux de toutes espèces s'est abattue. Il y en avait en robe et en uniforme, en mitre et en képi, en camail et en écharpe.

Ils croassèrent à qui mieux mieux, se disputant les lambeaux de ce cadavre ; chacun tirant un membre à soi, soucieux de prendre la plus grosse part de cette pourriture afin d'en fumer l'arbre vénéneux de leur mensonge et de leur crapulerie.

Ce sont successivement l'évêque, le colonel, le maire, le préfet, le général qui viennent happer un morceau de cette chair, complimenter cette victime imbécile, morte en faisant un geste mécanique, féliciter cet idiot qui avait consenti sans savoir pourquoi ni comment à servir de rempart à leurs privilèges.

Cette bande égrenée, voici qu'arrive le corbeau le plus éhonté, le député, le Zévaes. Il vient parler, lui, au nom de la classe ouvrière. Quelles paroles va-t-il trouver pour flageller la conduite de cet homme que la mort seule a interrompu dans ses gestes de servitude et de meurtre ? Va-t-il dire, non pour ce cadavre, mais pour ses pareils qui sont là, toute l'imbécillité dangereuse du soldat qui, l'arme à la main, soutient le maître et terrorise l'esclave ?

Écoutons le pitre : « Ici, c'est un soldat qui est tombé à son poste... »

C'était donc son poste, Alexandre Zévaes, à ce Mollier, d'être dans les rues de Grenoble, le fusil Lebel au poing, en face des ouvriers qui veulent plus de pain et plus de bien-être ? C'était son poste d'être dans le Dauphiné, le sabre au clair, alors que se rouillait inutile le soc de la charrue, dans la Savoie ? C'était son poste !!!

« Et la classe ouvrière reconnaît cette victime comme sienne. »

Comment, et dans quel sens, sinistre farceur ? Une victime dont elle doit se réjouir ou une victime qu'elle doit pleurer ?

Elle en porte le deuil et elle en conserve le même souvenir attendri.

Ah ! Ah ! la classe ouvrière en porte le deuil, les associations syndicales mettent un crêpe à leur drapeau et voilent le buste de Marianne aux salles de leurs comités, tu veux rire !

Et les ouvriers conserveront en eux le souvenir attendri... De qui ? De cet homme qui les attendait, le fusil chargé, au coin d'une rue, pour les canarder ? Te moques-tu, histrion ?

Parle pour toi, pour ta peau qu'il défendait, pour tes privilèges qu'il soutenait, mais ne parle pas pour nous... tu nous obligerais à te rentrer tes paroles dans la gorge.

Tu voudrais que les ouvriers prennent un mouchoir pour pleurer celui qui, sur commandement, quelques minutes plus tard, eût envoyé une balle dans la poitrine d'un des leurs ; pour pleurer une de ces unités anonymes dont la masse obéissante et disciplinée vainc l'effort des révoltes.

Ce n'est pas Isidore Mollier, le laboureur de Méribel qui a été tué, c'est le matricule *** du 140e de ligne, le soldat, le défenseur des privilèges actuels. Ce n'est pas celui qui ouvre la terre pour lui confier le grain qui deviendra multiple et nourrira les hommes ; c'est celui qui, du matin au soir, manie le fusil, tire à la cible pour mieux apprendre à les tuer.

Je ne plains pas ce soldat, je ne peux pas le plaindre.

Et comment et pourquoi le plaindrait-on ? Si, à la charge commandée à laquelle il aurait obéi sans nul doute, un homme était tombé, frappé à mort, les ouvriers l'auraient stigmatisé comme faisant partie du 140e maudit. Si, par un hasard extraordinaire, il n'avait pas tiré, ce sont les chamarrés, les évêques, le général, le préfet et voire le Zévaes qu'il aurait trouvés en face de lui pour le juger. Et dans l'un ou l'autre cas, les journaux, selon qui les paient, l'auraient traité de renégat ou de traître.

Et cette pierre *anonyme* tombant sur ce crâne servile et imbécile, anonyme aussi, en fait un héros que l'on glorifie ou une victime que l'on pleure !

Allons donc !

Et celui que l'on aurait maudit, traître à son devoir ou traître à sa cause, dont on aurait flétri le souvenir dans les ordres du jour des syndicats ou des régiments devient, de par la trajectoire d'un pavé, celui dont on parle doucement avec des trémolos dans la voix.

Mollier, tu n'es plus que de la charogne à faire circuler le plus rapidement possible, à pousser à l'égout, tu ne vaux guère mieux que vivant.

Je ne t'en veux pas, je n'en veux pas à tes pareils restés là-bas, au 140e. Mais pourtant, matière irresponsable, eux et toi n'en gênez pas moins le développement du progrès, vous n'en êtes pas moins l'obstacle qu'il faut briser, le rocher qu'il faut escalader ou faire sauter.

Je ne comprends pas les grands mots qu'on jette contre toi ou pour toi, soldat genre Mollier, alors que tu frappes ou que tu es frappé ; vivant, l'arme fumante à la main ou mort, le crâne ouvert, tu es toujours le même. Dans un cas tu es vainqueur, dans l'autre tu es vaincu. Mais n'est-ce pas un sentiment normal de vouloir vaincre l'adversaire conscient ou inconscient ? Je te préfère donc le crâne ouvert, sans nulle haine, logiquement.

Et puisque les syndicats ont encore la manie ridicule des drapeaux, ne serait-il pas logique de les voir écrire sur l'étoffe flottante, en lettres d'or, les noms des villes où des gens de l'espèce Mollier sont tombés par centaines ainsi que l'étoffe du drapeau qui conduit le troupeau du 140e, porte Arcole, Solferino ou Magenta. Ne serait-ce pas le souvenir d'une tuerie plus utile, plus nécessaire au développement intégral des hommes.

Tu peux, Zévaes, associer tes condoléances à celles de l'évêque, du préfet et du général. Vous perdez un défenseur – le type par excellence, la brute, l'ignorant, celui qui ne sait pas, celui qui ne discute pas. L'outil en main, il vous nourrit, le lebel en main, il vous défend, le bulletin en main, il se donne le chic de vous élire.

On l'a tué ! On est prêt à en tuer d'autres ? On a, sans doute, compris qu'il était le véritable ennemi ? Que tu n'étais, que vous n'étiez que par lui ? Hâte-toi d'intervenir !

Viens donc avec le prêtre, l'officier, le fonctionnaire flétrir le « crime », en montrer « l'absurdité ».

La classe ouvrière répudie les violences stériles, elle sait que ce n'est point par des brutalités aveugles qu'elle conquerra son émancipation définitive.

Conseille-leur le bon moyen, la bonne méthode, l'emplâtre qui pansera le mal sans jamais le guérir, cautère sur une jambe de bois.

Elle la conquerra par son éducation politique et son organisation syndicale.

Après le coup de goupillon de l'évêque, le salut du sabre du général, jette ton eau laïque sur le cadavre : tout le monde sera contenté.

Fais tes efforts pour tourner un acte de révolte en un acte de peur ; devant les ouvriers, dresse en défi, sur un affût de canon, cette charogne malencontreuse. Ils n'en avaient point eu peur vivant, tâche de leur en donner le respect mort.

Nous dévoilons ton jeu, pantin sinistre, et nous nous plaisons à constater que les balles comme les pavés, pour frapper juste, n'auraient pas à traverser le champ du combat.

C'est la grâce que je te souhaite.

Activité anarchiste

11 octobre

Je lisais avec attention l'article de Robert Delon et j'en comprenais toute la portée. C'est, en effet, la méthode qui est un des plus sûrs auxiliaires de la raison, un des meilleurs appuis pour la propagande.

Je songeais alors à jeter un coup d'œil rétrospectif sur le travail de ces dernières années. Je ne veux point aujourd'hui – car je pense le travail de toute utilité – entrer dans le détail de nos efforts. Un simple coup d'œil seulement.

À la suite de la propagande d'ordre négatif que nous avions entreprise dans tout Paris, quelques amis et moi décidâmes, sans la cesser, de commencer une propagande d'ordre positif.

Nous avions pris et gardé pour la première un esprit méthodique qu'il nous sembla devoir conserver en commençant la seconde. C'est après avoir envisagé toute la difficulté du travail positif que nous décidâmes de l'entreprendre.

Vers quoi tendions-nous ? Vers quoi tendons-nous tous, anarchistes, si ce n'est vers cette terre communiste où nos individualismes pourraient s'affirmer ? Vers quoi tendais-je, personnellement, moi, rabelaisien, si ce n'est vers cette abbaye de Thélème sur laquelle resplendit le fameux « Fais ce que veux ».

Mais de suite nous comprîmes que l'on ne fabrique pas à volonté, d'un coup de baguette magique, ce milieu, ni les hommes qui doivent le vivre.

Soucieux de réussir et par conséquent de prendre la bonne méthode, nous comprîmes qu'il ne fallait pas atteler la charrue avant les bœufs et nous commençâmes, en octobre 1902, à former les Causeries populaires, groupement anarchiste – sans cotisation, sans statuts, sans inscription –, groupement qui devait nous aider à réunir les individus.

Et mieux, c'est d'abord en une arrière-boutique de marchand de vins que se tinrent nos premières assises. Nous y attendîmes patiemment d'avoir un noyau assez fort pour assurer la vitalité du groupe, ainsi que d'avoir réuni les premiers fonds pour louer un local où nous devions nous libérer de presque toutes les promiscuités. Ce fut en octobre 1903 : un an après.

Entre-temps, sentant l'utilité de plusieurs centres, nous formions à Montmartre, en juin 1903, un autre groupement qui prenait local dès janvier 1904, aidé par la marche du premier. Au 13e, de nos amis, et sur les mêmes bases, formaient une autre Causerie, qui prenait aussi local dans les six mois.

C'est alors que devenait nécessaire, que s'imposait l'organe qui réunirait ces noyaux, ces centres, à d'autres noyaux, à d'autres centres, qui ne devaient pas manquer de surgir en province, ou même de faire s'unir les individualités avec lesdits groupements.

Comment agir ? Toujours avec la même méthode ! Nous sollicitâmes d'abord de ceux que cela intéressait un plus grand effort. Nous courûmes les occasions, nous feuilletâmes les publications et, pour faire le journal, nous voulûmes d'abord avoir l'imprimerie.

Les Causeries populaires pouvaient déjà en novembre 1904, façonner de petits manifestes. En avril 1905, paraissait le premier numéro de *l'anarchie*. Nous organisions la publicité de nos conférences nous-mêmes, nous pouvions faire paraître placards et brochures.

Mais cet essai tiendrait-il ? Trouverait-il, parmi tant de difficultés, la force de vivre ? Oui. En avril 1906, un an d'existence nous le prouvait et nous décidâmes de compléter le matériel d'imprimerie. Le matériel était gros. En juillet 1906, nous lançâmes un appel à nos camarades, à ceux qui comprennent la forme de notre propagande, pour établir, sur des bases certaines, l'imprimerie des Causeries populaires.

Encore quelques jours, voire même, s'il le faut, la fin de l'année, et ce sera travail fait. Alors nous commencerons l'école, la suite logique de notre travail. Nous travaillerons à atteindre par l'école « anarchiste » des individus moins écrasés, moins contaminés par l'ambiance, plus sains et plus forts. Dès maintenant, nous étudions les moyens matériels et intellectuels qui devront en assurer la bonne vitalité.

Et c'est lorsque cette expérience aussi aura réussi que nous penserons seulement avoir les éléments nécessaires pour la formation d'un milieu libre ou plutôt, disons mieux, c'est alors qu'il s'imposera de lui-même, méthodiquement.

De l'unité nous aurons été au tout, de l'individu au milieu. Nous trouvons mauvaises les autres façons de procéder et pour le prouver nous employons une méthode contraire. Voilà tout.

Ne nous grisons pas nous aussi, nous n'en sommes qu'à l'établissement quasi définitif de l'imprimerie des Causeries populaires pour lequel nous avons encore besoin de vous, camarades. Ne faisons pas de châteaux en Espagne, veillons à notre pot au lait.

À propos d'imprimerie, je terminerai presque en post-scriptum. Quelques imbéciles qui ne peuvent voir se faire du travail autour d'eux sans être fatigués caquettent, tournent et retournent, voire vous écrivent de longues lettres. « Que signifient votre tentative et la tentative Girault*-Lorulot ? C'est une concurrence que vous vous faites ! Où allez-vous ? Comment allez-vous réussir ? Tout ça, c'est des jalousies d'individus ! Pourquoi ne vous associez-vous pas ? »

Reposez-vous, ô fatigués. Tant de besogne qu'il y aura, il n'y en a pas pour vous. Vous êtes las, toujours, en vous levant, en vous couchant. Tout de même, voici quelques explications.

S'il y a deux tentatives, c'est parce que les mêmes causes produisent les mêmes effets et que le besoin d'un organisme d'imprimerie se faisait sentir dans les milieux anarchistes. De même que les Causeries, Girault avait déjà commencé à réunir un petit matériel. Il ne saurait y avoir concurrence dans un travail anarchiste, autre que l'émulation d'en faire le plus et le mieux possible. Où allons-nous ? Si nous sommes forts et opiniâtres vers le but que nous nous sommes tracé. Nous réussirons en mettant le plus de méthode dans notre activité. Il ne saurait y avoir jalousies entre les individus. Il peut y avoir simplement divergences de but ou de moyens. Si ces tentatives ne fusionnent pas, c'est qu'elles n'ont pas d'affinités entre elles, c'est parce qu'elles n'ont pas de méthodes parallèles. Il faut laisser aux groupements comme aux individus le moyen de ne se servir de l'association que lorsqu'il leur convient.

Les idées bourgeoises ont pour les faire circuler des milliers de presses, et sitôt que deux imprimeries se forment en vue d'anarchie, on parle de concurrence ? Il en faudrait des centaines.

Ni les camarades du Bureau de propagande ni ceux des Causeries populaires ne se sont certainement occupés tout d'abord de ce qui se faisait à côté d'eux. Quand les deux tentatives sont apparues, chacun a dû examiner le projet de l'autre. Les individus qui s'en occupaient n'ayant pas d'affinités, mais surtout les méthodes employées étant absolument différentes, ils comprirent qu'il n'y avait pas de possibilité de fusion. Mais je suis convaincu que de chaque côté des individus ont lâché leur projet pour s'adapter à l'autre qui convenait mieux à leur tempérament, leurs desiderata, ou à l'idée qu'ils se faisaient de la propagande. C'est ce qui est intéressant.

Pour ma part, j'ai toujours été contre les milieux libres fabriqués avant d'en avoir réuni les éléments, essayé les affinités. Ce que feront les camarades, dans ce sens, sera-t-il bien ? sera-t-il mal ? Je n'en sais rien. Je crois la méthode qu'ils suivent mauvaise, je le montrais par l'explication de la nôtre. Nous verrons les résultats.

Afin qu'il n'y ait pas de malentendu et pour que les efforts puissent se diriger en connaissance de cause, disons que nous appelons – dans le journal – la tentative de Girault et de Lorulot « Imprimerie de la Librairie internationaliste » ou du « Bureau de propagande », celle dont nous nous occupons « Imprimerie des Causeries populaires ». J'espère que les grincheux seront satisfaits.

Et que l'activité anarchiste se multiplie, se développe dans tous les sens, mais que ce soit avec le plus de méthode possible, car ce n'est pas le nombre des efforts qui gêne la propagande, ce sont les efforts mauvais et sans méthode.

À la conquête du bonheur

25 octobre

Tous les hommes, en quelque coin de la terre où ils sont nés, sous quelque température, de quelque religion on les ait marqués à leur venue, tous les hommes courent après le bonheur, veulent par tous les pores conquérir le bonheur.

Pour ce faire, ils prennent des routes, des chemins bien différents, mais tous tendent vers le même but, vers le même point et souvent après avoir erré loin l'un de l'autre finissent-ils par se retrouver les mains et l'esprit tendus par les mêmes désirs.

À la conquête du bonheur.

C'est en vue d'elle que les pères et mères nous préparent, nous fortifient, dès le jeune âge. Que de moyens, que de méthodes, que de systèmes ! Et le bonheur s'enfuit loin des hommes, toujours insaisissable, toujours fugace. On croit le tenir et ce n'est qu'une ombre qu'on serre dans ses bras.

C'est à la conquête du bonheur qu'allait le missionnaire traversant les mers pour trouver le martyre afin de gagner plus sûrement une part de paradis, une part de bonheur. Les chemins sont contraires, mais la fille chaste, qui macère sa chair sur l'étroite couchette de la cellule, veut conquérir le bonheur pareillement à la fille lascive à la recherche constante d'étreintes érotiques, qui ne la satisfont jamais.

Le commerçant placide qui débite avec les mêmes gestes et les mêmes mots, toute sa vie, la même marchandise, et l'anarchiste rêveur qu'il regarde comme un fou, n'en vont pas moins à la conquête du bonheur, quoique sur un mode bien différent.

Disons-le vite, ni les uns ni les autres ne l'atteignent, ou plutôt ni les uns ni les autres n'atteignent le bonheur sous la forme éthérée que les hommes se sont plu à lui donner.

Il reste sur nos épaules le poids des conceptions religieuses et mythiques des siècles premiers. Nous voyons le bonheur comme un état béat, de félicité complète, dans lequel nous voguerons sans aucun souci, sans aucun travail, sans aucun effort dans le sein de Dieu, dans sa pure contemplation.

Attendre le paradis, bâtir l'île d'utopie, ne sont-ce pas la même besogne !

La vie c'est la lutte constante, c'est le travail, le mouvement perpétuel. La vie c'est le bonheur. Diminuer l'intensité de la vie, c'est diminuer l'intensité du bonheur…

C'est une fausse conception du bonheur qui empêche les hommes de pouvoir l'atteindre. Ils se plaisent à le placer où il ne se trouve pas. La déception, si cruelle soit-elle, ne les empêche pas de suivre à nouveau les mêmes errements, les mêmes sottises.

Le bonheur est dans la satisfaction la plus complète de nos sens, dans l'utilisation la plus grande de nos organismes, le développement le plus intégral de notre individu. Nous le recherchons dans la béatitude céleste, dans le repos de la retraite, dans la douce quiétude de la fortune.

Le bonheur que nous cherchons tant, nous le jouons tous les jours sur des mots. Nous le perdons au nom de l'honneur de la patrie, de l'honneur du nom, de l'honneur conjugal. Pour un mot, un geste, nous prenons un fusil, une épée ou un revolver et nous allons tendre nos poitrines vers un autre fusil, une autre épée, un autre revolver, pour la patrie, la réputation, la fidélité éternelle.

Nous cherchons le bonheur, et il suffit du rire d'une femme (ou d'un homme, selon les sexes) pour qu'il soit de longtemps chassé d'auprès de nous. Nous appuyons notre bonheur sur les sables les plus mouvants, sur les terres les plus friables, le long des océans, et nous crions quand il s'en va, emporté par le retour de la vague ou par la mobilité du sol. Nous bâtissons des châteaux de cartes que le moindre souffle peut détruire et nous disons ensuite : « Le bonheur n'est pas de cette terre. »

Non, le bonheur tel qu'on nous l'a montré, tel que des siècles de servitude de corps et d'esprit nous l'ont fait percevoir, n'existe pas. Mais il existe : c'est celui qui est fait de la plus large satisfaction de nos sens à toute heure de notre vie.

Échafaudons la cité du bonheur, mais disons-nous bien qu'il n'est possible de le faire que la place nette de tous les errements, de tous les préjugés, de toutes les autres cités spirituelles et morales qu'on a construites en son nom. Laissons à la porte toute notre éducation, toutes nos idées actuelles sur les choses. Abandonnons Dieu et son immensité, l'âme et son immortalité, la patrie et son honneur, la famille et sa réputation, l'amour et sa fidélité éternelle.

On nous a fait croire longtemps à un paradis après notre mort, les gouvernants veulent nous faire croire à un bonheur à notre vieillesse ou selon notre fortune, sachons le vouloir dès maintenant, en quelque circonstance, en quelque position soyons-nous placés !

Le grand problème du bonheur ce n'est pas tant de déterminer la route qui y mène, c'est de pouvoir assurer de quel corps et de quel cerveau sain on pourra le suivre.

La critique & la propagande
6 décembre

Alors que *l'anarchie* n'était qu'en devenir et que nous demandions l'appui des camarades, nous n'avons pas trompé sur nos intentions. Nous avons laissé de côté la forme vague des appels qui doivent solliciter l'intérêt et l'appui de tout le monde. Nous avons insisté sur la forme *sectaire* de cette publication. Nous y disions :

« On y luttera contre le socialisme et le christianisme, le syndicalisme et le militarisme, le capitalisme et le coopératisme. Seuls donc les camarades qui trouveront cette campagne utile à entreprendre nous aideront, nous n'avons pas besoin des autres. »

Était-ce précis ?

Nous ne voulions pas contenter tout le monde et notre père.

Et ailleurs nous disions : « L'heure nous paraît venue de jeter dans la circulation un organe anarchiste. Peut-être nous trompons-nous. [...] Cette feuille désire être le point de contact de ceux qui, à travers le monde, vivent en anarchistes sous la seule autorité de l'expérience et du libre examen. »

C'est par ces deux phrases que nous commencions et que nous terminions l'article d'entrée en matière de *l'anarchie*.

Nous prétendons avoir suivi la ligne de conduite que nous nous étions tracée. Au 87e numéro, l'article cité pourrait reprendre place en tête de notre organe. Il suffirait simplement de donner la forme de la réalité à ce qui ne prenait alors que la forme de l'espérance.

L'anarchie devait être avant tout le point de contact entre les anarchistes. Elle devrait être leur organe, la publication où se débattent, se traitent les multiples problèmes anarchistes.

Ceux qui pensent que le dogme est établi, que nous avons nos dix ou douze commandements, notre rituel, notre évangile hors duquel il n'est pas de salut, ne pouvaient nous comprendre.

Discuter pour nous l'anarchisme, essayer de trouver d'autres solutions aux questions posées et soi-disant résolues, chercher de meilleures lignes de conduite et de bataille... certes, cela devait effaroucher les pères tranquilles dont la graine sévit jusque chez les anarchistes.

Donner une longue place à la discussion, à la critique, tenir constamment les idées de chacun en haleine devant l'opinion et le libre examen de tous, voilà ce que nous désirions faire dans cette feuille... ce que nous avons fait.

Le travail anarchiste ne consiste pas seulement à faire de la propagande aux individus encore réfractaires à nos idées, mais à faire devenir ceux qui acceptent notre logique plus et mieux anarchistes.

Ceux qui cessent d'avancer commencent à reculer. C'est une bien mauvaise façon de vouloir être l'éducateur des autres alors qu'on cesse de s'éduquer soi-même. Comment pouvons-nous critiquer la forme d'autrui, alors que nous déclarons intangible la forme que nous avons.

L'anarchie a tenu, avant tout autre but, d'être l'organe de la critique anarchiste. C'est pour cela qu'en outre des critiques hebdomadaires du Liseur, du Baladeur, du Bibliophile, des croquignoles de Candide, nous avons laissé place, grande place, à tout article combattant ou commentant des formes anarchistes considérées jusqu'ici comme acquises.

Et qu'on ne vienne pas nous dire : « De cette façon, vous vous êtes placés vous-même en dehors de la critique. » Se placer en dehors, c'est se placer au-dessous de la critique et ne pas en profiter. Aussi avons-nous ouvert une rubrique, « Notre correspondance », où les observations amicales et acerbes ont trouvé large place.

Mieux même : pouvant disposer, si autre chose que la règle de l'ordre nous dirigeait, des colonnes de *l'anarchie*, nous avons laissé souvent sans réponse les observations qui ne s'adressaient qu'à une forme générale. D'autres fois, nous avons inséré des lettres particulières dont l'envoyeur lui-même regrettait d'avoir exagéré les termes, se doutant bien que les lecteurs s'adonneraient trop au sens étroit des mots écrits.

Nos critiques peuvent être fouillées, observatrices, cruelles parfois. Nous savons ne pas ménager la place à celles qui nous sont faites. Quelques-unes nous arrivent ici sans style et sans orthographe. Nous faisons tout notre possible pour les rendre agréables et compréhensibles. Ne faut-il pas que tous puissent critiquer chacun et que chacun puisse critiquer tous, alors qu'on n'est pas bachelier ni même lauréat de l'école primaire.

Ce serait peut-être orgueilleux à nous de dire le travail qu'ont produit nos critiques, les changements qui se sont faits dans certains milieux ; comment elles ont dirigé certaines propagandes et certaines œuvres. Mais les anarchistes ne nieront pas que *l'anarchie* répondait à un besoin. Sa durée et sa réussite en sont un sûr garant, de même que sa forme, adoptée en partie par d'autres organes.

Nous avons reçu par écrit ou par paroles beaucoup d'injures, beaucoup de grossièretés mais aussi beaucoup d'observations sincères. Chaque fois que nous avons pu, connaissance en a été donnée à tous. On s'est plu à reconnaître que nos critiques s'attachaient à l'œuvre des individus surtout, sans pourtant oublier leurs ridicules propres, parce qu'ils les projettent sur elle.

En une circonstance, à propos d'un article de Levieux concernant La Ruche[1], on nous a dit avoir été trop loin. Pour ma part, je ne le crois pas, mais j'aurai préféré certes une étude plus documentée sur la valeur anarchiste de l'œuvre même ; étude dont aurait été écartée soigneusement l'ombre du fondateur, trop sujette à favoriser l'enthousiasme et le dénigrement.

Pourquoi ne l'avons-nous pas faite ? Ce n'est que partie remise. Nous avons pensé ici qu'il fallait laisser à cette œuvre le temps de s'affirmer dans un sens ou dans l'autre, et ne pas tenir compte des tâtonnements du début. D'un autre côté, on a pu voir que nous avons insisté pour obtenir de Levieux des preuves plus précises des faits qu'il formulait. Sa lettre de reproches, quoique nous semblant injuste et exagérée sur certain point (c'était son avis personnel), fut insérée, afin que la vérité puisse s'établir.

En général, nous pouvons dire avoir évité (dans la mesure du possible) toute partialité dans les critiques et les observations faites, et ce, malgré leur tournure parfois un peu piquante.

Dans les Causeries et *l'anarchie* nous avons essayé d'établir les éléments d'une meilleure et plus active propagande pour d'autres milieux, pour d'autres organes ; nous avons tâché d'être un laboratoire d'idées – quelque prétention il y ait à cela. On les pesait, on les jaugeait, on les mesurait et c'était ensuite à chacun de les jeter à la circulation.

1. Fondée en 1904 près de Rambouillet par le conférencier libertaire Sébastien Faure, La Ruche est une des plus célèbres expériences d'éducation intégrale associant harmonieusement activités manuelles et intellectuelles. Lire Roland Lewin, *Sébastien Faure et la Ruche ou l'Éducation libertaire*, Ivan Davy, 1988.

On nous dit que notre feuille, distribuée, pouvait faire une propagande contraire à celle que nous pouvions espérer. Nous prétendons que non. Nous avons pu le croire nous-même. L'expérience nous a montré le contraire. Nous n'entrerons pas dans de trop longs détails pour cette fois-ci, car nous reviendrons sur ce sujet. Ce que nous dirons, c'est que cette publication a montré combien pouvaient être près de la vérité des gens qui la cherchaient toujours et de la tolérance et du libre examen ceux qui ne craignaient pas de passer à la critique de tous. De plus, on ne dit pas assez tout le dogmatisme de certains articles dits de propagande. La vertu qu'on y montre prend un ton de puritanisme protestant qui effraie le lecteur.

Quelques critiques générales sur notre forme nous sont venues ces numéros derniers. À celles de Boério sur notre attitude en face des socialistes, il avait été répondu avant. Pol Veniti et Ledolais l'ont fait après. Répondre à Henri Zisly*, le type de l'ergoteur, du discutailleur sur des mots (voir sa querelle « Libertaires ou anarchistes »), serait un peu puéril. Sur le même sujet et sans dogmatisme, Henri Lagnus et Paul Jullien font des critiques semblables. Japonet (n° 74) répondait fort bien à Lagnus (n° 73) en montrant l'intérêt des discussions prétendues stériles, mais il n'en restait pas moins l'idée de numéros populaires. De son côté, Paul Jullien accorde une grande utilité et une grande importance à notre travail de critiques, mais il sent l'utilité de faire des numéros spéciaux de propagande.

Je crois avoir montré que ce n'était pas « le but principal de *l'anarchie* d'être un organe pour les non-anarchistes », qu'au contraire elle voulait être une gazette pour anarchistes, mais les critiques sincères de nos amis nous rappellent, nous montrent qu'il n'existe pas un véritable organe de propagande, se chargent de cette besogne. Nous l'avions pensé et nous avions fait paraître des numéros à allures toutes particulières. Il faut en faire paraître plus souvent, voilà tout. Nous nous exécuterons.

Nous ne voulons pas, il est entendu, et Paul Jullien ne le voudrait pas non plus, supprimer notre travail fécond de critiques, d'observations et de discussions anarchistes ; mais nous donnerons tous les mois, en style simple, des numéros avec manchettes qui traiteront soit d'un sujet déterminé, soit des théories générales de l'anarchisme.

Les camarades alors se donneront rendez-vous pour aller vendre ce numéro ou pour en faire une plus ample distribution.

Nous croyons que, quels que soient les sujets traités, la forme batailleuse de *l'anarchie* a fait toujours bonne besogne. Nous la continuerons donc, tout en commençant celle de la propagande populaire que personne n'a su entreprendre.

L'anarchie, après avoir discuté, passé toutes les idées au crible de la raison et de la critique, affirmera l'« Anarchie ».

Le syndicat ou la mort
20 décembre

On dit que les loups ne se mangent pas entre eux.

J'ai trop peu de notions personnelles sur les mœurs de ces bêtes pour me permettre de croire ce dicton moins idiot que la plupart des dictons.

Si par hasard il était exact, ça ne prouverait pour nous qu'une chose : c'est qu'entre les hommes et les loups il y a, par surcroît des distinctions zoologiques, une sacrée différence d'appétits.

Il est probable et même certain que la *civilisation*, si merveilleusement favorable au développement de nos instincts les plus sauvages, a détruit chez nous les scrupules que notre férocité avait peut-être de commun, en des âges meilleurs, avec celle des loups.

Nous n'en sommes plus, hélas ! à l'anthropophagie vulgaire ; celle qui se contente d'égorger, de découper, de faire cuire et de digérer proprement notre humaine viande. Ces procédés simplistes sont relégués sous quelques latitudes tropicales, où de moins en moins, paraît-il, on les applique.

Chez nous, dans nos bons pays privilégiés, où le progrès a fait son chemin, on s'entre-dévore avec une gloutonnerie d'autant moins scrupuleuse que de mille manières faciles, sinon très agréables, nous pouvons nous cuisiner.

Mais naturellement, comme dans toutes les manifestations du progrès déjà nommé, c'est l'ouvrier, c'est le prolétaire qui marche toujours en tête. Souverains, financiers et bourgeois ne dédaignent pas de se manger entre eux. Pourtant, soit leur goût peu friand d'une alimentation qu'ils sont exposés à fournir après en avoir usé, soit que manger du peuple ait pour eux plus d'appât, c'est à ce dernier régime alimentaire que les susdits presque généralement donnent la préférence.

Le prolétaire, lui, n'a pas de ces dégoûts. Il s'aime à toutes les sauces et, bien ou mal assaisonné, jeune ou vieux, tendre ou coriace, mâle ou femelle, il se dévore avec un appétit qui est même à peu près le seul témoignage croissant d'estime qu'il s'accorde.

Allez à la ville ou dans les campagnes, entrez à l'usine, à l'atelier, au bureau, partout enfin où les pauvres turbineurs travaillent opiniâtrement à grossir la fortune d'un maître quelconque, partout vous constaterez que, après le désir ardent de conquérir et de garder l'estime du patron, le sentiment le plus répandu est l'acharnement à lutter contre les compagnons de travail ou de misère.

Est-il vraiment fier de son asservissement ? heureux de sa gueuserie ? On ne sait. Mais l'ouvrier se montre de plus en plus férocement jaloux de quiconque au même rang que lui, rivé à la même chaîne, tente de briser ses liens et de reprendre un peu de bien-être ou de liberté.

En est-il un qui refuse de loger dans un quartier sale ou dans une caserne puante ? Qui préfère de bons ou beaux vêtements de son choix aux livrées de travail ? Qui matériellement et intellectuellement élève ses désirs, raffine ses goûts ? Qui, surtout enfin, cherche à s'affranchir de toute domination patronale pour travailler seul à son gré ? C'est aussitôt, presque de toutes parts dans les rangs de ses frères, un cri de haine furieuse.

En est-il un autre au contraire qui, cherchant par d'autres moyens à protester contre le labeur imposé ou à témoigner son dégoût de la vie domestique, se réfugie dans la privation de tout pour ne point *travailler* ; se condamne aux nuits sans abri, aux jours sans nourriture, aux intempéries sans vêtement ? Contre cet échappé sur une route opposée, c'est de la part des mêmes compagnons de chaîne le même cri qui furieusement s'élève.

Il ne faut, en somme, pour l'ouvrier, chercher un commencement de liberté ou prendre un acompte au bonheur ni dans le travail libre ni dans l'oisiveté franche ; ni dans le mieux ni dans le pire. Il lui faut rester là ; dans le rang, sous l'œil et le front du maître, docilement, patiemment, comme les camarades… et ne pas faire le malin !

Volontiers encore on pourrait s'imaginer que la servitude acceptée, le travail salarié bien admis, le joug commun supporté sans réplique, l'ouvrier dans ces conditions trouve chez ses pareils une sympathie quelconque, une solidarité plus grande, une compensation plus ou moins douce à sa part consentie de misère.

Supposition naïve !

Les travailleurs sont non seulement impitoyables à qui déserte leurs rangs pour s'élever ou s'écarter, pour jouir ou pour souffrir, mais à qui surtout peine et reste parmi eux.

Un maître, un contremaître ont-ils besoin d'une garde, d'une surveillance, d'une police, d'une défense contre un ou plusieurs de leurs asservis ? Ils ne trouveront pas neuf fois sur dix de plus fidèles gardiens, de plus actifs surveillants, de plus zélés agents, de plus ardents défenseurs que chez les compagnons mêmes de ces malheureux.

On dénonce chaque jour, avec raison d'ailleurs, et trop peu violemment c'est certain, l'administration et la compagnie qui révoquent, les patrons qui renvoient, les propriétaires qui chassent, les enrichis qui repoussent.

La canaillerie de ces gredins n'est point atténuée par la lâcheté de ceux qui les servent. Mais cette lâcheté non plus n'a pas d'excuse.

On entend parfois dire que le malheureux aigri par son impuissance, le travailleur irrité par son continuel et inutile effort en conçoivent de mauvais états d'esprit dont les semblables paient les méchants caprices, à défaut des maîtres trop haut placés pour être atteints.

On peut aller loin avec une théorie pareille !

Les travailleurs ne s'aident pas, se nuisent même, c'est indéniable. Ils le font au moins dans la pratique, ce qui est essentiellement grave.

Pour défendre une telle attitude, toutes les raisons imaginées sont mauvaises.

Sous prétexte d'affranchissement, le prolétariat donne à l'heure actuelle un pitoyable exemple de son entêtement dans la servitude et de sa volonté farouche d'y tenir emprisonné le plus grand nombre possible de ses propres enfants.

Le prolétariat se forge une chaîne nouvelle et plus lourde, invente pour son usage personnel un patronat plus intraitable, une autorité plus tyrannique que tout ce que lui avait imposé le passé.

Le syndicat est pour le moment le dernier mot de l'imbécillité en même temps que de la férocité prolétariennes.

Ce nouveau système d'entre-égorgement se propage dans le monde des travailleurs. Et l'empressement des pouvoirs publics ou des puissances privées à n'y opposer que d'hypocrites résistances est d'une logique parfaite.

Les syndicats discriplineront plus fortement qu'elles ne l'ont jamais été les armées du Travail et les feront, bon gré mal gré, de meilleures gardiennes encore du Capital.

Dans une récente beuglerie électorale, un ouvrier typographe est venu proclamer du haut d'une tribune que tous les ouvriers non syndiqués *étaient les ennemis du prolétariat, de faux frères*, pour lesquels on ne devait avoir ni ménagement ni pitié!

Et la foule des syndiqués a frénétiquement applaudi.

Les autres travailleurs peuvent crever de faim, de maladie, de misère.

Les patrons ou les compagnons qui leur viendraient en aide seraient de ce fait dénoncés à l'indignation publique.

Le syndicat ou la mort.

Nous n'en sommes pas là tout à fait, mais à peu de chose près en réalité. Et pour peu que ce monstrueux aveuglement s'aggrave, l'alternative s'imposera sans rémission.

Il ne manquait, en vérité, plus que cela pour compléter la sinistre farce d'émancipation dont on nous aura bernés depuis plus de cent ans.

Le moins qu'on puisse risquer à dire cela d'ailleurs, aujourd'hui, est de s'entendre qualifier de crétin en matière d'histoire, ou d'âne bâté en matière d'économie sociale.

À se laisser dévorer par le Capital ou bien à se dévorer entre eux (et pour l'instant, l'un et l'autre s'accomplissent à la fois), on peut prévoir, sans grande fatuité, vers quelle espèce d'affranchissement marchent les prolétaires!

Se décideront-ils à essayer d'autre chose?

Que crève le vieux monde
27 décembre

Ah! Ah! C'est le jour de l'an!

La voix claire de l'enfant et la voix cassée du vieillard entonnent la même ballade : la ballade des vœux et souhaits.

L'ouvrier à son patron, le débiteur à son créancier, le locataire à son propriétaire disent la ritournelle de la bonne et heureuse année.

Le pauvre et la pauvresse s'en vont par les rues chanter la complainte de la longue vie.

Ah ! Ah ! C'est le jour de l'an !

Il faut que l'on rie ! Il faut que l'on se réjouisse. Que toutes les figures prennent un air de fête. Que toutes les lèvres laissent échapper les meilleurs souhaits. Que sur toutes les faces se dessine le rictus de la joie.

C'est le jour du mensonge officiel, de l'hypocrisie sociale, de la charité pharisienne. C'est le jour du truqué et du faux, c'est le jour du vernis et du convenu.

Les faces s'illuminent et les maisons s'éclairent ! Et l'estomac est noir et la maison est vide. Tout est apparat, tout est façade, tout est leurre, tout est tromperie ! La main qui serre la vôtre est une griffe ou une patte. Le sourire qui vous accueille est un rictus ou une grimace. Le souhait qui vous reçoit est un blasphème ou une moquerie.

Dans la curée âpre des appétits, c'est l'armistice, c'est la trêve. Dans l'âpre curée des batailles, c'est le jour de l'an.

On entend l'écho qui répète la voix du canon et qui redit le sifflet de l'usine. La mitrailleuse fume encore et encore ; la chaudière laisse échapper la vapeur. L'ambulance regorge de blessés et l'hôpital refuse des malades. L'obus a ouvert ce ventre et la machine a coupé ce bras. Les crimes des mères, les pleurs des enfants font retentir à nos oreilles l'affreuse mélodie de la douleur, toujours la même.

Le drapeau blanc flotte : c'est l'armistice, c'est la trêve, pour une heure et pour un jour, les mains se tendent, les faces se sourient, les lèvres bégaient des mots d'amitié : ricanements d'hypocrisie et de mensonges.

Bonne vie à toi, propriétaire ? qui me jettera sur le pavé de la ville sans t'occuper du froid ou de l'averse…

Bonne vie à toi, patron ? qui me diminua ces jours derniers, parce que faiblissait mon corps après la dure maladie que je contractai à ton service…

Bonne vie, bonne vie à tous! boulangers, épiciers, débitants qui enserriez ma misère de vos péages honteux et qui teniez commerce de chacun de mes besoins, de chacun de mes désirs.

Et bonne vie et bonne santé à tous, mâles et femelles, lâchés à travers la civilisation : bonne année à toi, l'ouvrier honnête? à toi, maquereau régulier? à toi, cataloguée du mariage? à toi, inscrit aux livres de police? à vous tous dont chacun des gestes, chacun des pas est un geste et un pas contre ma liberté, contre mon individualité?

Ah! Ah! bonne vie et bonne santé?

Vous voulez des vœux, en voilà : que crève le propriétaire qui détient la place où j'étends mes membres et qui me vend l'air que je respire!

Que crève le patron qui, de longues heures, fait passer la charrue de ses exigences sur le champ de mon corps!

Que crèvent ces loups âpres à la curée qui prélèvent la dîme sur mon coucher, mon repos, mes besoins, trompant mon esprit et empoisonnant mon corps!

Que crèvent les catalogués de tous sexes avec qui les désirs humains ne se satisfont que contre promesses, fidélités, argent ou platitudes!

Que crève l'officier qui commande le meurtre et le soldat qui lui obéit; que crèvent le député qui fait la loi et l'électeur qui fait le député!

Que crève le riche qui s'accapare une si large part du butin social! mais que crève surtout l'imbécile qui prépare sa pâtée.

Ah! Ah! C'est le jour de l'an!

Regardez autour de vous. Vous sentez plus vivant que jamais le mensonge social. Le plus simple d'entre vous devine partout l'hypocrisie gluante des rapports sociaux. Le faux apparaît à tout pas. Ce jour-là, c'est la répétition de tous les autres jours de l'an. La vie actuelle n'est faite que de mensonge et de leurre. Les hommes sont en perpétuelle bataille. Les pauvres se baladent du sourire de la concierge au rictus du bistrot et les riches de l'obséquiosité du laquais aux flatteries de la courtisane. Faces glabres et masques de joie.

La caresse de la putain a comme équivalent le sourire de la femme mariée. Et la défense du maquereau est pareille à la protection de l'époux. Truquages et intérêts.

Pour que nous puissions chanter la vie, un jour, en toute vérité, il faut, disons-le bien hautement, laisser le convenu et faire un âpre souhait : que crève le vieux monde avec son hypocrisie, sa morale, ses préjugés qui empoisonnent l'air et empêchent de respirer. Que les hommes décident tout à coup de dire ce qu'ils pensent.

Faisons un jour de l'an où l'on ne se fera pas de vœux et de souhaits mensongers, mais où, au contraire, on videra sa pensée à la face de tous.

Ce jour-là, les hommes comprendront qu'il n'est véritablement pas possible de vivre dans une pareille atmosphère de lutte et d'antagonismes.

Ils chercheront à vivre d'autre façon. Ils voudront connaître les idées, les choses et les hommes qui les empêchent de venir à plus de bonheur.

La propriété, la patrie, les dieux, l'honneur courront risque d'être jetés à l'égout avec ceux qui vivent de ces puanteurs. Et sera universel ce souhait qui semble si méchant et qui est pourtant rempli de douceur : que crève le vieux monde !

– ANNÉE 1907 –

La viande de boucherie. Que serez-vous ?

7 février

En France et dans presque tous les pays civilisés, comme vient le printemps, s'ourdit contre la population une vaste conspiration.

La maffia redoutable qui l'organise est affiliée aux plus hautes personnalités de chaque pays ; sa puissance est considérable. Ses séances se tiennent au grand jour et les gens mêmes qu'elle menace en saluent les membres avec le plus grand des respects.

On dirait une toile d'araignée dont la trame attacherait des milliers d'hommes. Ainsi que les mouches bourdonnent et volettent désespérément alors qu'elles sentent l'emprise du filet, ainsi les hommes que saisit la terrible ligue chantent et s'agitent follement.

À quels rites obéit cette organisation ? On y entend parler de venger les morts de plus d'un demi-siècle. Un tirage au sort ou bien un triage arbitraire choisit ceux qui doivent satisfaire à la voix du sang qui crie vengeance. Ils partent, sitôt désignés et préparés, vers une tribu voisine, un pays voisin pour tuer des hommes qui sont complètement innocents de la mort de ceux qu'on parle de venger. Et cela recommence toujours indéfiniment.

La conspiration dont je parle a, comme toutes, le but de bouleverser un territoire et d'en changer les dirigeants au mépris de ceux qui l'habitent. Elle se dresse au nom d'un principe sacré qu'on appelle le principe de la patrie. Les hommes qui la fomentent parlent d'aller tuer d'autres hommes ayant commis le seul crime d'être d'un autre côté de telle montagne et de faire partie, à leur corps défendant presque toujours, d'une maffia ennemie.

J'ai souvent entendu parler de ces associations secrètes qui réunissent les anarchistes. Nous savons – du moins *Le Petit Journal* et ses pareils nous l'apprennent – qu'il y est traité de la mort de tel potentat politique ou économique, puis ensuite le sort choisit la main. Qui exécutera la tragique décision ? On poursuit sévèrement les membres de ces cènes sanglantes… La population s'indigne contre eux véhémentement.

Et pourtant, comme vient le printemps, voilà sur tout le territoire de la France – et ailleurs pareillement – que se fait en grand et de multiples fois la cérémonie bizarre et dangereuse. Nul ne sévit et les regards paisibles des boutiquiers accompagnent au soir ceux qui sont marqués, choisis pour accomplir le sacrifice.

On appelle cela des conseils de révision. Le tirage au sort ou l'examen de la viande sont les préliminaires qui décident de l'aptitude à manier l'arme homicide et vengeresse.

Vengeresse de qui ? de quoi ? Nul n'en sait rien. C'est imprécis en tous les cerveaux. N'importe, on obéit, on se prépare à tuer l'esprit tranquille.

Toi, à qui le nom de Ravachol fait avoir un sursaut de colère en évoquant les bombes insidieuses qu'il jeta sur les pas de quelques chats fourrés, tu seras l'obusier qui dirigera l'engin sur la maison du garde-barrière, tu frapperas quelque douce Gretchen.

Et toi qu'impressionne la tête d'Angiolillo guettant le passage de Canova [1], revolver en main, tu seras celui qui prendra pour cible le corps de quelque laboureur allemand.

1. Allusion à l'anarchiste italien Michele Angiolillo Lombardi, qui se rendit en Espagne pour exécuter Antonio Cánovas del Castillo, le chef du gouvernement qui orchestra la répression contre les anarchistes, les socialistes et les républicains après qu'une bombe eut explosé à Barcelone en juin 1896. Sur

Vous vous défendez, avec indignation, soldats de France, soldats d'Allemagne, mercenaires de tous les pays, d'être de ces anarchistes qui surgissent tragiquement pour frapper quelque heureux du monde, quelque tyran, quelque exploiteur ; vous vous défendez aussi d'être celui qui tue par les rues pour s'approprier la bourse ou pour cambrioler l'appartement. Qu'êtes-vous donc ? Vous êtes les assassins dangereux qui tuent pour tuer sans le désir d'assurer leur idéal ou le besoin d'assurer leur intérêt.

Vous seuls, soldats, êtes les prêtres du meurtre. Votre dieu est toujours Odin. On n'entre dans son paradis que par les trous des blessures des victimes qu'on laisse sur la route.

Je n'ai pas de vaine sentimentalité ! On a dit jusqu'ici, on a toujours reproché à la caserne d'être l'école du crime, l'école du meurtre. Puisque les crocs et les griffes dans la civilisation actuelle ne sont pas suffisants pour assurer la tranquillité de son existence, je ne saurais crier contre quiconque s'exerce à manier le couteau, le revolver, le fusil ou l'obus. Ce que je reproche aux soldats, c'est d'apprendre à manier ces armes contre eux-mêmes, contre leurs proches, contre leurs intérêts.

Le soldat n'essaie pas de lutter pour lui. À l'avance, il marche, il souffre, il tue pour des raisons qu'il ignore, pour des intérêts qui lui sont adverses. Il apprend à tuer des gens contre lesquels il n'a aucun grief et à défendre des individus auxquels la moindre réflexion lui ferait casser la tête.

Je n'ai pas à juger les actes de Ravachol, de Vaillant, de Caserio* et des autres ; je n'ai pas à dire si je les trouve bons ou mauvais… Il me paraît seulement que ces hommes avaient un but et employaient les moyens qu'ils croyaient propres à assurer ce but. Ils pouvaient se tromper. Mais on peut affirmer qu'ils ne tuaient pas pour tuer, mais afin de détruire un obstacle.

---

les quatre cents suspects emprisonnés à la forteresse de Montjuich, huit furent condamnés à mort, neuf à de lourdes peines de prison, tandis que les acquittés furent déportés à Río de Oro. C'est pour les venger que Lombardi tua del Castillo à Mondragón, avant d'être exécuté le 20 août 1897.

Il y a entre eux et les soldats la différence qu'il y a entre le chasseur qui tue pour assurer son existence et celle de sa famille et le chasseur imbécile du tir aux pigeons.

Tout porte à croire que les premiers pensaient leurs actes inéluctables, quoique douloureux. À tort ou à raison, ils voyaient en détruisant l'organisation sociale, et surtout certains membres représentatifs de ladite organisation, un moyen de hâter la venue d'une meilleure société où les hommes connaîtraient un bonheur véritable.

Ils raisonnaient leurs actes, ils ne faisaient pas un but des moyens qu'ils employaient, ils en parlaient presque comme d'une purge, d'un lavement ou d'une amputation qu'obligeait l'état maladif où la société avait été amenée par les excès militaires.

Et même, dans le cas où ils n'auraient eu en vue que leurs intérêts personnels, cela ne manquait pas de quelque signification. Depuis trop longtemps, les hommes acceptent de tuer pour le compte des autres. Et c'est là qu'est le danger. Lorsqu'il n'y aura plus d'esclaves, les hommes libres ne sauraient se tuer entre eux.

L'histoire des patries nous montre les luttes, les combats, les guerres constamment déchaînées par des querelles de frontières, d'honneur, de race. Des hommes qui tuèrent sur les champs de bataille racontent leurs exploits : comment ils coupèrent un Chinois en deux d'un bon coup de latte, ou fracassèrent la tête d'un Allemand d'une balle de fusil. Autour les gens applaudissent et les enfants admirent. Le culte sanglant de la patrie ne saurait être pris comme un accident, comme un remède, il est un des états d'être de la forme actuelle des sociétés.

L'assassin de la rue, le jeteur de bombes obéissent à des conditions économiques qu'ils n'ont pas faites. Le premier se les assimile comme il peut, le second fait les efforts qu'il croit bons pour les changer. Ils ne peuvent faire autrement.

Le soldat pourrait ne pas être soldat et cesser la querelle ridicule des patries en s'abstenant d'y prendre part. Ses actes vont à l'encontre de ses intérêts.

L'anarchiste, le révolutionnaire tuent donc, obligés par les conditions affreuses qui les étreignent et dont ils veulent se débarrasser. Le soldat, le patriote tuent pour la gloire, pour le fait de tuer et ils sont les causes mêmes des meurtres qu'ils commettent et les causes aussi des meurtres qu'ils font commettre à ceux qui ne veulent pas supporter le poids de la tyrannie.

Je ne pleurniche pas au nom de l'humanité, du respect de la vie humaine. Je regarde assez froidement le problème social pour convenir qu'une opération de césarienne sera nécessaire pour mettre au monde un enfant si chétif soit-il. La violence poussera les portes par où entrera la raison. Soit. Le plus tôt sera le mieux.

Mais au moins s'il faut user des fers pour cet accoutrement, que ce soit de bonne façon. Jeunes gens de vingt ans, je ne vous reprocherai donc pas de manier les joujoux de meurtre mais bien plutôt de ne pas savoir vous en servir. Vous acceptez l'arme qu'on vous tend. Sachez déterminer l'usage qu'il faudra en faire.

Cette arme peut servir à aggraver le malentendu des peuples entre eux, à augmenter le servage des hommes, à faire progresser la souffrance et la misère. Cette arme peut servir à libérer les peuples de tous les préjugés, de tous les servages, à établir les bases d'une organisation sociale où le minimum d'efforts donnera le maximum de résultats dans la bonne harmonie humaine.

Vous tenez en main le bonheur des hommes. Ou vous serez les assassins qui fouillent avec joie la poitrine humaine pour voir couler le sang, ou vous serez les chirurgiens qui, avec anxiété, travaillent la chair de l'homme pour lui redonner plus de vigueur et plus de force. Ou vous serez des soldats, de la viande de boucherie… ou vous serez des anarchistes.

Le repos hebdomadaire
28 mars

J'ai beau me désintéresser le plus complètement possible des élucubrations parlementaires ; ne jamais lire les ordres du jour si syndicalistement rouges soient-ils ; ne prêter aucune attention aux affiches multiples de formes et de couleurs, nous jetant la prose prolétarienne ; je suis obligé de savoir que la grande question du temps, après la Séparation, est celle du repos hebdomadaire[1].

Depuis plus de six mois, on bataille dans les syndicats et les comités, à la Chambre et au Sénat, on se bat même dans la rue afin de savoir si des gens se reposeront lorsqu'ils seront fatigués.

Il paraît qu'on a fait une loi pour décider l'heure exacte à laquelle l'homme qui travaille le cuir changera d'atmosphère et le jour précis auquel la femme qui fait la dentelle devra dégourdir ses reins endoloris.

Monsieur Piot* voulait le repos hebdomadaire pour qu'on travaille à repeupler la France, alors que monsieur Piou* voulait permettre à tout un chacun de remplir ses devoirs de chrétien. Monsieur Bérenger parlait au nom de la morale familiale alors que monsieur Jaurès vibrait à l'idée de l'émancipation prolétarienne.

Pour la patrie et pour Dieu, pour la famille et pour le prolétariat, tous d'un accord commun déclarèrent le repos hebdomadaire être le salut de la France.

Comme à toute loi qui se respecte, à toute règle qui mérite, on commença à parler des exceptions et la nomenclature en fut longue.

Des gens qui se reposent les deux tiers de l'année décidèrent sérieusement le nombre des jours de repos et de

1. Lire Alfred Petit, « 13 juillet 1906, le dimanche devient jour de repos obligatoire », *Gavroche*, juillet-septembre 2006, n° 147, p. 4-5.

quelle heure à quelle heure ; s'ils se prendraient d'une seule haleine ou en plusieurs morceaux. D'autres gens qui peinaient le long des jours et des nuits attendaient patiemment les décisions des premiers, afin de courir prendre un peu d'air pur.

Enfin, la loi fut votée, le patron fut obligatoirement tenu de ne plus employer sept jours durant les mêmes ouvriers, d'avoir à limiter son exploitation à six jours et de comprendre qu'il est nécessaire de faire reposer les bêtes de somme pour qu'elles puissent reprendre le collier avec plus d'ardeur.

Les ouvriers alors surent quand et comment ils pourraient se reposer. Il ne fut plus question pour eux de la fatigue de leurs membres, de l'inactivité passagère qui prend tout le corps, du temps ensoleillé qui vous pousse à courir les prés. On ne se repose qu'au jour légal, qu'à l'heure légale.

Tant au patron qu'à l'ouvrier, il fut désigné le jour où ils devraient être fatigués, les jours où ils devraient être courageux. Le peuple attendait avec anxiété cette nouvelle loi qui fixerait d'une façon définitive les jours de bombe légaux auxquels on reconnaîtrait les ouvriers honnêtes.

On avait déjà la mi-carême et le 14-juillet, en souvenir des fous et de la République, l'Assomption et Noël, pour se rappeler de la Vierge immaculée et son fils. Mais ce n'était certes pas suffisant. L'ouvrier devait décider lui-même quand il rompait pour un jour la coutumière habitude du travail.

Le patron ne disait-il pas l'heure de l'entrée, l'heure où l'on mange et le quart d'heure où l'on évacue ? Il fallait que quelqu'un désigne le jour où il est d'absolue nécessité de s'arrêter dans le labeur afin de conserver un ouvrier au patronat.

La loi sur le repos hebdomadaire vint combler cette lacune. Les ouvriers bêlèrent de joie et hennirent de contentement. Ils n'auraient plus rien à décider, plus aucune volonté à avoir. Il ne restait plus à Piot que de fixer l'heure pour le repeuplement et à Bérenger de tracer le costume qu'il faudrait porter en cette occasion.

On ne peut pas tout avoir à la fois. Ce que ne donnait pas le radicalisme, le socialisme le ferait : pour une réforme, c'était une réforme.

Mais voilà que vint l'heure de l'application. Une fois de plus, il fut prouvé de façon indéniable que rien ne peut se faire par vote du Parlement, par décision de comité ou par ordre du jour du syndicat.

L'application de la loi sur le repos hebdomadaire prouva qu'on ne peut toucher à aucune pierre de l'organisation vétuste des sociétés sans risquer de voir s'écrouler le bâtiment social tout entier.

Ceux qui l'avaient fabriqué comprirent, selon leur point de vue, l'inanité de ce moyen. Monsieur Piou et ses complices crièrent contre un repos qui n'avait rien de dominical. Monsieur Piot et ses partisans trouvèrent médiocre la trêve qui lâchait le mardi l'homme et le jeudi la femme, ne leur permettant pas la rencontre procréatrice.

Monsieur Bérenger s'insurgea vertueusement contre une loi qui, le mardi, rendait libre l'homme, lequel en usait pour visiter les filles publiques, alors que, le jeudi, la femme voyait un amant et que, le dimanche, la fille courait les bals. Monsieur Jaurès, lui-même harcelé par les membres des corporations libérées, se demanda si le truc ne se retournait pas contre lui.

Et l'ouvrier connut que les lois que l'on faisait pour lui ne lui étaient guère profitables. Son budget se ressentit immédiatement des jours de repos forcés dont le salaire peut, en apparence, être respecté, alors que la répercussion s'en fait sentir douloureusement sur les prix de sa consommation.

Le grand patronat, qui avait de longtemps compris l'utilité du repos pour assurer plus d'énergie aux muscles employés, chante victoire. Le grand patronat qui avait compris l'utilité de fixer non seulement l'heure du repos journalier, mais celle du repos hebdomadaire, trouve un heureux concours dans les syndicats et les parlements.

On façonne des hommes pour le collectivisme. Le peuple se laisse parquer bénévolement. On réglemente sa vie geste par geste.

Le patronat jette à la porte quiconque se repose en dehors du jour désigné.

« C'est le mardi et non le jeudi qu'il vous est permis de prendre une purge. C'est le dimanche et non le lundi que vous vous reposerez. — Eh quoi, le dimanche est maussade, il pleut tout le long du jour. — N'importe ! c'est le jour du repos. — Et le lundi est ensoleillé. — Ce n'est pas le jour légal. — Eh quoi, ce dimanche, vous vous sentez plein d'activité et de courage, les muscles dispos et ce lundi la tête endolorie. — N'importe ! la loi en a fixé ainsi. »

Voilà la tutelle qui nous est promise, sans plus de bonheur, sans plus de joie, sans plus de bien-être ; voilà l'esclavage que l'on veut peu à peu nous habituer à vivre passivement. Dans la comédie qui se joue aux parlements de laquelle les ouvriers sont dupes, on peut paraître lâcher avec quelques difficultés une réforme qui ne peut que resserrer davantage le contrat du travail, augmenter les conventions passées avec le patronat.

Quand donc les ouvriers aimeront-ils assez le travail pour savoir se reposer à l'heure où leurs muscles ne pourront fournir la quantité et la qualité nécessaires pour faire des gestes utiles ?

Quand donc les ouvriers ne chercheront-ils pas dans une législation syndicale, dans une réglementation parlementaire le moyen de limiter leur effort en tant que durée journalière ou hebdomadaire ? Quand donc se rendront-ils compte que c'est en augmentant le nombre des parasites et pas en diminuant par conséquent le nombre des producteurs qu'ils ont fait impossible une diminution effective de leur labeur ? Quand donc les ouvriers se décideront-ils à travailler utilement, s'entendront-ils pour connaître des labeurs inutiles, pernicieux et dangereux et pour ne plus les pratiquer ?

Alors seulement les ouvriers connaîtront la joie du travail et la joie du repos.

Alors les hommes sauront se reposer quand le corps le demandera et quand le soleil chantera la paresse.

Aux anarchistes ! (*bis*)
11 avril

Nous ne nous étions donc pas trompés, notre œuvre n'était pas prématurée, puisqu'elle a réussi. Elle a réussi sans compromissions, sans bassesses, sans recul. Nous nous retrouvons en cet avril 1907 comme en l'avril 1905 [1] aussi confiants en la logique et en la force anarchistes.

Et pourtant quels tollés avons-nous soulevés, quelles colères avons-nous déchaînées, quelles rancunes avons-nous suscitées !

La lutte contre les individus que nous avons entreprise nous a valu bien des haines, nous a fait bien des ennemis. Toutes les vanités, toutes les lâchetés, toutes les ignorances se sont dressées contre nous. De droite et de gauche nous sont venus les coups. Socialistes, syndicalistes, libertaires s'associent pour nous boycotter.

Des appuis, des aides qui nous étaient venus aux premiers jours, ne pouvant penser que nous aurions l'orgueil

1. Allusion à la date de publication du premier numéro de *l'anarchie*, dont l'éditorial (*supra*, p. 139) fut réimprimé le 11 avril 1907, accompagné du présent texte.

de vivre nos paroles, nous ont abandonné aux montées du chemin, ou trop faibles, ou trop roublards. Mais à tous les tournants de route, par contre, venaient se joindre de nouvelles volontés. Et nous allons.

Le monde anarchiste que nous voulions former est en continuelle gestation.

Et notre vie est une insulte pour les faibles et les menteurs qui se targuent d'une idée qu'ils ne mettent jamais en pratique. Ceux qui se marient, qui se syndiquent et qui votent ; ceux qui ont toutes les tares des imbéciles qui les entourent, qui jouent, fument, se morphinent, s'alcoolisent ; ceux qui suivent les masses incapables de réagir contre les us et coutumes… tous ces troupeaux nous conspuent et nous jettent la pierre.

Nous n'avons même pas de respect pour « nos morts » et « nos pontifes ». Nous les aimons. Nous savons voir l'évolution qu'auraient pu faire les premiers, l'évolution que ne peuvent plus faire les seconds. Comme ils ont été plus loin que ceux qui les ont précédés, nous allons plus loin qu'eux.

Et qu'importent les cris, les hurlements, les défections, les injures et les calomnies à ceux qui peuvent répondre par leur vie même, par le travail fait. L'agitation, la propagande faites sont-elles contestables ? De soulever les meutes, cela nous amuse, cela prouve que nous passons, et qu'où nous passons les maîtres, les chiens et les laquais ne sauraient dormir.

Nous commencions à aligner les caractères dans le petit local noir de la rue Muller, nous sommes maintenant au large et au soleil. Nous étions obligés d'avoir recours à un effort de mercenaires pour imprimer *l'anarchie*. Ce numéro est fait entièrement par nous-mêmes. Notre machine marche aujourd'hui à l'huile de bras. Les camarades feront que demain un moteur nous portera sa force.

Partout la forme étroite des groupements s'est élargie et partout le désir de vie libre fait éclore des milieux nouveaux.

En commençant cette troisième année nous pouvons dire que cette feuille « est » le point de contact entre ceux qui vivent en anarchistes sous la seule autorité de l'expérience et du libre examen.

La joie de vivre
25 avril

Devant les fatigues de la lutte, combien ferment les yeux, croisent les bras, s'arrêtent, impuissants et découragés. Combien, et des meilleurs, sont tant lassés qu'ils quittent la vie, ne la trouvant pas digne d'être vécue. Quelques théories à la mode et la neurasthénie aidant, des hommes considèrent la mort comme la suprême libération.

Contre ces hommes, la société sort des arguments clichés. On parle du but « moral » de la vie : on n'a pas le « droit » de se tuer, les douleurs « morales » doivent être supportées « courageusement », l'homme a des « devoirs », le suicide est une « lâcheté », le partant est un « égoïste », etc. – toutes phrases à tendances religieuses et qui n'ont aucune valeur dans nos discussions rationnelles.

Qu'est donc le suicide ? Le suicide est l'acte final d'une série de gestes que nous faisons tous plus ou moins selon que nous réagissons contre le milieu ou que le milieu réagit contre nous.

Tous les jours nous nous suicidons partiellement. Je me suicide lorsque je consens à demeurer dans un local où le soleil ne pénètre jamais, dans une chambre dont le cube d'air est si restreint que je suis comme étouffé à mon lever.

Je me suicide lorsque je fais des heures un travail absorbant une quantité d'énergie que je ne saurais récupérer, ou des heures d'un travail que je sais inutile.

Je me suicide lorsque je ne contente pas mon estomac par la quantité et la qualité d'aliments qui me sont nécessaires.

Je me suicide lorsque je vais au régiment obéir à des hommes et à des lois qui m'oppriment.

Je me suicide lorsque je porte à un individu par le geste du vote le *droit* de me gouverner pendant quatre ans.

Je me suicide lorsque je demande la permission d'aimer à maire ou à prêtre.

Je me suicide lorsque je ne reprends pas ma liberté d'amant ou d'amante aussitôt la période d'amour passée.

Le suicide complet n'est que l'acte final de l'impuissance totale de réagir contre le milieu.

Les actes dont je viens de parler sont des suicides partiels, ils n'en sont pas moins des suicides. C'est parce que je n'ai pas la force de réagir contre la société que j'habite un local sans soleil et sans air ; que je ne mange pas à ma faim, que je suis soldat ou électeur, que j'acoquine mon amour à des lois ou à des durées.

Les ouvriers, tous les jours, *suicident* leur cerveau en le laissant dans l'inaction, en ne le faisant pas vivre, comme ils suicident en eux les goûts de peinture, de sculpture, de musique, à la satisfaction desquels tendent nos individus en réaction contre la cacophonie qui les entoure.

Il ne saurait être question, à propos du suicide, de *droit* ou de *devoir*, de *lâcheté* ou de *courage* : c'est un problème purement matériel de puissance ou non-puissance. On entend dire : « Le suicide est un droit chez l'homme lorsqu'il constitue un besoin… on ne peut enlever au prolétaire ce droit de vie ou de mort. »

Droit ? Besoin ? Comment peut-on causer de son *droit* de ne respirer qu'à moitié, c'est-à-dire de *suicider* une grande partie de molécules favorables à sa santé au profit de molécules défavorables ; de son *droit* de ne pas manger à sa faim, par conséquent de *suicider* son estomac ; de son *droit* d'obéir, c'est-à-dire de *suicider* sa volonté ; de son droit d'aimer toujours telle femme désignée par la loi ou choisie par le désir d'une époque, c'est-à-dire de suicider tous les désirs des époques à venir ?

Substituez dans ces phrases au mot « droit » le mot « besoin » et seront-elles plus logiques ?

Il ne me vient pas à l'idée de « condamner » ces suicides partiaux pas plus que le suicide définitif, mais je trouve douloureusement comique d'appeler *droit* ou *besoin* cet effacement du faible devant le fort sans avoir tout essayé. Ce ne sont que des excuses données à soi-même.

Tous les suicides sont des imbécillités, le suicide total plus que les autres, puisque dans les premiers on peut avoir l'idée de se reprendre.

Il semble que, arrivée à l'heure de la disparition de l'individu, toute énergie pourrait se condenser en un seul point pour tâcher de réagir contre le milieu, même dans l'aléa de un pour mille d'échouer dans cet effort.

Cela semble encore plus nécessaire et naturel pour peu qu'on laisse des personnes affectionnées derrière soi. Pour cette portion de soi, cette part d'énergie vous substituant, ne peut-on tenter une gigantesque lutte où, quelque inégal que soit le combat, le colosse Autorité est toujours ébranlé ?

Combien déclarent eux-mêmes mourir victimes de la société : ne pourraient-ils pas songer que, les mêmes causes produisant les mêmes effets, leurs pareils, c'est-à-dire ceux qu'ils aiment, peuvent mourir victimes du même état de choses ? Un désir ne leur vient-il pas de transformer leur force vitale en énergie, en force, de brûler la pile au lieu d'en séparer les éléments ?

Sans la crainte de la mort – de la disparition complète de sa forme humaine rejetée –, on peut engager la lutte avec d'autant plus de force.

D'aucuns nous répondront : « Nous avons horreur du sang versé ; nous ne voulons pas nous attaquer à cette société, à ces hommes qui nous paraissent inconscients et irresponsables. »

L'objection première n'en est pas une. La lutte ne prend-elle que cette forme ? N'est-elle pas multiple, diverse, et tous les individus qui en ont compris l'utilité ne peuvent-ils pas trouver à s'y employer selon leur tempérament ?

La seconde est trop imprécise. Société, conscience, responsabilité, voilà des mots trop souvent répétés et peu expliqués.

Sans conscience et sans responsabilité la ronce qui obstrue le chemin, le serpent qui pique, le microbe de la tuberculose, et pourtant nous nous défendons.

Encore plus irresponsables (au sens relatif du mot) le blé que nous fauchons, le bœuf que nous tuons, les abeilles que nous volons. Et pourtant nous les attaquons.

Je ne vois ni irresponsables ni responsables. Je vois des causes de ma souffrance, du non-développement de mon individu, et tous mes efforts tendent à les supprimer ou à les gagner par tous moyens.

Selon ma force de résistance, j'assimile ou je rejette, je suis assimilé ou je suis rejeté, voilà tout.

Il est d'autres objections, mais plus étranges, prenant une forme neurasthéniquement scientifique : « Étudiez l'astronomie, vous comprendrez à quelle durée négligeable on peut comparer la vie humaine par rapport à l'infini. La mort est une transformation et non une fin. »

Pour ma part, je ne conçois pas l'infini, étant fini, mais je sais que la durée est faite de siècles, les siècles d'ans, les ans de jours, les jours d'heures, les heures de minutes, etc. Je sais que le temps n'est fait que de l'accumulation des secondes et que l'immensément grand n'est fait que de l'infiniment petit. Si courte soit notre vie, elle a son importance numérique au point de vue de tout. Ne l'aurait-elle pas qu'il m'importerait peu, ne regardant la vie qu'à mon point de vue, avec mes yeux… et tout me semblant n'avoir fait que nous préparer, ceux qui m'entourent et moi.

La pierre caresse la tête tombant d'un mètre, ouvre la tête tombant de vingt mètres. Arrêtée en chemin, au point de vue du *tout*, rien de plus, rien de moins, mais elle n'aurait pas pris cette énergie qui la faisait une puissance.

J'ignore le tout que je ne peux concevoir, c'est moi que je regarde et il y a disparition ou plutôt non-assimilation de force à mon détriment lors d'un suicide partiel ou d'un suicide complet.

La mort est la fin d'une énergie humaine, comme la dissociation des éléments d'une pile est la fin de l'électricité qu'elle dégageait, comme la dissociation des fils d'un tissu est la fin de la force de ce tissu. La mort est la fin de mon « moi », c'est plus qu'une transformation.

Il en est qui vous disent : « Le but de la vie est le bonheur », et qui prétendent ne pouvoir l'atteindre. La vie est la vie, cela me semble plus simple. La vie est le bonheur, le bonheur est la vie.

Je n'éprouve de douleur que lorsque mes tentatives d'assimilation sont arrêtées dans un suicide partiel. Tous les actes de la vie me sont une joie ; à respirer l'air pur, j'éprouve du bonheur, mes poumons se dilatent, une impression de force me fait resplendir. L'heure du travail et celle du repos me portent même plaisir. L'heure qui appelle le repas ; le repas lui-même avec son travail de mastication ; l'heure qui la suit avec son travail intérieur me donne des joies différentes.

Évoquerai-je les délicieuses attentes de l'amour, les sensations puissantes de la rencontre sexuelle, les heures si voluptueusement lasses de l'après.

Parlerai-je de la joie des yeux, de l'ouïe, de l'odorat, du toucher, de tous les sens, en un mot, de tous les délices de la conversation de la pensée. La vie est un bonheur.

La vie n'a pas de but. Elle est. Pourquoi vouloir un but, un commencement, une fin ?

Répétons-nous. Lorsque jetés dans les pierres d'un éboulement, avides d'air, nous cassons notre tête contre le rocher, lorsque pris dans l'enlisement de la société actuelle, avides d'*idéal* – pour préciser ce terme vague, avides du développement intégral de soi et des aimés –, nous arrêtons notre vie, nous n'obéissons pas à un *besoin* ou à un *droit*, mais à l'obsession de l'obstacle. Nous ne faisons pas un acte volontaire, comme le prétendent les partisans de la mort, nous obéissons à la poussée du milieu qui nous écrase et nous ne partons qu'à l'heure exacte où la charge est trop lourde pour nos épaules.

« Alors, diront-ils, nous ne partirons qu'à notre heure, et notre heure, c'est dès maintenant. » Oui. Mais parce qu'ils envisagent leur défaite à l'avance ; résignés, ils n'ont pas développé leurs tissus en vue de la résistance, ils n'ont pas fait d'effort pour réagir contre l'enlisement sale du milieu. Inconscients de leur beauté, de leur force, ils ajoutent à la force objective de l'obstacle toute la force subjective de leur acceptation. Comme les résignés aux suicides partiels, ils se résignent au grand suicide. Ils sont mangés par le milieu, avide de leur chair, désireux d'écraser toute l'énergie qui promet.

Leur erreur est de croire disparaître par leur volonté de choisir leur heure, alors qu'ils meurent écrasés impitoyablement par la canaillerie des uns, la veulerie des autres.

Dans un local infesté des germes mauvais du typhus, de la tuberculose, je ne songe pas à me faire disparaître pour éviter la maladie, mais bien plutôt à y faire entrer le jour et à y jeter un désinfectant, sans crainte de tuer des milliers de microbes. Dans la société actuelle, empuantie par les ordures conventionnelles de propriété, de patrie, de religion, de famille, par l'ignorance, écrasé par les forces gouvernementales et l'inertie des gouvernés, je ne veux pas non plus disparaître mais y faire entrer le soleil de la vérité, y jeter un désinfectant, la purifier par n'importe quel moyen. Même après la mort, j'aurais encore le désir de changer mon corps en phénol ou en picrate pour assainir l'humanité.

Et si je suis écrasé dans cet effort, je ne serais pas effacé, j'aurai réagi contre le milieu, j'aurai vécu peu mais intensément, j'aurai peut-être ouvert la brèche par où passeront des énergies pareilles à la mienne.

Non, la vie n'est pas mauvaise mais les conditions dans lesquelles nous la vivons. Donc, ne nous en prenons pas à elle, mais à ces conditions : changeons-les.

Il faut vivre, désirer vivre encore plus. N'acceptons même plus de suicides partiels.

Soyons désireux de connaître toutes les jouissances, tous les bonheurs, toutes les sensations. Ne soyons résignés à aucune diminution de notre « moi ». Soyons les affamés de la vie que les désirs font sortir de la turpitude, de la veulerie, et assimilons la terre à notre idée de beauté.

Que nos vouloirs s'unissent, magnifiques, et enfin nous connaîtrons la joie de vivre en son absolu.

Aimons la vie.

La grève des vivants

2 mai

De tous côtés, on sent comme un vague roulis, précurseur de tempête.

Dans l'air lourd, un poison subtil flotte. À droite, à gauche on le sent peu à peu vous posséder. Il entre en vous par tous les pores.

Ce poison terrible est innommé et innommable et c'est peut-être de là que vient sa puissance.

C'est la lassitude, le dégoût de la vie ; c'est le désir d'être enfin en dehors des mille turpitudes, des mille souffrances qu'elle apporte.

On ne sait quelle nausée monte au cœur en face de la société, on veut lutter, mais en vain, et lentement, lentement, on descend vers la mort.

Et c'est là une grève plus terrible que toutes les grèves : c'est la grève des vivants.

À toute heure et sans mot d'ordre, on quitte le chantier : la vie, et l'on entre dans l'éternel repos.

Les épaules se voûtent, les bras se lassent, les cerveaux s'annihilent, les énergies s'émasculent et l'on va vers la mort.

On y va, on y court comme à une partie de plaisir, comme à un voyage d'amour.

Là, ce sont des amoureux que l'on empêche de s'aimer et qui s'en vont, les lèvres unies, après avoir bien sagement averti leurs parents de la cause et des effets.

Ici, c'est un père, une mère qui emmènent toute leur nichée de petiots avec eux, prenant toutes précautions comme on fait pour un long voyage.

On ne va plus au suicide sur un coup de colère ou de passion ; on y va froidement, réfléchissant, pesant le pour et le contre : les mille douleurs de l'être et le tranquille et avide désir de non-être.

On se pare en cette occasion de ses habits de fête ; on laisse sur la cheminée pour le propriétaire ou pour la dette criarde du boulanger. On s'en va, le respectant comme un testament ce préjugé qui pourtant vous fait mourir : l'honnêteté du « doit » et « avoir » !

Ce n'est plus le suicide banal du désespéré qui s'en va, tout seul, pour une souffrance personnelle ; c'est le suicide collectif, en chœur : c'est le remède cherché à une souffrance générale.

La mère emmène l'enfant, l'homme n'oublie pas le vieillard, son père.

C'est la fin, c'est la débâcle, c'est la grève… la grève des vivants.

Allons, messieurs les politiciens, voici un nouveau tremplin, jetez-vous en avant, commencez donc la trame de la philosophie douloureuse de cette grève.

Quel va donc être l'interprète de ces souffrants, de ces grévistes fin-de-siècle, fin-des-siècles pour peu que l'endémie se propage ? Qui portera leurs revendications devant la société, à ces lassés de la vie, à ces funèbres amants de la mort ?

Personne ne le pourra, car c'est contre nous tous qu'ils se lèvent : forbans ou pleutres. Car c'est nous tous la cause de leur mort : exploiteurs ou exploités, bandits ou lâches. Mais pour toi aussi, bourgeois, voilà qu'arrive une heure terrible, c'est aussi la grève des bras, la grève des esclaves, la grève des vivants.

Ah ! ce suicide qui te faisait souriant ou impassible, voilà qu'il menace de devenir une épidémie terrible. La grève s'annonce, la grève se déclare. Qui va donc te servir, qui va donc te nourrir ?

Ventre !... Voilà l'heure de la grève des membres qui sonne au beffroi de la misère.

Tu avais si bien tout réglé : les accidents, la maladie, la misère, avec, pour les entretenir, les haines entre pauvres, les haines entre nations. La pléthore des vivants n'était pas à craindre.

Mais voilà maintenant que tu t'effrayes : l'homme ne se défend plus avec la mort, il y court.

C'est bien là cette grève qui produit ce remous terrible, ce roulis effrayant. Je souris de toutes les autres dont on nous entretient et qui servent de manchettes pour journaux, mais celle-là, celle-là seule me rend songeur, car nul ne parle d'elle et elle arrive pourtant terrifiante et impétueuse.

Nul ne peut empêcher cette ruée à la mort, tant que la vie sera lupanar pour les uns, bagne pour les autres, tant que vivre sera souffrir.

Mais cette grève des vivants ne saurait-elle apporter un contingent de forces pour ceux qui restent ? Puisque de la mort renaît la vie, ces cadavres vont-ils se semer inutilement ?

Cette âpre volupté de quitter la vie ne comporte-t-elle pas un désir de vengeance encore plus âpre ?

Ô mes frères les lassés, mes frères les souffrants... la grève des vivants sera-t-elle aussi la grève du laisser-faire, la grève des bras croisés ?

Les associations corporatives

30 mai

Après les définitions les plus précises des éléments de l'organisation syndicaliste, la démonstration que la Confédération du travail ne pouvait réunir les ouvriers qu'en tant que salariés, je terminais l'article précédent en montrant que les syndicats et les associations qui en procèdent, étant des organismes essentiellement appropriés à l'état social actuel, ne peuvent donc être les cadres d'une meilleure organisation.

Nous avons vu ce qu'était exactement un syndicat : une association d'individus qui se lèvent en face des autres hommes, afin d'obtenir par la force du groupement des conditions meilleures de vie. Le syndicat peut, en cette occasion, paraître se dresser en face du patronat – entendons-nous, du patronat de sa corporation –, mais en finale, il ne se dresse qu'en face du consommateur des objets fabriqués par sa corporation. Par contrecoup, sont atteints tous les consommateurs en général, mais surtout les consommateurs qui ne peuvent augmenter, par compression sur d'autres, la valeur de leurs revenus.

Le syndicat ne se lève pas contre la base même de l'exploitation. Il décide d'en réglementer les conditions. Pour un peu, il voudrait revivre l'ancienne corporation, déterminer le nombre de patrons, d'ouvriers, d'apprentis.

De même qu'il se forme des solidarités de régiment et que les traîneurs de sabre regardent avec mépris les pousse-cailloux, de même la façon d'être exploité devient la base de l'association syndicale. D'avoir travaillé à la carrosserie de l'automobile de monsieur Rothschild ou à celle de la Daumont de Mme Fallières vous fait devenir de la Voiture ; d'avoir composé *La Gazette des tribunaux** ou *La Petite République*, vous place du Livre.

Il arrive alors qu'on ne lutte plus contre l'asservissement, contre l'exploitation, mais qu'on travaille à diminuer, à rendre supportable la forme spéciale de son exploitation, fût-ce au détriment de l'exploitation ou de la consommation des gens qui vous entourent.

On a des intérêts différents des autres. On est de la Voiture, ou du Livre, ou du Meuble. On a sa bannière, ses médailles, son code. On a toute une phraséologie spéciale. On peut lire, aux communications des journaux avancés, des phrases du genre de celles-ci :

« À nous, travailleurs de la Voiture, notre esprit de solidarité nous pousse assez pour nous sacrifier jusqu'au dernier... Les ouvriers du syndicat des Cuirs et Peaux qui ont toujours tenu ferme le drapeau des revendications sociales... »

C'est au moment où les hommes se spécialisent selon la forme de l'exploitation qui les fait souffrir, c'est alors qu'on prétend voir naître la cellule où s'élaborera la vie de l'organisme futur. N'est-ce pas une anomalie ?

Alors qu'il est nécessaire de réunir tous les hommes de bonne volonté dans un travail déterminé de rénovation sociale, les syndicats viennent les départager en mettant leur intérêt corporatif en branle. On lutte pour les trois fournées ou le quart d'heure de repos à quatre heures.

Les hommes les plus forts de chacun de ces syndicats déploient une activité considérable à ces petits résultats. L'association par affinité véritable de ces individus eût produit un mouvement considérable.

Ils parlent d'ailleurs tous de la force du groupement, de la nécessité de se solidariser, ils prennent pour devise « L'union fait la force » et ils veulent ignorer la véritable association des hommes forts. Ils s'unissent avec les médiocres, avec les faibles. Ils préfèrent devenir les chefs d'une association dont le travail sera nul ou puéril que d'être les membres d'une association dont les résultats seraient incontestables.

Ils veulent former la cellule initiale du communisme, « Tous pour un, un pour tous », et ils travaillent à séparer les hommes, non plus par nationalités, mais par mode d'exploitation.

Kropotkine disait dans une lettre, il y a quelque dix ans : « Une fois que je travaille dans un métier quelconque il est naturel que je m'assoie avec mes camarades d'usine sans leur demander de comprendre le socialisme ou l'anarchie de telle façon ou d'une autre. Cela n'a rien à y voir. » Que n'a-t-il tenu cette attitude avec intransigeance ?

De même que l'anarchiste va, malgré qu'il est contre l'argent et le commerce, les sous en main, acheter de la charcuterie, de même doit-il entrer dans les syndicats en tenant compte des contingences qui l'obligent à se plier à de telles concessions. Il peut dans le syndicat, comme il le fait partout, essayer de déterminer dans un sens anarchiste les individus qui l'entourent. Il fait cela à l'armée ; quand il y va, se déclare-t-il militariste pour cela ?

Si le syndicat permet de trouver un milieu plus favorable que d'autres à notre propagande – et cela je le conteste –, doit-on devenir syndicaliste pour cela ? J'ai connu des camarades qui devenaient alcooliques sous le prétexte que le cabaret était un merveilleux centre de propagande.

L'anarchiste entre dans le syndicat poussé par les besoins immédiats de manger et de boire. Il se sert de ces organismes comme il se sert du charcutier sans être jamais pour eux. Il consacre toutes ses forces à des groupements d'affinités, en vue d'une transformation véritable de l'état social actuel.

Un groupement dont l'homme, en tant que salarié, fait la base ne lui paraît pas être un groupement intéressant auquel il doive donner son énergie. Il travaille à le désorganiser pour en sortir les éléments d'un groupement où l'homme entrera en tant qu'individu voulant se vivre intégralement.

La botte policière

30 mai

Un monsieur Cornand*, député de l'Isère, a été arrêté et mené au poste pour avoir prétendument refusé de circuler. Les agents, qui connaissaient sa « qualité » de député, l'ont malmené, bousculé, se sont moqués de lui.

Il a cru devoir interpeller le gouvernement. Son interpellation a été comique. Clemenceau et la majorité, j'allais dire le flic et la foule, ont corrigé d'importance cet individu qui troublait l'ordre public et osait accuser la police.

Clemenceau s'est tourné vers l'accusé et lui a dit : « Votre qualité de député ne vous autorise pas à vous élever contre une loi quelle qu'elle soit. » Cornand baissait humblement la tête. Ce fut si piteux que *L'Humanité* n'ose pas en parler et que *L'Éclair* se réjouit.

Ce député – puisqu'il faut le considérer comme tel dans le cas présent – aurait dû concevoir de quelle façon, avec quelle brutalité, d'autres personnes arrêtées auraient été traitées ; réfléchir à ce qui se serait passé si les brutes policières avaient été lâchées sur un simple particulier et lors d'une occasion qui échappe entièrement à l'enquête publique.

Cet homme qui frappait sur sa poitrine et excipait de sa qualité de député pour demander comment on avait pu se croire autorisé à l'arrêter, cet homme devait froisser une lettre où il lui était dit que, alors qu'il était arrêté, d'autres personnes l'avaient été sous la même inculpation. Menées au poste, elles avaient été frappées si durement que, malgré le mensonge de l'accusation prouvé, on fut obligé de fabriquer des procès-verbaux contre toutes, pour qu'une des quatre ne puisse montrer les traces de l'attentat policier.

Cet homme le savait. Au ton de la lettre, devant la précision des témoignages, après ce qui lui était advenu, il était bien convaincu qu'elle était l'expression de la vérité : mais il était député et ne se connaissait plus que cette qualité. Le sort des autres hommes ne pouvait plus le toucher. Au lieu d'élargir le débat, de montrer l'agent dans toute sa grossièreté, maître de la rue, terrorisant la population sous le poids lourd de ses poings, de ses pieds et la peur de l'arme redoutable de ses témoignages et de ses procès-verbaux mensongers, il a tenu à se placer sur le piédestal de sa médiocrité parlementaire. Il a fait d'un accident mesquin le thème d'une interpellation, alors qu'il pouvait mettre en face de ses « collègues » l'horrible tragédie d'une population entière prise dans les mailles du filet policier.

Celui qui est mené au poste, qu'il ait tort ou raison, n'en sortira que si cela plaît à l'agent. Il ira au dépôt, il ira à la Santé ou à Saint-Lazare, selon le sexe. Rien ne prévaut contre le témoignage de l'agent. Qu'avez-vous fait ? Vous avez ri, ça devient ricaner. Vous avez parlé fort, ça devient gueuler. Vous ne vous êtes pas « rangé » à l'injonction faite, ça devient bousculer et heurter les passants. Votre crime est d'avoir déplu à l'agent. Pourquoi ? Il n'en sait rien. Ce qui est sûr, c'est que vous coucherez au poste, que vous irez au dépôt, que vous passerez à l'anthropométrie.

La tyrannie policière a été toujours redoutable et mauvaise. Elle est devenue, depuis la flatterie et la bassesse de Clemenceau à son égard, depuis le ravalement de tous les individus à un flic en puissance, une tyrannie terrible et bestiale.

Je ne sors plus dans la rue – en parlant ainsi, je ne ris pas, je ne m'amuse pas –, je ne sors plus qu'après avoir agi comme si je partais en voyage, car j'ai la crainte, la peur de ne pas rentrer tout à l'heure.

Oui ! j'ai peur de céder à l'impulsion de révolte qui me prend tout entier devant l'arbitraire, la brutalité policière ; j'ai peur de céder au désir qui me vient de sauter à la gorge d'un de ces valets bousculant un vieillard, entraînant une femme ou terrorisant un homme. J'ai peur que, pour avoir marqué légèrement un de ces bourreaux de liberté individuelle, je perde davantage mes facultés de pensée et d'action.

Et pourtant je sens, à l'écrasement de tous par la botte policière, qu'il faudrait avoir l'énergie d'agir autrement.

On arrête ceux qui troublent les gouvernements par leurs écrits ou leurs paroles ; on expulse, sur l'ordre d'une police quelconque, ceux qui viennent demander asile ; on torture des hommes au visage ravagé par le feu pour en obtenir des aveux. On peut trouver alors des voix qui s'élèvent, des gens qui s'indignent contre cet arbitraire.

Mais tous les jours des hommes, des femmes, des enfants sont saisis, brutalisés, enfermés, arrachés à leur vie coutumière pour un mot, un regard, par suite d'un caprice de l'agent qui passe. Et personne ne dit mot. Car ceci, c'est de la légalité.

La tyrannie la plus redoutable n'est pas celle qui prend figure d'arbitraire, c'est celle qui nous vient couverte du masque de la légalité. Ce n'est pas celle qui sévit contre la révolte, c'est celle qui fait que la révolte ne sait même plus être.

Le cerveau ne se développe que chez les hommes libres. Sous la férule du pion, l'intelligence de l'enfant s'étiole ; sous la tutelle maligne de la loi, sous le casse-tête du flic, les volontés individuelles sont écrasées.

La police d'en haut et d'en bas tue la pensée et l'action. Les hommes ne peuvent vivre dans cette atmosphère d'arbitraire légal. Seuls les esclaves peuvent y résister. Si l'on ne réagit pas contre ce régime tyrannisant le corps et le cerveau, c'est l'arrêt certain de l'évolution humaine.

L'agent qui assomme et qui ment ne joue-t-il pas avec le feu alors qu'il fait peser lourdement sa botte de brute sur le cerveau de ceux qui pensent et qui raisonnent ?

L'agent qui tue et calomnie ne craint-il point le fer, alors qu'il broie de ses mains de fainéant les bras de ceux qui travaillent et qui produisent ?

Ce symbole de l'autorité crapuleuse, trouvera-t-il toujours des résignés devant lui ?

Une première...
13 juin

Samedi soir avait lieu, salle des Sociétés savantes, une grande controverse entre Antoine Léandri*, avocat, organisateur des Milices révolutionnaires, et Miguel Almereyda*, rédacteur à *La Guerre sociale**.

Si la célébrité, du moins dans nos milieux, est venue tard au premier, elle a été rapide. Tout le monde peut s'évoquer le masque napoléonien ou lépinien du bonhomme. Il est pour l'ordre. Il prépare, il exerce des milices qui doivent aux premiers jours, aux premières occasions nous massacrer. Du second, nous n'avons certes pas à parler. D'après la marche de *La Guerre sociale*, il est révolutionnaire avant tout. Il est donc un des premiers menacés par les attaques du sieur Léandri.

Ce n'est pas l'heure de discuter, ce serait un peu tard, de l'utilité et de l'à-propos d'une pareille controverse. La proposition pouvait en paraître, elle était peut-être de la part des organisateurs un peu goguenarde. En tous cas, il était curieux de voir l'attitude prise par Léandri. Il fut gentil, paraît-il. Il reçut les ambassadeurs avec une politesse style empire.

Et la rencontre fut décidée. Hélas, nous ne sûmes pas prévoir que, si elle ne s'arrêtait pas aux préliminaires comme le duel fameux avec Hervé*, le résultat serait deux balles échangées sans résultat. Quelle tristesse d'être le narrateur d'une histoire imbécile dans laquelle on a joué un rôle quelconque.

Certes, quand je me promettais de faire un article de tête sur ce sujet, je ne m'attendais pas à avoir à parler d'une comédie si mièvre. Tous les personnages y semblaient truqués. La salle ressemblait à une vaste scène avant que le rideau ne soit levé ! On s'essayait à prendre la position pour tout à l'heure, quand les trois coups se frapperaient. En attendant les mains se serraient et les compliments s'échangeaient. « Passez donc, monsieur. — Je n'en ferai rien, après vous. — La Corse, un charmant pays. — Pas plus que l'Auvergne, cher monsieur. »

Les trois coups furent, en même temps, le signal du départ. La pièce était jouée.

On l'a donc rencontré, ce d'Artagnan de l'ordre moral, ce Vidocq du coffre-fort social. Autour de lui rayonnait sa garde, la garde à Léandri, formée de vieux débris de la garde impériale.

On les a donc rencontrés, les quatre cents !

Ils s'avançaient. Les uns, la main sur le cœur, tenaient fiévreusement la crosse du revolver ; les autres, la main en la poche du pantalon, serraient nerveusement la garde du couteau grand ouvert.

Des uns encore béquillaient sur d'énormes cannes plombées. Des autres encore caressaient, en la poche de leur veston, le casse-tête policier.

Un crâneur même agitait fièrement une cravache garnie de plomb, avec laquelle il se promettait de lyncher la crapule révolutionnaire.

Ils n'étaient peut-être pas tous là, mais ceux qui étaient présents étaient costauds et solides. On y devinait d'abord les naïfs, les poires qu'on décide à marcher, un peu inquiets malgré tout, pour la première bataille ; puis les policiers, les employés de la Sûreté, avec leur permission de la nuit en poche, mais plus troublés que d'habitude, et pour boucher les trous on voyait les marlous que Léandri et ses amis avaient été obligés de recruter à la dernière heure. C'était une armée homogène.

Quand à huit heures ils envahirent la salle, ils étaient les maîtres et ils le firent voir. Ils bousculèrent les femmes et déplacèrent les trois ou quatre personnes présentes. Léandri – les plus redoutables des braconniers font les meilleurs gardes-chasse – parla de son revolver, des armes de ses amis, etc., ce fut tragique. Les anarchistes souriaient, pas trop manifestement, mais ils souriaient.

Et voilà les copains qui arrivent. Ça vient, ça vient toujours. Des gueules tragiques, qui n'avaient même pas mis leur faux-col. Il en vient tant et tant que la bande des apaches légaux ont froid dans le dos. Ils deviennent polis, aimables, parlèrent d'écouter la controverse gentiment. Léandri commence par proposer un ban pour Bousquet* et Lévy*, les sincères de la cause. C'est le baiser Lamourette.

La révolution… la contre-révolution, tout cela est oublié… on parle de la Corse, de la race et d'un tas d'autres choses. On parle des fleurs de la rhétorique d'un tel et de l'indépendance d'esprit de tel autre. Le redoutable Léandri engrène le sujet de belle façon et Almereyda ne sait pas remonter le courant.

Ce fut ridicule, comique. Dans les coins, les auditeurs parlaient à mi-voix de se croquer le nez… en paroles, rassurons-nous.

Les gens de la milice ont pourtant la frousse, ils se défilent un par un. Les marlous pensent que ça devient trop dangereux pour la galette reçue. Léandri comprend. La petite mort passe sur son dos.

Mais les anarchistes sont des hommes d'honneur, et sentimentaux et généreux. Ils s'apitoient sur les bandits légaux qui veulent les coller aux murs, les anéantir par tous les moyens, le mouchardage et le couteau. Ces bandits sont maintenant en minorité ou, du moins, en infériorité véritable. On ne peut décemment vouloir les massacrer.

Tout à l'heure, au commencement de la réunion, ils ont parlé de frapper, de tuer, montrant leurs armes. À présent, ils parlent avec des larmes dans la voix. Ils tendent les mains. Léandri et Moro-Giafferri* s'attendrissent, maudissent les lois scélérates et les renégats. Vrai, peut-on cogner sur de pareilles loques.

Quelques anarchistes turbulents préfèrent passer leurs colères en se disputant entre eux. Ils s'invectivent et se menacent. Les quatre cents, ne sachant ce qui se passe s'enfuient par la grande porte, alors que Léandri, Moro-Giafferri, abandonnés de tous, se faufilent par la porte de derrière.

Dehors, la milice se confond avec la police. On ne peut plus rien reconnaître.

Ne discutons pas ici de l'imbécillité généreuse des anarchistes. Elle est un fait patent. Disons que, malgré tout, la réunion n'a pas été sans résultat. Elle a montré à ces policiers amateurs, à ces inquisiteurs modernes, que le métier avait ses dangers. Ils ont eu peur. Cette bande de coquins arrivés ou de valets déguisés a senti la force anarchiste. Ils ont su faire jouer la corde de la sentimentalité, mais ils ont compris qu'elle pouvait se rompre et qu'alors leurs gueules aussi pourraient bien être cassées.

Mais voilà, retrouvera-t-on l'occasion ? Les reverra-t-on ?

Une révolte

20 juin

Des centaines de milliers d'hommes entrent en révolte avec l'organisation sociale. Ils sont prêts par tous les moyens à défendre leurs intérêts, ou ce qu'ils croient être leurs intérêts.

Comme il y a quelque cent ans, les ouvriers font le jeu du patron. Le prolétaire et le va-nu-pieds s'insurgent, se soulèvent pour hisser au pinacle le bourgeois. L'ouvrier de la vigne se révolte pour que le propriétaire vigneron puisse vendre son vin [1].

C'est d'un commun accord que la population entière de quatre départements se prépare à la résistance passive contre le gouvernement : refus de l'impôt, démissions municipales. Ce sera d'un commun accord que la résistance deviendra active et que du sang coulera.

C'est d'un commun accord, mais est-ce après examen de la cause défendue ? Non. La population se lève pour défendre les intérêts de la viticulture, c'est-à-dire pour défendre le mode d'exploitation qui permet à de gros propriétaires de vivre dans l'inaction et le bien-être au milieu de la misère du tâcheron de la vigne.

L'intérêt collectif n'entre pas en discussion. C'est l'intérêt particulier d'une minorité infime qui est en jeu. Cette minorité paraît détenir le bonheur de tous. On n'a pas discuté sur le plus ou moins de valeur de la culture de la vigne, si l'effort des bras devait se retourner vers d'autres travaux. On a seulement envisagé que les propriétaires avaient engagé « leurs capitaux » et qu'ils ne pouvaient décemment les perdre. Toute la population ouvrière qui possède le véritable capital est entravée par le régime actuel de la propriété. Sur

1. Allusion à la formidable révolte qui ébranla, entre mars et juillet 1907, les départements composant aujourd'hui la région Languedoc-Roussillon. Suite aux manifestations spectaculaires et pacifiques qui allèrent crescendo dans toutes les villes du Midi, la majorité des maires des départements concernés démissionnent devant l'incapacité du pouvoir à apporter une solution à la crise viticole. Le 19 juin, des membres du somité d'action d'Argelliers que dirige Marcellin Albert* sont arrêtés, tandis que le même jour éclatent des émeutes à l'occasion de l'arrestation du maire socialiste de Narbonne Albert Ferroul*. En deux jours, ces émeutes font six morts et une trentaine de blessés. Ensuite, des troubles éclatent à Perpignan, où la préfecture est incendiée. C'est à cette occasion que le 17e régiment d'infanterie, composé de conscrits de la région, se mutine durant vingt-quatre heures. Parallèlement à l'envoi dans tout le Midi d'impressionnantes forces militaires pour écraser la révolte, Clemenceau promulgue, le 29 juin, une loi interdisant le mouillage des vins et l'abus de sucrage. Habilement, il décrédibilise le viticulteur Marcellin Albert en lui offrant 100 francs pour son voyage en train à Paris, l'apôtre de la révolte devenant ainsi un « vendu » au gouvernement… Lire <http://www.bruno.trinquier.com/1907/1907.html>.

des sujets aussi passionnants, le Midi qui bouge reste muet. Les paroles jetées sont sonores, mais elles sont creuses. C'est pourquoi elles passionnent monsieur Tout-le-monde.

Jamais une population ouvrière n'arrivera à déchaîner l'attention publique sur une question économique intéressant directement la situation prolétarienne.

Les inscrits maritimes, ces gueux de la mer, ont vu leur mouvement écrasé sous « l'importance » du mouvement des viticulteurs. Ce n'est pas Jean Gueux, Jacques Misère qui se rebellent, c'est le propriétaire, le patron, le maître qui trouvent bon de faire un coup d'État à leur profit. Ils ont derrière eux tous ceux qui ne se lèveraient jamais s'il s'agissait de défendre leurs propres causes.

Dreyfus, non seulement grâce à l'argent familial, mais grâce à la générosité imbécile de la foule, a trouvé des milliers de défenseurs. On ne trouvera pas pour Yvetot ou ses amis un courant aussi puissant, quelques efforts que nous fassions.

Une vingtaine d'anarchistes à peine excipaient du titre d'officier de Dreyfus pour ne pas avoir à le défendre, ne s'intéressant pas à sa oui ou non culpabilité ; tandis que déjà des centaines s'empressent d'ergoter pour savoir si oui ou non on peut considérer un faux-monnayeur comme un camarade.

Le peuple a une générosité d'un ordre tout particulier. Il ne sait pas faire ses affaires lui-même. Il ne sait faire que celles des autres. Cordonnier est toujours le plus mal chaussé. Le peuple ouvrier et paysan qui produit la richesse sociale, la nourriture, l'habitation, le vêtement pour des millions de privilégiés, ne sait mettre ni lui ni sa famille à l'abri du froid et de la misère.

La poussée populaire peut précipiter le mouvement de révolte plus loin que ne le veulent ses promoteurs, mais elle ne saurait aller dans un autre sens que celui qu'ils lui ont donné. On ne sait jamais jusqu'où ira le mouvement viticole, mais on peut presque affirmer qu'il ne prendra pas l'allure d'un mouvement chambardant les bases économiques de la société, et les va-nu-pieds. Celui qui fait travailler cent ouvriers aura encore sa vie assurée par ses cent mercenaires et son fils ira au lycée alors que l'enfant de ses ouvriers connaîtra le labeur dès dix ou douze ans. Le gueux qui cheminait de par les routes cheminera encore et le propriétaire qu'il aura défendu le menacera du bâton ou de ses chiens s'il approche de son clos.

Ce n'est pas avec la quantité de la foule qu'on fait un mouvement, c'est avec sa qualité. Et si c'est presque impossible d'avoir cette qualité de la foule, disons que ce sera avec la qualité de ceux qui jetteront les foules sur les voies de la révolte.

Le paysan qui monte la garde devant la porte de son député, couchant hier dans une cabane, comme il y couchera demain toutes réformes accordées. Le va-nu-pieds de 1789 est devenu le sans-souliers de 1907, et le serf est devenu l'ouvrier. Rien ne change, car c'est au profit de quelques-uns que sont faites les révoltes les plus terribles.

Ce n'est pas le tocsin sonné par Marcellin Albert ou par Ferroul qui annonce une révolution économique. Ce qu'on entend, c'est le chant du cygne d'une industrie, d'une culture qui se meurt. Tout ce mouvement est de l'agitation vaine qui finira comme bulle de savon. Pour ma part, je ne vois pas la possibilité de détourner l'effort de ces hommes vers quelques réalisations pratiques.

Aussi contentons-nous de prendre la façon active et vivante de cette action, sachons en retirer tout l'enseignement possible. La révolte ne viendra pas avec des hommes qui demandent au gouvernement de faire leur bonheur mais avec ceux qui veulent acquérir leur bonheur en dépit et contre tous les gouvernements.

Comédie tragique

27 juin

Devant moi, les feuillets restent blancs. J'hésite à les noircir de mes pattes de mouche. J'ai comme peur de ma pensée. Il me semble qu'une fois formulée elle se retournera contre moi ; qu'une fois concrétisée, tracée en noir sur blanc, elle dise ce que je n'aurais point voulu dire.

Combien peu comprendront cette hésitation lorsqu'ils sauront que j'ai choisi comme sujet, comme thème, l'agitation viticole, que j'ai entrepris de parler des faits tragiques qui viennent d'ensanglanter le Midi.

Le sujet n'est-il point facile, prêtant à l'indignation et au pathétique ? Jeter les épithètes les plus brutales aux « assassins », gémir sur les victimes, lâcher des injures sur Clemenceau et des fleurs sur Ferroul, telles sont les attitudes du moment. Il n'y a qu'à laisser courir sa plume.

Je ne le crois pas.

J'hésite à tracer ma pensée. Je suis soucieux de donner ici une note nettement anarchiste, débarrassée des sentimentalités pleurardes et des malédictions pompières.

Les événements du Midi me paraissent être une comédie. Les salves des soldats en ont fait une comédie grotesquement tragique. Rien de plus.

Les revendications de cette population sont banales et ridicules ; l'association et l'entente de ces hommes sont mensongères et fictives ; leurs cris de misère et de désolation sonnent faux et creux. Le dirai-je, l'acte tragique lui-même, égrenant quelques cadavres sur la terre narbonnaise, ne fait que donner la patine du prévu et du convenu. C'est l'acte final d'une bonne comédie populaire muée en drame de l'Ambigu[1].

1. Théâtre de l'Ambigu, qui doit son succès tout au long du XIXe siècle aux pièces de boulevard et aux vaudevilles.

Autant que je peux juger ce mouvement, j'en comprends tout le vide et je n'ai pas, au soir, le désir de soupçonner les nouvelles que me portera le matin. Quand j'appris les meurtres de Narbonne, j'eus seulement la crispation douloureuse que ressentent les hommes à l'annonce de quelque mort collective, mais je ne fus pas soulevé d'indignation, je ne fus pas écrasé de douleur.

Je le sens, cet incident ne me touche pas plus que l'explosion du Farfadet ou l'incendie de quelque usine. C'est un fait divers douloureux du même ordre que ceux que nous portent régulièrement les quotidiens.

Autour de moi pourtant, les invectives s'entrecroisent. On crie « À l'assassin ! » On parle de Fourmies et de la Commune ; de la dictature et de coup d'État. On pleure sur les victimes avec une vertueuse navrance. Je n'ai pas la force de suivre la cadence.

Il me déplaît d'être à la recherche d'événements tragiques, de sembler chercher des raisons à ma colère, à mon désir de révolte, alors qu'il est de la dernière des folies de vivre passivement une minute dans l'enfer social.

Cette douzaine de cadavres aux têtes fracassées, aux poitrines trouées n'est qu'une goutte d'eau dans l'immense torrent qui entraîne les victimes de l'organisation capitaliste. Il sort plus de chair charcutée tous les soirs de chacun des hôpitaux de Paris que n'en ont couché, ces jours douloureux, les lebels des soldats et les revolvers des gendarmes. Mais cela n'indigne personne. Il faut une mise en scène pour réveiller la conscience populaire.

Ceux qui se targuent d'éduquer le peuple, de lui montrer la route, ne font rien pour endiguer le mouvement. Ils le suivent. Les blessures pansées, les morts enterrés, la résignation renaîtra. Pour seulement parler de changer la machine sociale, il faudra encore que quelque pièce éclate. Le sang qui coule semble être l'huile qui permet aux rouages de marcher sans trop de grincements.

Nous nous battons les flancs pour nous indigner, pour déchaîner la colère, en des circonstances spéciales et à des dates fixes, alors qu'il n'est pas un jour, pas une heure, pas une minute où nous pourrions crier « À l'assassin ! » avec plus de vérité que pour les assassinats de Narbonne.

Le sang a coulé ! C'est une stupeur.

C'est de la colère et c'est de la peur. Ces hommes qui jouent leur existence sans pitié dans la bataille de la vie s'effrayent au moindre heurt véritable avec les puissances économiques.

Le sang ne coule-t-il pas toujours ? Les victimes de l'organisation capitaliste ne sont-elles pas légion ? le coup de grisou au fond de la mine ou la tuberculose qui guette à l'atelier ; le train mal aiguillé ou la nécrose qui ronge les os ne sont-ils pas le bilan inéluctable réservé à la majorité des hommes dans l'organisation actuelle ?

Pris individuellement, chaque homme, ou presque, n'hésitera pas pour une peccadille, à propos d'un rien, à sortir s'entretuer avec un camarade de la veille, et lorsqu'il s'agit de lutte sociale – qui ne dure d'ailleurs que par suite de la lâcheté générale – on compte les coups, on mesure leur profondeur, on s'excite soi-disant à la vengeance, en vérité à ne pas descendre dans la rue.

Lisez les journaux. Ils ne vous montrent pas sous la même lumière horrifiante les péripéties du labeur exténuant et meurtrier. Ils ne parlent pas de nos jeunes enfants mitraillés par la phtisie et l'anémie au service du patronat. Ils ne crient pas « À l'assassin ! », ils ne cherchent pas les responsables avec âpreté quand un échafaudage s'écroule par suite de la lésinerie patronale, sous le poids des ouvriers.

Il serait bon de ne pas prendre toujours les hommes comme des enfants qu'il faut pousser au courage, à la sagesse. Il faut leur parler franchement. Il est inutile de leur faire boire l'alcool de la fureur, de leur faire voir rouge : alors ils font quelques pas puis ils titubent. La raison seule pousse jusqu'au bout. Nous semblons agiter les loques sanglantes des victimes de Narbonne comme les bourgeois parlent du drapeau rouge… afin d'effrayer les turbulents.

Et ce n'est pas tout. On s'amuse au petit jeu des responsabilités. On détourne la colère populaire contre les gouvernants et non contre les gouvernements, contre des hommes et non contre les institutions. On demande des comptes à « Clemenceau le flic » ou à « Picquart le renégat ». On marque Viviani ou Briand au fer rouge de la vindicte. Ô les puérilités !

Que le ministre s'appelle Ramponneau ou Clemenceau, Polichinelle ou Ribot, il tient l'arme afin de défendre le coffre-fort de celui qui le paie. Le vieux de la place Beauveau ou le ventre de l'Élysée ne sont que des représentatives. Débarrassons-en la circulation si le travail est à faire, mais ne nous amusons pas à fabriquer des monstres ou des héros qui effraient ou qu'on admire.

Il faut des images d'Épinal ou des faits divers enluminés pour que les enfants et les hommes sentent les couleurs et les souffrances. Pour ceux qui raisonnent, ce ne sont pas les douze cadavres de Narbonne qui font l'armée horrible et meurtrière, c'est son existence même.

Si tu crèves de faim, ouvrier, c'est parce que tu nourris le ministre et les valets ; si tu meurs asphyxié entre les murs étroits de l'hôpital, c'est parce qu'on bâtit avec la meulière des palais et des casernes. En paix comme en guerre, résigné ou révolté, tu es toujours assassiné par les gouvernants et les soldats.

On joue avec la colère des hommes, avec leur indignation comme on se joue de leur douceur et de leur résignation.

L'eau saumâtre de nos lâchetés et l'eau trouble de nos révoltes permettent aux pêcheurs d'hommes de faire leurs affaires.

On ment avec la révolte, comme on ment avec l'ordre moral. Faut-il donc tromper toujours ? La crise viticole a suscité un mouvement imbécile dont il ne peut rien sortir. On avait eu tout d'abord l'intention de jouer une comédie : les circonstances ont transformé la pièce en un jeu de massacre. Tant pis et tant mieux.

On croit pouvoir nous passionner à l'aide de quelques cadavres, détourner notre attention vers un but où nous jetterions des regards voilés de larmes. Non et non. Tous les jours, l'organisation capitaliste, avec d'autres armes que les lebels, tue des milliers d'hommes, de femmes et d'enfants. C'est dans la norme : la population ouvrière ne saurait s'en fâcher. Ces personnes n'ont pas le corps traversé horriblement ou la cervelle sautée hors du crâne. Elles sont seulement dépecées, charcutées afin de servir de champ d'expérience à l'opération de monsieur le Premier ministre ou du financier Rosenberg. Leurs ventres ne sont pas troués par la latte du cuirassier, mais ils s'ouvrent sous la torture déchirante de la faim.

Sachons voir les faits dans leur simplicité. N'exagérons pas la valeur des mouvements afin d'être obligé de déchanter le lendemain. Il n'y a aucune révolte véritable dans le Midi. Ceux qui ont ordonné ce mouvement sont des imbéciles ou des coquins. Le gouvernement lui-même s'est prêté à lui donner de l'importance.

Il paraît bon aux profiteurs que des individus accaparent l'espace et l'attention publique. On les monte, on les descend, ils apparaissent, ils disparaissent. On y rosse quelquefois le commissaire. Ce sont là jeux de marionnettes où s'amusent les enfants. Ils ne sauraient amuser les hommes.

Il n'est pas de mesure, il n'est pas de loi, il n'est pas dans le pouvoir des gouvernants d'arrêter notre révolte. Ce ne sont pas les fusils des soldats qui nous tuent, c'est l'engrenage social qui nous happe et nous déchire et nous écrase.

Hier, comme aujourd'hui, comme demain, en temps de guerre comme en temps de paix, nous crions « À l'assassin ! » Et par tous les moyens nous travaillons à détruire le mécanisme social.

La terreur blanche
25 juillet

Il y a une quinzaine d'années, un souffle de terreur passa sur la société bourgeoise. Un vent de tempête, un vent de révoltes individuelles, un vent de destruction jetait bas les palais et les hommes. [1]

Les lupanars et les assemblées parlementaires, les grands cafés et les églises étaient menacés pareillement de quelque évolution à la dynamite.

Le gros bourgeois qui savourait sa chartreuse en écoutant les tziganes et le président qui promenait son torse correct, le ministre qui aspirait l'air frais des villégiatures et le roi qui cherchait des acclamations populaires risquaient la mort violente par le fer ou par le feu.

J'étais tout jeune, mais je m'en rappelle comme d'hier. On se montrait les anarchistes au doigt, on ne les évoquait plus que comme des destructeurs, des amants de la mort, des nihilistes.

C'est alors que vint l'heure des persécutions rudes, l'heure de la réaction. Le mouchard se glissait dans la famille, dans l'amitié. Les mots étaient mesurés, les paroles étaient pesées. On ne pouvait plus même parler à sa glace sans risquer le bagne.

La foule, le peuple ne savait pas. La presse qui l'instruit, qui le renseigne, lui avait donné sur les anarchistes les idées les plus fausses, les plus mensongères possibles et les faits semblaient venir corroborer les racontars tendancieux.

---

1. Libertad fait allusion aux années 1892-1894, que Jean Maitron nomme l'« ère des Attentats ». Inaugurée par les bombes de Ravachol et clôturée par l'assassinat du président de la République Sadi Carnot par Caserio, elle sera immédiatement suivie du procès des Trente. (Lire Jean Maitron, *Le Mouvement anarchiste en France*, tome I, *op. cit.*, p. 206-261.)

Les journaleux avaient remué la corde sentimentale, parlant des veuves et des orphelins. Et les ouvriers sur qui la mort par le travail exténuant est suspendue tous les jours, laissant la famille dans la détresse, s'apitoyaient à l'idée des orphelins du sieur Carnot.

La réaction avait beau jeu pour mentir. On ignorait les anarchistes et encore plus l'anarchie. La dynamite avait ouvert un prologue peut-être nécessaire, mais terrible, et presque tous hésitaient à feuilleter, à approfondir chaque chapitre du livre pour arriver aux pages délicieusement douces de l'épilogue.

La réaction n'étonna donc personne. On comprit, on excusa les manœuvres policières et gouvernementales, les brutalités, les injustices, les mœurs inquisitoriales. Elles semblaient répondre à des faits patents, palpables. Cela pouvait paraître une défense. Répondre à la bombe par la guillotine, à l'incendie par le bagne, cela devenait une représaille qui s'expliquait. Et si l'on pouvait trouver l'attitude trop dure, trop cruelle en face de la noblesse de ces justiciers terribles mais sincères et désintéressés – au sens étroit du mot –, on n'en voyait pas moins quelque logique dans l'attitude des possédants. On pouvait jouer encore avec l'opinion.

La réaction a frappé durement, mais n'a pu vaincre. Son bras s'est lassé avant que les volontés soient fatiguées de penser selon la vérité. L'étau d'oppression s'est desserré et les hommes peuvent recommencer à parler de leurs désirs de renouveau, d'évolution précipitée, de révolution. Pourtant certaines formes, sans être rejetées véritablement, sont négligées. Le fer et le feu semblent être écartés comme moyens immédiats. Un désir de faire connaître l'anarchie et les anarchistes partout et par tous suscite une fièvre de propagande.

Ceux-là seuls qui ont des oreilles et qui ne veulent pas entendre n'ont pas ouï causer de l'anarchie. Ceux-là seuls qui ont des yeux et qui ne veulent pas voir n'ont pas vu agir les anarchistes.

Des publications, des pamphlets, des brochures, des livres s'en vont, jetés à profusion. On les distribue dans la campagne ; on les donne à la porte de l'atelier. On y parle un langage simple, tour à tour mordant et naïf, doux et violent. On y décrit les causes, on y parle des effets. On critique les organes sociaux actuels avec tant de suite, tant de vigueur et tant de raison qu'ils ne peuvent résister devant quiconque réfléchit.

Dans le restaurant, dans l'atelier, dans le syndicat, dans la coopérative, il se trouve le camarade, le propagandiste qui expose, qui discute plus ou moins bien, mais avec quelle chaleur communicative. Le placard, l'affiche vous attrapent au coin des rues pour vous aviser que ce soir on causera d'anarchie, on critiquera la propriété, la patrie, la morale. Et ce qui est pire, c'est que les salles sont pleines et que le succès se maintient.

Et ce qui donne du relief à ce succès, ce qui en fait ressortir toute la valeur, c'est que nulle entente n'existe entre ces différents propagandistes ; c'est que nul bureau, nul comité ne centralise l'action ; c'est même que des divergences très nettes semblent séparer en bien des occasions ces hommes qui se réclament des mêmes « principes ». Oui, cela donne du relief à ce succès, car cela montre que c'est l'idée par elle-même qui le suscite, cela montre la vitalité de ce tronc magnifique aux rejetons multiples.

Or, voilà que ce n'est pas tout. Des hommes, des anarchistes s'essaient à vouloir vivre leur vie, à mettre en pratique leurs théories. Ils ne veulent plus se contenter de l'écrit, de la parole, ils veulent joindre l'exemple, ils veulent assainir quelques coins du monde et montrer à tous ce que peut l'humanité libérée des dieux, des morales et des préjugés. Ils veulent prendre les enfants dès le plus jeune âge et libérer leur cerveau de l'oppression de l'ignorance ou de celle du faux savoir. Ils veulent vivre… et la beauté de leur vie ne va-t-elle pas amener à eux les foules avides de bonheur ?

Alors les gouvernants sentent que le vent qui souffle est plus violent que jamais. Il ne découronne plus les têtes hautes et les cimes altières, il ne souffle plus seulement sur les sommets de la richesse, il déracine les plus grands arbres et les plus petits arbrisseaux, il souffle dans les plaines de la misère, de l'ignorance et de la servilité. Il ne menace plus seulement de jeter bas la tête des rois et des maîtres, il secoue la tête des sujets et des petits, des veules et des lâches, violentant leur esprit jusqu'à en faire des hommes.

C'est un souffle de terreur qui passe sur la société bourgeoise. C'est un vent de vérité.

Et voilà que revient l'heure de la persécution, l'heure de la réaction. Les gouvernants, les possédants entament une lutte difficile, bien plus difficile qu'il y a quinze ans. Ils échoueront. Ils seront vaincus.

Ils montrent que nous sommes une force, une puissance. Ce n'est plus contre la bombe qui jetait bas les pierres, contre le poignard qui perçait les poitrines, c'est contre l'idée qui pénètre dans les cerveaux, que les maîtres veulent lutter. Dérision !

Ce ne sont plus des représailles, c'est une attaque. Ce sont les bourgeois, les pharisiens qui prennent l'arme et qui surgissent à l'improviste sur ceux qui pensent et qui agissent selon leurs pensées.

Les armes de la « légalité » ne sont plus suffisantes pour nous combattre. Il faut que les gouvernants sèment sur nos pas les armes de la calomnie et de la diffamation. Il faut que les gouvernants apostent sur notre chemin des estafiers qui ne reculent pas devant l'assommade et le meurtre. Ce n'est pas seulement sur l'homme fort ou agile, capable de devenir un instrument de force redoutable, que s'appesantit la poigne des sbires. C'est plutôt sur le faible, sur la femme, sur tous ceux dont le cerveau projette autour d'eux des idées de vérité.

Mais c'est trop tard, bien trop tard. Le virus anarchique a pénétré partout s'il n'est pas arrivé dans toutes les têtes au même développement. Des milliers ignorent qu'ils en sont atteints. On ne se dit pas anarchiste, mais tout le monde est frappé. Et de cette peste, il ne mourra que les gros et les puissants, que les privilèges et les mensonges.

Les premières persécutions ont pu paraître au peuple ignorant comme des actes logiques, comme appelées par nos actes de révolte. Maintenant le peuple sait et les persécuteurs n'ont même plus l'excuse de se défendre. Ils ne peuvent, en ce faisant, que signaler notre force, la force de nos conceptions.

Qu'on assomme et qu'on tue ! Qu'on enferme et qu'on terrorise ! la vérité anarchiste est clamée par tous les cailloux du chemin sous les pas des gouvernants.

L'autorité ne peut plus montrer que sa peur et par conséquent sa faiblesse et prouver à tous qu'un peu de bonne volonté et d'énergie jetterait bas son idole tant redoutée.

Nos vouloirs

8 août

Nous sommes anarchistes, parce que nous cherchons la liberté et le bien-être et que nous combattons en bonne logique tout ce qui est contraire au bien-être et à la liberté. C'est pourquoi nous combattons l'organisation tout entière de la société d'aujourd'hui et que nous travaillons à cette révolution qui doit forcément la détruire. Nous travaillons à la révolution sociale, c'est-à-dire régénératrice de la société, en jetant dans la foule des humains des idées d'indépendance et de révolte. Nous agissons ainsi, parce que nous savons que les révolutions ne se décrètent pas, parce qu'elles ne sont que le couronnement d'une évolution, d'un changement complet dans les idées. Une révolution n'éclate point tout à coup, elle est tout simplement un produit, une conclusion.

Ceux qui nous parlent de faire la révolution du jour au lendemain, comme on peut construire une machine ou briser un verre, ne réfléchissent pas qu'ils se mettent en contradiction flagrante avec les lois de l'évolution, qu'ils n'obéissent qu'à leurs passions sans envisager en rien l'impossibilité de leur désir.

De même que pour les bouleversements du sol, il faut pour le bouleversement des sociétés une longue préparation, une fermentation continuelle. Aucun cataclysme ne se produit de façon subite, ce n'est que peu à peu, par suite de changements presque insensibles, que l'on arrive à cette explosion que l'on nomme révolution.

Lorsque des bruits souterrains se font entendre, lorsqu'on voit la température des sources s'élever, des terrains s'affaisser, on peut prévoir un tremblement de terre, une révolution géologique. De même dans la vie sociale, lorsqu'on voit des mécontentements se produire, des intérêts lésés, des souffrances aggravées, des protestations se faire entendre, on peut prévoir aussi dans la société un cataclysme, une révolution.

Et certes les signes avant-coureurs de la révolution sociale, qui bouleversera le vieux monde, se distinguent facilement pour peu que l'on observe. On se demande pourquoi de si cruels antagonismes divisent l'humanité ; pourquoi tant de personnages plus ou moins odieux commandent aux autres, à la grande majorité des hommes.

Si nous jetons, nous, anarchistes, nos idées dans la masse pour les faire germer, pour les faire pénétrer dans le cerveau de ceux qui sont commandés, exploités sans merci, c'est pour préparer les esprits à la révolution ou, pour mieux dire, pour révolutionner les esprits. Car ce n'est que lorsque les cerveaux seront disposés à la révolution, c'est-à-dire lorsqu'ils auront conscience du changement qui nous paraît nécessaire pour le bien-être et la liberté de l'homme, lorsqu'ils seront arrivés à considérer cette révolution comme une nécessité à satisfaire sans retard, alors fatalement le cataclysme se produira et le vieux monde s'écroulera de lui-même parce qu'il n'aura plus raison d'être.

C'est pourquoi nous n'avons pas comme certains la prétention de faire la révolution, de l'organiser et de lui tracer sa route. Nous ne voulons pas de centralisation, pas d'agglomération, pas d'administration, et cela parce qu'elles sont toujours contre la liberté ; et qu'étant contre la liberté elles sont une source perpétuelle de désordres, de troubles, de confusion. Nous demandons, logiques avec nous-mêmes, à ne pas être commandés ni dirigés.

Collectivistes, fédéralistes ou centralistes, communistes plus ou moins révolutionnaires, tous croient à la nécessité d'un pouvoir. Nous seuls n'y croyons pas.

Chacun ses idées, n'est-ce pas ? comme on dit, et on peut entrer dans les discussions contradictoires. Nous n'avons pas la prétention d'être des providentiels et nous ne disons pas : hors de nos idées, pas de salut ! pas d'émancipation ! Nous ne sommes pas des exclusivistes et nous n'excommunions personne.

Tel ou tel parti ne pourrait en dire autant car, à l'exemple du catholicisme, les excommunications semblent être de mode dans le *parti ouvrier*. Ce n'est là, il est vrai, qu'un aveu d'impuissance ou d'affaiblissement.

Nous combattons tout principe d'autorité, d'accaparement. C'est-à-dire que quelle que soit la forme du pouvoir, du gouvernement, nous l'attaquons. C'est là ce qui nous caractérise : plus de gouvernement d'aucune sorte, fut-il révolutionnaire, fut-il communiste – tel est notre programme.

Nous ne voulons pas plus de gouvernement que de propriété. Nous ne reconnaissons à personne le droit de se dire maître de telle ou telle chose. Les anarchistes combattent donc toute usurpation de pouvoir, toute usurpation de richesse naturelle ou sociale.

C'est que le gouvernement et la propriété sont les bases sur lesquelles repose l'organisation sociale actuelle – organisation à la destruction de laquelle nous travaillons ardemment. Oui, tout ce qui découle de cette organisation, tout ce qui en dépend, tout ce qui contribue à la légitimer ou à la fortifier rencontre en nous des ennemis implacables, qui ne transigent pas. L'individu, pour subsister, pour jouir, n'a pas besoin d'être dirigé ni tenu par le ventre ; il n'est point nécessaire de gouvernants, ni de prêtres, ni de propriétaires pour faire vivre l'humanité.

C'est pourquoi nous levons contre l'édifice antagonique qui abrite l'organisation sociale actuelle l'étendard de la rébellion.

Notre lessive

19 septembre

Je suis chargé, par l'équipe des Causeries et de *l'anarchie*, du lavage familial. Quand notre linge est sale, nous le lavons nous-mêmes. Lecteur, ne t'inquiète point, nous ne recommençons pas une édition *ne varietur* du « Bulletin communiste »[1] de légendaire mémoire.

C'est seulement un lessivage extérieur, un lessivage de notre façade, tâchée d'outrancière façon par les excréments des « autrui » malicieux et méchants, des « autrui » bébêtes et suiveurs. Ce n'est qu'un lessivage extérieur, car les soins

1. Il est sans doute fait ici allusion à la rubrique éponyme du *Libertaire* qui était consacrée aux « milieux libres » au nombre desquels la célèbre colonie d'Aiglemont (Ardennes). Lire Céline Beaudet, *op. cit.* ; et la brochure *Milieux libres 1890-1914* à l'adresse <infokiosques.net/IMG/pdf/milieux_libres.pdf>.

de propreté journaliers, la bonne camaraderie et le respect de l'individu bien compris conservent à notre intérieur une note agréable et saine que troublent parfois de légères vapeurs mais jamais de nuages noirs.

Je commence donc. Ce bavard de Candide nous a déjà parlé du « lot refusé », de cet abonnement considéré comme réclame par Jean Grave. La jeune fille qui offrit le lot voulut lui demander des explications verbales. Comme elle en parlait, je tins à l'accompagner moi-même, d'autant que j'avais sur l'estomac une réponse de Jean Grave à deux camarades de Levallois : « À *l'anarchie*, ce sont des suspects. » Bigre, suspect, j'en avais froid dans le dos.

Lorsque nous arrivâmes 4, rue Broca[1], Jean Grave était en face d'un camarade – Desplanques*, je crois – dont l'attitude, disons-le vite, fut fort nette. Ignorant le débat, il ne se mêla en rien à la discussion, ni dans un sens ni dans l'autre. Ce fut donc Jean Grave qui répondit à la jeune fille.

Elle lui fit constater que d'autres réclames avaient été faites dans la fameuse liste et que sa réponse n'en était pas une. Elle lui demanda d'autres arguments. Il répondit qu'il ne voulait pas « répandre un journal qui préconisait le maquereautage, l'estampage et le vol ». Sollicité de préciser, il dit qu'Armand avait écrit des articles en ce sens. Nul besoin d'insister, ceux qui savent lire peuvent se faire une opinion eux-mêmes. J'intervins et je fis remarquer que son attitude était la même bien avant ces articles. Pas de réponse.

Il déclara que Libertad était suspect. Je lui demandai l'explication de ce mot en insistant sur ce fait : que je travaillais à *l'anarchie* et que, s'il m'était prouvé que Libertad soit un suspect, je combattrai son travail avec la même force que je le préconise et même davantage. Il me dit textuellement : « Malheureusement, je n'ai aucune preuve… Ah ! si j'en avais. » Ceci est une perle. Je lui reprochai, dans ce cas, le mot de suspect, dont il traitait d'une façon précise ou par insinuations Libertad, en particulier, et nous

1. Le 4, rue Broca est alors le siège des *Temps nouveaux*.

en général. Il dit : « Le penser, mais ne pas le dire », oubliant qu'il venait, ne sachant qui j'étais, de nous en parler deux minutes avant. Je citai les deux camarades de Levallois. Il nia. C'est une affaire entre eux et lui, point qui s'éclaircira sans nul doute.

Je n'entre pas dans les détails de la conversation, ce serait puéril. Je n'ai aucune colère contre Jean Grave et je me garderai bien de répondre aux calomnies par d'autres calomnies, mais je lui ai promis qu'à la moindre insinuation partie de chez lui j'y reviendrais, nous y reviendrions, décidés que nous sommes à étouffer les canards orduriers dès leur naissance, avant de leur laisser prendre plumes pour entraver notre propagande. Il est bien entendu que nous ne considérons pas comme calomnie toute critique si acerbe soit elle, et que nous savons aussi distinguer ce qui n'est qu'une médisance.

Samedi soir, 42, rue Mademoiselle, la Jeunesse révolutionnaire du 15e avait organisé une réunion où causait Monatte sur le congrès libertaire d'Amsterdam. Nous y étions.

Robert Taupin fit quelques objections. Il souleva la question du travail antisocial, Monatte ayant mis sur le même pied le boulanger qui fait du pain avec l'ouvrier qui fait des fusils. Libertad intervint et demanda à Monatte ce qu'il pensait des ouvriers qui mettent de l'eau de Seine dans le lait, empoisonnant ainsi des milliers d'enfants, de ceux qui mettent du talc dans la farine ou des colorants dans le vin ; s'ils ne lui paraissaient pas avoir une part plus directe dans la « responsabilité sociale », etc.

Monatte déclara qu'il ne répondait pas « à ceux qui faisaient les énergumènes dans les réunions publiques alors qu'ils écrivaient des lettres dégoûtantes, ignobles de platitude aux patrons. » Libertad, à son regret, fut obligé d'aiguiller la discussion sur cette insinuation. Il demanda des explications. Après des restrictions, Monatte établit qu'« on » avait en main une lettre écrite par Libertad à des patrons imprimeurs de Levallois, Whelnoff et Roche; que cette lettre était dégoûtante; que l'auteur s'agenouillait devant les patrons, qu'il promettait de ne pas donner d'« embêtements ».

Libertad, dont la mémoire est fort courte, fut prêt, tout d'abord, à nier avoir écrit à Whelnoff et Roche. Anna Mahé et moi lui confirmèrent que le fait était exact mais que c'était la façon d'en causer qui était mensongère. Il demanda alors à voir la lettre. Monatte ne l'avait pas, mais déclara que tout le monde la connaissait; avant lui, plus de mille personnes l'avaient lue. Poussé, il finit par dire qu'elle se trouvait chez Grauvogel*, 33, rue Grange-aux-Belles. Il eut même la forfanterie d'inviter à la mettre sur *l'anarchie*, pensant peut-être que nous ne l'aurions jamais en main. Un jeune homme fit remarquer qu'il avait déclaré ailleurs qu'il en était le détenteur. Ceci n'est qu'un détail.

Monatte était arrivé à jeter la suspicion sur nos arguments. Ce dont profita le socialiste Dormoy qui répondit par le dédain et la grossièreté aux contradictions de Libertad. La propagande anarchiste en fut diminuée. Lessivons vite.

Pour cela il fallait avoir le texte de la lettre « incriminée ». Le lendemain était un dimanche, il nous fallut attendre à lundi pour aller à sa recherche. Libertad, Camil Chavin* et moi étions là. Ce fut tout à fait gentil. Après des explications un peu vives, avec quelques points d'exclamation nettement accentuées, nous eûmes copie du document. Il fut déclaré par Grauvogel qu'il n'en avait donné connaissance qu'à trois ou quatre personnes; qu'il n'y avait jamais attaché une grande importance, que s'il avait voulu dire quelque chose, il l'aurait fait; que Monatte avait été dégoûtant de s'en servir en une pareille occasion. Je m'arrête... je n'ai mission que de « laver » notre linge.

À *l'anarchie*, quand l'argent manque, comme nous n'avons pas de protecteurs bien placés et que le tapage constant nous ennuie, nous partons au travail chacun de notre côté, les uns comme typo ou comme cordonnier, les autres comme coutière ou ménagère, afin de ne pas manger à la gamelle et de rapporter quelques sous. Libertad fait comme les autres.

Il y avait deux mois que *l'anarchie* existait et nous nous ressentions tous un peu du mal de mer. Libertad chercha une place de correcteur. Ses antécédents, sa tête, sa réputation, le fait d'être reconnu par tous ne faciliteraient guère son embauche s'il ne pouvait exciper d'une certaine compétence dans le métier. À cette époque, il apprit qu'une maison où il était resté plus de cinq ans se rouvrait sous une nouvelle raison sociale, il écrivit la lettre qui suit dont le texte a été, comment dirais-je, légalisé par Grauvogel lui-même.

> Paris, 22 mai 1905
>
> Messieurs,
>
> J'ai appris que s'ouvrait à nouveau, sous votre raison sociale, l'ancienne maison C. Lamy-Laffon.
>
> Correcteur depuis 1900 jusqu'à ces derniers mois dans cette maison, j'ai pensé que vous choisiriez de préférence, pour cet emploi, celui qui pourrait vous paraître le plus autorisé.
>
> Je vais avoir trente ans. Je suis correcteur depuis près de dix ans et je connais, non seulement en théorie, mais en pratique, le métier de typographe.
>
> J'ai été employé dans trois maisons seulement, d'où je ne suis sorti chaque fois que pour des raisons indépendantes de la volonté patronale ou de la mienne (suppression d'un service, arrêt de la maison).
>
> Je suis correcteur en premières, en bon à tirer et en tierce.
>
> Je connais, à fond, la marche de toutes les publications qui ont été faites chez Lamy (revues, journaux, travaux de ville).
>
> L'habitude, la vue, la sobriété me permettent une certaine rapidité nécessaire afin de répondre au travail des machines à composer.

Si donc vous n'aviez pas fixé votre choix, je vous prierais, messieurs, de répondre favorablement à cette demande et de me réserver une place de correcteur dans votre maison.

Dans l'attente du plaisir de vous lire, je vous prie messieurs, d'agréer mes sincères salutations.

ALBERT LIBERTAD
30, rue Muller, Paris 18e

Deux alinéas sont reprochés « amèrement » à Libertad, celui où il déclare ne pas avoir été renvoyé et celui des salutations. On renvoie un correcteur, séance tenante, quand il a laissé des « bourdes » dans une publication, parce qu'il est responsable en finale de toutes les fautes qui sont passées, tant dans les blancs que dans le texte. Signaler ne pas avoir été renvoyé équivaut à dire qu'on ne laisse rien passer. Et vrai, peut-on reprocher la formule de politesse à Libertad, qui, dans toutes les maisons, a toujours tutoyé ouvriers, protes et patrons, les mettant sur le même pied d'égalité. Fallait-il qu'il se déclare prêt à saboter l'ouvrage ou qu'il insulte ceux dont il sollicitait une place ? Cette lettre n'a-t-elle pas une allure purement commerciale ? Y a-t-il une restriction sur les idées personnelles ? Que les copains apprécient le petit jeu. Il ne reste, en cette question, que le petit coin Monatte à nettoyer. À prochaine occasion.

Le liseur me passe en douce deux ou trois journaux en me disant : « Puisque tu lessives, continue donc. » C'est un peu fastidieux, mais marchons.

Dans le numéro 39 du *Libertaire*, un « antimilitariste montluçonnais » donnait compte rendu d'une réunion d'Émile Janvion, lequel aurait, paraît-il, parlé « d'apôtres qui pontifient, avec de longs cheveux crasseux tombant sur leurs épaules et de grandes barbes malpropres ». Quelques jours avant cette conférence Janvion avait causé amicalement avec nous tous, et particulièrement avec Libertad, aux

Causeries populaires du 11e. Pourquoi penser, si ces paroles avaient été dites, qu'elles nous soient applicables ?

Dans sa réponse, Janvion aurait pu nier les avoir dites, sans insinuer que la communication avait été faite à Montmartre. Peut-être aussi aurait-il été bienséant aux camarades du *Libertaire* de prévenir Émile Janvion qu'ils connaissaient fort bien le camarade correspondant et qu'il n'avait rien de montmartrois ? On se plaît à laisser passer une erreur de plus. La réponse même de « l'antimilitariste montluçonnais » ne fut pas insérée la fois suivante.

Comme les socialistes de l'endroit en profitent pour détruire le travail anarchiste, un camarade répond et *Le Libertaire* certifie que le compte rendu lui venait bien de son correspondant habituel. Que ce soit Émile Janvion qui dans son discours ait mélangé la longueur des cheveux avec la justesse des arguments, ou que ce soit « l'antimilitariste montluçonnais » qui ait glissé cette réflexion dans son article, cela est de peu d'importance pour nous, nous ne prenons pas parti, nous nous lessivons, je le répète, sans vouloir salir personne. Ce qui est à constater, c'est que de pareilles réflexions ont cours sur nous. Et que de droite et de gauche, les calomnies et les insinuations glissent, rampent autour de nous sans que jamais on puisse se décider à prendre notre travail face à face.

Tout le travail de lessivage que je viens de faire peut paraître de peu d'importance. Mais des centaines de faits erronés circulent, entravant notre travail, empêchant notre propagande.

Si Libertad est un suspect, tous ceux qui travaillent avec lui, à côté de lui, sont des suspects. Les socialistes, que notre propagande, notre activité, notre contradiction a tant gêné, ramassent les calomnies. Nous ne savons pas pourquoi bien souvent tel ou tel s'écarte de nous ; nous sommes tenus à soupçonner quelque calomnie nouvelle. La calomnie est insaisissable, elle vous glisse dans les doigts, et combien difficilement on arrive à réunir les éléments divers qui l'ont jetée et fait circuler afin de parvenir à interrompre sa marche.

On nous a reproché souvent nos critiques acerbes, dures et méchantes. Mais on voit ce qui est écrit, on sait de quoi on est « accusé », on peut donc se défendre. Contre nous, rien de semblable, aucun reproche, aucune question précise : « on glisse », « on prétend », « il paraît ». Oui, nous gênons, et nous gênerons encore, mais dans aucune occasion nous n'allons derrière les gens lancer la calomnie mauvaise et anonyme, l'insinuation cauteleuse. Si, croyant critiquer, nous médisons, si même notre médisance va jusqu'à la calomnie, c'est dit en face, en termes précis et nets. On peut se défendre de ces attaques qui ne prennent pas l'allure d'une poignée de mains.

Libertad, dans la tactique duquel nous avons grande confiance, nous avait poussé à ne pas répondre, à rire de ces méchancetés. Il prétendait que ça ne pouvait pas nous toucher. Il posait, sans le vouloir, un peu trop au surhomme. Nous avons remarqué que notre propagande si active, si féconde, le serait davantage sans ces ridicules histoires. Nous ne sommes pas connus. Libertad n'a mis les pieds en province que pour faire la contradiction et repartir, il est commode de taper sur nous. Sur nous… cela ne serait rien, mais aussi sur notre méthode, sur notre façon d'agir. Or nous la croyons bonne et nous voulons la répandre.

Dans ces vacances, des amis venant de partout, des camarades des Causeries enfin disséminés dans toute la province, nous disent qu'ils trouvent plus d'obstacle à détruire les préventions qu'on a contre nos personnes qu'à faire accepter nos idées, notre méthode.

Il était donc nécessaire de lessiver notre façade. C'est ce que nous venons de faire à propos de ces cas récents. Nous sommes décidés à l'avenir à ne plus laisser passer aucune calomnie sur notre compte. Celui qui la jettera ou la fera circuler connaîtra la force de nos poings. Nous ne recommandons à nos amis de partout qu'une seule chose : demander des preuves patentes de ce qu'on dit contre nous et contre les anarchistes en général. Qu'ils ne se contentent pas du traditionnel « On m'a dit ». Que le désir de propagande nous donne le courage de nous salir à certains contacts.

RÉDAN

Oui j'ai pu dire et je dis encore à mes amis que nous avons pour nous la force de l'exemple, des théories vécues dans les maxima. J'ai pu dire et je dis que ceux qui nous connaîtront, nous fréquenteront, nous liront même d'une façon assidue verront toute l'inanité des mensonges qu'on jette sur nous. Je crois encore que j'ai raison.

Mais d'un côté, mon allure semble un peu trop tolstoïenne et laisser le serpent ramper autour de soi est bien une bêtise ; mes amis ont raison : la marche des idées que nous travaillons à répandre est entravée. De plus, ces calomnies ne me sont plus personnelles, elles englobent tous ceux qui mettent autant d'ardeur, si ce n'est plus, aux travaux des Causeries et de *l'anarchie*, et je comprends qu'ils veuillent se défendre de tout autre façon que moi...

Allons, que je le dise franchement, je me range à leurs opinions et je mets mes bâtons... sur le visage du premier imbécile ou du premier coquin qui bavera sur nos talons.

Le culte de la charogne

31 octobre

Dans un désir de vie éternelle, les hommes ont considéré la mort comme un passage, comme une étape douloureuse, et ils se sont inclinés devant son « mystère » jusqu'à la vénérer.

Avant même que les hommes sachent travailler la pierre, le marbre, le fer pour abriter les vivants, ils savaient façonner ces matières pour honorer les morts.

Les églises et les cloîtres, sous leurs absides et dans leurs chœurs, enserraient richement les tombeaux, alors que, contre leurs flancs, venaient s'écraser de pauvres chaumières, protégeant misérablement les vivants.

Le culte des morts a, dès les premières heures, entravé la marche en avant des hommes. Il est le « péché originel », le poids mort, le boulet que traîne l'humanité.

Contre la voix de la vie universelle, toujours en évolution, a tonné la voix de la mort, la voix des morts.

Jéhovah, qu'il y a des milliers d'années l'imagination d'un Moïse fit surgir du Sinaï, dicte encore ses lois ; Jésus de Nazareth, mort depuis près de vingt siècles, prêche encore sa morale ; Bouddha, Confucius, Lao-tseu font régner encore leur sagesse. Et combien d'autres !

Nous portons la lourde responsabilité de nos aïeux, nous en avons les « tares » et les « qualités ».

Ainsi, en France, nous sommes les fils des Gaulois, quoique nous soyons Français de par les Francs et de race latine lorsqu'il s'agit de la haine séculaire contre les Germains. Chacune de ces hérédités nous donne des devoirs.

Nos aïeux... le passé... les morts... Les peuples ont péri de ce triple respect.

La Chine est encore à la même étape qu'il y a des milliers d'années parce qu'elle a conservé aux morts la première place au foyer.

Le mort n'est pas seulement un germe de corruption par suite de la désagrégation chimique de son corps empoisonnant l'atmosphère. Il l'est davantage par la consécration du passé, l'immobilisation de l'idée à un stade de l'évolution. Vivant, sa pensée aurait évolué, aurait été plus avant. Mort, elle se cristallise. Or, c'est ce moment précis que les vivants choisissent pour l'admirer, pour le sanctifier, pour le déifier.

De l'un à l'autre, dans la famille, se communiquent les us et les coutumes, les erreurs ancestrales. On croit au dieu de ses pères, on respecte la patrie de ses aïeux… Que ne respecte-t-on leur mode d'éclairage, de vêture ?

Oui, il se produit ce fait étrange qu'alors que l'enveloppe, que l'économie usuelle s'améliore, se change, se différencie, qu'alors que tout meurt et tout se transforme, les hommes, l'esprit des hommes, restent dans le même servage, se momifient dans les mêmes erreurs.

Au siècle de l'électricité, comme au siècle de la torche, l'homme croit encore aux paradis de demain, aux dieux de vengeance et de pardon, aux enfers et aux Walhallas afin de respecter les idées de ses ancêtres.

Les morts nous dirigent ; les morts nous commandent, les morts prennent la place des vivants.

Toutes nos fêtes, toutes nos glorifications sont des anniversaires de morts et de massacres. On fait la Toussaint pour glorifier les saints de l'Église ; la fête des trépassés pour n'oublier aucun mort. Les morts s'en vont à l'Olympe ou au paradis, à la droite de Jupiter ou de Dieu. Ils emplissent l'espace « immatériel » et ils encombrent l'espace « matériel » par leurs cortèges, leurs expositions et leurs cimetières. Si la nature ne se chargeait elle-même de désassimiler leurs corps et de disperser leurs cendres, les vivants ne sauraient maintenant où placer les pieds dans la vaste nécropole que serait la Terre.

La mémoire des morts, de leurs faits et gestes, obstrue le cerveau des enfants. On ne leur parle que des morts, on ne doit leur parler que de cela. On les fait vivre dans le domaine de l'irréel et du passé. Il ne faut pas qu'ils sachent rien du présent.

Si la laïque a lâché l'histoire de monsieur Noé ou celle de monsieur Moïse, elle l'a remplacée par celle de monsieur Charlemagne ou celle de monsieur Capet. Les enfants savent la date de la mort de madame Frédégonde, mais ignorent la moindre des notions d'hygiène. Telles jeunes filles de quinze ans savent qu'en Espagne une madame

Isabelle resta pendant tout un long siècle avec la même chemise, mais sont étrangement bouleversées lorsque viennent leurs menstrues.

Telles femmes, qui pourraient réciter la chronologie des rois de France sur le bout des doigts sans une erreur de date, ne savent pas quels soins donner à l'enfant qui jette son premier cri de vie.

Alors qu'on laisse la jeune fille près de celui qui meurt, qui agonise, on l'écartera avec un très grand soin de celle dont le ventre va s'ouvrir à la vie.

Les morts obstruent les villes, les rues, les places. On les rencontre en marbre, en pierre, en bronze ; telle inscription nous dit leur naissance et telle plaque nous indique leur demeure. Les places portent leurs titres ou celui de leurs exploits. Le nom de la rue n'indique pas sa position, sa forme, son altitude, sa place, il parle de Magenta ou de Solferino, un exploit des morts où on tua beaucoup ; il vous rappelle saint Eleuthère ou le chevalier de la Barre, des hommes dont la seule qualité fut d'ailleurs de mourir.

Dans la vie économique, ce sont encore les morts qui tracent la vie de chacun. L'un voit sa vie tout obscurcie du « crime » de son père ; l'autre est tout auréolé de gloire par le génie, l'audace de ses aïeux. Tel naît un rustre avec l'esprit le plus distingué ; tel naît un noble avec l'esprit le plus grossier. On n'est rien par soi, on est tout par ses aïeux.

Et pourtant… aux yeux de la critique scientifique, qu'est-ce que la mort ? Ce respect des disparus, ce culte de la décrépitude, par quels arguments peut-on les justifier ? C'est ce que peu de gens se sont demandé, et c'est pourquoi la question n'est pas résolue.

Ne voyons-nous pas, au centre des villes, de grands espaces que les vivants entretiennent pieusement : ce sont les cimetières, les jardins des morts.

Les vivants se plaisent à enfouir, tout près des berceaux de leurs enfants, des amas de chair en décomposition, de la charogne, les éléments nutritifs de toutes les maladies, le champ de culture de toutes les infections.

Ils consacrent de grands espaces plantés d'arbres magnifiques, pour y déposer un corps typhoïdique, pestilentiel, charbonneux, à un ou deux mètres de profondeur ; et les virus infectieux, au bout de quelques jours, se baladent par la ville, cherchant d'autres victimes.

Les hommes qui n'ont aucun respect pour leur organisme vivant, qu'ils épuisent, qu'ils empoisonnent, qu'ils risquent, prennent tout à coup un respect comique pour leur dépouille mortelle, alors qu'il faudrait s'en débarrasser au plus vite, la mettre sous la forme la moins encombrante et la plus utilisable.

Le culte des morts est une des plus grossières aberrations des vivants. C'est un reste des religions prometteuses de paradis. Il faut préparer aux morts la visite de l'au-delà, leur mettre des armes pour qu'ils puissent prendre part aux chasses du Velléda, quelque nourriture pour faire le voyage, leur donner le suprême viatique, enfin les préparer à se présenter devant Dieu.

Des nuées d'ouvriers, d'ouvrières emploient leurs aptitudes, leur énergie à entretenir le culte des morts. Des hommes creusent le sol, taillent la pierre et le marbre, forgent des grilles, préparent à eux tous une maison, afin d'y enfouir respectueusement la charogne syphilitique qui vient de mourir.

Des femmes tissent le linceul, font les fleurs artificielles, préparent les couronnes, façonnent les bouquets pour orner la maison où se reposera l'amas en décomposition du tuberculeux qui vient de finir. Au lieu de se hâter de faire disparaître ces foyers de corruption, d'employer toute la vélocité et toute l'hygiène possible à détruire ces centres mauvais dont la conservation et l'entretien ne peuvent que porter la mort autour de soi, on truque pour les conserver le plus longtemps qu'il se peut, on balade ces tas de chair en wagons spéciaux, en corbillards, par les routes et par les rues. Sur leur passage, les hommes se découvrent. Ils respectent la mort.

Pour entretenir le culte des morts, la somme d'efforts, la somme de matière que dépense l'humanité est inconcevable. Si l'on employait toutes ces forces à recevoir les enfants, on en préserverait de la maladie et de la mort des milliers et des milliers.

Si cet imbécile respect des morts disparaissait pour faire place au respect des vivants, on augmenterait la vie humaine de bonheur et de santé dans des proportions inimaginables.

Les hommes acceptent l'hypocrisie des nécrophages, de ceux qui *mangent* les morts, de ceux qui vivent de la mort, depuis le curé donneur d'eau bénite, jusqu'au marchand d'emplacements à perpétuité ; depuis le marchand de couronnes, jusqu'au sculpteur d'anges mortuaires. Avec des boîtes ridicules que conduisent et qu'accompagnent des sortes de pantins grotesques, on procède à l'enlèvement de ces détritus humains et à leur répartition selon leur état de fortune, alors qu'il suffirait d'un bon service de roulage, de voitures hermétiquement closes et d'un four crématoire, construit selon les dernières découvertes scientifiques.

Nous l'avons dit, c'est parce que les hommes sont des ignorants qu'ils entourent de singeries cultuelles un phénomène aussi simple que celui de la mort.

Notons d'ailleurs qu'il ne s'agit que de la *mort humaine*, la mort des autres animaux et celle des végétaux n'est pas l'occasion de semblables manifestations. Pourquoi ?

Les premiers hommes, brutes à peine évoluées, dénuées de toutes connaissances, enfouissaient avec le mort son épouse vivante, ses armes, ses meubles, ses bijoux. D'autres faisaient comparaître le « macchabée » devant un tribunal pour lui demander compte de sa vie. De tout temps, les humains ont méconnu la véritable signification de la mort.

Pourtant, dans la nature, tout ce qui vit meurt. Tout organisme vivant périclite lorsque pour une raison ou pour une autre l'équilibre est rompu entre ses différentes fonctions. On détermine très scientifiquement les causes de mort, les ravages de la maladie ou de l'accident qui a produit la mort de l'individu.

Au point de vue humain il y a donc mort, disparition de la vie, c'est-à-dire cessation d'une certaine activité sous une certaine forme.

Mais au point de vue général, la mort n'existe pas. Il n'y a que de la vie. Après ce que nous appelons mort, les phénomènes de transformisme continuent. L'oxygène, l'hydrogène, les gaz, mes minéraux s'en vont sous des formes diverses s'associer en des combinaisons nouvelles et contribuer à l'existence d'autres organismes vivants. Il n'y a pas mort, il y a circulation des corps, modification dans les aspects de la matière et de l'énergie, continuation incessante dans le temps et dans l'espace de la vie et de l'activité universelles.

Un mort, c'est un corps rendu à la circulation, sous sa triple forme : solide, liquide et gazeuse. Cela n'est pas autre chose et nous devons le considérer et le traiter comme tel.

Il est évident que ces conceptions positives et scientifiques ne laissent pas place aux spéculations pleurnichardes sur l'âme, l'au-delà, le néant.

Mais nous savons que toutes les religions prêcheuses de « vie future » et de « monde meilleur » ont pour but de susciter la résignation chez ceux que l'on dépouille et que l'on exploite.

Plutôt que de nous agenouiller auprès des cadavres, il convient d'organiser la vie sur des bases meilleures pour en retirer un maximum de joie et de bien-être.

Les gens s'indigneront de nos théories et de notre dédain ; pure hypocrisie de leur part. Le culte des morts n'est qu'un outrage à la douleur vraie. Le fait d'entretenir un petit jardin, de se vêtir de noir, de porter un crêpe ne prouve pas la sincérité du chagrin. Ce dernier doit d'ailleurs disparaître, les individus doivent réagir devant l'irrévocabilité et la fatalité de la mort. On doit lutter contre la souffrance au lieu de l'exhiber, de la promener dans des cavalcades grotesques et des congratulations mensongères.

Tel qui suit un corbillard s'acharnait la veille à affamer le défunt, tel autre se lamente derrière un cadavre, qui n'a rien fait pour lui venir en aide, alors qu'il était peut-être encore temps de lui sauver la vie. Chaque jour la société capitaliste sème la mort, par sa mauvaise organisation, par la misère qu'elle crée, par le manque d'hygiène, les privations et l'ignorance dont souffrent les individus. En soutenant une telle société, les hommes sont donc la cause de leur propre souffrance, et au lieu de gémir devant le destin ils feraient mieux de travailler à améliorer les conditions d'existence, pour laisser à la vie humaine son maximum de développement et d'intensité.

Comment pourrait-on connaître la vie, alors que les morts seuls la dirigent ? Comment vivrait-on le présent sous la tutelle du passé ?

Si les hommes veulent vivre, qu'ils n'aient plus le respect des morts, qu'ils abandonnent le culte de la charogne. Les morts barrent aux vivants la route du progrès.

Il faut jeter bas les pyramides, les tumulus, les tombeaux ; il faut passer la charrue dans le clos des cimetières afin de débarrasser l'humanité de ce que l'on appelle le respect des morts, de ce qui est le culte de la charogne.

Les révoltes utiles

21 novembre

Après le discours si précis de Bruckère*, il serait superflu de vouloir vous faire à nouveau l'historique de la conspiration du gouvernement contre notre ami Matha* et de vous raconter comment, sous couleur d'arrêter un faux-monnayeur, on emprisonna un propagandiste.

Vous m'excuserez donc si je quitte le sujet du meeting de ce soir avant même que de l'avoir abordé.

Tout juste me permettrai-je de vous inviter à joindre dans la protestation que vous faites contre l'arbitraire hypocrite qui frappe Matha, le cas d'Armand[1]. Les deux faits sont similaires. Ce ne sont pas des émetteurs de fausse monnaie qui sont visés, ce sont des hommes travaillant à émettre des idées justes. Légalement parlant, lorsqu'il s'agit de faux monnayage, nos amis Matha et Armand sont innocents, ils ne sont coupables que d'être des hommes libres.

« Excusez-moi si la langue française n'est pas assez riche pour éviter de pareils non-sens : quoique enfermés dans les murs d'une prison, nos amis sont encore plus libres que les quatre-vingt-dix centièmes des hommes, prisonniers de leurs préjugés et de leur ignorance.

» Je ne ferai pas non plus l'historique de la conspiration contre Armand. Ne sont-ce pas, à des détails près, les mêmes félonies, les mêmes roueries, les mêmes intimidations. Ici le policier s'appelle Z, là le Cartouche s'appelle Y. En cet endroit on dépose une caisse, en ce local on glisse une pièce. Les gens de police ont des ruses si maladroites et des mensonges si grossiers qu'ils laissent leur signature partout où ils passent. Cela sent mauvais, cela sent le traquenard. »

Mais Bruckère a laissé comme inachevé son long discours, comptant bien, sans nul doute, que je saurais comprendre que les orateurs dans un meeting semblable doivent s'essayer à former un bloc sans solution de continuité, sans fissure contre la contradiction.

Ne pourrait-on croire, à voir l'ardeur, l'insistance employée, à démontrer l'innocence de nos deux amis, que nous considérons comme coupables ceux qui s'adonnent à la fabrication ou à l'émission de fausse monnaie, ceux qui font une concurrence illégale aux *monnaies* des différents pays.

Ce serait aller plus loin que notre pensée – que ma pensée en tout cas. Nous nous attachons à prouver l'innocence

1. Armand fut arrêté le 6 août 1907 et condamné, le 9 mai 1908, à cinq ans de prison pour complicité d'émission de fausse monnaie.

juridique de nos amis afin de ne pas favoriser les attaques sournoises des gouvernants. Nous ne disons pas « Il est mal d'avoir accompli de tels faits », nous disons « Tels faits n'ont pas été commis par tels hommes ». Et nous le prouvons. Nous nous efforçons d'arracher à la vindicte légale Matha et Armand accusés, en deux affaires différentes, du *crime* de faux monnayage, en nous tenant sur le terrain même de la légalité.

Cela nous amène à causer des faux-monnayeurs, des hors-la-loi, de ceux qui se prennent corps à corps avec la société pour assurer leur subsistance, leur vie, celle de ceux qu'ils aiment, de leur compagne, de leurs enfants.

Vous êtes ici des ouvriers, vous savez tous la dureté des conditions économiques, vous n'ignorez pas les difficultés qu'il faut surmonter pour arriver à fournir au ménage le pain, le vêtement et l'habitation. Bien souvent vos poings se sont fermés devant l'âpreté du propriétaire et l'avarice du patron. Que de fois, femmes, vous êtes-vous indignées contre la modicité du salaire et la cherté des vivres ; que de fois avez-vous rogné sur l'économie de la table pour arriver à assurer le terme ; que de fois pour acheter les chaussures du plus petit avez-vous porté des bottines éculées !

Et pour remédier à tout cela, les maîtres nous ont parlé pendant des siècles et des siècles de paradis, de Walhalla, d'Éden dans lesquels nous vivrions, sitôt notre mort, dans un bonheur infini et éternel. Mais voilà que nous n'y croyons plus et que cet au-delà après notre mort ne saurait faire de nous des résignés pendant notre vie.

Alors, les maîtres ont changé de ton et ils ont parlé de réformes, ils ont promis des améliorations au sort du prolétaire, ils ont fabriqué un paradis, en deçà de la mort, qu'ils ont décoré du nom de retraites ouvrières, où hélas ! le bonheur ne serait ni infini ni éternel. Ce serait, pour l'ouvrier, le chant du cygne, le dernier éclat de la lampe qui va s'éteindre. Et pourtant si modiques, si illusoires, si fictives soient ces promesses, les gouvernants n'ont rien tenu ; la sœur Anne populaire ne voit jamais rien venir.

À côté des gouvernants, d'autres hommes – et des meilleurs parfois – parlent d'une révolution sociale, d'un branle-bas général qui secouerait jusque dans ses assises l'organisation de la société, qui en tomberait les murs vétustes et qui permettrait alors de jeter les bases d'un nouveau monde. Mais cette révolution n'arrivera que demain. Et toute la vie et tout le bonheur des hommes se trouvent rapportés à demain. Ô le demain fatidique : le demain des paradis après la mort, le demain des retraites lors de la vieillesse ; le demain d'un monde nouveau après la révolution. Toujours demain.

Et alors ne comprendrez-vous pas que des hommes aient le désir de vivre aujourd'hui, maintenant, et que leurs dents se ferment férocement sur le butin social afin d'en arracher leur part en dehors des lois et des formules, des préjugés et des morales ?

Et c'est ainsi que se fabriquent des mentalités de cambrioleurs, de faux-monnayeurs, de forbans.

Il y a quelques années, avant d'arriver par de pires moyens à leurs ministères, n'avons-nous pas connu un Clemenceau, poussé par des vices impérieux, à la chasse de la pièce de cent sous ? n'avons-nous pas vu un Briand tout disposé à marcher dans n'importe quelle combinaison pour se tirer d'une dèche suraiguë ? Ce dernier n'aurait-il pas été bien aise de passer des fausses pièces si les risques du métier ne l'avaient effrayé ?

Qui est-ce qui peut les juger ? Ce ne sont certainement pas les favorisés de *l'ordre social*, les commerçants, les industriels, les patrons, les gouvernants dont la vie est un tissu de lâchetés, de fainéantise, de vols, de malversations, de truquages et d'hypocrisies ?

Serait-ce nous ? Je ne le crois pas. Nous comprenons trop bien les déterminantes de ces actes pour ne pas les savoir inéluctables. Et le dirais-je, je m'explique mieux cette révolte individuelle, même dans sa relativité que la passivité, que la résignation.

J'ai dit : même dans sa relativité ; personne n'ignore que le cambrioleur, le faux-monnayeur ne sont que des hors-la-loi momentanés et qu'ils jugent souvent leurs actes comme des crimes.

Partant d'un tout autre point de vue, des anarchistes aussi sont entrés de cette façon en lutte contre la société. Plus que tous les autres, ils y sont déterminés. Les lois et les règlements exceptionnels qui pèsent sur eux d'outrancière façon, dressant le patron, le propriétaire, le voisin contre eux, les met dans des conditions si malheureuses de vie qu'ils se trouvent obligés de tomber souventes fois dans l'illégalisme du hors-la-loi individuel.

Les demains des révolutions leur semblent un leurre nouveau, les mensonges des prometteurs les découragent et de toute leur vitalité, de toute leur ardeur exceptionnelle, ils se jettent à l'assaut des sociétés en disant « Aujourd'hui ! ».

Disons toute notre pensée. Nous ne « jugeons » pas au nom de la morale, au nom de la loi ; nous ne disons pas : cela est mal. Mais nous nous attachons à montrer tout le vide, tout le faible de cette façon de procéder. Nous tendons la main au faux-monnayeur en lui disant : « Tu es et tu restes notre camarade, mais ta méthode d'action t'épuise et te tue sans te donner un aujourd'hui véritable, sans avancer d'un iota la venue d'un demain. »

Oui, c'est un traquenard nouveau où se trouve jetée l'activité de quelques-uns de nos amis, c'est une révolte individuelle qui perd de sa valeur parce qu'elle se cache sous le mensonge et sous l'hypocrisie, parce qu'elle se nuance des formes convenues de la société.

Et les cachots se ferment et ne s'ouvrent plus, sans que le peuple ait seulement compris qu'un homme, qu'un révolté vient d'y être jeté ; sans qu'il puisse réfléchir utilement sur l'acte commis.

En d'autres occasions, j'ai dit ce que je pensais des actes de propagande par le fait, commis individuellement. Je me répéterai. Je crois que ces actes *sacrifient* les meilleurs, les plus actifs de nos camarades sans donner les résultats que l'on pourrait attendre de pareilles disparitions.

À une certaine heure, ces actes violents ont été utiles pour appeler l'attention sur une nouvelle méthode, pour montrer jusqu'où pouvait aller la résolution des individus. Je ne crois pas qu'ils répondent à un besoin présent. Ils ont pu appeler l'attention sur notre méthode, ils ne l'expliquent pas ; parfois même ils peuvent éloigner d'elle les esprits soucieux de la connaître.

Mais alors faut-il donc se contenter de parler, d'écrire que la société est mauvaise, que les gouvernants sont des trompeurs, que les gouvernés sont des lâches ? Suffit-il de jeter des imprécations contre les riches et les heureux et de pleurer sur les pauvres et les souffrants ? Je ne le crois pas !

Mais alors faut-il se syndiquer, s'organiser internationalement, s'unifier ? codifier la révolution et la commenter statutairement ? Oui, si vous avez le temps de mourir sans avoir vécu ! Non, si vous voulez vivre en connaissant du moins la joie d'avancer la venue d'une ère nouvelle.

Je dois ici m'expliquer sans tomber sous le coup des lois inutilement. Je dois formuler ma pensée sans qu'un monsieur louche qui ne sait comprendre le français qu'à rebours puisse avoir l'occasion de me faire dire le contraire de ce que je dirai ou puisse chercher dans des demi-mots ou des allusions vagues, toutes les insinuations ou tous les encouragements qu'il voudrait. Je vais donc dire simplement ma pensée.

J'aime le travail utile. J'ai combattu le sabotage parce qu'il mc paraît avoir des formes louches et ne se fait qu'au profit d'un autre patron. Le boycottage lui-même m'a semblé désuet et bien souvent les grèves m'ont paru puériles. J'ai vu des ateliers où des ouvriers travaillent dans des conditions d'insalubrité telles qu'on pouvait les appeler des antichambres d'hôpital. J'ai vu des centaines de femmes courbées, cassées en deux sur des dentelles, dans des locaux meurtriers sans air et sans lumière, victimes en peu de temps de la tuberculose. Je voudrais que la seule révolte possible, le seul sabotage consiste à brûler de pareils bagnes. Il ne faut pas que de tels défis à la vie humaine puissent subsister.

Lors de la Commune, les révolutionnaires aveugles brûlèrent hôtels et palais et laissèrent subsister les masures lamentables et les taudis infects ! Pourquoi détruire les palais et les maisons bourgeoises ?

Il est des maisons en plein Paris qui sont de petits cimetières. Comment ose-t-on offrir de semblables taupinières pour y loger des hommes, des femmes, des enfants ? Quelles obligations douloureuses font que des familles entières s'enfouissent dans ces caves sinistres ? Vous ne le comprenez que trop. Je connais, dans les quartiers ouvriers, des maisons qui, lors d'une épidémie quelconque, jetteront en pâture à la mort des centaines de cadavres. Je le répète, contre de tels manquements aux lois de l'hygiène, il n'y a que le feu purificateur… Je le répète, il ne faut pas que de tels défis à la vie humaine puissent subsister. Abandonner ces ateliers, quitter ces maisons en les laissant debout, n'est-ce pas avoir la responsabilité de la mort de centaines d'autres individus, n'est-ce pas laisser le mal subsister, prêt à engloutir dans ses griffes redoutables d'autres femmes, d'autres enfants ? Comment pouvons-nous tirer notre épingle du jeu sans songer aux victimes nouvelles que le monstre anti-hygiénique dévorera à nouveau ?

Nous ne le pouvons pas ! Par humanité, pourrais-je dire, il faut détruire, il faut brûler les bouges infects où des vies humaines se traînent lamentablement, où s'accomplit l'œuvre épouvantable de dégénérescence de la race.

Il ne faut pas que ce soit l'acte d'un homme, mais l'acte d'une collectivité. Il est bon que, si la vindicte légale veut appesantir sa main sur ceux qu'il lui plaira d'appeler les coupables, tous les ouvriers de ces bagnes, de ces maisons sinistres, se dressent et disent les pourquoi de leurs actes d'une façon nette, d'une façon précise, afin qu'on ne puisse mentir à l'opinion publique.

Les révolutions sont faites d'une série de révoltes. Ce n'est que lorsque les hommes sauront diriger leurs révoltes vers des actes féconds qu'une véritable révolution sera accomplie dans leur mode d'existence. À l'ère actuelle de vie stupide et misérable pourra succéder une vie normale, débarrassée de tous les germes d'abrutissement et de mort.

La torture & le progrès
19 décembre

Au XVIIIe siècle, en 1764, à Milan, une des plus grandes villes d'Italie, sous le gouvernement du comte Firmiani, le marquis César Beccaria Bonezama*, un jeune homme de vingt-six ans, écrivait un traité sur *Les Délits et les peines* qui bouleverserait les idées courantes sur l'idée de la vindicte.

Sur *la question de la torture*, il écrivait : « Je dirai encore qu'il est monstrueux et absurde d'exiger qu'un homme soit lui-même son accusateur, de chercher à faire naître la vérité par les tourments, comme si cette vérité résidait dans les muscles et dans les fibres des malheureux ! La loi qui autorise la torture est une loi qui dit : « Hommes, résistez à la douleur. La nature vous a donné un amour invincible de votre être, et le droit inaliénable de vous défendre ; mais je veux créer en vous un sentiment tout contraire ; je veux vous inspirer une haine héroïque de vous-même ; je vous ordonne de devenir vos propres accusateurs, de dire enfin la vérité au milieu des tortures qui briseront vos os et déchireront vos muscles…

» Cet infâme moyen de découvrir la vérité est un monument de la barbare législation de nos pères, qui honoraient du nom de *jugement de Dieu* les épreuves du feu, celles de l'eau bouillante, et le sort incertain des combats. Ils s'imaginaient, dans un orgueil stupide, que Dieu, sans cesse occupé des querelles humaines, interrompait à chaque instant le cours éternel de la nature, pour juger des procès absurdes ou frivoles. [...]

» L'accusé est aussi peu maître de ne pas avouer ce qu'on exige de lui, au milieu des tourments, qu'il l'était autrefois d'empêcher, sans fraude, les effets du feu et de l'eau bouillante.

» *Tous les actes de notre volonté sont proportionnés à la force des impressions sensibles qui les causent, et la sensibilité de tout homme est bornée.* Or, si l'impression de la douleur devient assez forte pour occuper toute la puissance de l'âme, elle ne laisse à celui qui souffre aucune activité à exercer que de prendre, au moment même, la voie la plus courte pour éloigner les tourments actuels. [...]

» Pour prévoir le résultat de la torture, il ne faudrait que résoudre le problème suivant, plus digne d'un mathématicien que d'un juge : "La force des muscles et la sensibilité des fibres d'un accusé étant connues, trouver le degré de douleur qui l'obligera de s'avouer coupable d'un crime donné." [...]

» S'il est prouvé que la torture n'est rien moins qu'un sûr moyen de découvrir la vérité, comment fera-t-elle connaître les complices, puisque cette connaissance est une des vérités que l'on cherche ?

» Il est certain que celui qui s'accuse lui-même accusera les autres plus facilement encore. »

Au XXe siècle, cent cinquante ans plus tard, dans cette même Italie, après que la révolution eut soufflé sur tous les peuples, sur toutes les mœurs, sur toutes les jurisprudences ; après que les juristes prétendirent avoir fait de l'œuvre de Beccaria un livre de chevet, voici les faits qui se déroulent.

Un homme, Acciarito*, commet un attentat contre la vie d'un autre homme, Humbert, roi d'Italie. Il le rate. La justice le condamne à la détention perpétuelle. Il semble que le drame est fini et que la mort n'a plus qu'à venir délivrer cet homme que les autres oublient.

Mais la police n'oublie pas. Elle avait essayé de forger un grand complot où elle aurait englobé tous les anarchistes italiens. Mais l'homme était bien seul. Pendant plusieurs années, dans la prison, on essaya de lui arracher des aveux. Rien ne réussit.

Sans doute allait-on se lasser lorsque, sur l'ordre des commandeurs Doria et Canavelli dirigeant le service pénitentiaire de l'Italie, le sieur Angelelli, directeur du bagne de Pato-Eviole où était enfermé Acciarito, s'avisa d'un stratagème horrible, d'une torture sans nom.

Les policiers, en haut et en bas de l'échelle, sont tous les mêmes. Il semble voir Clemenceau, Lépine et Briand s'occupant de torturer quelque enfant ou de préparer quelque guet-apens en collaboration avec des agents des mœurs.

Acciarito avait une compagne aimée dont le sépara la brutale tragédie. Il n'avait pas d'enfant et cette jeune femme, heureusement, n'était point grosse au moment de la séparation. Que fit-on ? *On* lui insinua le contraire, puis *on* lui affirma, puis *on* lui déclara que la mère et l'enfant vivaient dans le dénuement le plus profond afin d'exciter sa douleur, son affection pour eux et son ressentiment contre les amis qui les délaissaient. Tous les jours on glissait dans sa tête le venin de la délation. S'il dénonçait ses complices, il aurait la liberté, il élèverait son enfant, il aimerait la mère.

Mais comment faire. Acciarito n'avait pas de complices, il ne pouvait se décider à désigner quelqu'un, à inventer la trame d'un complot.

Pourtant de plus en plus, l'affection d'Acciarito pour cet enfant qui n'est pas devient plus grande ! C'est une idée fixe ! Son sommeil est coupé de cauchemars où on lui arrache son enfant, ou bien, les yeux grands ouverts, il rêve de petites mains qui lui font des caresses et de petites lèvres qui lui donnent de doux baisers. Il écoute le babil de l'enfant. Quelle torture ! Quel martyre !

Il savait la mère sans ressources et sans relations. C'était la faim, le froid, la misère qui les torturaient, l'enfant et elle. C'est alors que, dans la cour du bagne, il entendit les cris poussés par un enfant que l'on frappait. Son enfant peut-être, sûrement, à la même heure poussait des appels déchirants et il n'était pas là pour le protéger. Chacune de ces plaintes, chacun de ces cris lui ouvraient la poitrine. C'était son enfant qui criait. Dressé sur sa couche, il écoutait les cris. Cet homme était vaincu. La police pouvait être heureuse. Les Clemenceau du pays s'en furent à son chevet. Il parla, il inventa, il broda l'histoire d'un complot dans lequel il jeta pêle-mêle les noms qui venaient à sa mémoire.

Ce fut un grand procès, pendant lequel on entretint Acciarito dans le mensonge premier, le berçant de l'illusion de la liberté. La police exultait. On arrêtait, on torturait, on écrasait. Et peut-être cet homme attendait-il que d'autres – des innocents – viennent prendre sa place alors qu'il irait enfin embrasser son enfant !

Vint le jour du procès. Acciarito était là. Il était le seul témoin à charge. Cet homme devait fixer anxieusement la porte par où allait paraître sa compagne, son enfant sur le bras, cet enfant qu'il n'avait encore jamais vu…

Sa compagne entra, ses bras étaient vides. Elle vint jusqu'à la barre. À une question folle d'Acciarito, elle déclara qu'elle n'avait jamais eu d'enfant.

Acciarito sentit se briser en lui tous les ressorts de sa vie. Il s'écrasa sous la douleur. Il fut pris d'un désespoir atroce. Il eut une crise de larmes. Puis il parla sans qu'on songeât à l'empêcher, il dit la torture subie, la pression faite, et comment il avait menti, comment il avait joué avec la vie des autres, comment, le cœur pris dans les tenailles de l'affection paternelle, de la détresse, il avait accusé des indifférents.

On ne put faire autrement que de sacrifier quelqu'un. Le directeur du bagne, Angelelli, fut choisi. Il fut révoqué.

Il dit alors qu'il avait agi sur ordre des commandeurs Doria et Canavelli. Ceux qui furent pris dans cette machination portent plainte contre les policiers. Comme paraîtront ces lignes, on aura sans doute terminé le débat. Mais qu'importent le résultat, l'indemnité accordée, plus ou moins forte ? Ce qui n'en demeure pas moins c'est la force horrible de toute une société qui s'associe contre un homme pour le torturer.

Quelquefois, j'ai un mouvement instinctif d'horreur en apprenant qu'un homme a attendu l'entrée d'un autre homme, derrière une porte, puis l'a poignardé, et je suis obligé de réfléchir longuement pour m'expliquer ce geste qui me porte une grande douleur ; je vois la jalousie, la misère, la passion dirigeant ce bras.

Mais tout un gouvernement, toute une organisation s'acharnant après un homme seul ; mais des geôliers, des policiers, des préfets de police, des magistrats entourant de la trame de leur imagination l'esprit affaibli d'un prisonnier, mais la société tout entière torturant dans son cœur, dans son corps, dans son esprit un individu qui a voulu plus de liberté et plus de bonheur pour l'humanité… je ne peux en trouver le pourquoi.

… Je sens que toute ma logique, toute ma raison, toute ma force ne peuvent pas faire que je pardonne à ce troupeau… de justiciers.

… Je sens qu'il est nécessaire que nul ne pardonne, que nul n'oublie pour travailler avec plus de force à détruire cette société dont l'existence est basée sur le mensonge odieux des codes, la tyrannie cruelle des lois et la légende imbécile des évangiles.

La liberté
26 décembre

Beaucoup pensent que c'est une simple querelle de mots, une préférence de termes qui fait se déclarer les uns libertaires, les autres anarchistes. J'ai un avis tout différent.

Je suis anarchiste et je tiens à l'étiquette non pas pour une vaine parure de mots, mais parce qu'elle signifie une philosophie, une méthode différentes de celles du libertaire.

Le libertaire, ainsi que l'indique le mot, est un adorateur de la liberté. Pour lui, elle est le commencement et la fin de toutes choses. Rendre un culte à la liberté, inscrire son nom sur tous les murs, lui élever des statues éclairant le monde, en parler à tout propos et hors de propos, se déclarer *libre* de ses mouvements alors que le déterminisme héréditaire, atavique et ambiant vous fait esclave… voilà le fait du libertaire.

L'anarchiste, en s'en reportant simplement à l'étymologie, est contre l'autorité. C'est exact. Il ne fait pas de la liberté la causalité mais plutôt la finalité de l'évolution de son individu. Il ne dit pas, même lorsqu'il s'agit du moindre de ses gestes « Je suis libre » mais « Je veux être libre. » Pour lui, la liberté n'est pas une entité, une qualité, un bloc qu'il a ou qu'il n'a pas, mais un résultat qu'il acquiert au fur et à mesure qu'il acquiert de la puissance.

Il ne fait pas de la liberté un droit antérieur à lui, antérieur aux hommes, mais une science qu'il acquiert, que les hommes acquièrent, au jour le jour, en s'affranchissant de l'ignorance, en supprimant les entraves de la tyrannie et de la propriété.

L'homme n'est pas libre de faire ou de ne pas faire, de par sa seule volonté. Il apprend à faire ou à ne pas faire quand il a exercé son jugement, éclairé son ignorance ou détruit les obstacles qui le gênaient. Ainsi, si nous plaçons un libertaire sans connaissances musicales devant un piano, est-il *libre* d'en jouer ? Non ! il n'aura cette liberté que lorsqu'il aura appris la musique et le doigté de l'instrument. C'est ce que dit l'anarchiste. Aussi lutte-t-il contre l'autorité qui l'empêche de développer ses aptitudes musicales – lorsqu'il en a – ou qui détient les pianos. Pour avoir la liberté de jouer, il faut qu'il ait la puissance de savoir et la puissance d'avoir un piano à sa disposition.

La liberté est une force qu'il faut savoir développer en son individu ; nul ne peut l'accorder.

Lorsque la République prend la devise fameuse « Liberté, égalité, fraternité », fait-elle que nous soyons libres ? que nous soyons égaux ? que nous soyons frères ? Elle nous dit : « Vous êtes libres. » Ce sont de vaines paroles puisque nous n'avons pas la puissance d'être libres. Et pourquoi n'avons-nous pas cette puissance ? Surtout parce que nous ne savons pas en acquérir la connaissance exacte. Nous prenons le mirage pour la réalité.

Nous attendons toujours la liberté d'un État, d'un rédempteur, d'une révolution, nous ne travaillerons jamais à la développer dans chaque individu. Quelle est la baguette magique qui transformera la génération actuelle née de siècles de servitude et de résignation en une génération d'hommes méritant la liberté, parce qu'assez forts pour la conquérir ?

Cette transformation viendra de la conscience qu'auront les hommes de n'avoir pas la liberté de la conscience, que la liberté n'est pas en eux, qu'ils n'ont pas le droit d'être libres, qu'ils ne naissent pas tous *libres* et *égaux*... et que, pourtant, il est impossible d'avoir du bonheur sans la liberté. Le jour où ils auront cette conscience, ils seront prêts à tout pour acquérir la liberté. C'est pourquoi les anarchistes luttent avec tant de force contre le courant libertaire qui fait prendre l'ombre pour la proie.

Pour acquérir cette puissance, il nous faut lutter contre deux courants qui menacent la conquête de notre liberté :

il faut la défendre contre autrui et contre soi-même, contre les forces extérieures et contre les forces intérieures.

Pour aller vers la liberté, il nous faut développer notre individualité. Quand je dis aller vers la liberté, je veux dire aller vers le plus complet développement de notre individu. Nous ne sommes donc pas *libres* de prendre n'importe quel chemin, il faut nous efforcer de prendre le « bon chemin ». Nous ne sommes pas *libres* de céder à des passions déréglées, nous sommes *obligés* de les satisfaire. Nous ne sommes pas *libres* de nous mettre en un état d'ébriété faisant perdre à notre personnalité l'usage de sa volonté et la mettant sous toutes les dépendances ; disons plutôt que nous subissons la tyrannie d'une passion que la misère ou le luxe nous a donnée. La véritable *liberté* consisterait à faire acte d'*autorité* sur cette habitude, pour se libérer de sa tyrannie et des corollaires.

J'ai bien dit *acte d'autorité*, car je n'ai pas la passion de la liberté considérée *a priori*. Je ne suis pas libérâtre. Si je veux acquérir la liberté, je ne l'adore pas. Je ne m'amuse pas à me refuser à l'acte d'autorité qui me fera vaincre l'adversaire qui m'attaque, ni même je ne me refuse à l'acte d'autorité qui me fera attaquer l'adversaire. Je sais que tout acte de force est un acte d'autorité. Je désirerais n'avoir jamais à employer la force, l'autorité contre d'autres hommes, mais je vis au XXe siècle et je ne suis pas libre de la direction de mes mouvements pour acquérir la liberté.

Ainsi, je considère la révolution comme un acte d'autorité de quelques-uns sur quelques autres, la révolte individuelle comme un acte d'autorité d'un sur d'autres. Et pourtant je trouve ces moyens logiques, mais je veux en déterminer exactement l'intention. Je les trouve logiques et je suis prêt à y coopérer si ces actes d'autorité temporaire ont pour but de détruire une autorité stable, de donner plus de liberté ; je les trouve illogiques et je les entrave s'ils n'ont pour but que de déplacer une autorité. Par ces actes, l'autorité augmente de puissance : elle a celle qui n'a fait que changer de nom, plus celle que l'on a déployée à l'occasion de ce changement.

Les libertaires font un dogme de la liberté ; les anarchistes en font un terme. Les libertaires pensent que l'homme naît libre et que la société le fait esclave. Les anarchistes se rendent compte que l'homme naît dans la plus complète des dépendances, dans la plus grande des servitudes et que la civilisation le mène sur le chemin de la liberté.

Ce que les anarchistes reprochent à l'association des hommes – à la société –, c'est d'obstruer le chemin après y avoir guidé nos premiers pas. La société délivre l'homme de la faim, des fièvres malignes, des bêtes féroces – évidemment pas en tous les cas, mais en la généralité –, mais elle le fait la proie de la misère, du surmenage et des gouvernants. Elle le mène de Charybde en Scylla. Elle fait échapper l'enfant à l'autorité de la nature pour le placer sous l'autorité des hommes.

L'anarchiste intervient. Il ne demande pas la liberté comme un bien qu'on lui a pris, mais comme un bien qu'on lui empêche d'acquérir. Il observe la société présente et il constate qu'elle est un mauvais instrument, un mauvais moyen pour appeler les individus à leur complet développement.

L'anarchiste voit la société entourer les hommes d'un treillis de lois, d'un filet de règlements, d'une atmosphère de morale et de préjugés sans rien faire pour les sortir de la nuit de l'ignorance. Il n'a pas la religion libertaire, libérale pourrait-on dire, mais il veut de plus en plus la liberté pour son individu, comme il veut un air plus pur pour ses poumons. Il se décide alors à travailler par tous les moyens à briser les fils du treillis, les mailles du filet et il s'efforce d'ouvrir grandes les baies du libre examen.

Le désir de l'anarchiste est de pouvoir exercer ses facultés avec le plus d'intensité possible. Plus il s'instruit, plus il prend d'expérience, plus il renverse d'obstacles, tant intellectuels, moraux que matériels, plus il prend un champ large, plus il permet d'extension à son individualité, plus il devient libre d'évoluer et plus il s'achemine vers la réalisation de son désir.

Mais que je ne me laisse pas entraîner et que je revienne plus exactement au sujet : le libertaire qui n'a pas la puissance de réaliser une observation, une critique dont il reconnaît le bien-fondé ou qui même ne veut pas la discuter, répond : « Je suis bien *libre* d'agir ainsi. » L'anarchiste dit : « Je crois que j'ai raison d'agir ainsi, mais voyons. » Et si la critique faite s'adresse à une passion dont il ne se sent pas la force de se libérer, il ajoutera : « Je suis sous l'esclavage de l'atavisme et de l'habitude. » Cette simple constatation ne sera pas bénévole. Elle portera une force en elle-même, peut-être pour l'individu attaqué, mais sûrement pour l'individu qui la fait, et pour ceux qui seront présents moins attaqués par la passion en question.

L'anarchiste ne se trompe pas sur le domaine acquis. Il ne dit pas : « Je suis bien libre de marier ma fille si ça me plaît ! » ; « J'ai bien le droit de porter un chapeau haut-de-forme, si ça me convient », parce qu'il sait que cette liberté, ce droit sont un tribut payé à la morale du milieu, aux conventions du monde ; sont imposés par l'extérieur à l'encontre de tout vouloir, de tout déterminisme intérieur de l'individu en cause.

L'anarchiste agit ainsi non par modestie, par esprit de contradiction, mais parce qu'il part d'une conception toute différente de celle du libertaire. Il ne croit pas à la liberté innée, mais à la liberté à acquérir. Et du fait de savoir qu'il n'a pas toutes les libertés, il a bien plus de volonté pour acquérir la puissance de la liberté.

Les mots n'ont pas une valeur en eux-mêmes. Ils ont un sens qu'il faut bien connaître, bien préciser afin de ne pas se laisser prendre à leur magie. La grande révolution nous a bernés par sa devise « Liberté, égalité, fraternité » ; les libertaires, les libéraux nous ont chanté sur tous les tons leur *laissez faire* avec le refrain de la liberté du travail ; les libertaires se leurrent par une croyance en une liberté préétablie et font des critiques en son honneur... Les anarchistes ne doivent pas vouloir le mot mais la chose. Ils sont contre le commandement, contre le gouvernement, contre la puissance économique, religieuse et morale, sachant que plus ils diminueront l'autorité, plus ils augmenteront la liberté.

Il est un rapport entre la puissance du milieu et la puissance de l'individu. Plus le premier terme de ce rapport diminue, plus l'autorité est diminuée, plus la liberté est augmentée.

Que veut l'anarchiste ? Arriver à faire que les deux puissances s'équilibrent, que l'individu ait la liberté réelle de ses mouvements sans jamais entraver la liberté des mouvements d'autrui. L'anarchiste ne veut pas renverser le rapport pour faire que sa liberté soit faite de l'esclavage des autres, car il sait que l'autorité est mauvaise en soi-même, tant pour celui qui la subit que pour celui qui la donne.

Pour connaître véritablement la liberté, il faut développer l'homme jusqu'à faire que nulle autorité n'ait possibilité d'être.

– ANNÉE 1908 –

L'INDIVIDUALISME

23 janvier

Tous les lecteurs de *l'anarchie* savent que je suis un bonhomme à marottes. J'aime le travail utile, j'ai une antipathie marquée pour les troueurs de carton ; je ne lis qu'avec peine les livres de sociologie et je tâche d'ignorer ce que clament les députés, ce que bafouillent nos sénateurs, ce qu'écrivent nos grands hommes. Ainsi étant, j'ai le bonheur de n'avoir nullement souffert, de n'avoir été nullement désillusionné quand Clemenceau s'est qualifié de première vache de France, quand Briand est devenu le ferme soutien de la patrie et de l'Église, quand Urbain Gohier* s'est associé avec Bunau-Varilla* du *Matin*. J'ai souri simplement comme j'avais souri devant la mine allongée des anarchisants alors que Rochefort s'associait au Mercier* de l'état-major.

Comme je me plais à le reconnaître moi-même, je suis donc un mauvais bougre, mais ne croyez pas que je puisse pousser à l'absolu toutes mes théories. Pour assurer mon existence, je fais bien des imbécillités ; j'ai des amis contrôleurs au métro ; je sais que Loubet n'est plus président de la République… et je viens de lire un livre de sociologie de six cents pages.

Cinq cent quatre-vingt dix pages in-18°, si vous voulez que je sois exact, et cela pas plutôt que je fermais un autre bouquin de cinq cent cinquante pages in-8°. Tout cela pour rendre service au bibliographe qui se déclarait surchargé.

Il y a de quoi être malade et ne plus savoir que penser au milieu de tous ces systèmes économiques tant socialistes qu'individualistes.

Ces bouquins venaient en droite ligne de chez Armand Colin, lequel a la spécialisation paraît-il de ce genre sociologique honnête. L'académie sérieuse et libérale édite chez lui. Venait en droite ligne, moyennant argent, car cet éditeur ne paraît pas fort se soucier de la critique de *l'anarchie* et ne trouve pas bon de nous faire le service même après demande. Or, voyez les coups du sort, la critique marche de trois colonnes.

Je passerai rapidement sur le premier livre lu. Il est intitulé *Les Systèmes socialistes et l'évolution économique* [1]. L'auteur est Maurice Bourguin, professeur en quelque faculté de droit. Écrit « pour les hommes préoccupés de la question sociale qui cherchent sincèrement à s'orienter dans la recherche de la vérité », c'est une œuvre médiocre et de mauvaise foi. On voit le parti pris depuis la première ligne jusqu'à la dernière. Les systèmes socialistes – systèmes que je combats moi-même très âprement – y sont présentés sous le jour le plus mensonger possible. Tout ce qui est de nature essentiellement ouvrière, susceptible de porter quelque changement véritable dans les bases mêmes du capitalisme, de la propriété, est tracé de façon ridicule. Tous les palliatifs, tous les moyens termes, tous les truquages gouvernementaux sont dessinés avec des traits fermes afin de faire ressortir l'intérêt porté à la classe ouvrière. Sous prétexte d'utiliser la méthode expérimentale, l'auteur fait usage de statistiques et de chiffres qui ne prouvent rien du tout. Dans quelques détails, lorsqu'il n'a pas à parler, Bourguin fournit une documentation qui, si elle est exacte, n'est pas sans utilité. Mais c'est tout.

Ce livre a l'avantage pour nous de n'être pas « dangereux ». Il est exécrable, monotone ; le lecteur le moins avisé y lit le parti pris ; son prix lui-même l'écarte de notre route.

1. *Les Systèmes socialistes et l'évolution économique*, Armand Colin, 1904.

Ceux qu'il touche sont ceux qui ont besoin à tout prix d'arguments si peu vraisemblables soient-ils. Évidemment « l'anarchisme et le communisme resteront en dehors de cette étude » nous dit l'auteur. Grand merci.

Je ne vous aurais certainement pas dérangé, si le second livre eût été pareil. Il n'en est rien. Son titre : *L'Individualisme économique et social*; son auteur : Albert Schatz, professeur aussi en quelque faculté de droit [1]. Le style en est clair, agréable. Les différentes doctrines y sont présentées avec esprit. L'auteur s'est efforcé d'entrer successivement dans la façon de penser de chacun des économistes dont il parle et, disons-le, il y a réussi. Peut-être n'y a-t-il pris que les matériaux qui facilitaient sa thèse? Mais, au moins, il a l'avantage de savoir dorer la pilule. Quand nous le suivons à travers le passé, que nous nous attardons à la lecture de l'œuvre des individualistes contre l'État, nous ne pouvons nous empêcher de revivre les paroles dites. Ainsi, j'éprouvais la même impression alors que je suivais le cours de Victor Basch*, sur le même sujet, aux Sociétés savantes. Mais cette impression n'est qu'une impression de sentiment, elle ne dure pas devant le raisonnement (Ah! cette maudite raison, dirait Albert Schatz). On devine rapidement où veut nous mener l'auteur, à l'acceptation de la fameuse théorie individuelle classique… et libérale.

Nous ne nions pas la valeur des théoriciens individualistes qu'il nous présente, ni même son art de nous les présenter. Mais nous savons que, de tous temps, l'œuvre des meilleurs de l'élite intellectuelle a su être détournée au profit de ceux qui possèdent. Et souvent les théories les plus osées sont devenues – avec quelques accommodements – les théories les plus respectueuses de la propriété de « l'ordre » ! Les cerveaux les plus puissants se mettent à gages!

1. L'ouvrage de ce professeur agrégé à la faculté de droit de l'université de Dijon, *L'Individualisme économique et social : ses origines, son évolution, ses formes contemporaines*, parut chez Armand Colin en 1907.

Voyons donc l'œuvre présente : c'est le résumé d'un cours d'histoire des doctrines économiques, nous dit l'auteur. C'est l'histoire des doctrines prises et présentées par ceux qui possèdent à ceux qui ne possèdent pas, voire même à ceux qui veulent posséder « trop », afin d'éviter l'envahissement de leur propriété, disons-nous plus justement.

Des antimercantilistes jusqu'à Spencer en passant par ceux de l'école morale, par les physiocrates, par Hume et Adam Smith de l'école anglaise, par Malthus et sa théorie de la population, par Ricardo et sa théorie de la rente, par Dunoyer et son libéralisme absolu, par ceux de l'école orthodoxe avec Bastiat, ceux de l'école historique avec Taine et ceux de l'école chrétienne avec Le Play. Ce ne sont là que les différentes formes de l'esprit bourgeois *libéral* – libéral, car les mots ont leur ironie.

C'est la glorification de l'individu qui possède, c'est sa défense, c'est l'histoire des différentes doctrines présentées tour à tour comme les meilleures pour empêcher la majorité des hommes d'arriver au libre développement de leur individualité. Il est vrai que c'est toujours au nom de l'individualisme… de ceux qui sont arrivés.

Ces différentes méthodes individualistes qui ne veulent accepter aucun maître, aucune loi, aucune restriction pouvant entraver la puissance de l'individu, acceptent comme acquis et sacré le fait même de la propriété terrienne, de la richesse industrielle. Elles s'appliquent à ceux qui possèdent… et à leurs valets.

L'homme, selon qu'il sera fils de propriétaire ou de non-propriétaire, pourra ou ne pourra pas affirmer son individualité. Au nom de la gloire de l'individu, l'un devra travailler à l'affirmation de la puissance de l'autre. Ce dernier devra tout faire pour assurer l'intégrité de sa fortune, le premier devra tout faire pour commencer la sienne… sauf attaquer les bases de la propriété… elles sont intangibles !

Sous le couvert de libéralisme, d'individualisme on écrase le développement du plus grand nombre des individus au profit du plus petit nombre.

Si l'individu doit tout faire pour arriver à conquérir une « situation », à se développer, il doit pourtant s'occuper de certaines règles, de certaines morales, de certains respects. Tout ce qui peut vouloir contrebalancer la force des individus en puissance par celle des individus en devenir est considéré comme une entrave à l'individualité des premiers. Nos libéraux poussent les hauts cris. Si une loi *semble favoriser* les faibles, ceux qui sont nés hors des moyens économiques, l'auteur nous montre que c'est une loi anti-individuelle, mais il oublie de dire tout le travail souterrain de la morale, de la philosophie, des usages qui font accepter comme un fait acquis et inviolable la répartition sociale de la richesse.

Notre individualisme n'a aucun rapport avec cet individualisme tronqué, préparé à l'usage de la société présente. Le moi, l'individu que nous voulons dégager des autres hommes se manifeste avec des moyens égaux semblables à celui des autres « moi », des autres individus. Il ne saurait être logique de conserver la répartition actuelle des richesses et des profits tant matériels que « moraux », et de parler de tels individus développés ou non alors qu'on ne se trouve qu'en face d'hommes plus ou moins favorisés. Si nous ne désirons pas que les individus soient identiques, nous nous plaisons à les voir égaux devant les puissances sociales et économiques. Et nous travaillons à faire que l'inégalité entre le pauvre et le riche ne soit plus, car elle n'affirme pas la puissance des individus mais bien plutôt celle des fortunes.

Rien de plus curieux que cette ignorance des auteurs sociologiques classiques lorsqu'il s'agit de parler de l'anarchisme dans son évolution présente. Ils ne peuvent connaître la manifestation de l'individu, la vie d'un peuple, la réalité d'une pensée qu'en lisant dans les livres et les rapports, ils ne savent pas voir par eux-mêmes. Ou peut-être aussi, ils ne doivent voir que ceux qu'on leur dit de voir.

Lorsque, parlant de l'individualisme, Schatz est obligé de toucher à l'anarchisme, il s'en débarrasse en quelques mots. Il y a, dit-il, deux doctrines anarchistes : l'une est un grossissement du socialisme, l'autre est un grossissement de l'individualisme. La première est celle du prince Kropotkine, l'autre est celle de Stirner, un peu celle de Proudhon. Et il s'occupe de ces deux derniers auteurs.

Si, au lieu de chercher chez Eltsbacher[1], il avait essayé de se documenter lui-même, il aurait peut-être pu voir un nouveau courant anarchiste qui l'aurait déconcerté. Ce courant pour dire vrai n'est pas nouveau : il n'est que l'évolution naturelle de l'idée anarchiste. Ceux qui le défendent s'appellent anarchistes tout simplement, mais quand on veut les pousser plus à fond, ils se déclarent « communistes-anarchistes » et, pour sortir du domaine utopique dont Schatz nous accorde si facilement l'exploitation, ils s'efforcent de vivre leurs idées en les mettant en pratique immédiatement.

Ces hommes, ami Schatz, peuvent se réclamer de Mandeville, de bien des physiocrates, de Malthus, de Stuart Mill, en vous laissant il est vrai Bastiat, Le Play et Sangnier. Ils peuvent prendre à Dunoyer et à Spencer, mais ils ne comprennent pas l'individu courbé sous l'obéissance d'un Dieu hypothétique et le respect à une propriété que trop réelle.

Si l'aristocratie d'un Nietzsche ou d'un Ibsen, la passion réagissante d'un Stirner ou d'un Proudhon sollicitent leur attention, ils n'en concluent pas moins que la réalité est plus intéressante que l'utopie.

À votre grand regret, j'en suis sûr, ceux qui n'ont pas l'appétit des individualistes libéraux ne veulent pas non plus cultiver les paradoxes du « moi » ou de « l'unique » dont la propriété serait de crever de faim.

L'auteur disait dans sa préface qu'il faisait ce résumé pour atteindre un plus grand nombre de personnes. La conclusion qu'il lui donne me permettrait presque d'établir que ce livre devrait avoir la prétention de satisfaire à la tendance

1. Libertad fait sans doute allusion ici au livre de Paul Eltzbacher, *L'Anarchisme* (trad. Otto Karmin), Giard & Brière, 1902.

pratique de l'esprit des jeunes gens de la génération actuelle. Les anarchistes ne se laissent pas prendre à ces jeux-là.

Après avoir touché à toutes les cordes de l'individualisme, voire catholique et papal avec Le Play, Sangnier et Léon XIII, glorifié le développement moral et économique de l'individu avec Malthus, Stuart Mill, Nietzsche et Renan, l'auteur fait une conclusion qui pourrait sembler en complet désaccord avec sa thèse, tant elle est floue et lâche, mais qui est bien l'aboutissant logique du genre d'individualisme qu'il prône. Cette méthode ne peut former que des maîtres et des esclaves, jamais des hommes.

L'auteur propose aux éducateurs de choisir parmi leurs auditeurs « celui » en qui ils voient « un futur conducteur de peuple » et voici, en substance, ce qu'ils devraient lui dire : « Tu ne connais le monde que par les poètes, c'est-à-dire tu le connais mal. C'est aux économistes qu'il appartient d'achever ton éducation. Ne crois pas t'abaisser en acceptant leur discipline. Tout ce que les hommes ont fait de beau a pour support la richesse sociale créée par la foule obscure des travailleurs. Les hommes ne sont pas bons, ce qui les fait vivre en paix, c'est l'intérêt ; ne leur demande jamais de service qu'ils n'aient avantage à te servir. Aie pour principe de respecter l'ordre naturel.

» Si ta raison proteste contre lui, ne va pas détruire cet ordre, mais force ta raison à en comprendre la nécessité. La raison nous est venue sur le tard : elle est l'ouvrier de la onzième heure, si elle n'est pas la mouche du coche. Méfie-toi de ses prétentions indiscrètes. »

Je cite ce passage textuel pour signaler la tendance générale de l'auteur contre le rationalisme, tendance que j'avais omis de signaler. C'est avec cet art que l'auteur se sert de certains arguments pour les retourner contre ceux qui les donnent. Ainsi, déclarant que l'homme n'a pas de droits, il arrive à dire : « Tu n'as pas à revendiquer tes droits, mais à accomplir des devoirs. Tu n'éprouveras la joie de vivre, tu ne seras fort qu'en cultivant toi-même ta force et dans les tristesses de la vie, c'est en toi-même que tu trouveras le réconfort. Développe donc en toi moins la raison que la volonté intelligente, car la raison est faible, malgré son orgueil. *N'aie pas l'ambition de changer le monde, même s'il te déplaît, tu y perdrais ton temps. Accepte-le courageusement comme il est, ne lui demande que ce qu'il peut donner et ne te préoccupe que d'accomplir généreusement et virilement ta tâche. Ce qu'il te faut et ce que tu peux transformer, c'est toi-même.* »

Partant donc de pensées semblables aux nôtres – la culture du moi, de la volonté d'être –, l'auteur sait arriver adroitement à des conclusions absolument opposées. Le moi qu'il faut transformer, la volonté tenace qu'il faut avoir, c'est dans le but de grimper à une situation quelconque, de prendre place à l'assiette. Voilà le développement final de l'individu selon Schatz.

Et il continue, critiquant, avec d'autant plus d'art que la tâche est facile, les réformes ouvrières, les promesses radicales et socialistes.

Anna Mahé parlait il y a longtemps, dans *l'anarchie*, de l'admiration qu'elle avait pour le livre de lecture *Le Tour de France par deux enfants*[1]. Elle disait combien il répondait au but que s'était proposé l'auteur, celui de moraliser, d'influencer, d'abrutir en un mot, le cerveau des jeunes enfants du peuple. Elle montrait tout le respect qu'il savait inspirer pour la loi, la justice, la patrie, la propriété, etc.

Le livre de Schatz s'adresse à une autre « classe », à des fils de bourgeois, de fonctionnaires, à des jeunes gens que pourrait avoir touché le désir de plus de beauté et de logique économique de par le monde. Ce livre est une

1. *Le Tour de la France par deux enfants*, écrit par Augustine Fouillée sous le pseudonyme de G. Bruno, double l'enseignement de la géographie nationale d'une leçon de morale. Deux orphelins, partis de Phalsbourg en Lorraine devenue allemande, parcourent les provinces de France à la recherche de leur oncle. Paru en 1877 chez Belin, ce livre de lecture courante, vendu à six millions d'exemplaires en 1901, diffuse pour le plus grand nombre les traits dominants de l'enseignement républicain : une morale laïque inspirée des valeurs bourgeoises.

douche froide. La forme réaliste que prend l'auteur est fausse, mais encore faut-il découvrir sa ruse et beaucoup peuvent s'y laisser tromper.

Ce livre veut détruire, veut entraver une force nouvelle qui libérera les hommes lorsqu'ils sauront s'en rendre maîtres.

Cette force est faite du courant communiste et du courant individualiste enfin fusionnant l'un dans l'autre et trouvant leur aboutissant logique dans *l'anarchisme*.

Terrorisme

5 mars

Une fois de plus, les événements viennent démontrer que le terrorisme n'est pas la méthode exclusive des anarchistes, mais bien la méthode logiquement employée par tous ceux qui voient la réalisation de leurs théories repoussée à l'an 3000.

Les anarchistes peuvent être terroristes, les terroristes ne sont pas forcément anarchistes. Le terrorisme est une façon d'être de la lutte dont on se sert ordinairement après avoir essayé d'autres formes.

Les anarchistes ont pu envisager et usager cette forme de la lutte plus que d'autres, étant, par la nature même de leurs revendications mondiales, bien loin de la réalisation de leurs desiderata par les formes pacifiques.

On a eu tort d'associer le mot anarchiste au mot terroriste, de telle façon que l'un évoque toujours l'autre. Le terrorisme a été employé à toutes les époques et par tous les partis. Il a été l'arme redoutable et mystérieuse des victimes contre les oppresseurs. Les tyrans en ont connu l'âpreté aiguë. Les moyens employés sont variés : le poignard de Brutus devient la machine infernale de Fieschi, après avoir été la guillotine jacobine de Clemenceau.

Les anarchistes, ayant trouvé d'autres causes que les rois ou les ministres à l'empêchement de leur mode d'être, ont pu étendre la part des « responsables » et vouloir « terroriser » un grand nombre d'individus – les détenteurs de la richesse, par exemple. De plus, venant à une époque où l'évolution scientifique décelait des moyens plus expéditifs que le poignard ou le revolver, ils ont été portés à s'en servir. Cette différenciation et cette extension nouvelles les firent oublier des méthodes déjà connues et appliquées par d'autres partis et s'établir l'idée que les anarchistes seuls étaient terroristes, régicides, et surtout qu'ils l'étaient à l'exclusion de tout autre méthode. Les événements de Russie et ceux du Portugal détruisent cette légende. Les autres partis – le socialisme, le républicanisme en ces circonstances – l'utilisent avec succès d'ailleurs.

Pour le deuxième point de la légende, disons que les anarchistes ne sont pas des nihilistes. Être contre l'autorité, le commandement ne veut pas dire être contre tout. Ce serait plutôt être pour tout. Travailler à supprimer les entraves de l'individu est faire œuvre de vie.

Que ceux qui savent lire pour déchiffrer les mots, mais pas assez pour en comprendre le sens, ne trouvent pas dans les phrases précédentes une excuse honteuse à l'emploi du terrorisme. Ils se tromperaient et je veux leur éviter cette peine.

Ce qui a pu aussi établir l'idée que les anarchistes étaient seuls terroristes, c'est qu'ils sont les seuls qui ont la « loyauté » de défendre l'emploi de ce moyen, comme le chirurgien défend l'ablation de tel ou tel membre.

Ceux qui armèrent Ravaillac prient pour Henri IV et pleurent sa mort, et Clemenceau envoie des condoléances aux victimes des disciples de ceux qui le mirent au pouvoir. Les anarchistes expliquent l'utilité de recourir à de telles formes ; ils montrent ces révolutions toutes personnelles comme déterminées par l'impossibilité d'accomplir des révolutions plus générales. Ils prouvent que souventes fois les petits effets produisent les grandes causes, que le chatouillement de la membrane pituitaire provoque un éternuement qui ébranle tout l'organisme, que la mort dans de telles conditions de tel ou tel individu peut provoquer un ébranlement social économisant, en définitive, des vies plus intéressantes. Ils mettent simplement cette méthode à côté des autres méthodes d'action et de persuasion mais non à leur exclusion.

Des tempéraments peuvent se refuser à employer ce moyen, mais s'ils sont anarchistes véritablement ils ne peuvent en condamner l'emploi chez d'autres. On peut quelquefois en discuter la valeur en telle occasion, sans pour cela déclarer que la méthode est mauvaise en toutes occasions.

Pour ma part, si je trouve mauvais que l'on veuille limiter l'anarchisme à l'exercice de cette seule méthode et faire de l'anarchiste un simple terroriste ; je dirais que la forme terroriste m'a semblé exactement appropriée à certaines époques et à certaines circonstances.

Et je regrette autant la tendance qui veut ne voir en nous que des terroristes, que la tendance sentimentale qui voudrait nous faire abandonner les moyens du terrorisme, alors que nous ne sommes qu'aux balbutiements de la pratique anarchiste.

Protestation ?

5 mars

La Fédération socialiste de la Seine invitait la population parisienne à venir protester *contre l'aventure marocaine*[1] et *contre l'arbitraire gouvernemental*[2].

Dix mille personnes ont répondu à cet appel. Cinq ou six mille seulement purent entrer dans le Manège Saint-Paul où avait lieu le meeting. J'ai vu, depuis douze ans que je traverse Paris en tous sens pour porter mon faible tribut contre tous les arbitraires, toutes les autorités, bien des meetings : je crois que celui-ci est des plus importants par le nombre d'auditeurs.

Quelle impression me laisse donc cette réunion ? Une impression banale. Je sens que je ne me trouve pas en face d'hommes venant protester, mais bien plutôt en face de curieux. Je ne suis pas dans un meeting de protestation, mais dans une salle de spectacle. On ne s'indigne pas, on applaudit. Ce n'est point des individualités réunies contre

1. Il s'agit de l'un des rebondissements des rivalités impérialistes autour du royaume chérifien qui suivit le traité d'Algésiras (juillet 1906), partageant le Maroc entre la France et l'Espagne. Ce traité de protectorat attribue notamment à la France la surveillance des territoires frontaliers de l'Algérie, l'encadrement de la police marocaine et des pouvoirs spécifiques de police ; le général Lyautey occupera Oujda en 1907 et, l'année suivante, 6 000 soldats français aux ordres du général Drude débarqueront à Casablanca.

2. Référence à celui des gouvernements de Clemenceau qui répriment violemment l'ensemble des mouvements sociaux de la période. Ce qui enrage le plus les contemporains, c'est le reniement qui le caractérise : « Ce "champion de la liberté individuelle, ce défenseur des droits de l'homme" est devenu un réactionnaire odieux qui ne recule devant aucune bassesse : il infiltre des mouchards partout, fait espionner ses anciens amis politiques, traque les syndicalistes, poursuit les journaux, emprisonne les militants, assassine les ouvriers… » (Élisabeth et Michel Dixmier, L'Assiette au beurre, *revue satirique illustrée*, Centre d'histoire du syndicalisme/Maspero, 1974, p. 113).

l'oppression, mais bien plutôt un troupeau qui veut savoir qui le guidera.

Je sens nettement que Jaurès, Sembat, Willm* pourraient être pour l'expédition du Maroc, sans que le public applaudisse moins et avec tout autant de « conviction ».

C'est un spectacle. Ce sont les numéros à sensation qui ont appelé tant de monde ; les Russes ont vidé leurs maisons pour venir. Ce n'est pas la protestation que l'on vient d'entendre, mais Jaurès, mais Sembat, mais Willm. Jaurès surtout. Quand il termine, un quart de la salle se vide.

Ce n'est pas le meeting où les auditeurs sont soucieux de la phrase précise, flagellante mais brève, afin que le plus grand nombre vienne jeter son cri, dire son mot de froide colère ou de bouillante logique. Non, c'est la conférence où l'orateur s'attarde à de longues circonlocutions, fait sonner les mots, rouler les *r*, multiplie les gestes, cabotine en un mot.

Le public ne juge pas sur le fond, il apprécie la forme. Il n'est pas là pour formuler une opinion sur la guerre du Maroc ou l'arbitraire de monsieur Clemenceau, mais bien plutôt pour jouir de l'art et des effets oratoires d'un Mounet-Sully ou d'un Jaurès.

Je ne sens pas souffler sur cette foule entassée la fièvre de l'indignation qui souleva si souvent l'auditoire lors de l'affaire Dreyfus. Les orateurs parlent pour les oreilles, flattent l'ouïe, mettent des phrases sonores l'une à côté de l'autre. Le public en aime l'harmonie ou vibre à leur sonorité. À aucun moment, je ne comprends que l'auditoire se dresse contre l'arbitraire, prêt à tout pour le vaincre.

Alors que dans les meetings passionnants le public ne sait jamais l'heure, que minuit vient sans que nul ne s'en doute, cette fois-ci les leaders, les numéros promis entendus, c'est une débandade générale. On veut l'ordre du jour. On le réclame. Aulagnier* et Gabrielle Petit sont interrompus par des gens pressés de s'en aller dormir.

Ce public veut un ordre du jour. Il faut qu'on lui codifie son indignation, qu'on mette en formules sa colère. Il proteste en cadence. Et ce sont les couplets de *L'Internationale* qui chantent ses douleurs et ses désirs.

Rien ne vient de lui-même. Rien ne sort de son cerveau, ni de sa poitrine. Ce n'est pas lui qui fait la force de ce meeting par l'apport de son activité, de sa puissance. Il ne donne qu'une chose : sa docilité, sa discipline, mais combien cela est peu dans une lutte où chacun doit opérer séparément, être une unité, une personnalité.

Le troupeau est là. Il se tasse. Il se serre. Il s'écrase. Il se moque du loup. Mais, tout à l'heure, chacun s'en retourne seul ou presque, et la peur, la résignation, l'obéissance reprendront chacun de ces hommes venant d'applaudir « la vérité qui apparaît et qui surgit » et qui se sont déclarés prêts à souffrir « pour ne pas rester indifférents aux crimes qui se commettent là-bas ».

Rien ne sort du public, je le répète, il reçoit tout de l'orateur, du conférencier, lesquels ne peuvent sortir d'eux-mêmes de quoi donner la force à ces milliers d'hommes en admettant même qu'ils en eussent le désir.

Leur conférence, leur discours ne sont que des tours de force, d'acrobatie, des effets de virtuose, où paraître passe pour être. Il faut trouver l'éclat de voix et la phrase redondante, dramatique même pour que le public s'émotionne. Des phrases-clichés entraînent la claque.

Le public applaudit lorsqu'on lui parle des « responsabilités françaises », « des traditions révolutionnaires de la France », « de l'honneur de la France », « des petits soldats de France », « du crédit moral de la France », « des prolétaires français », etc.

Et il applaudit avec la même force lorsqu'on lui parle « de la cause de la race humaine », « de la paix internationale », « de son internationalisme de fraternité » et « du patriotisme de proie et de scélératesse des gouvernants », etc.

Ce public n'est pas pour porter une opinion, pour « juger » ce qui est dit, mais pour recevoir les paroles de l'oracle, de l'orateur. Lorsque ces dernières sont contradictoires et diffuses, tant pis. Le public ne vient même pas pour les assimiler, pour s'en faire une pâture, nourrissant son cerveau vide : il vient pour s'indigner à l'heure, pour s'émotionner à la minute. Il rentre chez lui en disant : « Il y avait du monde. Jaurès a été rudement bon. Willm était enrhumé. »

Soyons juste. Il vient y chercher autre chose : la conscience d'avoir fait son devoir de citoyen socialiste, ainsi que le catholique va à la messe et fait ses Pâques... puis ils reprennent tous deux leur vie ordinaire dans la pourriture sociale.

Non ! la réunion d'hier soir n'était pas une protestation, c'était une audition. Le public n'était pas formé de protestataires mais d'auditeurs. Des meetings de ce genre ne réveillent pas d'autres échos que ceux de la salle où ils se font. Je dis cela, parce que je le ressens, alors que je voudrais bien aussi pouvoir me leurrer, pouvoir me tromper, pouvoir croire à une agitation quelconque.

Mais pour cela il ne faudrait pas que j'aie vu l'entrée sous la tutelle flicarde et il ne faudrait pas non plus que je sois resté le dernier, que j'aie vu défiler les dos courbés des citoyens sous le mépris brutal de la police.

Le meeting de ce soir-là m'enlève une dernière illusion : le public n'accepte pas l'arbitraire et les crimes des gouvernants parce qu'il les ignore ou ne les comprend pas mais bien plutôt parce qu'il n'a pas la force de réagir, parce qu'il est trop lâche.

Nous allons...

19 mars

Nous n'avons pas la foi, nous n'avons pas la confiance absolue en notre réussite : nous sommes certains de n'avoir rien négligé, d'avoir fait tous nos efforts pour être sur la bonne route.

Nous n'avons pas la certitude de réussir : nous avons la certitude d'avoir raison.

Nous ne savons pas, nous ne pouvons même pas savoir si la réussite sera au bout de nos efforts, si elle en sera la récompense ; nous tâchons de faire les gestes d'agir, afin que, logiquement, nous devions arriver au résultat qui nous intéresse.

Ceux qui envisagent le but dès les premiers pas, ceux qui veulent la certitude d'y atteindre avant de marcher n'y arrivent jamais.

Quel que soit le travail entrepris, si près en soit l'achèvement, qui peut dire en voir la fin ? Qui peut dire : je récolterai amplement ce que je sème ; j'habiterai cette maison que je construis, je mangerai les fruits de l'arbre que je plante ?

Et pourtant, on jette le blé en la terre, on assemble les pierres les unes aux autres, on entoure de soins l'arbrisseau.

Parce qu'on ne connaît pas de façon certaine, sûre, pour qui, comment, quand sera le résultat, va-t-on négliger les efforts pour qu'il soit possiblement bon ? Va-t-on jeter le grain sur la roche dure ou le mélanger à l'ivraie ? Va-t-on assembler les pierres sans l'équerre et le fil à plomb ? Va-t-on mettre le plant au carrefour à tous les vents ?

La joie du résultat est déjà dans la joie de l'effort. Celui qui fait les premiers pas dans un sens qu'il a toute raison de croire bon, arrive déjà au but, c'est-à-dire qu'il a la récompense immédiate de ce labeur.

Nous n'avons pas besoin de connaître si nous réussirons, si les hommes arriveront à vivre dans une harmonie assez grande pour assurer le complet développement de leur individualité, nous avons à faire les gestes pour que cela soit, à aller dans le sens que déterminent juste et notre raisonnement et notre expérience.

Nous ne disons pas : « Les hommes naissent bons, ils doivent donc s'harmoniser. » Nous disons : « Logiquement, il serait de l'intérêt des hommes d'obtenir avec le moindre effort la plus grande somme de bien-être ; non point en vue de supprimer l'effort, mais de l'utiliser toujours à obtenir mieux. Il faut donc leur démontrer où se trouve leur intérêt. L'entente entre les individus est le meilleur moyen pour arriver à assurer le bonheur de l'homme. Essayons de lui faire comprendre. »

L'idée du heurt de la terre par quelque météore, d'un affaissement du sol, d'un embrasement général pouvant venir interrompre notre démonstration ou notre expérience ne peut nous empêcher de commencer l'une et l'autre. De même, la non-compréhension, par la majorité des hommes, de nos idées, de notre pratique, soit par crétinisme, soit par perversité, ne saurait être une raison pour nous interrompre de penser et de critiquer.

Tout travail commencé est en voie d'achèvement, quelle que soit la résistance du milieu attaqué. Il n'est pas de se suggestionner par la magnificence ou la proximité du but à atteindre, mais bien plutôt de se convaincre par une critique constante que l'on procède de la bonne manière, que l'on ne s'égare pas dans les à-côtés.

Nous allons avec ardeur, avec force, avec plaisir dans tel sens déterminé parce que nous avons la conscience d'avoir tout fait et d'être prêts à tout faire pour que ce soit la bonne direction. Nous apportons à l'étude le plus grand soin, la plus grande attention et nous donnons à l'action la plus grande énergie. Alors que nous dirigeons notre activité dans un sens donné, il n'est point de nous dire : « Le labeur est dur ; la société étatiste est solidement organisée ;

la bêtise des hommes est considérable. » Il serait mieux de nous montrer que nous nous trompons de direction. Si l'on y parvenait, nous emploierions la même force, dans un autre sens, sans aucune défaillance. Car nous n'avons pas la *foi* en tel but, l'*illusion* en tel paradis, mais la certitude d'employer notre effort dans le sens le meilleur.

Il ne saurait nous importer d'un résultat immédiat, tangible, mais qui retarderait, détournerait du chemin exact. L'appât des réformes sollicitant la masse des hommes ne saurait nous attarder.

Pour précipiter notre marche, nous n'avons pas besoin des mirages nous montrant le but tout proche, à portée de notre main. Il nous suffit de savoir que nous allons… et que, si parfois nous piétinons sur place, nous ne nous égarons pas.

Le mirage vous appelle à droite et à gauche, vous détourne, et, si l'on réussit à revenir sur la bonne route, c'est affaissé et diminué par l'illusion perdue. La griserie des mots et des illusions ressemble à celle de l'alcool, elle peut jeter les foules dans un mouvement passionné, vers un but tout proche. Mais les foules s'arrêtent, dégrisées.

Elles s'arrêtent découragées par le vide du résultat. La constance du courage n'est pas dans le fait d'arriver, mais dans la certitude d'avoir raison.

Nous n'avons pas besoin que nul poteau indicateur nous montre que nous avons fait le tiers, le quart, le centième du chemin ; que nul ne jauge la quantité de notre effort et son rapport avec l'effort global. Nous nous plaisons à savoir que nous donnons, selon nos forces et dans le sens que nous croyons le meilleur, tout ce que nous pouvons donner.

Nous croyons à une constante évolution, nous savons donc qu'il n'y a pas de but. Il nous suffit d'aller toujours devant nous, toujours dans le bon chemin. Et que les meutes aboient après nous, que nous soyons les fous, les mauvais, que la majorité se dresse sur notre passage, que l'atavisme, l'hérédité veuillent imposer leurs lois comme inéluctables, que le milieu se défende âprement, que le but soit loin, très loin, il ne saurait nous importer.

Nous allons... employant tous les moyens, tour à tour persuasifs et violents. Nous sommes prêts à nous défendre et à attaquer, quel que puisse être le nombre des victimes. Nous sommes prêts à nous unir à quiconque et à tous pour la réalisation du bonheur universel et pour le développement normal de l'Unique.

Nous allons... Chaque effort porte sa joie en lui-même et chaque jour voit son étape, si minime soit-elle.

Nous allons... Nous n'avons pas la certitude d'arriver, nous avons la conscience d'avoir tout fait et d'être prêts à tout faire pour avoir raison, donc pour arriver.

Et c'est ce qui fait que nous sommes les plus forts... que nous ne sommes jamais las.

Nous allons...

Un ministère de proscription

26 mars

En ce meeting *contre un ministère de proscription* [1], les différents orateurs se sont attachés à montrer tout l'arbitraire, toute l'ignominie de monsieur Clemenceau et de ses acolytes. Partant de points différents, ils en ont montré, tour à tour, la veulerie, la lâcheté envers les puissances capitalistes et la dureté, l'arrogance, la cruauté même envers les ouvriers, les producteurs.

Permettez-moi de venir, comme toujours, porter en ce meeting quasi officiel une note sinon contradictoire, du

1. Meeting du vendredi 20 mars 1908 au Palais du travail.

moins différente de celles que donnèrent les précédents orateurs.

Vais-je donc défendre Clemenceau, et profiter du fait que monsieur le président et vous consentirent à m'accorder la parole en un tel lieu pour abuser de votre patience en répétant ici mes radotages réactionnaires ? N'en croyez rien.

Je voudrais simplement m'attacher à démontrer que le gouvernement de Clemenceau arrive à son heure et qu'il ne saurait être autre que ce qu'il est.

Si Bonzon* a pu dire que le clemencisme était au pouvoir avant Clemenceau et que, dans un beau geste de prudence, il a pu affirmer qu'il lui survivrait, démontant le proverbe « Morte la bête, mort le venin », c'est donc que Clemenceau, Briand, Viviani, etc., ne sont que des mannequins qui ont endossé l'habit de ministre à des heures où la répression était obligatoire.

Je ris lorsque je vois une foule composée d'hommes conscients, au-dessus des autres foules, s'attarder après les chausses d'un Briand, d'un Clemenceau, d'un Picquart, contre un gouvernement de proscription, alors que tous les gouvernements ne vivent que d'oppression, de vols, de tyrannie et d'arbitraire.

Ce n'est pas Clemenceau qui suscite un ministère d'oppression, de répression plutôt, c'est nous, et je dis que nous devons nous en féliciter. Ce n'est pas Clemenceau qui est contre nous, c'est nous qui sommes contre lui.

Si nous étions des résignés, des sages, des honnêtes, si nous acceptions les homélies des ministres, les ordres du jour des galonnés, les impôts des percepteurs comme une manne céleste, messieurs Clemenceau, Picquart, Briand et autres ne songeraient point à fermer les portes des prisons sur nous.

Si les publications anarchistes étaient autant de feuilles de louanges sur la bonne organisation de la société, si les discours des assemblées publiques étaient autant de compliments jetant de l'encens aux nez des gouvernants, nul ne songerait à casser les plumes qui écrivent les premières, et à fermer les bouches qui prononcent les seconds.

Si les gouvernants en sont réduits à employer constamment la force pour arrêter nos écrits et nos paroles c'est que chacune de nos lignes, chacune de nos paroles font balle ; chacun de nos articles, chacun de nos discours jettent bas un préjugé et « fabriquent » un ou plusieurs individus qui viennent grossir les rangs de ceux qui se défendent et de ceux qui attaquent.

Oui, nous avons raison. Oui, nous avons la logique pour nous, et contre la raison et contre la logique les gouvernants en sont réduits à employer la force, l'oppression. Monsieur Clemenceau et ses pareils sont déterminés contre les attaques multiples qui les assaillent à faire arme de tout. La légalité ne leur suffit plus, ils sont obligés d'employer journellement l'arbitraire. Et ce n'est pas Clemenceau, Picquart, les ministres présents qui agissent ainsi, ce sont les hommes qui ont accepté d'être ministres et qui, de ce seul fait, sont obligés d'agir contre les gouvernés, alors que ces gouvernés veulent essayer de se dérober à la tutelle qui leur est imposée.

Rouvier, Brisson, Combes devraient en user de même. Peut-être emploieraient-ils des modes différents, mais qui arriveraient aux mêmes résultats.

Oui, l'État pour se défendre contre les « administrés » n'a plus assez de l'arsenal des lois. Il ne suffit plus que deux assemblées parlementaires, sur les injonctions du gouvernement, fassent et défassent des lois et des décrets selon le bon plaisir du jour ; il ne suffit plus de toute la puissance que l'hérédité du respect et de l'esclavage ont mis en les hommes : les gouvernants, les ministres sont obligés d'avoir recours journellement à l'arbitraire.

Le truquage parlementaire n'arrive plus à imposer silence à la raison, à la logique qui renversent toutes les barrières de la croyance, du respect en des dieux et des patries. La logique anarchiste, l'esprit du libre examen sont plus forts que toutes les subtilités, les casuistiques, les arguties des lois, de la légalité.

Monsieur Clemenceau, représentant actuel de l'État en France, se voit obligé d'employer la tyrannie. Les parlements aux heures du danger décident de choisir un dictateur. C'est ce monsieur qui est désigné. Il tient son rôle. Que parlez-vous de son passé ? Ce n'est pas d'être un tyran, un fourbe, un oppresseur qu'il est blâmable, ce n'est pas de mettre en prison, au bagne, à la maison de correction qu'il faut lui reprocher, c'est le fait même d'avoir accepté d'être ministre. Si je dis ces mots, c'est parce que j'ai l'impression que personne ce soir, ou presque, ne s'est indigné contre le Ministre, mais bien contre le ministre Clemenceau.

Je parle contre le Ministre d'hier, celui d'aujourd'hui, contre le Ministre de demain alors que monsieur Guesde sera chargé de nous imposer la caserne collectiviste.

Si je pense aux individualités qui sont sous le couperet de la loi, certes je ne peux me réjouir ; mais en un point de vue plus global, je peux dire que je suis heureux de la répression gouvernementale, de l'arbitraire ministériel, il montre d'une façon certaine que nous existons, que nous sommes et que les idées que nous jetons sont d'une telle force, ont une telle répercussion dans les foules que les hommes qui les jettent doivent être enfermés.

La raison et la logique anarchistes effraient les gouvernants impuissants à les abattre.

Marmande* rappelait tout à l'heure l'ignominie des expulsions de Russes ; il s'attachait à prouver que la France n'est plus la terre classique de l'hospitalité, de la liberté. Pourquoi donc ? parce que les gouvernants français ont assez de révoltés en ce pays, et ne peuvent en accepter l'apport venant d'ailleurs. Clemenceau expulse parce qu'il a peur de voir grossir les ferments de révolte.

Il expulse, les gouvernants expulsent, comme ils empoisonnent les jeunes enfants, écrasent leur cerveau. Sans en parler véritablement, les orateurs précédents ont évoqué le crime commis sur Mahé et Picardat, et hier, à Montmartre, d'autres le rappelaient à tous afin que nul n'en ignore[1].

Oui, les gouvernants en sont réduits à prendre les enfants sinon au berceau, du moins à la sortie de l'école pour les enfermer, quand ils n'ont pas le respect sacro-saint de l'autorité. Et ce n'est même pas la prison politique avec ses avantages, ce n'est même pas la cellule qui leur est imposée, c'est la maison de correction.

En cellule encore, le cerveau peut conserver son individualité, réfléchir, refuser de se plier à la banalité, mais la promiscuité de la maison de correction n'écrase pas, n'affaiblit pas seulement le corps et l'esprit, elle empoisonne insensiblement l'intelligence, la « morale », par la contamination avec des éléments malades. Un homme peut parfois s'y dérober, un enfant ne le saurait.

L'expulsion des étrangers, l'arbitraire contre les fonctionnaires, le meurtre moral des enfants, l'étranglement de la presse, voilà où en est arrivé, non le gouvernement de Clemenceau, mais le Gouvernement par excellence, pour arriver à se tenir à flot. Tout cela ne dit-il pas la faiblesse de l'État essayant de se raccrocher à tout pour conserver sa puissance.

Nous pouvons être heureux en face de l'arbitraire et de la légalité parce que nous avons la souveraine puissance d'avoir raison. Nous avons raison et l'adversaire le sait. Il craint que tout le monde ne le sache et ne le sachant ne vienne vers nous. Il lutte en désespéré.

Mais il ne saurait être utile de savoir que nous avons la raison, la vérité, la justice dans la plus large acception du mot, si cela ne devait être qu'une simple affirmation de fait en face de l'autorité, si cela ne nous déterminait pas à retourner les armes de l'oppression contre elle.

1. Libertad fait probablement allusion à l'une des rixes qui opposèrent les anarchistes de la rue du Chevalier-de-la-Barre et la population du quartier aux forces de police.

Si la tyrannie, représentant l'injustice, l'ignorance, le mal, a pu parfois vaincre la vérité, c'est parce qu'elle ne trouvait en face d'elle que des cerveaux de résignés.

Que ceux qui possèdent la raison, que ceux qui souffrent, que ceux qu'on opprime sachent bien qu'il faut répondre au fer par le fer et que la force seule fera accoucher le monde présent d'une société meilleure.

Calomnies socialistes

28 mai

C'était donc, cette année, la foire municipale, et les anarchistes ont répondu à la propagande pour le vote par une effrénée propagande abstentionniste. Dans tous les coins de France, la lutte s'est engagée afin de prouver le mensonge du suffrage universel, l'absurdité de la politique. Par l'affiche, par la brochure, par la contradiction ou par la conférence les candidats ont été tenus en haleine et les électeurs mis en éveil.

Les abstentionnistes ont développé leurs théories non sans peines et sans risques. Leurs adversaires les plus redoutables furent, sans conteste, les socialistes.

L'organisation socialiste a l'art de truquer les réunions publiques. À l'avance, elle choisit les membres du bureau, prépare les listes d'orateurs, maquille un ordre du jour, sème dans la salle des siffleurs, des hurleurs, des applaudisseurs, voire des coupe-jarrets.

La philosophie socialiste, trop médiocre pour former des individus capables de vouloir entendre des idées et les discuter ensuite, est assez forte pour fabriquer des sectaires, qui n'écoutant rien parce qu'ils ne peuvent rien comprendre sont prêts à assommer quiconque ne formule pas une opinion estampillée par le comité.

Les chefs socialistes font envahir les réunions adverses par des hommes qui n'ont pas la conscience de l'idée qu'ils défendent, pas plus que des actes qu'ils commettent. Ils ne vont pas chez le « concurrent » pour essayer de prendre la parole, d'influencer par leurs meilleurs raisonnements l'opinion des auditeurs. Ils n'ont d'autre but que d'empêcher toute pensée de se formuler, de « la fermer » aux orateurs par leurs cris et par leurs hurlements. Il faut faire clôturer la réunion dans le désordre pour que les publications du parti puissent dire le lendemain que « le candidat de la réaction a été hué par les électeurs ».

Est-ce que j'ai besoin de citer des exemples ? Devrai-je rappeler l'attitude des bandes de Weber-Allemane*, cette année, dans le 11e, brisant les vitres, cassant les bancs afin de réduire leur adversaire à ne plus faire de réunions publiques ? Leur avait-on refusé la parole ? Non. Je l'ai dit : ils n'ont pas le souci de convaincre, d'amener à leurs idées, ils ne veulent faire que de l'obstruction. Ils ne veulent et ne peuvent faire que cela.

Comment ces mêmes individus, comment ceux qui les guident agissent-ils lorsqu'ils rencontrent, dans les réunions qu'ils organisent, des contradicteurs ? Les uns empêchent tout accès à la tribune, les autres forment une garde du corps, prêts à assommer quiconque menacerait leur candidat de quelque éloquence, de quelques arguments.

Il leur arrive de tomber mal… et de rencontrer des hommes qui, après avoir écouté en silence se formuler les opinions d'autrui, veulent formuler la leur, car ils en ont une. Ce ne sont pas des obstructeurs, ce sont des propagandistes. Ce sont les anarchistes.

Il n'y a pas d'« organisation centrale anarchiste », aussi ne peut-elle préparer une obstruction systématique, déléguer une équipe de forts-à-bras, d'athlètes pour aller « casser la gueule » aux candidats et à ceux qui les soutiennent. Il y a, ici ou là, à manifester son opinion, y va qui veut, ou qui peut. Et le camarade anarchiste « orateur » s'y rencontre avec le camarade anarchiste « écrivain » et aussi avec le camarade anarchiste qui n'a de sa vie causé à une tribune ou écrit un article. Il n'y a pas d'équipes d'assommeurs, il y a des hommes conscients et sincères.

Or c'est justement ce qui les rend plus terribles. Chacun de ces hommes a une conviction à défendre, la sienne. Il a une opinion à formuler. Il n'est envoyé par personne que par lui. S'il se rencontre avec d'autres hommes de pensées semblables à la sienne, tant mieux. S'il est seul, tant pis. Mais qu'il soit cent, il n'empêchera aucun de dire sa pensée entière. Et qu'il soit seul, il n'en fera pas moins tout ce qui est possible pour dresser son idée en face de celle de la majorité.

S'il est seul, tout seul, je n'aurai pas à parler de la brutalité des socialistes, de la colère des socialistes contre cet homme qui s'affirme. À l'exception de quelques individus, les « unifiés », les « citoyens », les « inscrits » voudront l'écraser. Il y a dans ce geste toute la haine du socialisme, cette « philosophie » de la foule, contre l'anarchisme, la philosophie de l'individu. S'il est dix, s'il est vingt, devrai-je parler de la débandade, de la lâcheté de cette espèce qui se réclame de suite de la police. On reconnaît bien là toute la peur du troupeau devant l'Homme.

Tous les partis combattent l'abstentionnisme, mais aucun comme le parti socialiste, lequel se rend bien compte qu'il ne tient le peuple sous sa tutelle que par le mensonge du suffrage universel. Nul n'emploie contre l'anarchiste plus basses calomnies, moyens plus atroces.

Les bergers du troupeau qui a fui devant dix personnes garnissent les colonnes de leurs publications d'insinuations lâches et mensongères, de faits divers outranciers et ridicules.

Pour ma part, je suis un des voyous stipendiés, un des repris de justice dont parle *L'Humanité* du 22 mai, narrant à sa façon quelques incidents de réunions électorales à Levallois-Perret.

Nous étions quinze, dont cinq ou six femmes, nous nous connaissions à peine, unis seulement par des convictions semblables. Nous étions quinze, ils étaient cinq ou six cents… et « nous avons pris d'assaut la tribune, frappé férocement les femmes et les enfants, semé la terreur sur notre passage, assommé lâchement plusieurs hommes ».

Que faisait donc le bétail et les bergers socialistes lors de cette lutte homérique ?

La veille du jour où je me trouvais dans ce traquenard socialiste, j'étais à Asnières, dans une réunion organisée par les anarchistes afin d'y développer *le pourquoi nous sommes abstentionnistes*. Après que chaque camarade avait causé, nous faisions appel à la contradiction. Plusieurs socialistes vinrent. Un sortit du sujet sans que se marque une impatience quelconque. La réunion se termina tranquillement sans qu'aucun « ordre du jour » vienne porter une sanction quelconque à ce qui avait été dit. Il est vrai que les gens qui se réunissaient là n'avaient pas l'idée de décrocher un mandat pour eux ou leurs amis, mais simplement de permettre à la vérité de se manifester pour le bien de tous.

Aucun contraste ne pouvait mieux me montrer les façons différentes de procéder. Rien ne pouvait me donner une meilleure opinion de la valeur de l'anarchisme que la peur qui prenait tous les bergers socialistes, ce jour-là, à la pensée que nous allions développer nos idées devant leur bétail, alors qu'au contraire, la veille, nous avions sollicité, encouragé la contradiction.

Il arrive souvent aux socialistes de prétendre que nous ne pouvons causer dans les réunions électorales parce qu'abstentionnistes. C'est là une grave erreur ou une réelle fourberie. Lorsque ceux qui choisissent des maîtres les désigneront pour eux seuls, à leur usage exclusif, nous verrons ce que nous aurons à faire. Mais tant que les maîtres choisis nous feront la loi, nous commanderont, nous voleront, il sera de toute logique que nous nous efforcions d'apprendre aux foules à s'en passer : ne serait-ce que pour nous libérer nous-mêmes de ces parasites. C'est peut-être un acte de « prosélytisme », mais surtout une leçon d'hygiène.

Un de leurs arguments coutumiers est que nous ne venons manifester notre opinion que dans les réunions socialistes, que nous faisons donc le jeu de la « réaction ». Ainsi dans le 18e arrondissement, nous nous sommes trouvés chez les candidats radicaux et nationalistes ; alors que l'association de la police et du comité socialiste formait un tel barrage que nous n'allâmes dans aucune de celles du candidat du parti unifié. Dans d'autres quartiers, c'est le contraire. En sera-t-il toujours ainsi ? Nous faisons tous nos efforts pour que non ! Nous tâchons de nous trouver partout où nos arguments peuvent toucher un cerveau qui veut savoir.

Je ne me servirai pas de cette réponse, car, pour ma part, ayant à aller dans deux réunions électorales, l'une nationaliste et l'autre socialiste, c'est de préférence dans la dernière que j'irais. J'estime que beaucoup d'anarchistes pensent comme moi.

Si nous allions dans les réunions pour y faire de l'obstruction systématique, casser les têtes, etc., peut-être n'hésiterions-nous pas à aller chez les premiers, parce que plus étrangers, plus loin de notre façon de penser. Je dis peut-être, car je ne suis pas entièrement convaincu du fait que je viens d'avancer. Mais nous y allons pour répandre des idées que sincèrement nous croyons bonnes et nous ne nous préoccupons que de chercher le terrain le plus favorable à les semer.

Bien des points nous séparent des socialistes – même des points « fondamentaux » –, sur beaucoup nous sommes ou paraissons être d'accord. C'est autant de travail de fait pour nous. Un des points qui nous séparent est justement celui qui est en cause pendant la période électorale. Nous pensons, en allant à gauche, qu'il ne faudra pas nous attarder sur le militarisme, le fonctionnarisme, la propriété, etc., et que nous pourrons aller droit aux points qui nous séparent afin de briser les liens qui unissent au passé les auditeurs présents.

De plus, nous sommes sûrs que les candidats socialistes sont les derniers obstacles à la révolution dont ils parlent tant. Ils sont les réactionnaires modern-style qui canalisent l'énergie du peuple en la faisant passer par l'égout du suffrage universel, le contrôle de monsieur Tout-le-monde. « Nous sommes les meilleurs maîtres », hurlent-ils. Nous répondons : « Il ne saurait y avoir de bons maîtres. » Il nous faut donc aller dans les groupements où nous trouvons ou croyons trouver un milieu débarrassé de beaucoup de préjugés sociaux. Il nous faut aller démolir les arguments des bergers rouges qui, avec leurs patelineries et leurs rodomontades, font prendre des vessies pour des lanternes à la meilleure partie du peuple.

Je l'avouerai. Il entre parfois dans nos gestes – nous ne nous targuons pas d'être parfaits – un peu de rancune. Les moyens employés par les comités socialistes sont toujours si ignobles, si dégoûtants, si calomnieux lorsqu'il s'agit de la manifestation de l'idée anarchiste – même dans les simples réunions – qu'on ne peut s'empêcher de conserver une certaine colère. Ainsi, beaucoup d'entre nous se sont raisonnés, cette année, pour ne pas aller aux réunions des Weber-Allemane, craignant d'y être trop personnels. Les socialistes furent battus. Ils n'auraient pas manqué de mettre cela sur notre dos. Dans une réunion où ils s'étaient montrés atroces, j'éprouvai le besoin de rencontrer un Pinot de Levallois qui la présidait pour écraser sa figure de jésuite rouge comme on a le désir d'écraser une vipère. J'éprouve ce sentiment pour beaucoup de chefs socialistes et je le dis franchement.

Devant leurs crapuleries envers nous, leur façon de se conduire à notre égard, on éprouve le sentiment d'une « trahison » faite par ceux de « sa famille », par son ami, par son voisin. Je saurai avouer que j'ai tort. Les chefs socialistes ne sont rien autre chose que des coquins ou des imbéciles à l'éternelle conquête de l'assiette au beurre. Leur différence avec leurs concurrents, c'est qu'ils y parviennent d'une autre façon.

Revenons à l'incident et à sa narration par *L'Humanité* qui me porte à répondre si longuement : il ne nous fait rien d'être des « voyous », de tomber sous la loi pour port d'armes prohibées, sans crainte des délations. (Le mercredi 22 mai, un socialiste fit arrêter par la police et fouiller un jeune homme sous le prétexte qu'il avait un revolver. On n'en trouva pas.) Nous sommes des « repris de justice », non pas pour des tripatouillages électoraux, coopératifs, syndicalistes ou financiers, mais pour avoir affirmé nos idées ou nos besoins. Pourtant il ne nous plaît pas de laisser dire que nous sommes des « quarante sous », des « stipendiés de la réaction », par les bergers et les comitards socialistes qui mentent d'autant plus grossièrement qu'ils savent la vérité.

... Qu'il ne tient pas trop... nous saurons ne pas jouer toujours le rôle courageux, mais trop douloureux, de Girier-Lorion*.

Les martyrs

2 juillet

La palme du martyre devient trop souvent l'auréole du pontificat pour que nous soyons obligés de signaler quiconque s'en fait décorer. Rien ne me paraît plus modern-style que le chemin pris par nombre de socialistes pour gravir plus rapidement la rude montée de l'arrivisme politique. Il semble celui de la vertu que les éducateurs nous montrent, lors de notre enfance, comme rocailleux et semé de difficultés, mais n'en conduisant pas moins à la glorification éternelle.

La prison des républicains, sous l'Empire, fit ces derniers ministres et les Gérault-Richard, sous la IIIe République, sont des types assez communs pour que nous demandions autre chose que des grimaces et des rodomontades à ceux qui représentent une idée sous le couvert de quelques persécutions.

Pour sortir de l'indifférence générale, pour intéresser le public, il peut être bon de l'émotionner en faisant flèche de tout bois, de crier à chaque occasion qu'on est victime de ceci ou de cela. Il est toujours temps de revenir sur les paroles dites, voire même sur les actes commis. Il est aussi possible de les prononcer ou de les faire avec une telle ambiguïté qu'ils puissent contenter et les uns et les autres, les modérés et les révolutionnaires.

La concurrence rend ce travail de plus en plus difficile. Tout le monde, maintenant, veut tâter de la politique et goûter du Parlement. Tout électeur se voit député et tout député sait avoir dans son portefeuille sa nomination plus ou moins tardive à un quelconque ministère. Il n'est nul besoin de compétence spéciale : peu d'esprit et peu de scrupule sont bien souvent les deux meilleurs échelons.

C'est surtout dans le clan socialiste que se dessine cette course folle. Aussi c'est à qui fera les pires contorsions, le plus de surenchère pour réussir à étonner le public. Pourtant attention, telle grimace qui plaît à telle partie du public déplaît à telle autre. Il faut nager entre deux eaux, contenter la chèvre et le chou. Que de fois, il faut se servir des incidents les plus malencontreux, savoir même les susciter ! N'est-il pas nécessaire de reculer pour mieux sauter ? En un mot, il faut être un clown politique.

C'est l'impression d'être que m'a donnée Roux-Costadau*, « instituteur révoqué de la Drôme ».

Rien ne m'a paru plus comique que l'appel à l'opinion qu'il jeta dans *L'Humanité* du 16 juin. Quel ton pleurard, quelles atténuations aux paroles dites, quelle façon jésuite de les tourner et quelle finale larmoyante pour la « démocratie » sollicitée de lui rendre justice !

Roux-Costadau a eu le chic de faire appel aux hommes libres ; j'ose croire qu'il saura ne pas trouver mauvais qu'on réponde selon les observations faites. D'autres, les sages, les honnêtes qui croient au savon révolutionnaire, partiront d'un autre point de vue. Je ne suis pas de ceux-là et je parlerai de Roux-Costadau, instituteur révoqué de la Drôme, comme je le ferais d'un vulgaire président de la République. Pas plus que le grand cordon de la Légion d'honneur, la palme du martyre ne saurait préserver d'une libre appréciation, d'une libre critique, si dure soient-elles.

Cela ne comporte évidemment aucun passif acquiescement, aucune morne acceptation, aucun désintéressement, pourrais-je dire à la bassesse d'une Chambre servile qui, par 472 voix contre 70, se fait encore une fois complice du gouvernement dans l'acte banalement odieux de révoquer un instituteur coupable d'avoir formulé une opinion différente de celle de l'autorité… hors de son service.

Cet acte, si maladroit soit-il, allant sans doute à l'encontre de son but, n'en reste pas moins un acte de lâche arbitraire. Tomber dans le piège, persécuter qui le désirait, n'enlève rien à la responsabilité incombant aux ministres et à la valetaille de la Chambre. La maladresse n'excuse pas la canaillerie.

À Valence, le 28 décembre dernier, Roux-Costadau fait une conférence ayant pour sujet « Le socialisme devant la patrie ». Il y prononça, déclare-t-il lui-même, les paroles suivantes : « Je suppose, chose invraisemblable mais possible cependant, qu'une Allemagne pacifique, une Allemagne hypothétique encore, offre à la France de résoudre un conflit par l'arbitrage, et j'imagine que ce soient nos gouvernants à nous qui repoussent cette main loyalement tendue… Eh bien ! je déclare que, dans ce cas, le devoir du prolétariat serait de s'emparer des membres de ce gouvernement de forfaiture et de crime et de les fusiller ! »

La phrase était passablement nuageuse. Pourtant Roux-Costadau se plaît, en son article de *L'Humanité*, à en adoucir les termes. Il s'indigne vertueusement qu'un gouvernement ait su y trouver quelques appels à la violence.

« Or, constatez vous-mêmes. Constatez que je n'ai fait qu'exprimer une thèse, une simple supposition, une hypothèse ! Constatez que, dans ma pensée, dans la pensée des auditeurs intelligents qui m'ont compris, il s'agissait d'un cas purement fictif, de ministres inexistants et supposés, de fusils imaginaires. Constatez que j'ai parlé d'un prolétariat "maître du pouvoir", c'est-à-dire muni de la puissance légale de juger, de condamner et de punir ! Constatez que, dans le cas très hypothétique où je me suis placé, le gouvernement qui déclarerait la guerre contre le gré des deux nations adverses ne pourrait être qu'un gouvernement de compression et d'absolue dictature ; constatez enfin combien il est absurde et injuste d'accuser de violence un militant qui, au cours de six années de propagande, s'est acquis une réputation qui lui est chère de courtoisie, de tolérance et de large modération. »

Roux-Costadau nous explique donc lui-même qu'il jouait, qu'il badinait, qu'il détruisait des châteaux en Espagne, bâtis d'ailleurs sur de simples suppositions. Il ne saurait être question que « de ministres inexistants et de fusils imaginaires » lorsque les socialistes parlent si véhémentement de révolutions. C'est toujours l'éternel problème, l'éternelle griserie, les paroles dites pour leur belle sonorité ou pour le frisson qu'elles font glisser sur la peau des auditeurs.

Roux-Costadau en causant, veillait à plaire à tous, pourtant il lui arrivait de s'oublier en des paroles pas assez ambiguës, aussi faut-il qu'il travaille à rattraper ces mots trop audacieux ! Pour réussir plus tard, les théories les plus subversives sont acceptées mais surtout pas d'actes, pas de promiscuité. Il ne faut jamais qu'un acte puisse paraître en concordance avec la théorie exprimée, lorsque celle-ci est d'ordre révolutionnaire. On peut toujours triturer les paroles dites, mais les faits sont des marques plus précises sur la vie des hommes.

Ce qui se peut admirer, c'est la façon dont Roux-Costadau – qui n'est d'ailleurs pour nous que le type de ce genre d'individus – sait trouver les mots. Il n'a voulu parler que d'un prolétariat « maître du pouvoir » et, de ce fait, muni de « la puissance légale de juger, de condamner, de punir » ! Quelle hypocrisie et quelle platitude à la fois ! On retrouve là l'expression même de la duperie socialiste. Révolutionnaires et légalitaires tout à la fois, les socialistes essaient d'associer ces deux termes pour plaire à la gauche et à la droite de leur clientèle populaire.

C'est cela d'ailleurs qui fait toute l'impuissance de leurs moyens. Il ne saurait être parlé de révolution que dans un domaine purement hypothétique et *avec des fusils imaginaires* ! Le prolétariat ne pourra se défendre que lorsqu'il aura *la puissance légale de juger* ! Mais quand et comment sera-t-il légalement *le maître du pouvoir* ? Autant de points qui restent dans l'ombre et dont on ne saurait parler.

Actuellement les maîtres du pouvoir sont les bourgeois avec monsieur Clemenceau. Ils ont légalement le droit de juger, de condamner, de punir, et ils en usent en jugeant, en condamnant, et en punissant. De quoi donc paraît se plaindre Roux-Costadau ?

Comment donc en arriver à faire « légalement » que les Clemenceau et ceux de son espèce ne soient plus au pouvoir ? Quand serons-nous « légalement » les chefs du gouvernement, afin d'avoir, et seulement alors, le droit de les fusiller, eux et bien d'autres ?

Serait-ce par le bulletin de vote et en choisissant des Roux-Costadau, avec la bonne intention de les remercier de leur dévouement à la démocratie ?

Fusiller afin d'être les maîtres du pouvoir – donc avant d'en être les maîtres ; fusiller pour détruire la tyrannie, pour se défendre ou pour attaquer, c'est être un « protagoniste du chambardement » comme explique si bien notre doux héros :

« Et comment fera-t-on admettre à ceux qui m'ont approché et maintes fois entendu que je me suis transformé tout à coup en perturbateur, en protagoniste du désordre et du chambardement ?

Non, nul ne croira jamais parmi ceux qui me connaissent que l'on ose représenter comme un violent celui qui disait il y a peu de temps encore aux travailleurs d'une cité ouvrière : « Ayez horreur de la violence. La violence est un signe de faiblesse, une forme de la laideur. Arrachez au socialisme ce masque de brutalité et d'épouvante, et laissez-le venir au peuple avec son visage de bonté et de beauté ! »

Il ne faut pas user de la violence. C'est montrer sa faiblesse et sa laideur. Essayer de s'emparer d'un pouvoir puissant par la révolte, par la révolution, par la bataille dans la rue ; risquer pour un mieux-être économique ou pour une plus grande beauté intellectuelle sa propre vie sans craindre, il est vrai, d'attaquer celle de ses ennemis, voilà un signe certain de faiblesse, puisqu'il y a désordre. Mais être les plus forts, *les maîtres du pouvoir* et s'emparer alors de ses adversaires pour les fusiller : cela devient une généreuse violence. La loi, la légalité lave de tous les crimes, de toutes les forfaitures. Comment a-t-on la loi, la légalité avec soi ? En étant les plus forts, en étant les maîtres du pouvoir. C'est un cercle vicieux.

Après avoir lu sa lettre d'excuses à tout le monde, comme l'on comprend bien que Roux-Costadau ne soit pas avec Hervé, dont toute la valeur fut dans cette fière et simple attitude d'un homme qui sait ce qu'il dit et qui le maintient, d'un homme que les forces extérieures peuvent écraser, mais ne sauraient faire changer d'idées.

Voyez la piètre excuse d'un Roux-Costadau disant n'avoir voulu parler que d'un « gouvernement de compression et d'absolue dictature ». Avait-il besoin d'en imaginer un sous le règne du sieur Clemenceau ?

Maintenant, dégustez vous-même la finale, la complainte du héros. Je m'en voudrais de ne pas vous la servir :

« Écoutez ce que je viens vous dire : J'ai gardé ma conscience pure, j'ai eu le respect de tous, j'ai servi mon idée avec dignité et simplicité, j'ai beaucoup aimé la démocratie, c'est pour elle que j'ai perdu mon pain…

» Un jour viendra où je me tournerai vers la démocratie, et je lui dirai : "Rends-moi justice!" Et j'en suis sûr, justice me sera rendue. »

L'homme appelle sur lui l'attention bienveillante de tous. On dirait le boniment d'un hercule forain vantant ses exploits et ses muscles. Il va consentir à faire travailler ses biceps sans rétribution préalable, se confiant au public intelligent. Monsieur Roux-Costadau aussi. Tout à l'heure, il va passer dans les rangs de la démocratie afin de faire la quête et vous lui rendrez justice.

C'est grotesque et c'est douloureux en même temps, parce qu'il est vrai que le public et la démocratie marchent toujours. Nous retrouverons Monsieur Roux-Costadau dans l'arène politique à moins que, d'un bon mouvement, il ne se débarrasse lui-même du fonctionnarisme socialiste comme Clemenceau l'a débarrassé du fonctionnarisme gouvernemental.

Gardons-nous de mériter jamais la palme du martyr!

Le poids en est plus lourd pour nos épaules que nous nous plaisons à le penser et que nous voulons le croire. La médiocrité vaniteuse des martyrs arrivés au pontificat révolutionnaire est encore plus mauvaise, plus regrettable pour toute idée que l'orgueil méchant de ceux qui y parviennent par leur propre valeur, leur propre compétence.

Iconoclastes nous sommes et nous brisons les images avec raison. Mais sachons ne pas oublier que les gueules les plus menaçantes ne sont pas enfermées en des cadres de bois.

Iconoclastes nous sommes et nous renversons les idoles, logiquement. Mais sachons aussi ne pas en laisser élever de nouvelles; sachons veiller à ne laisser monter personne, et surtout nous, sur le piédestal de la sainteté et du martyrologe… Les Palais-Bourbon sont vraiment trop près des roches tarpéiennes.

Calomnies syndicalistes
9 juillet

Ce mercredi, comme tous les mercredis depuis six ans, je suis la rue d'Angoulême, en ce quartier populeux de la Folie-Méricourt, situé entre deux grandes artères, le faubourg du Temple et la rue d'Oberkampf.

Je suis seul ou presque. Ceux qui vivent près de moi ont décidé de porter leur effort vers une propagande plus active, plus au courant des événements actuels. Dans la cité, au fond de la cour, je retrouve ces visages anonymement amis qui viennent aux Causeries, attirés par un désir de savoir et de discuter et aussi ceux sur lesquels les yeux s'attardent avec douceur, ces déjà-vus faisant partie intégrante de votre moi.

Pourtant je devine des vides nombreux, il manque des têtes… d'autres aussi ont compris qu'il faut savoir abandonner le lieu où l'on se retrouve, où l'on se passionne pour aller vers la lutte, où l'activité est nécessaire. J'éprouve, à cela, une joie intime. Je comprends que nos idées dépassent nos personnalités. En dehors de tout mot d'ordre, contre tout esprit de chapelle, c'est vers le plus de propagande que savent se diriger nos camarades.

Moi-même, je veux être là-bas. Je m'excuse, près de ceux qui sont là, du désir que j'ai d'être côte à côte avec ces ouvriers prêts à discuter, en ce coin de Belleville, d'une action qui aura sa répercussion sur tout le monde. Je dis combien c'est notre place et que nous devons donc remettre la causerie à un autre soir, afin de nous solidariser davantage avec ceux des syndicats, quels que soient nos désaccords sur la tactique et même sur la finalité.

Soit que les uns sentent l'utilité d'être là-bas et que les autres comprennent qu'il est bon que les actifs s'y rendent, la salle est vide rapidement. Et la cour, un instant vivante et éclairée, redevient triste et noire.

En route vers Belleville. Sur le boulevard, c'est un peu la fête, aussi rien ne peut dire quelle animation, quelle vie fait grouiller cette foule qui vous côtoie. On sent pourtant quelque chose d'anormal dans l'air. On rencontre plus de maquereaux et de policiers que d'habitude et leur arrogance prend plus d'importance que jamais.

Au 13 de la rue de Belleville, au Palais du travail, la Confédération et l'Union des syndicats ont décidé un grand meeting sur la grève générale et messieurs Clemenceau et Lépine ont sorti toutes leurs équipes, costumée, secrète et des mœurs. Les indicateurs à rouflaquettes côtoient les fonctionnaires à la moustache cirée.

Dès l'entrée, les ouvriers révolutionnaires un peu endimanchés se distinguent du Tout-Belleville qui s'engouffre dans le long couloir afin de « se rincer l'œil » à un spectacle gratuit. Les anarchistes, les sincères, ceux qui marchent toujours, s'entre-regardent un peu déçus en voyant la foule hétérogène qui a répondu à l'appel de la CGT.

Pour moi, fiévreux d'action, je cherche dès l'abord à trouver ce souffle de communion qui passe sur les hommes et les unit lorsqu'ils sont fermement décidés à agir dans un sens déterminé, dans une commune révolte. Mais ce soir, on sent bien qu'il n'y aura que des bavardages ou pis.

Ce sont les mêmes puérilités, les mêmes mots redondants, les mêmes querelles mesquines qui divisent les auditeurs. Aucune idée généreuse ne peut les gagner. Alors qu'il est question de révolutionner Paris, d'y arrêter la vie par une grève générale, les uns s'inquiètent de savoir si vous êtes en carte et d'autres si vous êtes à jour de vos cotisations. Le Tout-Belleville commence à craindre que ça ne vaille pas Mayol ou la Loïe[1], mais ils applaudiront consciencieusement, comme cela se fait, à moins qu'on ne siffle ou qu'on ne hue. Or pourquoi siffler, pourquoi huer, alors

1. Félix Mayol (1872-1941), grand nom du café-concert, et Marie-Louise Fuller, dite Loïe (1862-1928), très célèbre danseuse américaine ; leurs cachets atteignirent des sommets avant-guerre.

qu'on n'a pas d'opinion, mieux vaut faire comme ceux qui vous entourent, d'autant qu'ils ont l'air d'être « à la coule ».

Comme jamais, quelles que soient les circonstances, un groupement autoritaire ne saurait être neuf et original, les mêmes gestes se répètent, comme toujours. Un bureau décrété à l'avance semble être choisi par la salle. Jacquemont, Delalé* et Tabard* s'assoient devant la carafe d'eau et le carafon d'alcool, traditionnels aussi.

Dans l'esprit des auditeurs, par suite de la convention tacite faite à travers le temps, ce président, ce bureau, choisis dans le sein de l'assemblée, sont comme une garantie contre l'oppression que pourraient vouloir faire les organisateurs. Dans la réalité, jamais choisi, toujours imposé, ce bureau est le frein qui empêche de se formuler toutes autres idées que celle des directeurs du débat. Son autorité sera d'autant plus dangereuse que la salle croira qu'elle n'est que l'émanation de la sienne, comme le peuple croit que la loi est l'expression de sa volonté par l'organe des parlementaires qu'il croit avoir « librement choisis ».

Oui, dans l'un et l'autre cas, la salle comme le peuple ne peut voir le truquage, ne peut connaître les dessous, ignore ce qui se passe dans la coulisse. Et souventes fois, une majorité paraît écraser une minorité, alors que l'expression des désirs du populaire se trouve en réalité chez ces quelques hommes qu'il conspue au profit de ceux qui le dirigent contre ses intérêts véritables, voire contre le courant intime de leurs idées présentes.

Même en tenant compte du public tout spécial qui était assemblé, mercredi dernier, au Palais du travail, je peux affirmer que c'est ce qui est arrivé ce jour-là et que la salle entière était bien plus d'accord avec ceux qu'elle a hués qu'avec ceux qu'elle a applaudis. Mais voilà, elle ne pouvait connaître la pensée de ces hommes et troupeau, elle a obéi machinalement à ses bergers, comme doit obéir un troupeau.

Il me déplaît de paraître donner à quiconque des explications sur mes faits et gestes, mais je comprends pourtant que mon orgueil me fait garder le mauvais rôle, et que ce que je considère comme une qualité me met en état d'infériorité, sert d'arme à des adversaires déloyaux prêts à commenter mon silence et à truquer la vérité. S'il peut me plaire de me taire dans des affaires purement personnelles, de me rire des insultes qui ne s'adressent qu'à moi, je ne saurais le faire lorsqu'il s'agit d'un travail, d'un labeur, d'une propagande, d'une idée auxquels tant de bras et tant de cerveaux prêtent leur concours pour la meilleure et la plus intense réussite. Ainsi donc, expliquons-nous.

Sitôt le bureau formé, le président n'étant même pas assis, un camarade, Bernard, me fait inscrire comme demandant la parole. Quoique en principe les orateurs d'un meeting ne doivent pas être inscrits à l'avance, l'usage fait que le président tient d'abord compte de ceux qui sont nommés par l'affiche et leur « donne la parole ». Sept orateurs annoncés, sauf incidents très naturels dans un meeting, je dois donc prendre la parole le huitième.

Je le répète, car il faut souvent se répéter pour se faire comprendre, je ne suis pas un libertaire, et j'accepte fort aisément une discipline lorsqu'elle est convenue. Dans une réunion publique, cette discipline est tacite. Vous écoutez les orateurs ou tout au moins vous ne faites aucun bruit empêchant de les écouter ; vous n'usez de l'interruption qu'avec le plus grand soin, le plus brièvement et le plus clairement possible ; vous évitez, si vous êtes maladroit, cette façon de manifester votre opinion et vous n'en abusez jamais, parce qu'elle gêne l'orateur et fatigue la salle qui ne la comprend toujours pas ; en tous les cas, vous prêtez attention aux interruptions faites, les favorisant, à moins qu'elles ne soient manifestement systématiques ou qu'elles n'émanent d'un poivrot, auxquels cas vous agissez selon vos opinions.

Pour ma part, je ne suis pas partisan de l'interruption ordinaire et l'interruption systématique ne me paraît utilisable que dans les réunions où la liberté de parole est refusée. Quoique habitué à voir les socialistes, les syndicalistes et les libertaires ne me la donner que sous l'empire d'une pression quelconque, en tout cas qu'après l'ordre du jour voté, je n'ai jamais voulu user de ce moyen à leur égard. Non pour eux, non que je trouve intéressante leur propagande, mais par orgueil et parce que je ne voudrais pas amoindrir leurs arguments par un moyen détourné, alors que j'ai la conviction de les détruire par le simple raisonnement. Et aussi, que je le dise, par ce respect qui est en moi pour la manifestation de toute idée, respect qui me fit, une fois, battre avec de mes amis pour qu'un patron – jaune par-dessus le marché – puisse dire sa pensée librement.

Au Palais du travail, comme ailleurs, je prends la même tactique. Ainsi j'essaye d'arrêter deux camarades, Laussinotte et Dolié*, qui jettent des interruptions et des épithètes malsonnantes à l'orateur – quoique je sois convaincu qu'ils ont raison et que les épithètes sont méritées. C'est alors que le truquage et les dessous commencent à se dessiner pour qui peut voir. Par-dessus les têtes, c'est contre moi que se dresse la colère des pontifes syndicaux et de leur domesticité. C'est vers moi que l'on dirige la colère maladroite de la foule. Alors que la calomnie la plus infâme circule. « Quarante sous, policiers, agents de la réaction. » Devant la salle, les pontifes viennent manifestement me faire des reproches du désordre produit, alors qu'ils savent mentir, et que Dolié en prend toute la responsabilité. Ce n'est pas à Libertad qu'ils en veulent, c'est à ceux qui peuvent formuler simplement l'opinion qui jettera par-dessus bord celle des endormeurs révolutionnaires. Ils craignent qu'on démasque leurs agissements louches et qu'on ironise sur leurs moyens grotesques. À l'avance, par leurs insinuations, par les bruits qu'ils font courir ou laissent courir, ils indisposent la salle contre ceux qui pourraient se faire comprendre. Aujourd'hui, c'est contre nous, mais hier c'était contre d'autres et demain ce sera contre d'autres encore. Je suis, pour le moment, celui qui ne doit pas causer. Griffuelhes, après avoir, un grand quart d'heure, essayé vainement de se faire écouter, déclare préférer que la réunion se termine plutôt que j'intervienne pour dire qu'il est plus intéressant de savoir écouter que de se quereller. Cela ne comporte-t-il pas, en substance, l'engagement de nous laisser manifester notre idée à son tour ? C'est ce qu'ils ne veulent pas.

Pourtant la salle écoute et nous prenons le plus grand soin à ne pas rompre le calme revenu. Par un manège un peu subtil, Pataud* fait donner la parole à Laussinotte, mais dit ces paroles ambiguës : « Écoutez-le bien, car c'est peut-être le seul contradicteur qui prendra la parole. » Yvetot termine de bonne façon la liste des orateurs annoncés, mais sans sortir entièrement du thème banal.

Les orateurs inscrits ont causé, c'est le tour de Libertad. Il se produit alors cet accident que, marqué le premier, il se trouve par la grâce présidentielle de monsieur Laussinotte et la complicité de messieurs Delalé et Tabard être placé le vingtième. Ceci est d'un autoritarisme par trop canaille. Jacquemont, à qui Bernard en fait l'observation, déclare se moquer des conventions et ricane de ce tour de force, alors que Delalé fait l'hypocrisie de ne rien voir et que Tabard, disons-le, est plutôt gêné.

À ce moment, le contrat est rompu. Il n'y a plus qu'à agir. C'est ce que nous faisons et que nous ferons toujours en pareille circonstance. Nous ne sommes pas de ceux qui se contentent de recommander l'action directe en théorie, nous la mettons en pratique. C'est à l'atavisme de sentimentalité ridicule qui est en nous que le sieur Jacquemont doit d'avoir, aujourd'hui, le visage sans couture.

Les moyens ignobles de la calomnie, de l'insinuation ne leur suffisent plus, les pontifes syndicalistes tiennent à disputer la palme aux pontifes socialistes dans la crapulerie, et ils s'efforcent de jeter sur nous toute une salle surchauffée, tout le troupeau, tout le bétail syndical. Pourtant, je suis convaincu qu'il existe chez les syndiqués encore trop de sincères pour que, sans des circonstances particulières, le traquenard de mercredi ait seulement pu s'ébaucher. Il a fallu la composition bizarre de la salle, le grand nombre des policiers et des maquereaux, la présence du Tout-Belleville, des Concerts et du *Petit Journal*, pour arriver à déchaîner contre nous de pareilles turpitudes, pour finir par une pareille débandade, une pareille lâcheté.

Plus que tous, plus certainement que les pontifes de la CGT, qui sauront tourner de pareilles ignominies à leur avantage, nous regrettons d'avoir à recourir à de tels moyens de brutes lorsqu'il s'agit d'affirmer notre opinion, de faire respecter notre individualité par une foule que surexcite l'hypocrisie des maîtres et que harcèle la couardise des chiens, des valets. Mais, de même que nous sommes décidés à faire, avant tout autre, la révolution en nous, de même nous considérons qu'il nous faut d'abord la faire dans notre milieu, qu'il nous faut assainir notre atmosphère.

Tant que nous ne saurons pas respecter la liberté d'opinion d'autrui et lui donner toute facilité pour se manifester, tant que nous supporterons que notre pensée, notre parole soient écrasées ; tant que nous ne voudrons pas établir l'esprit de tolérance et de justice dans nos rapports ; tant que nous laisserons se développer dans nos milieux l'autoritarisme et le fonctionnarisme doctrinaux… que voulons-nous réformer chez les autres ? Nous ne savons pas faire, sans autorité, anarchiquement, une réunion publique et nous parlons de supprimer l'autorité dans le monde… !

Il faut porter la révolution chez nous, contre tous les truquages, toutes les ficelles, toutes les façades !

La vengeance
13 août

D'un côté de la barricade, avec messieurs Clemenceau, Lépine, Autrand, Émery et consorts[1], des gendarmes, des cuirassiers, des dragons armés de carabines et de sabres, des policiers munis de revolvers et de casse-tête ; de l'autre, des ouvriers, les bras ballants ou modestement croisés sur la poitrine. Tel est le spectacle qui frappait tout d'abord les yeux d'un observateur aux jours tragiques de Draveil, de Villeneuve-Saint-Georges et de Paris.

En réfléchissant, cet observateur pouvait penser que les premiers étaient sûrs de l'impunité dans le meurtre, alors que les seconds avaient tout à craindre des représailles judiciaires ; de plus, il savait les uns appuyés par des troupes prêtes à venir à leur secours au coup de téléphone alors qu'il voyait les autres gagnés par la défection.

Que concluait-il ? Sans nul doute que d'aller au combat les mains vides contre des gens si armés, c'était faire œuvre de folie.

Et encore ? Que se jeter, l'arme au poing, sur ceux qui venaient avec, pour toute défense, l'invective ou le chant, c'était faire œuvre de crime.

Et aussi ? Que ceux qui les engageaient à telles luttes inégales faisaient preuve, d'un côté, d'une inconscience bien douloureuse, et de l'autre d'une conscience bien criminelle.

Maintenant, que cet observateur apprenne que les hommes sans armes venaient sur ce terrain pour réclamer le droit à la liberté, à l'existence pour ceux qui travaillent, qui produisent, celui de leurs compagnes et de leurs

1. Au moment des grèves de Draveil et de Vigneux-sur-Seine, en juin 1908, Georges Clemenceau occupait les postes de président du Conseil et de ministre de l'Intérieur, Autrand était préfet de Seine-et-Oise et Emery sous-préfet de Corbeil. Lire <http://www.vigneuxhistoire.com/greve.html>.

enfants, tandis que les hommes armés n'étaient que des valets chargés de défendre les intérêts, la fortune d'une poignée d'exploiteurs, lesquels, sous divers prétextes, trouvaient bon de ne jamais travailler tout en consommant beaucoup… Ne tirerait-il point de là de nouvelles réflexions, et une nouvelle conclusion ?

En dehors de tout parti pris, de toute colère, ne pourrait-il exercer son esprit à armer les premiers des engins les plus perfectionnés afin d'arrêter le galop sanglant des chevaux-centaures les écrasant et les sabrant ?

En face des mercenaires crachant la mitraille, ne pourrait-il évoquer des hommes libres qui opposeraient aux poitrines d'acier des cuirassiers l'arme redoutable décimant les rangs, affolant les montures et tuant les hommes de fer ?

Ne pourrait-il préférer la victoire pour ceux qui veulent transformer l'organisation sociale si désuète et si surannée, si meurtrière et si marâtre pour la majorité des hommes, plutôt que pour ceux qui consacrent et qui perpétuent le régime honteux de l'exploitation de l'homme par l'homme en faveur d'une minorité de fainéants et de jouisseurs ?

Dites ? ne croyez-vous point qu'il penserait ainsi, d'autant plus grande serait sa douceur, d'autant plus grande serait sa sagesse ? Ne faut-il point parfois savoir sacrifier l'organisme malade pour sauver la vie de l'individu ?

Il évoquerait le moment où les producteurs voulant jouir du fruit de leur travail ne se jetteront plus dans des traquenards semblables sans avoir tout fait pour s'assurer la victoire ; où les hommes voulant enfin vivre libres se débarrasseront de l'esprit de passivité et de résignation pour prendre l'esprit de révolte, dût-il même y entrer quelque peu de l'esprit de vengeance !

Ne pourrait-il penser, ne pourrait-il préférer, ne pourrait-il évoquer tout cela ? Eh bien, vous pouvez supposer que je suis cet observateur !

Qui ne se rappelle la férocité des « Versaillais » alors qu'ils furent vainqueurs de la Commune ? Ils se vengèrent atrocement de la peur qu'ils venaient d'avoir. Férocité et lâcheté, comme cela s'accorde.

Les Versaillais d'aujourd'hui ont eu peur aussi et ils se sont vengés comme ceux de 1871.

Les bourgeois qui habitent cette terre où la nature et la civilisation se rencontrent si agréablement, donnant l'air pur à proximité de la grand-ville, ces bourgeois ont craint de voir troubler leur villégiature. Et comme il y a trente ans, ils ont frappé avec une féroce lâcheté à l'heure de la répression.

Comme leurs prédécesseurs tuaient les vieillards, les femmes et les enfants alors que leurs femelles enfonçaient la pointe de leurs ombrelles dans les yeux des mourants, tels ils se sont montrés au procès de Durupt[1].

Durupt, que seule l'indignation a pu faire sortir d'un anarchisme plutôt trop correct, devient Durupt l'agitateur pour la presse à gages ; à une toute petite affaire, à quelques mots, on donne une importance décisive et considérable afin d'arriver à atténuer, à expliquer l'exagération ignoble de la condamnation.

Les douze jurés, délégués de la population bourgeoise, ont pu voir se dérouler toute la trame policière de ce procès sans changer leur « opinion ».

Une mère, une sœur ont pu ne trouver d'autres formes que les sanglots et les larmes pour déplorer la mort de l'enfant et du frère aimé tué par la balle anonyme ; les victimes douloureuses ont pu venir clamer leurs souffrances ; les bourreaux ont pu trembler eux-mêmes devant les faits commis ; à la barre la mémoire des témoins à charge a pu défaillir jusqu'à la contradiction et à l'amnésie ; tout cela a pu être sans que le jury soit touché de la faiblesse de l'accusation, sans comprendre le pourquoi de l'acte de ce jeune homme, sans voir que cet acte de révolte n'était qu'un acte de pitié indignée.

1. Georges Durupt* fut condamné « pour incitation de militaires à la désobéissance ».

Préposés à la vengeance et à la répression, les douze bourgeois ont été terribles jusqu'à l'inconscience : ils ont frappé le prisonnier, ils ont achevé le blessé. Durupt est reconnu coupable, sans circonstances atténuantes.

On se demande ce que peuvent vouloir dire ces mots : « circonstances atténuantes » pour ces hommes honnêtes. L'assassinat de Lefol et de Geobellina [1] ne sont-ils point des circonstances par excellence expliquant, donc atténuant, les paroles indignées de Durupt ?

La magistrature, tant assise que debout, fut aussi, dans ce procès, à la hauteur de son rôle. Le procureur apeura davantage les jurés par des histoires de brigands et le président lui-même réconforta leur civisme par une allocution avant l'audience afin de les inciter à bien remplir leur mandat, c'est-à-dire à ne se laisser toucher ni par le sentiment ni par la raison.

Tous deux ont réussi, même trop bien réussi, car il n'est pas possible que la Cour de cassation ne comprenne tout le mal de cette exagération et ne renvoie le procès devant une autre cour d'assises. Alors, il est certain qu'on ne trouvera pas encore douze hommes pour ratifier pareille condamnation.

Après la dure épreuve d'une prévention longue et douloureuse, Durupt reprendra ses études et son labeur. Il aura appris que la société ne tolère même pas la générosité dans l'indignation – laquelle ne doit être que « vertueuse »... et légale.

Bourgeois versaillais, craignez que votre exemple ne lui apprenne aussi à connaître le désir de vengeance.

1. Les ouvriers Pierre Le Foll (la presse écrira « Lefol ») et Émile Geobellina furent les deux victimes des gendarmes lors d'une grève à Vigneux-sur-Seine, le mardi 2 juin 1908. Sur les grèves de Draveil et de Vigneux, lire <http://www.vigneuxhistoire.com/greve2.html>.

Le choléra avance...

24 septembre

La presse a ouvert une nouvelle rubrique. À côté de celle des incendies, des meurtres, des sports et des théâtres, elle surgit, terrifiante : « Le choléra »[1].

La marche tragique de l'épidémie est suivie pas à pas et les cadavres qu'elle sème sur sa route sont comptés anxieusement. La peur en fait multiplier les chiffres de façon fantasmagorique, alors que la prudence en fait cacher le nombre, par un calcul ridicule.

Il est des centaines de morts tous les jours.

De Manille à Pétersbourg, à travers l'Asie entière, par la Chine et la Sibérie, le fléau entre au cœur de l'Europe. Va-t-il la traverser et des eaux du Pacifique gagner celles de l'Atlantique, dédaignant l'étroit sentier de Panamá pour prendre la grande route des terres, afin d'amonceler les cadavres ? Nul ne le sait.

Il est des centaines de morts tous les jours. Qu'est cela, sinon l'holocauste donné au monstre pour apaiser sa faim de meurtre, sa soif de vengeance. Mais ce labeur de nécrophile ne saurait interrompre sa marche. Il va, il va...

Le choléra avance.

Alors, ceux qui sont les heureux, ceux qui pour assurer leur bonheur jouent de la vie des autres, négligemment, alors ceux pour qui la souffrance d'autrui, le mal de tous ne sauraient compter, alors ceux-là sont pris de peur.

---

1. Signe des temps, la revue illustrée *L'Assiette au beurre* titra son numéro 393 du 10 octobre 1908 « V'la le choléra ». Sur cette revue satirique et libertaire, l'une des plus célèbres de la Belle Époque, lire Élisabeth et Michel Dixmier, *L'Assiette au beurre*, Centre d'histoire du syndicalisme/François Maspero, 1974.

Devant les désastres coutumiers, l'épidémie ordinaire, le riche se dérobe, laissant la ville attaquée en proie au fléau. Mais le choléra avance, avance toujours et, s'il va lentement, il va sûrement. S'échapper devant lui ce n'est que retarder l'instant où il vous prendra à l'estomac, pour vous mener à la mort.

Et où donc s'échapper d'ailleurs ? S'il est derrière nous, vers Saint-Pétersbourg, n'est-il pas devant nous, vers Manille ? Et s'il ne lui coûte rien de traverser les immenses déserts de terre du Gobi et de Sibérie, que lui coûtera-t-il de franchir les immenses déserts de mer du Pacifique ?

Le choléra avance… il faut donc l'arrêter.

Un étrange désir de solidarité naît de cette peur et de ce besoin. Les hommes sentent enfin qu'ils sont des hommes, et qu'il n'est plus et qu'il n'est pas ni riche ni pauvre devant cet ennemi du genre humain, devant le choléra.

L'indifférence du riche se fond devant la preuve de sa commune faiblesse avec le pauvre. Les heureux s'avisent tout à coup qu'il est des malheureux qui vivent des restes de leur table, des bribes de leur bonheur. Ils s'avisent qu'à côté de leur palais, de leurs villas, de leurs demeures confortables, il est des taudis, des chaumières, des casernes où s'entassent le reste des humains. Ils s'avisent que leur luxe est payé par la misère des autres.

Ils ont peur… et ils s'aperçoivent, tout à coup, qu'une solidarité les lie aux autres hommes, qu'ils ne sont rien que par eux, et aussi que le mal qui tue le pauvre les tuera de même sans pitié…

Et le riche soucieux sent son cœur s'ouvrir à la pitié, saigner à la vue de la douleur du pauvre.

À Saint-Pétersbourg, nous disent les journaux, « une souscription nationale a été ouverte et les crédits qu'elle permettra de réaliser seront employés à donner aux pauvres de la ville une nourriture plus saine et de l'eau bouillie ».

Amère ironie… Le riche qui n'a pas su vouloir consacrer quelques instants de sa vie pour se préserver se voit menacé dans sa vie même s'il ne veut pas participer à la défense contre le mal qui envahit tout.

La solidarité lie les hommes à travers les frontières de la fortune, les démarcations des patries, les haines des races. Et tel patriote qui se rit de la famine en Hindoustan, tel catholique romain qui se réjouit des persécutions s'abattant sur les races sémitiques, tel riche qu'indiffère le mal de la faim et du froid qui terrasse ses voisins, tous sont obligés de se reconnaître solidaires avec ceux dont ils négligeaient la douleur.

La famine a fait jeter les Indiens sur d'innombrables détritus et le choléra les a pris ; les Sémites, chassés par la persécution, ont transporté le mal et les pauvres, en dehors de toutes les lois de l'hygiène, ont été, rapidement, le terrain de culture permettant au mal de s'étendre en pleine ville de civilisation.

Cette solidarité montre toute la faiblesse, tout le mensonge de l'organisation sociale actuelle ; de cette organisation où l'on croit pouvoir s'occuper seulement du bonheur d'une minorité, sans penser qu'en dehors même des sursauts révolutionnaires les lois de l'affinité rendent communs, un jour ou l'autre, les maux qui frappent la majorité.

Il est des centaines de cadavres tous les jours.

Et pourtant je trouve le tribut payé par l'humanité bien léger. Je voudrais davantage de morts et le monstre plus insatiable encore de vies humaines.

Le choléra avance…

Et pourtant je trouve qu'il va trop lentement, bien trop lentement, et, coûte que coûte, je le voudrais voir passer à travers cette Allemagne militariste et cette France cocardière qui viennent encore de se réjouir des succès récents des différentes manœuvres.

Oui, je voudrais la leçon plus cruelle encore et que devant le mal terrifiant les hommes apprennent enfin qu'ils doivent utiliser toutes leurs forces, toutes leurs aptitudes à lutter dans une commune association contre la nature pour le plus grand bonheur de tous.

Oui, je voudrais que les hommes comprennent qu'il n'est pas possible de se désintéresser du mal de quiconque et qu'une organisation sociale où il en est un seul d'oublié recèle la fissure qui ébranlera tout l'édifice.

Gouvernants économiques et politiques, financiers et législateurs, vous avez déchaîné le choléra sur l'humanité : ce sont vos lois mauvaises, c'est vôtre âpreté au gain, vos désirs de jouissance jamais calmés qui font que des millions d'hommes sont la proie désignée de l'épidémie.

Exploités économiques, moutons politiciens, ouvriers et électeurs, vous avez déchaîné le choléra sur l'humanité : c'est votre acceptation tacite, votre résignation devant la souffrance, devant la misère, votre consentement à l'abjection et à la saleté qui font de vous le champ où croasseront bientôt les corbeaux de la mort.

Le choléra s'avance…

Et quoi, est-il donc si redoutable, ce bacille, que les hommes tremblent de peur lorsqu'on l'évoque ?

Oui, il est redoutable et il sera redoutable tant que les forces humaines se consacreront à s'arracher mutuellement le pain nécessaire, à se disputer leur part de bonheur et de vie.

Il sera redoutable tant que les hommes seront partagés en des forces contradictoires luttant entre elles ; tant qu'il y aura des Allemands et des Français, des Russes et des Japonais ; tant qu'il y aura des patrons et des ouvriers, des riches et des pauvres.

Il sera redoutable tant que les hommes useront leur vie à faire des fusils, des sabres et des canons pour lutter contre d'autres hommes ; tant que des femmes aviseront par dépêche d'autres personnes des menaces de guerre ou des cours des Bourses financières… alors que ces hommes pourraient lutter contre le mal en augmentant la richesse de tous ; alors que ces femmes pourraient se pencher sur les enfants pour en faire des hommes sains et robustes ; que les uns et les autres pourraient connaître et appliquer les lois de l'hygiène qui les préserveraient des attaques du mal.

Pour que la leçon soit bonne, pour démontrer à tous l'atrocité des lois sociales et économiques, l'absurdité criminelle de la propriété et du salariat, le mensonge du patriotisme et des religions, il ne suffit pas des milliers de cadavres jonchant les champs de bataille et les champs de grève ; il ne suffit pas des victimes des révolutions et du grisou ; il ne suffit même pas des milliers et des milliers d'humains appelés vers la mort sous les attaques féroces de la misère…

Tout cela ne suffit pas, ô pauvre, pour vaincre ta passivité, ta résignation ; ô riche, pour vaincre ton arrogance, ta luxure et tes appétits…

Eh bien, soit… que le choléra avance…

Qu'il avance vite à travers l'Europe corrompue par le luxe et la misère, qu'il fasse des trouées à travers l'humanité ; qu'il vide les palais et les chaumières sous ses attaques redoutables…

Alors, peut-être, les hommes se rappelleront qu'ils sont des hommes et agiront comme des hommes ; alors, seulement, consacrant tout leur esprit, toutes leurs forces contre l'ennemi commun, ils chasseront le mal et pourront connaître le bonheur.

Le choléra avance…

Aux anarchistes ! (*ter*)

19 novembre

La fin imprévue de notre camarade Libertad a fait un trou dans nos rangs.

Le pionnier a succombé devant la tâche inachevée, en pleine lutte contre l'autorité, contre les résignés.

L'œuvre reste. Continuons-la.

Libertad était l'initiateur de *l'anarchie* ; il en avait jusqu'ici assuré la marche et assumé toute la responsabilité.

Mais *l'anarchie* est entrée dans sa quatrième année plus vigoureuse ; elle est loin des difficultés de la première heure : les éléments d'un travail puissant sont assemblés et faciliteront la tâche.

L'anarchie croit pouvoir compter sur l'initiative de tous, elle doit vivre par la bonne volonté de ceux qu'elle intéresse, par l'union de tous ceux qui veulent voir se diffuser et progresser intensément la philosophie, l'action anarchistes.

LA RÉDACTION

Sur un cadavre, les corbeaux de la presse se sont abattus pour dépecer le mort et lui donner le dernier coup de bec. Le travail des charniers leur convient et leur acharnement prouve que l'anarchiste frappe juste.

Que de remerciements nous vous devons, cher Marquis[1], pour avoir contribué par votre ruade sénile à la consécration suprême de la haine qu'un être courageux et libre, qu'un homme doit raisonnablement engendrer dans votre race de larbins de l'opinion…

Il n'en est pas de même sans doute de la presse socialiste dont le devoir, révolutionnaire, bien entendu, est de salir et d'écraser la vérité chez un vivant pour la dégrader à nouveau par le symbole et la religiosité lorsqu'il est mort. En effet l'estimé organe des unifiés qui calomnia Libertad vivant mieux que les policiers prit sur lui d'annoncer ses obsèques !

Je ne puis garder assez mon sérieux pour expliquer leur bévue aux socialistes qui voulaient célébrer les obsèques

1. Allusion à Henri Rochefort (lire *supra*, p. 56).

de l'auteur de tant de conférences et d'articles sur le culte de la charogne, ce dernier reste, si solide encore, des religions agonisantes. Je crois mieux faire en cette circonstance de céder la parole à qui de droit, pour enfouir dans le même égout l'amabilité des laquais de la presse et le zèle socialiste. [1]

CANDIDE

---

1. *L'anarchie* reprend ici un extrait de l'article « Le culte de la charogne », reproduit intégralement *infra*, p. 332.

TROISIÈME PARTIE

Textes posthumes (1909)

Le travail antisocial et les mouvements utiles

Il existait, il y a quelques années, un nommé Harduin [1], qui déployait tout son esprit à soutenir les oisifs, les pauvres oisifs, les bons oisifs !

Ce bonhomme en toc ramassait tous les lieux communs, toutes les idées banales exprimées par monsieur Tout-le-monde, leur donnait un tour nouveau et les jetait ensuite à la tête de tous comme le *nec plus ultra* de l'originalité.

Avec l'Église qui déclare que « les riches sont les dépositaires et les administrateurs des richesses de la terre, dont ils doivent répondre » ; avec Leroy-Beaulieu et l'économie politique disant « que le capital (et les capitalistes) assure la richesse d'une nation » ; avec tous les résignés, tous les pauvres, le peuple entier, dirions-nous, affirmant « qu'il faut bien des riches pour faire travailler des ouvriers », monsieur Harduin chantait l'épopée des oisifs, ces dieux de l'Olympe capitaliste.

---

1. Trois ans plus tôt, Libertad notait déjà dans *l'anarchie* du 26 octobre 1905 : « Tout se transforme, tout change, tout subit la "loi du progrès". Le Prudhomme de maintenant s'appelle Harduin : il collabore aux *Temps nouveaux* et au *Matin*. Il prudhommise sur la question sociale. C'est un Homais révolutionnaire. Le sieur Flory voulait presque l'appeler à son cabinet pour répondre d'antimilitarisme. Rien n'échappe à sa critique. Ce que la société est mal faite…, mais ce que les truffes sont bonnes et qu'il est doux de respirer l'air de la mer quand viennent les vacances. Car, ainsi que l'autre Prudhomme, le nouveau parle de la sociale la gueule pleine et le ventre rebondi. »

Il le faisait d'une façon qui peut paraître exagérée, brutale, touchant un peu trop les sentiments du peuple, mais monsieur Harduin, élevé à l'école du républicanisme bourgeois et voltairien, savait tout ce que peut supporter le peuple, toutes les couleuvres qu'on peut lui faire avaler par la persuasion, tout ce qu'on peut lui faire accepter par l'usage du bâton et de la violence. Il paraît avoir été trop loin : il n'a pas été trop loin. Il disait à haute voix ce que monsieur Tout-le-monde disait à voix basse :

« Si les oisifs n'existaient pas, il faudrait les inventer. En ne faisant rien, ils sont plus utiles que tant d'autres qui travaillent. Ils ne prennent la place de personne. Ils ne sont les concurrents de quiconque, ils ne sont que les débouchés. Ils n'ont pas besoin de commettre d'actions basses ou malhonnêtes pour gagner leur vie. Ils répandent leur argent et fécondent par là le travail des autres. Ils sont, en définitive, les citoyens parfaits, et forment, par leur petit nombre, l'aristocratie d'une nation. Aussi tout le monde envie leur sort. »

Voilà ce que disait monsieur Prudhomme-Harduin dirigeant la voix de Jocrisse-Bonhomme.

Il ne faisait que traduire les idées de beaucoup.

Que penser d'un homme disant : « S'il n'y avait pas de parasites, il faudrait les inventer ? » Qu'il est fou ! On a vu en quelques occasions, les hommes avoir recours à certaines espèces d'animaux pour en détruire une autre plus prolifique. On se sert, pour rétablir un organisme malade, de certains remèdes qui provoquent une perturbation, mais guérissent le mal. Peut-on concevoir des individus qui appelleraient, qui béniraient, qui chanteraient le mal et la souffrance ?

L'oisif, ce parasite de l'humanité, est accepté par le peuple avec la résignation d'un Benoît-Labre, laissant courir la vermine sur son corps, au nom de Dieu. Le peuple va plus loin : il glorifie l'oisif.

Je pourrais continuer l'exemple. Le simple ne dit-il pas : « Les poux sont la santé du corps » ?

Ainsi les oisifs sont la santé de la société. La résignation comme la fainéantise ont amené les hommes à une acceptation de la malpropreté et du parasitisme. Par peur de l'eau et de l'effort du lavage, les hommes arrivent à considérer la couche de crasse qui les recouvre comme une épaisseur de leur peau, dont ils ne sauraient se débarrasser sans s'écorcher. Par peur du mouvement, par fainéantise d'agir, les hommes arrivent à considérer le fait d'être mangés par des parasites nombreux comme inhérent au fait de vivre en société.

L'oisif est semblable à un de ces dieux à qui leurs fidèles portaient les produits les meilleurs. La statue, les bras croisés, ne portait aucune concurrence au travail des hommes, mais son culte n'en était pas moins une lourde charge pour eux. Les oisifs de ce temps-là n'osaient pas s'intituler tels. Ils cachaient leur fainéantise derrière une divinité quelconque. Les hommes d'alors n'auraient pas été assez sots pour prélever une part du fruit de leur activité et la donner à des fainéants avoués.

Maintenant, le voltairien Harduin et ses amis ont fait une divinité de l'oisif lui-même. Plus de subterfuge. Cet homme, que vous voyez les bras croisés, est un oisif. C'est-à-dire qu'il ne travaille pas. Il ne fait aucun effort. Il ne laboure pas, il ne sème pas, il ne forge pas, il ne tisse pas, il n'enseigne pas. En retour, il consomme dix, vingt fois plus que quiconque. Sa table est couverte des mets les plus fins. Il porte ses habits deux ou trois fois au plus. Il lui faut, bon an, mal an, cinquante paires de chaussures. Son habitation est grande, plus que celle de cent ménages.

C'est un oisif. Il a comme mission sociale de consommer. Sa qualité sociale est de ne pas produire. Dans la grande famille humaine, il est l'enfant gâté qui, à la table familiale, prend les meilleurs des plats, les vide quand il lui plaît… Plus il mange – voire à se donner une indigestion – plus il est utile à ses frères, lesquels se partageront, tout à l'heure, les rogatons qu'il voudra bien laisser.

L'oisif fait, en venant au monde dans des langes brodés, une preuve d'intelligence sans pareille et il excite l'admiration « du citoyen dont l'intelligence est si peu supérieure à celle du cheval qu'il lui faut peiner dix heures afin de gagner trois francs ».

L'oisif ne prend la place de personne pour produire ; en retour, il prend la place de plusieurs pour consommer. Il n'est même pas l'ouvrier de la onzième heure que les circonstances ont pu écarter du labeur, il est systématiquement l'ouvrier de la douzième heure, l'ouvrier du repas. On vante sa qualité de ne pas être le concurrent de quiconque à l'heure de la production. Je la lui accorde. Mais il me sied de vanter encore plus, de lui imposer même la qualité de ne pas être le concurrent à l'heure de la consommation.

Prudhomme-Harduin déclare – au nom de la populace des résignés – que « l'oisif n'a pas besoin de commettre des actions basses ou semi malhonnêtes pour assurer son existence ». Quelle qualité ! Il ne se noircit pas non plus le visage, il n'a pas de callosités à la paume de ses mains. Ayant son existence assurée par on ne sait quel coup de baguette et on sait trop par quelle acceptation de tous, il n'a pas à faire de combinaisons louches pour trouver à vivre. Il ne salit ni ne durcit ses mains, puisqu'il ne fait jamais d'autre effort que celui de digérer.

Lorsque Prudhomme parle ainsi, il parle encore comme tous. Il respecte les mains blanches, les ongles longs, les consciences sans tache ! Il ferait bon voir les oisifs mondains suivre le code de l'honneur (!?) à travers les mille difficultés de l'existence.

Mais alors que fait donc l'oisif ?... Il répand son argent dans la circulation. Car n'est pas oisif qui veut. Une des marques premières de l'oisif officiel est d'avoir de l'argent. Pour arriver à cette position, à cette aristocratie, il n'est pas besoin de qualités naturelles, il faut simplement avoir un capital déterminé. Le capital est un billet pour le voyage de la vie, jamais périmé.

L'oisif sans argent s'appelle fainéant, vagabond, mendiant ou maquereau. Il a une qualité, celle de ne pas être concurrent, mais il n'a pas celle d'être débouché. Il ne partage pas l'effort, soit ; mais il ne consomme pas ou si peu que cela ne vaut pas la peine d'en parler. À peine utilise-t-on à son usage le travail d'un autre homme. L'oisif véritable, de bonne marque, fait travailler pour lui une vingtaine, une centaine de personnes et c'est là sa qualité. Il produit peu ou pas, il consomme beaucoup.

N'est-ce pas là la grande haine que l'on a contre l'avare ? Il ne produit pas, cela lui est pardonné ; mais il ne consomme pas, voilà son grand crime. Il ne demande pas au cordonnier des chaussures qu'il ne porte pas, au pâtissier des tartes qui se gâteront. Il se contente d'être une vie médiocre.

Il faut que l'oisif consomme ! Si l'oisif n'a pas de bras, qu'il ait une grande gueule pour enfourner, un estomac pour digérer.

Donc l'oisif a de l'argent et le répand. L'argent qu'il possède a une valeur incontestable et acceptée par tous. En l'échangeant, il a le droit à tous les respects. Mais, direz-vous, il ne peut l'échanger et le posséder encore. Si ! L'oisif voit s'accomplir pour lui ce miracle étonnant. Il donne l'argent contre le bonheur. Il a le bonheur et toujours l'argent. Le coffre qui le contient ne s'épuise jamais. Si le niveau de l'or baisse, quelquefois, le producteur vient rapporter l'argent qu'il a reçu. Il sert des rentes, il paie des loyers à l'oisif que son industrie nourrit, loge et habille.

L'oisif ne donne rien, ne donne jamais, il reçoit toujours ! Il consomme, il dépense, il gaspille : et plus il consomme, plus il dépense, plus il gaspille, et plus il mérite devant monsieur Tout-le-monde.

De par les siècles, ont défilé beaucoup d'aristocraties. On a vu l'aristocratie des intellectuels à Athènes, l'aristocratie des beaux et forts à Sparte, l'aristocratie des prêtres à Jérusalem, l'aristocratie des guerriers en Europe moyenâgeuse ; on voit maintenant, sans voile et sans hypocrisie, l'aristocratie des gueules, des estomacs et des ventres, l'aristocratie des oisifs.

L'oisif ne possède pas quelque richesse que l'humanité lui achète chèrement ; il n'est pas le plus beau, le plus fort, le plus instruit, le plus courageux, il est celui qui consomme et cela lui suffit pour être le maître de ceux qui produisent.

L'oisif est le poids mort qui traîne péniblement l'évolution humaine dans sa marche en avant. Non seulement il ne fait aucun effort lui-même, mais il paralyse, à son profit, l'effort des autres hommes. Du cordonnier au savant et de l'artiste au mineur, tous les travailleurs peinent pour donner la plus grande jouissance à l'aristocratie des oisifs.

Par quelle anomalie la société est-elle devenue une association d'individus ayant pris comme but d'assurer le bonheur d'un dixième d'entre eux, avec lesquels ils n'ont aucune affinité et pour lesquels ils n'ont aucun amour ? Qui pourrait répondre ?

Ce qui a été, ce qui est doit-il toujours être ? L'aristocratie des oisifs durera-t-elle ? Le mensonge de l'utilité des parasites n'apparaît-il pas aux yeux des hommes ?

Il faut détruire la légende fameuse, la fable des *membres* et de *l'estomac*. Si les oisifs, les riches ne sont que des estomacs, ils ne sont pas l'estomac qui assimile la nourriture afin de la porter aux membres. Les oisifs ont comme mission de ne pas être utiles. Ils sont des animaux de luxe que l'humanité a la sottise d'entretenir à son détriment. [...]

Le bonheur individuel et le bonheur collectif sont faits de l'accumulation de la force, laquelle amène l'abondance des choses utiles et diminue donc l'effort nécessaire pour les acquérir.

La liberté n'est autre chose qu'une puissance. Plus on est fort, plus on est libre. Il faut donc devenir fort. Mais il n'est pas possible que l'homme devienne fort sans le concours des hommes. Il faut donc s'associer avec eux. Il faut se persuader que le travail de chacun est profitable à tous et pour toujours.

L'objectif principal de l'homme doit être dans la production et la conservation des choses indispensables à la vie. Et si cet objectif avait fait, dans le temps, la préoccupation de l'humanité, la richesse des générations présentes serait si grande que le communisme s'imposerait à tous par le peu de valeur des objets nécessaires à la consommation humaine.

Que faut-il donc faire ?

L'homme qui vit consomme, c'est-à-dire détruit une certaine quantité de matières assimilables. Il devient un danger pour les autres hommes, s'il ne fait récupérer à la société, d'une façon quelconque, en produisant, pour réparer, soit intellectuellement, soit manuellement, la consommation qu'il vient de faire.

L'homme oisif ou producteur d'inutilités est comparable à un foyer d'incendie. Non seulement il brûle, il gaspille la matière prise sur le « domaine » de ses contemporains, sur celui des hommes de demain, mais il arrive à périr faute d'aliments, car il ne songe jamais à reformer un champ nouveau pour la consommation.

Il est un individu dangereux. Toute la perturbation sociale vient de ce que les hommes n'ont pas su se préoccuper d'une façon intéressante de la production et de la conservation des foyers alimentaires pouvant satisfaire à la consommation.

Même lorsque l'homme s'occupe *seulement* de s'adapter intellectuellement, il devient un danger pour les autres et pour lui ; il devient un « dégénéré » pourrait-on dire, parce qu'il néglige les adaptations « physiques » au moment même où il multiplie ses besoins.

Au moment où ses goûts nouveaux l'obligent à consommer davantage, où il a besoin de littérature, de musique, d'art, d'appartements plus vastes, il cesse de produire, même des objets de première nécessité, et il demande aux autres hommes de produire, pour sa satisfaction, des objets de luxe.

Les hommes qui consentent à produire ces objets de luxe demandent alors à d'autres hommes encore de produire pour leur consommation de première nécessité. Il arrive donc un moment où une poignée d'hommes satisfont aux besoins véritables de l'humanité.

Il s'ensuit un double courant de dégénérescence. Le premier qui frappe ceux qui ne savent pas assimiler la matière à leurs besoins et qui ne sauraient se passer du concours des autres hommes, oisifs, pires que les infirmes privés de l'usage des membres essentiels du corps ; le second qui s'attaque à ceux que l'excès de travail physique rend inaptes à tout travail intellectuel, en même temps qu'il use prématurément leur organisme.

Ceux donc qui ne produisent pas, ceux qui produisent mal ou inutilement, ceux qui produisent trop sont au même titre des obstacles au développement normal des hommes. Ils sont nuisibles, il faut se prémunir contre eux.

Déjà des savants se sont préoccupés de la question des nuisibles, des dégénérés, mais ils arrêtaient volontairement la question en chemin, ne voulant appliquer la logique qu'à une certaine partie de l'humanité. Le riche oisif n'était pas un dégénéré au même titre que le fainéant pauvre ; et celui qui s'alcoolisait avec du vitriol devenait un nuisible bien autrement dangereux que le nocturne distingué qui fréquente les cabarets de nuit.

Nous autres, nous pouvons aller jusqu'au bout de notre pensée : le but à atteindre est d'approprier la richesse totale du globe terrestre en vue de l'intérêt des hommes, en utilisant le mieux possible tant la matière terrestre que l'effort humain. Tout homme qui veut toujours recevoir sans jamais donner est un obstacle pour ses prochains. Quelle qu'en soit la raison, qu'on l'appelle « criminel », « décadent », « dégénéré », « capitaliste », il est une entrave au bonheur des hommes, parce qu'il est improductif, soit qu'il n'emploie pas sa force, soit qu'il l'emploie mal.

Le bourgeois qui consomme sans produire rien, jamais, n'est pas un danger plus grand que l'ouvrier consommant sans produire jamais rien d'utile. Le capitaliste qui amoncelle des actions les unes sur les autres est à détruire au même titre que l'employé du métro faisant des trous dans du carton toute la journée.

En fin de compte, ne faut-il pas que l'ouvrier producteur véritable les nourrisse, les habille, les loge et satisfasse à leurs besoins ?

Tout homme improductif est à détruire, sans haine et sans colère, comme on détruit les punaises, les parasites.

Disons que ce travail de destruction est, actuellement, un travail de première nécessité, comme l'incendie brûlant les ronces du champ inculte, afin de permettre d'y jeter le blé fécond.

Pour entretenir l'état actuel des choses, pour suffire à la consommation de la population habitant cet hexagone irrégulier appelé France – il est évident que cette critique peut s'adapter à tous les pays –, une grande partie de cette population travaille : les hommes une moyenne de onze heures par jour, les femmes une moyenne de dix heures.

Ainsi en décident les lois.

Mais personne n'ignore que ces moyennes ne sont qu'un minimum et que des statistiques faites en toute garantie donneraient une moyenne de quatorze à quinze heures de travail tant pour les hommes que pour les femmes.

Pendant ces heures de travail, dans la plupart des cas, l'ouvrier déploie une attention continue, une énergie intensive, soit qu'il suive le moteur mécanique, soit qu'il veuille vaincre la concurrence possible.

Partout dans ce pays, on se préoccupe de diminuer d'une façon effective la durée de la présence, et aussi l'attention intensive et déprimante portée pendant cette présence.

Les ouvriers se sont syndiqués, c'est-à-dire se sont réunis par corps de métier ou à peu près et ont envisagé le problème, chacun à des points de vue différents.

Ils ont laissé à la porte leur mentalité, leurs desiderata d'homme, pour prendre ceux de peintre d'enseigne ou de contrôleur de métro.

Ces syndicats différents se sont groupés par similitude de métiers, en fédération, prenant un intérêt spécial nouveau, sans pour cela rien perdre de leur état déjà noté.

Ces fédérations forment la Confédération du travail. Cette dernière doit tenir compte et respecter les intérêts fédératifs et plus loin les intérêts des syndicats.

La Confédération générale du travail se déclare autorisée pour résoudre les passionnants problèmes dont nous parlions tout à l'heure : diminution de la durée du travail ; diminution de l'intensité de ce travail.

Voyons les premiers actes de la CGT, en vue de hâter la solution de ce problème économique.

Par décret daté du …, il a été décidé que les ouvriers ne travailleraient plus que huit heures, à partir du 1er mai 1906.

Le chiffre est posé : ce n'est pas huit heures et quart ni sept heures trois quart, c'est huit heures exactes.

Rien n'est changé depuis 1848 dans l'économie sociale, c'est bien huit heures maintenant comme il y a soixante ans.

Sans s'attarder au fétichisme de cette date du 1er mai si peu réjouissante pourtant et si ridicule pour les ouvriers, ni à la réflexion socialiste des trois-huit, examinons de quelle façon la CGT prétend arriver à la bonne solution.

Elle commence tout d'abord une propagande dans le but d'amener l'opinion à être favorable à la journée de huit heures. Affiches, placards, étiquettes affirment que l'ouvrier ne devra travailler que ce laps de temps à partir du 1e mai 1906. Et ce, évidemment, en conservant le même salaire minimal donné pour les dix heures.

Nous ne parlerons que pour mémoire du langage tout spécial employé dans les affiches et les placards… c'est le même, à des mots près, que celui employé par les quarante-huitards, les républicains, les socialistes, et le « prolétariat tout entier » côtoie « l'affranchissement de la classe ouvrière ».

Attachons-nous à connaître les moyens qu'elle veut employer, la propagande ayant donné ses fruits, pour la mise en exécution de ce croquis social.

Si les individus attachés à un labeur quelconque, pendant dix heures (officiel), douze, quatorze heures (réalité), ne travaillent plus que huit heures, ce labeur nécessitera 1/5 (officiel), 1/4, 1/3 même (réalité) de main-d'œuvre de plus, ou bien l'intensité de leur travail s'augmentera de 1/5, 1/4, 1/3 selon les circonstances.

Le nombre des chômeurs est-il assez grand pour remplacer cette main-d'œuvre ? Il est bien évident que non.

Dans ce cas, l'intensivité du labeur pendant la présence augmentera et la deuxième face du problème ne se trouvera pas résolue.

Les ouvriers pourront toucher le même salaire pour huit heures que pour dix heures ! Mais qui donc ignore que le salaire n'est que le rapport marquant les besoins immédiats de l'ouvrier ? La valeur du salaire n'existe pas en lui mais bien plutôt dans la commodité qu'il donne d'acheter les objets de consommation. Si le prix de revient de ces objets a augmenté, le prix de vente en sera certainement augmenté et avec la même somme d'argent on aura moins de produits.

Il faudrait presque arriver à demander avec la réduction des heures de travail, au cas où une nouvelle main-d'œuvre viendrait s'ajouter à la première, une augmentation de salaires pour arriver à vivre aussi bien qu'auparavant.

Il est entendu que pour l'instant nous nous plaçons dans la relativité de l'organisation actuelle. Nous prétendons que la route suivie par la CGT est impraticable, nous disons plus, la CGT ne peut pas résoudre ces problèmes, elle est, par son essence même, incompétente en la matière. Les moyens à employer entraînent immédiatement sa dissolution.

Pourquoi ?

La CGT est une association de fédérations.

Les fédérations sont des associations de syndicats.

Les syndicats sont des associations d'ouvriers d'un même métier.

La CGT doit donc respecter et favoriser les intérêts de certains hommes en tant qu'ouvriers de certain métier.

Or, le problème de la diminution du travail ne peut se résoudre que par la suppression du travail inutile, et par le transport de ces efforts vers le travail utile.

Pour ce faire, un grand nombre de corps de métiers devraient disparaître.

Sans entrer dans une nomenclature trop longue des métiers que nous classons utiles, et de ceux que nous classons inutiles, nous pouvons dire que sont utiles tous les métiers qui aident au développement de nos sens, à la satisfaction de nos besoins. Peindre des réclames, des enseignes, fabriquer des compteurs à gaz, estamper des billets de banque, etc., nous paraît être un travail inutile.

Tous ces métiers inutiles sont d'ailleurs les conséquences directes ou indirectes de l'inégalité économique, c'est-à-dire de la propriété individuelle qu'ils ont pour but de sauvegarder ou de légitimer. Ils n'auraient plus de raison d'être dans une société d'hommes libérés.

Par conséquent plus d'armuriers, plus d'ouvriers de compteurs, plus d'estampeurs de billets de banque, plus de monnayeurs (vrais ou faux), plus de contrôleurs de métro.

Beaucoup de ces corporations, au travail inutile, ont place dans la CGT. Va-t-elle décider leur disparition ? Elle ne le peut.

En admettant pour un instant l'utilité des groupements fédératifs de métier du genre de la CGT, nous arrivons à dire que logiquement la CGT devrait se dissoudre et se réformer sur de nouvelles bases, si elle voulait pouvoir faire un travail économique ayant quelque envergure.

Elle n'accepterait alors que de représenter les corps de métier ayant une utilité évidente. Elle appellerait à elle tous les hommes voulant travailler utilement. Elle ne s'occuperait pas, comme maintenant, d'associer le plus grand nombre d'ouvriers, mais le plus grand nombre d'hommes utiles.

Pour diminuer la part de travail de chacun, il faut diminuer le travail global. On peut aussi augmenter le nombre de ceux qui partagent ce travail global. Tous nos efforts doivent donc se tourner vers ce but. [...]

Les hommes actuels, si avancés soient-ils, réclament deux choses : du travail et de l'argent. Ils ne demandent pas, ils ne prennent pas du pain, des vêtements, des livres, ils veulent du travail, de l'argent.

Ils ne se préoccupent jamais de savoir si le travail qu'ils exécutent apportera à eux, à leurs proches, aux hommes, une amélioration de leurs conditions de vie. Ils travaillent. Il leur plaît de travailler pour travailler. Ils ont des gestes de fous avec la même sérénité que des gestes raisonnables. Et le contrôleur du métro met à percer un bout de carton l'emphase qu'il pourrait prendre en faisant le « geste auguste du semeur ».

Mais loin de chercher à diminuer le travail inutile, l'homme, au contraire, enraye tout mouvement tendant à ce but. Quand on voulut démontrer à l'ouvrier que le machinisme ne lui était pas hostile, on ne lui dit pas : « Il diminue ton effort, te remplace dans le dur labeur. » Mais plutôt : « Il augmentera la somme totale du travail, il poussera à la consommation factice. »

Et la machine à la confection de laquelle des centaines d'hommes travaillent dix ou douze heures par jour et qui servira à distribuer des plaquettes de chocolat ou des jetons de bistrot est considérée comme une bonne chose parce qu'elle donne du travail à l'ouvrier !

La classe possédante, elle, pense que c'est un des bons exutoires par lesquels s'en va l'effort humain.

Chaque fois que la science, en développant la mentalité des hommes, va supprimer quelques gestes inutiles, les hommes en tant qu'ouvriers, en tant que travailleurs, s'interposent. Leur syndicat, leur fédération viennent à la rescousse.

Le vieil homme qui couche à l'Élysée avait vu tout le ridicule, tout le servilisme de l'acte qui consiste à envoyer un bout de carton sur lequel, au préalable, on avait fait inscrire ses nom, prénoms et titres. Beaucoup de hautes notabilités bêlèrent avec lui. La carte de visite allait être supprimée. C'était un effort ridicule de moins, sans compter tous les autres avantages individuels.

Immédiatement, le syndicat des Typographes, la Fédération française des travailleurs du Livre s'agitèrent, et après des pas et des démarches, le vieux consentit à se laisser submerger de tous les petits carrés de politesse palpable.

Les « attendus » ouvriers seraient curieux à citer tout au long.

Il ne vint pas à la CGT de dire : « Parce que l'on n'imprime pas de cartes de visite, parce que l'on fabrique moins de presses Magands, rien de ce que consommaient les hommes qui imprimaient ou fabriquaient ces objets n'est enlevé de la circulation économique, donc ces hommes, sans aucun risque pour les autres hommes, peuvent continuer à vivre comme précédemment. »

Il advint aussi qu'une fois, l'autorité gouvernementale constata qu'il y avait assez d'armes dans les magasins de l'État et licencia, à Saint-Étienne, une partie des ouvriers de la manufacture. Le député de la circonscription, un nommé Aristide Briand, fit entendre sa voix pour « ces travailleurs injustement sacrifiés », et on les réintégra pour faire des fusils, des sabres, etc. Travail utile !!! (On l'a vu à Limoges et à Villeneuve-Saint-Georges [1].)

Nous ne montrons là que des réformes officielles.

Citerons-nous l'ordre du jour à la Chambre des députés, déposé par monsieur Jules Coutant, socialiste, en compagnie de monsieur le marquis de Dion*, de Georges Berry* et d'autres aussi chic.

C'est au nom de la classe ouvrière, des mécaniciens dont il connaît, paraît-il, le travail par sa propre expérience, que

1. Lire *supra*, p. 149 et p. 402-405.

le député ouvrier a demandé l'établissement d'une exposition des Sports. Cet homme qui soutient les intérêts d'hommes vivant dans des logis insalubres, qui représente une partie de la population privée d'air et de lumière, parle de construire des palais que l'on détruira au bout d'un an, dans le but d'occuper le travailleur.

Cet internationaliste parle de la concurrence étrangère et du développement de l'industrie française.

Il faut donner du travail à l'ouvrier !

Et le cri des quarante-huitards s'entend encore : *du travail* !

Aucune organisation économique ou parlementaire n'a pris le véritable chemin pour assurer la diminution de l'effort humain. La journée de huit heures n'est pas même une tentative de diminution de cet effort, mais bien plutôt une tentative pour sa généralisation.

La CGT, recommençant une campagne, ne se débarrasse nullement des erreurs du passé. Elle suit la route tracée par les politiciens et par les sentimentaux.

Elle ne peut résoudre la question de huit heures, pour plus exactement parler, la question de la diminution de la durée journalière de l'effort humain, qu'en s'amputant elle-même.

Les trois quarts des métiers qui ont un bureau aux Bourses du travail sont des métiers inutiles, servant à entretenir l'organisation actuelle.

Si cette dernière est mauvaise, il n'y a qu'à tourner l'effort contre elle.

Que penser d'un médecin qui laisserait un homme absorber du poison troublant son organisme, ne lui en limitant que l'usage.

Que ce médecin a besoin de clients.

La CGT ne veut toucher à l'organisation actuelle que d'une patte légère ; à la surface, sans jamais attaquer le principe de l'exploitation de l'homme, elle en discute les détails. Elle obtient des réformes légales, du genre de celle des bureaux de placement, dont le ridicule et l'imbécillité apparaissent sitôt la mise en pratique.

Que penser, sinon que la CGT a besoin de clients ?

Diminuer la journée de travail n'est pas une réforme, c'est un chambardement social ; les académies doctrinales, les corps organisés légalement n'ont rien à faire en cette occasion. C'est à la science et à la volonté des forts de porter la hache dans les branches de métier à élaguer, au lieu de laisser les imbéciles frapper à tort et à travers.

Pourquoi les hommes (tous les autres êtres de même, évidemment) travaillent-ils ? Dans quel but ?

La réponse est simple. Si l'homme a frotté longuement deux morceaux de bois l'un contre l'autre, s'il a taillé un silex, s'il l'a usé pendant des heures contre la poussière, c'était pour obtenir du feu, c'était pour obtenir une arme, ou plutôt un outil.

S'il a abattu des arbres, c'était pour s'en construire une hutte ; s'il a tissé des fibres végétales, c'était pour s'en former des vêtements ou des filets.

Tous ses gestes étaient des gestes utiles.

Quand la simplicité de ses goûts, et aussi l'horizon nécessairement borné de ses désirs, lui eurent procuré des loisirs, par suite de son adresse et des moyens découverts par lui et ses pareils, il trouva bon de faire des gestes dont l'utilité n'était pas évidente, mais qui lui portaient une somme de plaisirs qu'il ne trouvait pas négligeable. Il donna à la pierre les formes qui lui parurent agréables ; il retraça sur le bois les images qui l'avaient frappé.

De toutes les façons, les gestes qu'il faisait, nécessaires pour ses besoins immédiats ou nécessaires pour ses plaisirs, étaient des gestes dont il ne contestait pas l'utilité ; d'ailleurs, il lui était loisible de ne pas faire ceux du second ordre.

Par quelles formes l'homme d'alors travaillant la corne de renne, volontairement, pour son plaisir, passa pour arriver à l'homme d'aujourd'hui travaillant l'ivoire par force, pour le plaisir d'autrui, je n'entreprendrai pas de le décrire.

Pour des milliers d'hommes, les gestes agréables, faits volontairement, sont devenus du « métier » sans lequel ils ne peuvent vivre. Les gestes qui servaient à embellir leur milieu deviennent la condition inévitable de leur vie. Les gestes qu'ils faisaient pour aiguiser leurs sens ne font plus actuellement que les affaiblir, les user prématurément.

Les autres hommes se trouvent alors dans l'obligation de faire les gestes nécessaires à entretenir la vie sociale, et ils usent leur force aux mêmes gestes. Ils travaillent pour ceux qui font « métier » de gestes agréables, pour ceux qui vivent dans l'inactivité absolue par suite d'un malentendu social.

Ceux qui ne travaillent pas, aberration complète, extraordinaire, font contrôler à leur profit le travail utile ou agréable des autres. Et ce service de contrôle augmente le nombre de gens qui ne font pas de travail utile, ni même agréable. Par conséquent, il augmente la part de labeur des autres.

Le cerveau a beau faire un travail perpétuel en vue d'améliorer le labeur du corps, faire de constantes découvertes, de constantes inventions, le résultat est quasi nul, le nombre des intermédiaires, des contrôleurs, des inutiles augmentant en proportion.

Une sorte de folie finit par gagner le monde. On en arrive à préférer aux gestes de première utilité les gestes agréables, voire même les gestes purement inutiles. Tel qui n'a pas mangé, ou que très peu, fera faire des cartes de visite en bristol. Tel qui n'aura pas de chemise portera des faux cols d'une blancheur impeccable. Que de stupidités engendrées par les préjugés de la vanité imbécile des individus !

Par suite d'une force purement fictive, on emploie ses qualités à tort et à travers.

Des hommes, dont l'intérieur est noir et sale, peindront des devantures au ripolin ; d'autres, dont les enfants ne peuvent aller à l'école, composeront ou imprimeront des prospectus ou des menus de gala ; d'autres encore tisseront des tentures merveilleuses, tandis que la femme qui est à leur foyer n'a pas une jupe chaude à mettre sur son ventre engrossé.

L'homme a oublié que, primitivement, il faisait des gestes de travail en vue de vivre tout d'abord, de s'être agréable ensuite.

Dans une étude sur le travail, on ne saurait passer sous silence le problème du machinisme. La machine a-t-elle été utile à l'homme ? A-t-elle diminué son effort en lui permettant le développement de ses facultés ?

Si l'on prend ces questions au pied de la lettre, on peut répondre : non, simplement, à toutes deux.

Il a pu sembler, il est même véritable que l'emploi de la machine a diminué l'effort en durée et en quantité, mais on peut affirmer que c'est de manière fictive.

La machine fait les gros travaux, diminue la puissance de l'effort ; mais elle demande une surveillance constante, une tension de tous les sens, elle augmente la qualité de l'effort.

La machine, travaillant avec une plus grande rapidité, diminue la présence à l'atelier ; mais elle ne permet pas l'arrêt, le repos, la flânerie, et elle augmente la durée effective de l'effort.

La machine ne laisse plus à l'homme qui la mène – la langue a quelque ironie – que peu de mouvements à faire, toujours les mêmes. À aucun moment, elle ne lui demande de l'esprit, de la réflexion, de l'initiative. Son cerveau reste inactif. La répétition des mêmes gestes entraîne la fatigue des mêmes organes et amène une lassitude, une fatigue qui empoisonnent tout l'organisme humain.

De plus, la monotonie des gestes amène l'ennui qui double, qui triple la fatigue occasionnée. Si le plaisir est un des facteurs de la digestion, on peut dire aussi qu'il est un des meilleurs facteurs de la production. Il augmente la qualité de l'énergie fournie tout en diminuant la quantité de l'effort demandé.

Je passerai rapidement en mémoire d'autres méfaits qu'on peut reprocher au machinisme : l'arrogance patronale provoquée par la facilité de remplacer la main-d'œuvre ; le chômage venant de la surproduction de la machine ; l'emploi de l'enfant, vu la simplicité des gestes à accomplir ; la mobilité qu'elle occasionne dans la vie des ouvriers par la facilité de leur déplacement, etc.

Ceci examiné, peut-on dire avoir trouvé des inconvénients inhérents à la machine elle-même ? On peut affirmer que non. Ce n'est que la façon de se servir de la machine qui est jusqu'ici en cause, c'est l'organisation du machinisme qui est défectueuse. C'est la façon de la faire produire et la façon de faire circuler ce qu'elle produit qui sont mauvaises.

Les hommes s'en prennent à la machine comme l'enfant qui se coupe s'en prend au couteau : tous deux devraient s'en prendre à leur maladresse, à leur ignorance ou à leur faiblesse.

C'est parce que, après l'avoir bâtie de toutes pièces, ils laissent la direction de son rendement à certains individus faisant accroire que l'or et l'argent servent à en graisser le mécanisme, que la machine n'est profitable qu'à quelques-uns.

Le wattman ne se fatigue pas de guider la machine du métro ; ce n'est pas un effort au-dessus de sa puissance musculaire, ni au-dessus de l'attention de ses sens. Il se fatigue de la guider trop longtemps, de faire la répétition des mêmes gestes trop souvent. Que ne met-il à sa place le troueur de cartons ou le receveur de rondelles de cuivre, l'employé du wagon ou le contrôleur en balade. J'irai plus loin, je citerai autre chose que ces inutiles ; que ne prend-il le balai pour assainir les couloirs ou ne vérifie-t-il pas l'heure des départs des trains pour éviter les accidents, alors que ceux qui font ces travaux prendraient successivement la manette ?

Pourquoi ? Non pas à cause de la machine, mais à cause de la mauvaise organisation présidant à l'emploi de cette machine. Comment, alors qu'il est tant d'hommes qui voudraient consacrer leurs efforts aux labeurs utiles, ne voit-on pas s'augmenter l'instruction technique, leur permettant l'emploi de facultés qui restent toujours inactives ?

L'empoisonnement par la fatigue des muscles et des nerfs d'un homme n'est-il pas une perte sèche pour la somme des hommes tout entière ? Ne faut-il pas essayer de remédier à la répétition et à la durée des gestes qui le provoquent ?

Il ne viendrait à l'idée de personne de répondre négativement, si tous les hommes étaient organisés pour obtenir le maximum de production avec le minimum d'efforts. Mais, ironie, les hommes sont organisés pour obtenir le maximum de plaisir à quelques-uns d'entre eux, au moyen de l'effort de tous les autres. C'est pourtant à ceux-là qu'est confiée la direction du travail. Elle est forcément mauvaise. La bonne organisation du labeur humain ne saurait les intéresser.

La machine est le moyen redoutable qui sert à enchaîner davantage les hommes. Quand ils le voudront, elle sera l'arme redoutable qui asservira la nature à leurs désirs.

Mais pour cela, il faut examiner la grande machine sociale, la débarrasser avec soin de tous les poids morts, de tous les rouages inutiles, et jeter à la fonte les vieux débris qui ne servent qu'à alourdir sa marche.

Alors, les hommes pourront songer utilement à faire de la machine leur auxiliaire le plus puissant.

Le travail antisocial, désastreux par lui-même, entraîne à des conséquences plus graves encore.

Les hommes passent les trois quarts de leur vie à hâter la venue de leur mort. La mort est la grande préoccupation des vivants ; soit qu'ils se préparent à la donner, soit qu'ils fabriquent des instruments pour la donner, soit qu'ils se consacrent à son culte ou qu'ils cultivent et entretiennent son domaine.

Les hommes font des gestes de mort. C'est une obsession tragique. Mais, à certaines heures, l'obsession devient horrifiante. La population entière semble se mouvoir, se vivre pour choisir des prêtres qui se consacrent au culte de la mort. L'heure du départ de la classe est, entre toutes, l'heure du sacrifice à la maladie, à l'inaction, à la mort.

Tous les ans, des individus dans la force de l'âge s'arrachent à un travail de vie, pour commencer un travail de mort. Ils gagnent leur nourriture, leur vêtement, leur logement, ils travaillent à leur plaisir ; ils consacrent leurs forces, leur esprit, leurs aptitudes à récupérer auprès des autres hommes ce que dépense l'entretien de leur organisme. Puis, tout à coup, sans qu'aucune raison de repos apparent se manifestent, ils s'arrêtent dans leur activité, ils sortent de la vie. Ils commencent à pratiquer la paresse, ils entrent dans la mort.

Ils servaient leur individu, ils servaient la société… ils vont servir la patrie.

Ils servaient quelque chose de tangible, un individu, une association d'individus dont ils faisaient partie, ils vont servir une entité, une association d'entités dont les hommes ne sauraient faire partie.

Alors que les hommes consacrent à peine, ou ne consacrent même pas, une partie d'eux-mêmes à assurer la vitalité des organismes d'enfants (qui, devenus hommes, assureront la vitalité du leur), d'organismes de malades (situation pénible, dans laquelle ils pourront se trouver), d'organismes de vieillards (condition où se trouvera presque certainement leur organisme), alors, dis-je, que les hommes n'assurent pas la vitalité des organismes d'enfants, de malades, de vieillards, ils décident d'assurer la vitalité d'organismes d'hommes pris parmi les plus sains et les plus forts. Ils décident de pétrir leur pain, de tisser leur vêtement, de construire leur maison.

Quelle aberration !!!

Mais où se complique, mais où devient plus extraordinaire l'aberration des premiers individus et celle des seconds, c'est lorsque les uns, non contents de ne plus faire acte de vie, s'exercent à faire des actes de mort, et lorsque les autres, non contents de travailler à l'existence des paresseux amateurs, se mettent à travailler à leur fabriquer des joujoux meurtriers, des canons, des fusils, des sabres.

Ainsi des individus consentent à laisser inactifs et à nourrir dans leur inactivité des quantités d'autres individus, mais, de plus, alors que la société les oblige à faire un travail manuel exténuant, ils fabriquent pour divertir ces paresseux des machines compliquées dont la construction leur demande un effort considérable.

Alors que les hommes se servent encore de bateaux de pêche si rudimentaires, ils construisent d'énormes cuirassés dont l'usage est de faire la guerre, dont le but est de tuer ; alors que le long des côtes des hommes se noient journellement sans qu'aucun appareil existe pour essayer de les sauver, ils construisent des sous-marins merveilleux dont l'emploi est de détruire en une minute le travail de centaines d'entre eux, tout le long d'une année.

Alors que les hommes dirigent le soc péniblement sur la terre dure, ils fabriquent des canons, des fusils pour tuer les laboureurs ; alors que des hommes habitent des cabanes ou des logements insalubres, ils bâtissent des forts et des redoutes où ne s'abrite nulle famille. Alors, alors… mais la liste des gestes de mort serait longue et fastidieuse.

Le travail de mort occupe plus d'hommes que le travail de vie. L'armée est un chancre douloureux qui vit sur l'organisme humain, et les pansements nécessités dépensent plus d'énergie que l'entretien de tout le reste du corps.

Les peuples, les sociétés, les hommes entretiennent ce chancre, l'armée ; ils en favorisent les écoulements, les guerres ; ils en vénèrent les manifestations tragiques et douloureuses, les héros et les victimes de la patrie ; ils fréquentent les mauvais lieux où il se gagne, les casernes.

Qui plus est, ils enseignent aux enfants à aimer pieusement ce mal et ses purulences, le patriotisme et le militarisme. Et l'on voit des générations entières se vouer une haine réciproque parce qu'elles n'ont pas gagné leur mal à fréquenter la même patrie, la même Marianne, parce qu'elles ne se pansent pas à des linges de même couleur, à des drapeaux de même forme.

Et l'on rencontre par les rues des villes, dans tous les pays, des gens gorgés d'alcool ou de patriotisme qui crient « Vive l'armée, vive la syphilis, vivent les soldats, vivent les morpions, vive la crasse, vive l'honneur ! »

Les institutions sociales de maintenant, si désuètes, si anormales qu'elles nous paraissent, sont profondément ancrées dans la société, et ce n'est pas un faible travail que d'essayer de les déraciner.

Elles ont su faire partie liée non seulement avec leurs bénéficiaires mais encore avec ceux qu'elles exploitent le plus durement. Et quiconque veut les toucher se heurte à la masse anonyme des producteurs d'énergie, dont elles sont ou paraissent être les transmutateurs nécessaires.

Si l'on touche à l'armée, si on parle d'en diminuer l'effectif ou bien de rogner les crédits affectés à son développement, ce n'est pas seulement toute la hiérarchie militaire qui bouge, qui se dresse, c'est toute la gent ouvrière, fabricante de canons, de fusils, de sabres, de poudre, de cuirassés, de torpilles et quoi encore… Ce n'est pas seulement « l'avenir brisé » de la progéniture soldatesque, c'est la misère et la douleur pour toute une enfance ouvrière qui soulèvent le sentimentalisme de la population.

Des villes entières sont bâties et vivent du chancre militaire, de la pourriture patriotique, de l'élaboration constante d'un travail de mort. Les villes d'arsenaux, les villes de manufactures d'armes sont des purulences exclusivement militaires. Si, par hygiène sociale, vous enlevez ces charognes, ces purulences, les hommes qui en vivent pour en mieux mourir ne sauront pas jeter leurs efforts vers une activité meilleure, une nourriture plus saine.

Ou, tout au moins, on les a persuadés de cela et ils défendent ce qu'ils appellent leur gagne-pain.

Si, tout à coup, la démonstration que l'absinthe, que le tabac sont des poisons devenait l'évidence pour tous, on peut se demander si les milliers d'hommes qu'emploie leur industrie ne demanderaient pas aux autres hommes de continuer à s'empoisonner afin de les faire vivre.

Mais jusqu'ici ces « ouvriers » n'avaient pas essayé d'étayer leur absurdité de raisonnements basés sur la logique et, s'ils soutenaient d'une façon occulte la spéculation qui les faisaient soi-disant vivre, ils n'en prenaient pas la défense publique.

Il y a quelques années, à propos d'un article sur les histoires de la Séparation que René Chaughi* faisait paraître dans *Les Temps nouveaux*, il reçut une lettre-réponse d'un certain monsieur Étienne Decrept*, littérateur libertarisant à ses heures. L'un des griefs les plus sérieux de ce singulier contradicteur était le chômage dans lequel allaient être précipités les ferronniers, menuisiers, mosaïstes, organistes, fabricants d'hosties, dentellières, etc.

En acceptant comme vrais les chiffres de Decrept, comme réelle la situation qu'il nous dénonça, je suis heureux que ces deux cent mille ouvriers d'églises et leurs familles soient sans pain, parce qu'on se refuse à continuer de solder ce travail de religiomanie ridicule, d'habillage d'autel ou d'archevêque, de confections pour idole ou de diadème pour vierge. De même je serais heureux que les hommes se décident à ne plus payer le travail de canons, de fusils, de poudre, dût-il résulter de cette décision la crevaison des ouvriers qui vivent de la charogne militaresque.

Je suis convaincu que la terre aurait vite fait de recouvrer son effectif humain, et de bien meilleure qualité, si je puis m'exprimer ainsi.

Oui, que les hommes, mêmes anarchistes, vaincus par la concurrence, par le besoin de manger au milieu de l'imbécillité de leurs contemporains, fassent un métier inutile, ridicule, soit ! mais lorsque par un fait ou par l'autre un cancer est arraché à l'organisme, peut-on faire autre chose que se réjouir, constater le progrès ?

Et je dis plus : non seulement les hommes devraient se refuser à un travail de meurtre ou de puérilité, alors que l'effort de leurs bras ou de leur cerveau est de toute nécessité pour un travail de vie et d'utilité, mais ils devraient se décider à considérer comme des parasites, aux mêmes titres que les prêtres, les officiers, les rentiers, ceux qui consacrent par un apport quelconque l'Église, l'armée et la rente.

Le contrôleur des finances et celui du chemin de fer, le bourreau et le factionnaire de la banque, le tisseur de chasubles et de rubans de la Légion d'honneur, le correcteur et l'imprimeur du Code et de l'Évangile, le chercheur d'or et de diamants peuvent disparaître, écrasés par le tourbillon du progrès, sans que je fasse un mouvement pour empêcher rien.

Si la science devait s'arrêter aux ennuis et aux troubles qu'elle cause aux imbéciles, aux parasites, aux bêtes féroces, nous en serions encore à la plus cruelle sauvagerie.

Le lierre, après s'être implanté dans le mur, déclare qu'il le soutient. Et même, à un certain moment, après des ans et des ans de parasitisme, cela est vrai. N'importe, arrachons le lierre du mur, ce dernier dût-il s'écrouler. Je dirai mieux : arrachons-le pour qu'il s'écroule.

À ce moment, nous verrons à construire un mur que liera le ciment de la camaraderie et de l'effort utile et où ne s'implantera plus le lierre de la concurrence et des gestes inutiles.

Des faits récents pourraient nous faire réfléchir à ces choses. En dix-huit mois, les minotiers de la région de Saint-Jean-d'Angély ont reçu plus de cent mille kilos de talc, nous dit l'enquête du procureur de la République. En tenant compte de la maladresse de l'opérateur, des protections de ceux qui, par un moyen ou par un autre, échappent à cette statistique, on peut doubler la quantité.

Des industriels livraient donc, journellement, sous le nom de farine, plus de trois cents kilos de talc.

Le talc est une matière minérale, du silicate de magnésie, qui, tout en n'étant pas toxique, peut apporter des troubles dans la bonne marche de l'organisme. Il n'a évidemment aucune des qualités nutritives de la farine et remplit l'estomac sans fournir au corps des éléments reconstituants. Tout au contraire, comme il ne s'assimile pas, il continue à encombrer l'estomac, jusqu'à devenir un danger et provoquer alors l'effet d'un constipant énergique.

Plus d'une cinquantaine d'industriels travaillaient donc à empoisonner leurs contemporains, en prenant pour base de leurs opérations une matière essentiellement indispensable. On me permettra de compter comme secondaire la question de la valeur. Je ne la citerai que pour mémoire. Alors que la farine est cotée de 30 à 35 francs les 100 kilos, le talc ne se vend que 3,10 francs, et pris en grande quantité se vend bien moins encore. Mais cela importe peu.

Nous examinerons avec plus d'attention tous les rouages de la société, complice de son propre empoisonnement. Depuis longtemps les chefs des exploitations des carrières de talc trouvent les débouchés de cette matière, non dans des emplois utiles, mais dans des falsifications d'autres matières. Ceux qui envoyaient du talc par dix mille kilos aux minoteries de Saint-Jean-d'Angély – et d'ailleurs – savaient pertinemment à quel usage était destinée cette matière.

Ils le savaient de telle façon que, par une complicité tacite et acceptée, ils majoraient les prix de vente, afin de participer aux bénéfices frauduleux que donnait ce genre d'opération : faire manger du talc pour de la farine.

Si les chefs de gares expéditrices pouvaient ne pas connaître l'usage de la matière expédiée, les chefs des gares réceptrices ne pouvaient pas l'ignorer. C'est au su et au vu de tous que l'on falsifie les matières servant à l'habitation, au vêtement ; c'est au su et au vu de tous que l'on falsifie les matières servant à l'alimentation, c'est-à-dire pouvant amener la mort de ceux qui les consomment.

L'opinion publique s'indignera contre les industriels en cause dans cette affaire. Celui qui vend du coton pour de la laine, un meuble en bois blanc pour un meuble en chêne, trouvera de vertueux cris d'indignation. Le peuple montrera le poing – de loin, respectueusement – aux maisons des coupables. Il en est qui ne seront point touchés par la réprobation ni par la vindicte. Ce sont, à mon avis, les plus coupables – si coupables il saurait y avoir – par suite de la communauté de biens et d'intérêts qui les attachait aux victimes de l'empoisonnement.

Ce sont les ouvriers minotiers, les employés des gares et sans doute les mitrons. Ils déchargeaient avec la même insouciance le talc et la farine. Ils préparaient les mélanges de leurs mains expertes. Ils pétrissaient la pâte falsifiée, qui devait faire le pain empoisonné. Ils manipulaient d'une façon ou de l'autre la matière qui porterait la perturbation dans l'organisme de leurs amis, de leurs parents.

Peut-être même le mitron, sur l'ordre du boulanger, préparait-il le pain des riches avec d'autres farines, des farines supérieures ? Et sans doute ne lui venait-il jamais l'idée de se demander pourquoi deux pâtes ? Et jamais ne se souciait-il non plus de l'onctuosité étrange de telle farine ? N'était-il pas un ouvrier comme l'employé de la gare, comme le porteur de la minoterie, c'est-à-dire l'esclave, qui ne saurait avoir aucune responsabilité dans ses actes et aucune solidarité avec les autres hommes de labeur ?

Les hommes, pour assurer leur tranquillité, pour veiller à leur hygiène, à leur santé, à leur vie, délèguent un grand nombre d'entre eux. Ils n'ont jamais l'idée de se garantir eux-mêmes, ce qui serait pourtant plus simple.

Il faudrait que les hommes cessent d'employer cette duplicité constante qui les fait être tour à tour acteur du délit et acteur de sa répression. Tel qui sera juré pour l'affaire des farines alourdira les huiles avec le même talc. Tel qui s'indignera contre la falsification du pain aura rafraîchi de la viande avariée.

Les hommes dépensent une grande part d'énergie à contrôler les actes d'autrui sans jamais songer à contrôler leurs propres actes. Ils établissent des lois, des règlements, des statuts qu'ils travaillent à enfreindre eux-mêmes. « Pas vu pas pris. » Ils se plaisent à faire une danse des œufs au milieu de l'enchevêtrement législatif.

La loi de Sparte punissant celui qui se faisait prendre, alors qu'elle applaudissait aux forfaits des malins, est fort décriée aujourd'hui : quoi qu'on en dise, elle est toujours en vigueur, mais elle se masque d'hypocrisie.

Si les hommes dépensaient les efforts qu'ils emploient à prendre en défaut et à punir ensuite les autres hommes à s'instruire et à se transformer ; s'ils employaient le temps qu'ils prennent à connaître des choses qui sont défendues, des lois qui les frappent et des peines qu'ils encourent à connaître des gestes qui sont nuisibles et pernicieux à leur santé, à savoir quels sont les accidents qui résultent de l'infraction aux lois de la nature ; s'ils mettaient l'esprit qu'ils déploient à se garantir les uns des autres à chercher à augmenter leur valeur et leur puissance mutuellement, les hommes vivraient intensément.

Des bourgeois constitués en jury viennent de déclarer vouloir conserver la peine de mort contre les apaches, c'est-à-dire des déshérités de l'ordre social. Que penseraient-ils si les ouvriers, les paysans empoisonnés par les patrons minotiers – des favorisés de l'ordre social – décidaient d'appliquer la peine de mort à ceux qui ont décimé leur famille par la mort ou détruit la puissance de leur corps par la maladie.

Pour la détérioration d'un bras d'agent – rouage inutile –, on demande la mort d'un autre homme ; pour la détérioration de l'organisme d'un cultivateur – rouage utile – ne pourrait-on demander la mort ? D'autant que, cette fois, il y a préméditation, circonstance aggravante selon la loi.

Négociants en talcs et en farines sont sans inquiétude de ce qui leur arrivera. Leurs empoisonnements intéressent le juge ; ils avaient nécessité le médecin. Ils emploient une des formes de travail prévues par l'organisation sociale. Ils font travailler les professions libérales (?). Grâce à eux, le petit potard a frelaté des matières médicamenteuses et l'employé du greffe copiera des exploits. Ils font donc aussi travailler l'ouvrier.

J'ai lu l'opinion publique dans plusieurs journaux. On dit « qu'on ne laissera pas jouer impunément avec la loi et la santé publique ». Autant parler immédiatement de supprimer tous les rouages sociaux, de détruire la société actuelle.

Avec l'affaire des minotiers de Saint-Jean-d'Angély, trafiquant la farine avec du talc, empoisonnant le pain qu'ils fournissaient, se débat le procès toujours pendant de toutes les falsifications, de tous les trafics, de tous les mensonges. Or, ils sont inhérents à l'organisation sociale. Nous sommes tous des menteurs, des trafiqueurs et des empoisonneurs ; des trompés, des vendus et des empoisonnés. Nous ne pouvons pas être autre chose que des malades dans cette pestilence. Si nous voulons être des individus sains, il faut nous décider à démolir la machine politique, morale et économique jusque dans ses plus infimes rouages.

Il faudrait tout un volume pour signaler en détail les effrayantes occupations humaines.

Chaque jour, quelques faits nouveaux réveillent en moi cette obsession de l'ouvrier bâtissant lui-même la prison douloureuse, la cité meurtrière où il s'enfermera, où il respirera le poison et la mort.

Je vois se dresser en face de moi, alors que je cherche à conquérir plus de bonheur, le monstre du prolétariat, l'ouvrier honnête, l'ouvrier prévoyant.

Ce n'est pas le spectre du capital ni les ventres bourgeois que je trouve sur ma route : je chasserais ce fantôme et je crèverais ces ventres ; c'est la foultitude des travailleurs de la glèbe, de l'usine qui entrave mon chemin… Ils sont trop nombreux. Je ne puis rien contre eux.

Il faut bien vivre… Et l'ouvrier trompe, vole, empoisonne, asphyxie, noie, brûle son frère, parce qu'il faut vivre.

Ô l'éternelle raison de vivre qui fait porter la mort entre les frères de la même famille, entre les individus de mêmes intérêts, comme elle résonne douloureusement à nos oreilles.

Le tigre qui guette sa proie, dans la jungle, ou le pélican qui va jeter son bec en l'eau pour happer sa nourriture, luttent contre les autres espèces afin de vivre. Mais ni le poisson ni l'antilope n'échangent de vains salamalecs avec le tigre et le pélican. Et le tigre et le pélican ne fondent pas des syndicats de solidarité avec l'antilope et le poisson.

Mais cette main que vous serrez a versé l'eau mauvaise, empoisonnée, dans le lait que vous avez bu tout à l'heure chez la crémière.

Mais cet homme qui étend son corps près du vôtre, dans le même lit, vient de rafraîchir aux halles de la viande corrompue que vous mangez à midi, au restaurant côtoyant l'usine.

En retour, c'est vous qui avez fabriqué les chaussures en carton dont l'humidité a jeté l'un sur le lit, ou bien vous avez construit le mauvais soutènement du métro qui s'est écroulé sur la mère de l'autre.

Vous vous côtoyez, vous vous causez, vous vous embrassez, fratricides mutuels, meurtriers de vous-mêmes. Et lorsque sous vos coups redoublés l'un de vous tombe, vous levez le chapeau et vous accompagnez sa charogne sous terre, de façon que, même crevé, il continue son rôle d'assassin, d'empoisonneur, et qu'il envoie les derniers relents de sa chair putride pour corrompre la jeune chair de ses enfants et des vôtres.

Parlez contre l'armée, soyez antimilitaristes, criez contre l'envoi de soldats aux grèves, ô femmes dont le ventre s'ouvre pour laisser tomber des petits pioupious ; ô ouvriers qui confectionnez la livrée, tissez des galons, fabriquez le fusil, bâtissez la caserne, construisez le vaisseau de guerre et qui touchez la prime, participez aux bénéfices de la construction des torpilles, vos cris à tous sont d'hypocrites manifestations. C'est vous, vous les ouvriers, qui fabriquez la matière vivante et la matière traitée pour vous tuer mutuellement. Ne parlez pas près de moi d'humanité, de solidarité, fratricides dont le cerveau est obstrué par l'âpre désir de remplir votre ventre.

Voici encore ce que je viens de lire, ce dont nous informent les journaux : Toulon, 30 juin 1907. « Par suite de la pénurie causée dans la fabrication des torpilles par la concurrence des ateliers autrichiens de Fiume, le ministre de la Marine vient de prescrire l'étude d'un système de participation aux bénéfices ; cette mesure aurait l'effet d'augmenter la fabrication en accordant aux ouvriers une prime, lorsqu'une certaine moyenne de travail aurait été dépassée. »

La voilà, la bonne participation aux bénéfices, la prime pour la surproduction, la surproduction d'obus, d'engins meurtriers.

Allez, ouvriers, du courage, il y a la prime au bout, la goutte à boire, pourrait-on dire, car n'est-ce pas plus d'alcool que la prime promet ? Penchez-vous sur l'étau, soignez la fabrication, évoquez en vous l'idée du carnage que feront les pièces qui sortiront de vos mains. Confectionnez, ouvriers antimilitaristes, ouvriers syndiqués, l'arme qui tuera vos frères d'Autriche ou d'Italie… Il faut bien vivre.

Et vous, Autrichiens, gens de Fiume, aidez à construire des torpilles pour la France, ces torpilles que l'on jettera contre vous-mêmes, lorsque vous serez parqués sur les bateaux de guerre.

Ce n'est ni pour la patrie ni pour la défense du sol que l'on devient ouvrier de la mort, que l'on fabrique de la mort, puisque les ateliers nationaux échangent internationalement leurs produits meurtriers, se fournissant mutuellement les derniers perfectionnements, c'est pour défendre l'organisation actuelle de la société.

Si l'ouvrier se courbe de travail, c'est parce qu'il faut bien vivre.

C'est pour garnir son ventre à son aise, c'est pour vider son bas-ventre à son gré que l'ouvrier empoisonne et tue ses contemporains.

Comment, ces hommes qui se syndiquent pour discuter le temps qu'ils donneront ou la prime qu'ils recevront n'ont pas l'idée de se réunir pour décider qu'ils ne continueront pas à confectionner des armes pour se tuer ?

Pourquoi ? Parce que tous les ouvriers ont, en eux, l'espoir secret d'être demain le jouisseur et le patron !

Pourquoi ? Parce que tous ces gens sont des honnêtes et des économes qui sont heureux de sentir leur vertu et leur bas de laine sauvegardés par le gendarme et le fusil Lebel.

Pourquoi ? Parce que leur banalité et leur bêtise sont heureuses de sentir planer l'idée de patrie et l'idée de Dieu, afin d'y trouver de vaines espérances, comme ils les trouvent, rapides, dans l'absinthe qu'ils vident goulûment.

Pourquoi ? Parce que c'était hier ainsi et qu'il faudrait quitter sa fainéantise, sa malpropreté, pour être demain autrement.

Pourquoi ? Parce qu'il faut continuer les vieilles formes, les vieilles coutumes, dans le fond tout au moins, car il est permis de toucher à la forme et de suivre une mode.

Pourquoi ? Parce que, de même que le bourgeois dégénéré a besoin d'épices et de cantharidine, l'ouvrier ne peut voir sa vie que dans la nourriture, la bassesse et l'obéissance, dans l'alcool et la puanteur.

Être employé à la construction d'un navire de guerre n'implique pas forcément une adhésion morale au militarisme, mais bien une adhésion effective au point de vue de la dépense d'énergie. Un homme qui est soldat peut dire de même. Il n'est pas militariste, moralement parlant, mais il est quand même une unité faisant la fonction du militarisme. Encore le soldat pourrait-il donner, plus raisonnablement, cet argument que l'ouvrier d'arsenal : il peut affirmer être prêt à ne jamais exécuter d'une façon effective le labeur pour lequel il est requis, alors que l'ouvrier susdit fabrique tous les jours des armes.

Il n'est pas suffisant d'agir simplement lorsque la « production sera bien ordonnée », mais de faire les mouvements pour que la production soit bien ordonnée. Ce n'est pas une raison, parce que « toute l'activité est dirigée vers l'enrichissement d'une minorité possédante, qu'il importe peu que nous fassions des mouvements inutiles », tout au contraire, il faut faire des mouvements utiles, pour que notre activité soit mieux dirigée.

D'aucuns disent : « C'est pour supprimer ces fonctions – inutiles et mauvaises – que nous désirons créer une société nouvelle. » Ce qui équivaut à dire : « C'est pour supprimer les maladies que nous désirons créer un homme sain. »

Nous disons : « Il faut supprimer ces fonctions pour arriver à former une société meilleure », c'est-à-dire : « Guérissons nos maladies pour être des hommes sains. » Lorsque que l'homme est sain, il n'est plus question de guérir ses maladies, mais seulement de prévoir qu'il ne les reprenne ; de même, si la société est bien organisée, il ne saurait être question de détruire le parasitisme, le fonctionnarisme, le labeur nocif, etc., mais seulement d'éviter le retour de ces tares économiques.

On nous dit encore : « Les hommes œuvrent pour gagner un salaire. Cela n'a rien à voir avec nos conceptions économiques. » Les agents de monsieur Lépine et les gendarmes de Draveil peuvent répondre semblablement. Cela est vrai pour un cas comme pour l'autre. Aussi faut-il s'attacher à prouver aux hommes qu'il serait bon de ne pas « œuvrer » pour un salaire, lequel n'est qu'une représentative de nos besoins, mais bien plutôt pour satisfaire nos besoins eux-mêmes.

Je ne sais qui vaut le mieux, au point de vue économique, du mitron encore patriote, parce qu'on n'a su lui faire concevoir l'absurdité et le danger de l'idée de patrie, ou de l'ouvrier de l'arsenal antimilitariste qui, sachant qu'il fait mal, continue à armer de carabines les dragons du 18e et du 27e.

« Nous ferons ceci, nous ferons cela. » J'aime mieux dire : « Faisons ceci, faisons cela », si minime soit le ceci et cela du présent et si important soit le ceci et le cela du futur.

J'ai trop entendu de gens qui se marient, qui s'avilissent, s'embourgeoisent, me dire : « Au jour de la révolution, nous serons à vos côtés », alors qu'ils sont présentement nos ennemis.

Je pense que, pour poser solidement notre doctrine, il faut pouvoir vivre un minimum d'idées, tout en sachant montrer que l'hérédité et l'ambiance nous empêchent d'en vivre la formule d'une façon parfaite. Pour ma part je me méfie des belles promesses et je veux essayer de vivre mes idées pour pouvoir les réviser. Les phrases n'ont pas assez de relief à mes yeux, pour que je ne puisse sentir les erreurs qu'elles peuvent cacher.

Je ne sais ce qu'on ferait après le Grand Soir. Ce ne serait peut-être pas des 120-courts ou des torpilles, mais bien des médailles commémoratives de la révolution et les bustes des héros et des martyrs, alors que le mitron patriote ferait toujours du pain pour ceux qui burineraient le faciès des « hommes du jour » de ce « grand soir ».

Je ne fréquente pas les camarades qui peuvent dire : « Oui, la cité future, très joli mais c'est lointain ! » mais des amis qui ne conçoivent demain qu'en marchant devant eux et qui sollicitent une meilleure minute en vivant la minute présente. La destruction totale est faite de destructions partielles. On ne décrète pas la conscience sociale, on la forme tous les jours.

Non, « les anarchistes ne produisent pas, ne consomment pas comme les contemporains, c'est-à-dire de façon déraisonnable » – je parle pour ceux qui s'efforcent de l'être, non demain, mais aujourd'hui. Si, parfois, il leur arrive de produire déraisonnablement, c'est à leur corps défendant et en « sabotant » alors ces produits, mais toujours ils s'efforcent de ne consommer qu'utilement. Une vie anarchiste est une vie de réactions constantes. Elle se vit sous tous les régimes. Je n'en conçois pas d'autre.

Les hommes conscients travaillent pour jouir, pour la satisfaction de leur estomac et de tous leurs sens, et ils le savent. Ils ne veulent pas couvrir les gestes faits en ce but d'oripeaux et de masques. Le travail ne leur semble pas une vertu, une force, quand il est fait de gestes improductifs.

Derrière nous, nous n'avons ni Dieu à glorifier, ni patrie à défendre, ni honneur à garder ; nous ne voulons pas travailler pour travailler, travailler pour primes, pour participer aux bénéfices fictifs, nous voulons travailler en vue de production utile ou agréable, travailler pour augmenter notre jouissance. Nous sommes des laborieux qui voulons œuvrer pour notre bonheur. [...]

Faisons les gestes utiles ou agréables et ne faisons que ceux-là.

La machine qui s'établit d'après le schéma de l'inventeur comporte des centaines de pièces. Elle est sujette, à tous moments, à des détraquements, à des maladies. Tantôt c'est une pièce, tantôt c'est l'autre, dont le déplacement vient entraver la bonne marche de l'organisme métallique.

Mais, peu à peu, les observations du mécanicien, voire même d'un apprenti, viennent en transformer le mécanisme, en améliorer la marche. Toujours les efforts se tournent vers la suppression d'une pièce, la cessation d'un mouvement.

On s'aperçoit tout à coup d'une force inemployée, d'un rouage faisant double emploi, et immédiatement tous les gestes sont faits pour profiter de cette constatation. Toujours ou presque toujours, c'est vers la simplification que tend le progrès.

Le soin apporté par les hommes dans la simplification des rouages de la plus petite machine n'est jamais appliqué par eux, lorsqu'il s'agit de la machine économique.

Pour une raison ou pour une autre (je ne veux faire qu'une constatation), le métal humain, le mécanisme humain, le travail humain sont employés à profusion sans que nul ne s'inquiète de supprimer une pièce, un rouage, un travail inutile.

La machine est horriblement compliquée et les trois quarts de la force du piston sont consacrés à faire marcher des mécanismes dont tout le monde reconnaît l'entière inutilité.

On parle de faire travailler cette machine humaine moins longtemps et par conséquent de la faire moins produire, alors que le profit qu'elle donne ne paraît seulement pas être à même d'alimenter la dépense de la chaudière... Mais nul ne veut diminuer, supprimer les parties inutiles ; des bielles qui ne meuvent rien, des rouages qui ne s'engrènent à rien continuent de fonctionner sous l'effort et de bielles qui ne peuvent arriver au bout de leur course sous le poids à entraîner.

La machine humaine n'est pas faite, n'est pas établie dans le but de marcher pour produire, elle marche pour marcher, elle marche à vide.

Elle marche pour des mots. Elle marche pour la patrie, elle marche pour Dieu, elle marche pour l'honneur, elle marche pour un tas de choses, elle ne marche jamais pour elle-même.

L'homme qui en est le moteur, qui en est le combustible, voit passer le produit de son effort dans le ventre de ceux qui regardent et dont tous les soins – quand soins il y a – vont aux rouages inutiles qui ont, au moins, cela de commun avec eux de ne servir à rien.

Or, l'homme lassé, exténué de travail, n'a pas la force, sorti du mécanisme monstre, de faire les gestes d'observation et de sélection qu'il faudrait faire, et il fabrique de nouveaux organes pour le représenter soi-disant, pour examiner le mécanisme et supprimer le poids mort, mais qui, en définitive, augmentent le nombre des rouages inutiles.

Ainsi se crée successivement tout le personnel de paperasserie administrative des Bourses du travail et des coopératives, sociétés de mutualisme ou de syndicalisme, à côté de tout le personnel de la paperasserie ministérielle et parlementaire.

Sans s'occuper ni des tenants ni des aboutissants, des hommes décident du jour où l'on fera tel travail pendant tant d'heures. Il ne leur vient pas à l'idée de supprimer un travail d'une heure, d'une journée, ce qui représenterait un effort minime, mais un effort. Ils décrètent « bleu ou blanc » pour des raisons d'une vague sentimentalité, n'ayant rien à voir avec la question économique.

Sans rien changer de la société présente, ils parlent de limiter l'effort humain. Ils laissent le patron et ses employés paperasser ou dormir pendant que l'ouvrier turbine à l'étau ou au tour ; les employés du métro distribuer et percer des petits bouts de carton, pendant que le wattman reste dix heures dans sa cage ; l'actionnaire du chemin de fer toucher les coupons et le chef de gare arborer sa casquette blanche, pendant que le manœuvre arrime les bagages ; le contrôleur passer d'un wagon à l'autre l'inspection de carrés de papier, pendant que le chauffeur cuit devant le brasier ; le flic se promener les mains derrière le dos à côté de l'homme qui ahane en tirant une charrette à bras. Ils laissent tout en l'état actuel et ils parlent de réformes… de quelles réformes ?…

La machine humaine, parfois, cesse brusquement de travailler en des arrêts qu'on appelle grèves ; cela arrive presque toujours (mais les hommes de travail ne savent pas le remarquer) au moment précis où un amoncellement de produits gênerait le marché des hommes qui ne font rien.

Le motif de ces arrêts est, neuf fois sur dix, « un point d'honneur ». Vainqueurs, les travailleurs repartent de tous leurs muscles pour tâcher de rattraper le temps perdu. Ils appellent cela une victoire ouvrière : l'honneur c'est plus que la vie.

Puisque l'on parle de préparation, d'organisation, que l'on impartit pour ce travail préliminaire un délai assez long, voyons s'il ne serait possible, au lieu de l'employer à une limitation fallacieuse de la durée de l'effort journalier, de chercher les rouages faisant double emploi ou complètement inutiles afin de les supprimer ; les forces inemployées ou mal employées afin de les utiliser.

Au lieu de cette limitation qui, dans l'état actuel, comportera tant d'exceptions (et quelquefois en toute raison), décidons de ne plus mettre la main à un travail inutile ou néfaste, à un travail de luxe ridicule ou de contrôle arbitraire.

Que l'homme qui enchâsse le rubis ou qui confectionne la chaînette d'or, pour enrichir le cou de la prostituée « légitime » ou « illégitime » ; que celui qui travaille le marbre et le bronze afin de recouvrir la charogne de quelque illustre voleur ; que celui ou celle qui, des heures, enfile des perles de verres, pour façonner la couronne hypocrite des regrets conjugaux ou autres ; que ceux dont tout le travail est d'embellir, d'augmenter, de fabriquer du luxe pour les riches, pour les fainéants, de parer les poupées femelles ou mâles jusqu'à en faire des « reliquaires » ou des « châsses », décident de cesser ce travail, afin de consacrer leur effort à faire le nécessaire pour eux et les leurs.

Que ceux qui fabriquent le blanc de céruse et les matières empoisonnées ; que ceux qui triturent le beurre, mélangent les vins et les bières, qui rafraîchissent les viandes avancées, qui fabriquent les tissus mélangés, ou les cuirs en carton ; que ceux qui font du faux, du truqué, qui trompent, qui empoisonnent pour « gagner leur vie », cessent de prêter la main à ce travail imbécile et qui ne peut profiter qu'aux maîtres dont le vol et le crime sont les gagne-pain. Qu'ils se mettent à vouloir faire du travail sain, du travail utile.

Que tous ceux qui percent du papier, qui contrôlent, qui visent, qui inspectent ; que les bougres que l'on revêt d'une livrée pour faire les chiens inquisiteurs ; que ceux que l'on met aux portes pour vérifier les paquets ou pour contrôler les billets ; que ceux dont l'effort consiste à assurer le bon fonctionnement de la machine humaine et son bon rendement dans les caisses du maître, que tous ceux-là, dis-je, abandonnent ce rôle imbécile de mouchards et surveillent la valeur de leurs propres gestes.

Que ceux qui fabriquent le coffre-fort, qui frappent la monnaie, qui estampent les billets, qui forgent les grilles, qui trempent les armes, qui fondent les canons, lâchent ce travail de défense de l'État et de la fortune, et travaillent à détruire ce qu'ils défendaient.

Ceux qui font du travail utile et agréable le feront pour ceux qui veulent bien donner leur effort en un échange mutuel.

Mais combien la somme de travail de chacun se trouvera diminuée ! Des mains jusque-là consacrées à travailler pour le riche se disputeront l'effort utile. La machine humaine, débarrassée des rouages utiles, s'améliorera de jour en jour. On ne travaillera plus pour travailler, on travaillera pour produire.

Or donc, camarades, cessons tous de fabriquer le luxe, de contrôler le travail, de clôturer la propriété, de défendre l'argent, d'être chiens de garde, et travaillons pour notre propre bonheur, pour notre nécessaire, pour notre agréable.

Faisons *la grève des gestes inutiles* [1].

1. Quand on sait qu'après l'explosion des bombes atomiques sur Hiroshima et Nagasaki, en septembre 1945, l'armée américaine a chaleureusement remercié les centrales syndicales AFL et CIO de leur diligence à avoir fourni la main-d'œuvre aux usines chargées de leur fabrication, on ne peut que souligner la pertinence de cette « grève des gestes inutiles » de Libertad.

Un peu plus tard, Dwight Macdonald affirmera, lui aussi, qu'« on a tendance à considérer que les peuples sont responsables tandis que les individus ne le seraient pas. Le renversement de ces deux propositions est la condition nécessaire pour échapper à notre descente actuelle en direction de la barbarie ». (« La bombe. Réflexions sur le progrès scientifique & la responsabilité individuelle en septembre 1945 », *Agone*, 2005, n° 34.)

Plus près de nous, le philosophe Gunther Anders évoque l'idée d'« une grève des produits » impliquant « le refus de voir fabriquer des produits dont on ne peut moralement se porter responsable » (*La Menace nucléaire. Considérations radicales sur l'âge atomique*, Le Serpent à plumes, 2006).

Ce texte, rédigé à l'occasion de la parution d'un recueil de textes de Libertad publié en 1983 par le Groupe Libertad de la Fédération anarchiste, a fait l'objet d'une première publication dans *Le Monde libertaire* du jeudi 8 décembre 1983.

Libertad était un camarade !

Toutes les lois sont scélérates.
Tous les jugements sont iniques.
Tous les juges sont mauvais.
Tous les condamnés sont innocents.

Libertad

« Apôtre pontifiant avec de longs cheveux crasseux et une grande barbe malpropre » traînant derrière lui sa « cour des Miracles », agent provocateur pour les uns, contre-révolutionnaire pour les autres, rien n'aura été épargné à Libertad par socialistes et syndicalistes. Mensonges, omissions ont été son lot de son vivant comme après sa mort.

Par ailleurs, des littérateurs qui ont trouvé dans ses gestes matière à « épater les bourgeois » nous en ont laissé le plus souvent l'image purement folklorique d'un béquillard bagarreur qui couchait avec deux sœurs à la fois !

Enfermés dans cette imagerie des plus éculées, la personne de Libertad et son apport au mouvement ouvrier restent encore aujourd'hui déformés ou occultés, accablés de préjugés tenaces qui ont trouvé écho jusque dans nos rangs. Tant d'animosité à son égard aurait pourtant dû nous mettre en garde contre des préjugés historiques, ne serait ce que parce que l'apôtre crasseux était en fait un ferme partisan de l'hygiène tant physique… qu'intellectuelle.

Le présent recueil a le mérite de nous montrer un Libertad débarrassé de toute mythologie, de nous le présenter tel qu'il était en réalité : un militant révolutionnaire et anarchiste en lutte contre les conditions d'exploitation de son temps.

Malheur à celui par qui le scandale arrive

Au fond, ce qu'on a toujours reproché à Libertad, ce n'est pas tant ce qu'il disait mais la manière dont il le disait. Un tel personnage n'était pas fait pour plaire. Il est certain qu'au risque de scandaliser son auditoire il n'hésitait jamais à aller au bout de ses raisonnements. Par-dessus tout, on craignait ses flèches acérées, son manque de respect pour tous, à commencer par ceux qui s'étaient autoproclamés représentants du mouvement ouvrier.

Sans égard pour les professionnels du révolutionnarisme et les théoriciens du Grand Soir, Libertad l'était encore moins envers le public qui, au cours des réunions militantes, applaudissait passivement tous ceux qui prenaient la parole à tour de rôle...

Sans doute Libertad aura-t-il été un des plus grands démystificateurs des idéologies de son temps, sans complaisance pour personne, pas même pour la classe ouvrière dont il tournait en dérision les symboles de lutte, comme la journée de huit heures ou le premier mai. Il n'hésitait pas non plus à dénoncer « l'ouvrier honnête » qui, en acceptant passivement sa condition d'exploité, se faisait le complice des exploiteurs.

Pour peu que l'on prenne la peine de lire attentivement les écrits du militant Libertad, une chose saute aux yeux : l'hérétique n'aura fait que développer des opinions anarchistes que l'on pourrait sans mal qualifier d'« orthodoxes ». Il serait aisé de montrer les convergences très marquées existant entre, par exemple, les positions défendues par Jean Grave dans *Les Temps nouveaux* et celles de Libertad sur des problèmes-clefs comme celui de l'abstentionnisme, de l'antimilitarisme ou des rapports avec les autres forces révolutionnaires.

En effet, plus encore que ses exubérantes violences physiques ou l'extrémisme de ses propos, c'est son franc-parler qui faisait l'objet de la réprobation de beaucoup de compagnons. Il n'hésitait pas à aborder en public des sujets jugés épineux comme celui de la sexualité, avec des mots qui, aux oreilles chastes de quelques-uns, semblaient obscènes, ou à dénoncer « le culte de la charogne » et le reste de religiosité de ces camarades qui ne trouvaient rien de mieux que d'appeler Louise Michel « la Vierge Rouge » !

Il ne cachait pas les limites des luttes ou des révoltes ouvrières telles qu'elles étaient menées ni la manière dont les organisations syndicales détournaient la colère des masses au profit des politiciens ou les canalisaient vers des objectifs qui ne remettaient pas en cause l'ordre social. Libertad et ses amis, qui se refusaient à voir dans les grèves organisées par la CGT autre chose qu'un mouvement réformiste, le clamaient au risque de se voir accuser de trahir ou de démoraliser la classe ouvrière.

Cette condamnation et ce refus de se solidariser ne visaient pas les masses ou la classe ouvrière en tant que telles, mais leurs manifestations pléthoriques bercées par l'illusion du nombre et non fondées sur la conscience et la résolution des participants. Aux tentatives de révolte partielle ou inconscientes, il opposait les révoltes « utiles », celles qui font prendre conscience aux masses de leur situation d'exploitées.

Ainsi, à l'occasion des incidents de Villeneuve-Saint-Georges, il ne se contente pas de soutenir les ouvriers en grève, mais il se rend parmi eux pour les inciter à l'émeute et à prendre les armes. En définitive, le seul grief véritable qu'on puisse lui faire, c'est son irrespect profond, son refus de jouer le jeu de la politique ouvrière ou du révolutionnarisme de façade. Mais cela était impardonnable et, d'ailleurs, on ne le lui pardonne toujours pas.

Vivre autrement

Critique impitoyable et lucide de son temps, Libertad a aussi indéniablement promu une nouvelle manière d'envisager le militantisme d'où l'aspect ludique n'était pas absent. Il accorda toujours une place très importante à la camaraderie et à l'esprit de solidarité entre les compagnons qui devaient atténuer les difficultés de la lutte pour la survie.

Mais là encore, il fit de la satisfaction des besoins et des passions le principal ressort de la révolte de l'individu contre la société. Il refusa toute doctrine de résignation. Il exalta la joie de vivre, définissant la conquête du bonheur comme « la satisfaction la plus complète des sens, l'utilisation la plus grande de nos organismes, le développement le plus intégral de notre individu ».

Et c'est justement cet appel à vivre sa vie intégralement qui dérangeait le plus un militant comme Jean Grave, confortablement installé dans son rôle de révolutionnaire, attendant le Grand Soir. Libertad ne se limitait à affirmer les principes anarchistes, mais s'efforçait de les mettre en pratique quotidiennement sans attendre la révolution. Pour lui la révolution commençait d'abord dans la vie de tous les jours, tant dans la sphère privée que publique, en refusant d'accomplir, autant que possible, les gestes qui, d'une manière ou d'une autre, nous font les complices du système de domination et de dépendance.

La doctrine

En définitive, la doctrine de Libertad est une doctrine d'action. Il refuse de se cantonner à une conception contemplative de l'anarchisme. S'il est lui aussi convaincu qu'il faut chercher à rendre les hommes conscients, il pense avant tout qu'il ne faut pas négliger l'action en attendant que les hommes le deviennent. Et quel meilleur exemple, quelle meilleure éducation peut-on donner aux masses ouvrières que d'afficher fièrement, en toute circonstance, une attitude anarchiste, de ne jamais pactiser et de vivre conformément à ses idéaux ?

Libertad pousse constamment à la rébellion, voire à l'action violente. Toute sa propagande peut être considérée comme une incitation à l'agitation incessante, une déclaration permanente de guerre contre toutes les institutions sociales pour en hâter l'effondrement. D'ailleurs, il sut personnellement prendre des risques et s'engager.

La révolte possède toujours chez lui un contenu et une finalité collective. Elle ne se limite pas à l'affirmation de l'individu ; elle n'est jamais purement individuelle.

Pour qu'elle soit justifiée, encore faut-il qu'elle soit utile.

Libertad échappait ainsi au risque de voir son action prendre un aspect antisocial ou élitiste. Comme au cours de la « période héroïque » de l'anarchisme (1880-1895), il sut réaliser, en pratique, la synthèse entre révolte et révolution ainsi que le mariage des exigences individuelles et collectives d'affranchissement et de d'émancipation.

Il sut en définitive échapper aux cadres de son époque en proposant une critique globale des conditions d'existence. La révolte devient ainsi entre ses mains une arme de renversement révolutionnaire.

GAETANO MANFREDONIA

Glossaire des principaux noms de personnes et de publications

Ne figurent pas dans ce glossaire la plupart des noms répertoriés dans les dictionnaires courants et ceux sur lesquels aucune information n'a pu être trouvée. [Principales sources : « L'éphéméride anarchiste » : <http://ytak.club.fr/index.html> ; Claude Pennetier (dir.), *Le Maitron, Dictionnaire biographique du mouvement ouvrier français*, CD-ROM, L'Atelier, 1997]

ACCIARITO, PIETRO (1871-1943) : serrurier anarchiste qui tente de poignarder le roi d'Italie Humbert Ier, le 22 avril 1897 à Rome. Il sera condamné aux travaux forcés à perpétuité, après une parodie de procès.

ADAM, PAUL (1862-1920) : écrivain français qui prononça, en 1892, un vibrant et célèbre éloge de Ravachol. Vite revenu à une carrière plus conforme à la bienséance, il est nommé chevalier de la Légion d'honneur puis élu académicien. Paul Adam sera partisan du général Boulanger puis nationaliste durant la Première Guerre mondiale. Parmi ses nombreux écrits, on peut citer *La Force* (1899), le premier volet de sa trilogie napoléonienne.

ALBERT, MARCELLIN (1851-1921) : cafetier et viticulteur à Argelliers (Hérault), créateur du Comité de défense viticole qui dénonce la fraude comme une des principales causes de la crise viticole, tout en exaltant l'identité régionale du Midi.

ALLEMANE, JEAN (1843-1935) : ouvrier typographe qui fonde, en 1890, le parti ouvrier socialiste révolutionnaire (POSR), dit allemaniste, lequel préconise la grève générale comme moyen d'action révolutionnaire. Il rallie la SFIO en 1905. Il est élu à la députation dans le quartier parisien de la Folie-Méricourt, en 1901 et en 1906.

ALMEREYDA, MIGUEL [Eugène Vigo, dit] (1883-1917) : photographe puis journaliste, anarchiste et antimilitariste. Après un séjour en prison pour un attentat manqué, il devient secrétaire de rédaction au *Libertaire*. Il participe au congrès constitutif de l'Association internationale antimilitariste (AIA) avant de devenir, avec Georges Yvetot, le co-secrétaire de la section française. En décembre 1905, il fait partie des membres de l'AIA condamnés à la prison ferme pour une affiche incitant les conscrits à l'insoumission. Après l'amnistie de juillet 1906, il se rapproche de Gustave Hervé et Eugène Merle au moment de la création de *La Guerre sociale* et sera condamné pour ses articles antimilitaristes en 1907. Après l'échec de la tentative de regroupement anarchiste autour d'une fédération révolutionnaire en 1909, il va s'éloigner des anarchistes et finira par adhérer au parti socialiste. Il quitte *La Guerre sociale* en 1913 pour fonder *Le Bonnet rouge*, journal satirique socialiste qui soutient des politiciens républicains comme Caillaux et Malvy. Au début de la guerre, il se rallia à la défense nationale puis redevient pacifiste. Il meurt en prison en 1917. (On doit à son fils, le cinéaste Jean Vigo, les films *L'Atalante* et *Zéro de conduite*.)

ANARCHIE (L') : hebdomadaire fondé par Libertad, qui a paru chaque jeudi entre le 13 avril 1905 et le 30 juillet 1914 – avec un numéro spécial, le 364 bis, daté du 4 avril 1912. Libertad y écrivait sous divers pseudonymes : Matar, le Baladeur, Rédan, Candide, le Grincheux, Adamentos, L. A. Boirieux, etc. À sa mort, c'est Armandine Mahé qui va en assumer la direction (n° 189-195), puis Jeanne Morand (janvier 1909), Maurice Duflou (mars 1909), enfin Lorulot (août 1909), qui l'installe à Romainville en 1910. Rirette Maîtrejean et Victor Kibaltchiche (qui signe « le Rétif ») – le future Victor Serge –, qui en assument la charge à partir du 13 juillet 1911, le ramèneront à Paris en octobre 1911. Ce sont ensuite principalement E. Armand (avril 1912) et Mauricius qui s'en occupent jusqu'à la fin. Parallèlement au journal, *l'anarchie* édite aussi deux placards anti-électoraux (« Le bétail électoral » et « Le criminel » [lire *supra*, p. 218]), trois affiches (deux contre les élections, « À l'homme qui veut voter » [avril 1906 & février 1908] suivi de « La Bastille de l'autorité » [juillet 1906], et une contre l'armée : « Aux soldats ! » [octobre 1906]), des cartes postales de propagande et des « papillons », que les compagnons apposaient dans les lieux publics. Durant toute son existence, *l'anarchie* publie brochures et ouvrages, dont on peut trouver la liste et les références sur : <http://cgecaf.com/mot.php3?id_mot=202> et <http://cgecaf.com/mot.php3?id_mot=203> .

ARMAND, E. [Ernest-Lucien Juin, dit] (1872-1962) : anarchiste individualiste, qui milite d'abord dans les rangs de l'Armée du Salut avant d'évoluer vers une sorte d'anarchisme chrétien, puis de participer aux Causeries populaires de Libertad. Tout au long de sa vie militante, ses idées se sont ordonnées autour du problème des rapports de l'individualisme anarchiste avec la société et de l'importance des relations sexuelles avec le thème de la « camaraderie amoureuse ».

AULAGNIER, ALEXANDRE (1864-1952) : ouvrier menuisier puis employé, militant socialiste de la Seine et coopérateur. Durant toute son activité professionnelle, il fut également un militant syndicaliste.

AURORE (L') : quotidien républicain-socialiste fondé en 1897 par Ernest Vaughan (1841-1929) et auquel collaboreront Georges Clemenceau et Francis de Pressensé. Ce journal joua un rôle majeur dans l'affaire Dreyfus en publiant notamment le manifeste de Zola, « J'accuse » (1898).

BASCH, VICTOR (1863-1944) : philosophe et universitaire français d'origine juive né à Budapest. Après des études supérieures, il fut chargé de cours à l'université de Nancy puis de Rennes, avant d'être appelé à la chaire de littérature allemande de la Sorbonne en 1906. Devenu socialiste à l'occasion de l'affaire Dreyfus dans laquelle il s'engagea avec passion, il est le co-fondateur, avec Ludovic Trarieux et Lucien Herr, de la Ligue des droits de l'homme en 1898. En 1904, il publie, chez Alcan, *L'Individualisme anarchiste. Max Stirner.*

BASTIEN, GEORGES [dit Mordine] (1885-1940) : militant anarchiste et antimilitariste qui créa le journal *Germinal*. Il a aussi milité à La Jeunesse libre d'Amiens. En 1905, il est condamné à neuf mois de prison pour un article sur l'antimilitarisme et l'antipatriotisme. L'année suivante, il écope à nouveau de quinze mois de prison pour sa brochure *Aux conscrits*. Incorporé en octobre 1907, il se réfugie en Belgique d'où il poursuivit sa collaboration à *Germinal*. Jugé par contumace pour désertion, il est condamné à trois ans de prison. Expulsé de Belgique, il s'exile en Angleterre où il va rester jusqu'à la fin de la Première Guerre mondiale.

BELLUOT, MARTIN ANTOINE (1811-1848) : notaire. Ayant accumulé les faux et les dettes, il est condamné par contumace à vingt ans de travaux forcés après sa fuite en Espagne. En 1886, Barat, l'un des créanciers, tente d'obtenir réparation du préjudice auprès de l'industriel et homme politique Félix Faure (le futur président de la République), marié à la fille de Belluot. Son fils renouvela la tentative en 1895. L'affaire Belluot regroupe les demandes de Barat père et fils, que Félix Faure assimila à du chantage.

BÉRENGER, RENÉ (1830-1915) : magistrat et homme politique français, élu sénateur à vie en 1875. On lui doit notamment la loi du 26 mars 1891, dite loi Bérenger, laquelle autorise les juges à prononcer le sursis à l'exécution de l'emprisonnement et de l'amende. Sa campagne active contre les outrages aux bonnes mœurs lui valut le surnom de Père la Pudeur.

BERGERAT, ÉMILE [dit Caliban] (1845-1923) : poète et auteur dramatique qui fut également chroniqueur au *Voltaire* et au *Figaro*. Ce membre de l'Académie Goncourt était aussi le gendre de Théophile Gautier.

BERRY, GEORGES (1855-1915) : député de la Seine de 1893 à 1915, docteur en droit et avocat. Ce monarchiste se définissait comme « républicain rallié ». Il a effectué des enquêtes sur le paupérisme et présidé plusieurs sociétés de bienfaisance. En 1905, il s'est opposé à la séparation des Églises et de l'État.

BERTEAUX, MAURICE (1852-1911) : titulaire d'une charge d'agent de change à la Bourse de Paris. Il fut député radical-socialiste de la Seine-et-Oise de 1893 à 1911, ministre de la Guerre de 1904 à 1905 puis, à nouveau, en 1911. Appartenant à la bourgeoisie aisée, ses sympathies allaient néanmoins vers l'aile gauche des radicaux-socialistes, dont il deviendra en quelques années le chef incontesté.

BONEZAMA BECCARIA, CÉSAR [marquis de] (1738-1794) : intellectuel italien de la fin du XVIIIe siècle inspiré par Montesquieu et les Encyclopédistes français. À vingt-six ans, il rédigea son traité *Des délits et des peines* (1764), qui pose les bases de la réflexion juridique moderne en se dégageant du modèle religieux. Ce traité, qui établit les fondements et les limites du droit de punir, recommande notamment de proportionner la peine au délit. Il pose également le principe de la séparation des pouvoirs religieux et judiciaire. Jugeant barbare la pratique de la torture et de la peine de mort, l'auteur préconisait la prévention des délits plutôt que leur répression.

BONZON, JACQUES (1871-1926) : avocat d'Hervé et de la CGT. Bourgeois libéral, issu d'une famille de financiers, il n'épousa jamais les idées de ses clients et évolua vers la droite à la fin de sa vie.

BOUSQUET, AMÉDÉE JEAN [dit le Mitron] (1867-1925) : ouvrier boulanger, militant guesdiste, puis secrétaire de la fédération de l'Alimentation CGT et conseiller prud'homme. À Amiens, en 1906, il signa l'ordre du jour syndicaliste révolutionnaire présenté par Victor Griffuelhes. S'il fut absent du congrès de Marseille en octobre 1908, c'est qu'il était en prison. Dirigeant de nombreuses grèves, Bousquet fut en effet de tous les procès intentés à la CGT. Il ne comparut pas moins de huit fois en cour d'assises.

BRUCKÈRE : militant socialiste de la Seine qui représenta la fédération aux congrès nationaux de Limoges (1906), de Nancy (1907) et de Toulouse (1908) après avoir été délégué du Nord au congrès d'unité (1905). Orateurs de la minorité insurrectionnelle au congrès de Toulouse, il rappela notamment qu'il avait à son actif cinq ans de prison.

BULOT, LÉON (1851-?) : avocat général ayant requis la peine capitale contre trois militants anarchistes (Decamps, Dardare et Léveillé), arrêtés par la police après un échange de coups de feu à l'issue de la manifestation du 1er mai 1891 à Clichy. C'est pour les venger que Ravachol déposa l'année suivante ses « marmites à renversement » : la première chez le président Benoît, qui avait dirigé les débats lors du procès, et la seconde dans l'immeuble de Bulot. Il n'y eut pas de victimes, mais les dégâts furent considérables. Bulot continuera de s'illustrer par son extrême sévérité dans les procès mettant en cause des anarchistes.

BUNAU-VARILLA, MAURICE (1856-1944) : associé à son frère Philippe dans les affaires du canal de Panamá, et richissime propriétaire du quotidien parisien grand public *Le Matin*.

CAMPIONNET : dynastie propriétaire des Forges de Gueugnon (Saône-et-Loire) qui gère, durant plusieurs décennies, la municipalité.

CASERIO, SANTO (1873-1894) : ouvrier boulanger et anarchiste d'origine italienne. Il est l'auteur de l'attentat contre le président de la République Sadi Carnot, en juin 1894 à Lyon.

CAUSSANEL : protagoniste qui ne joua qu'un rôle secondaire dans l'affaire de l'attentat contre Alphonse XIII. Ami de Charles Malato, il recevait sa correspondance. C'est ainsi qu'il fut amené à transporter les colis d'explosifs qui lui étaient destinés.

CAVAIGNAC, GODEFROY (1853-1905) : ministre de la Guerre au plus fort de l'affaire Dreyfus. Il s'opposera vivement à la révision du procès malgré la découverte, par son attaché militaire, du faux d'Henry. Après le suicide du colonel Henry, il doit démissionner, rejoignant peu après la Ligue de la patrie française. Cet ancien radical présida aussi, à la Chambre, le groupe nationaliste parlementaire.

CHARBONNEL (1863-1926) : probablement Victor Charbonnel ce prêtre défroqué qui dirigea l'hebdomadaire anticlérical *La Raison* et fut à l'origine de la création de l'Association nationale des libres penseurs de France en 1902. Il sera poursuivi en justice pour pornographie après avoir « publié tantôt en français, quand c'était à peu près tolérable, tantôt en latin, quand c'était par trop raide, les fameuses Diaconales enseignées dans les séminaires ».

CHAUGHI, RENÉ [Henri Gauche, dit] (1870-1926) : d'origine bourgeoise, il se rallie au mouvement anarchiste en 1892. Collaborateur à *La Révolte* de Jean Grave, il a également participé à la fondation de *La Revue anarchiste*. Inquiété par la police en 1894, il est contraint à l'exil (Belgique puis Hollande). À son retour, il est l'un des premiers collaborateurs des *Temps nouveaux* et le restera pendant vingt ans, aidant souvent et anonymement le journal.

CHAVIN, CAMIL : il s'agit probablement du militant anarcho-syndicaliste, rédacteur au *Cri de Saône et Loire*, un bimensuel révolutionnaire créé en 1908.

CONSCRIT (LE) : d'après Jean Maitron, « ce journal était publié chaque année par le parti socialiste de France. » En 1905, un accord est conclu entre ce parti, les Jeunesses syndicalistes du POSR et l'Association antimilitariste pour une publication commune.

CORNAND, LÉON EUGÈNE (1876-1929) : franc-maçon, socialiste unifié (SFIO), puis socialiste indépendant. Il fut député de l'Isère, puis des Hautes-Alpes en 1906 et 1910, puis de 1924 à 1925. Ce fut durant de longues années un fidèle de Zévaes.

COUTANT, JULES (1854-1913) : ouvrier mécanicien, militant socialiste (de tendance blanquiste à partir de 1895) et député de la Seine. En 1905, il adhère à la SFIO qu'il quitte peu après, supportant difficilement la discipline de parti. Il fut réélu dans sa circonscription en 1910 comme républicain-socialiste.

CRI DE PARIS (LE) : revue hebdomadaire fondée en 1896 et paraissant le dimanche. Chaque numéro publiait un dessin humoristique en couverture (Félix Vallotton, H. G. Ibels, etc.).

CROIX (LA) : journal français fondé en 1880 par des pères assomptionnistes. D'abord mensuel, il devient quotidien en 1883. Défenseur de la tradition catholique contre les valeurs laïques et républicaines du nouveau régime, ce journal fut violemment antidreyfusard et antisémite. *La Croix* réussit à fédérer certains courants catholiques en cherchant à se placer au-dessus des partis et des options politiques. Après la dissolution de la congrégation des assomptionnistes par Waldeck-Rousseau (janvier 1900), le journal modère son ton et joue le jeu du ralliement de l'Église à la République. En 1902, sa diffusion est de 174 000 exemplaires.

DÉBATS : probablement *Le Journal des débats*, fondé en 1789. Cultivant l'image d'une presse du « juste milieu », il est considéré comme l'un des grands journaux de référence du XIXe siècle par la qualité et la densité de ses articles (politique, économie, diplomatie).

DECREPT, ÉTIENNE (1868-1938) : écrivain, co-auteur, avec Charles Colin, de l'opéra-comique *Maitena* (1909) et collaborateur du *Mercure de France*.

DELALÉ, AUGUSTE (1864-1910) : ouvrier cordonnier, militant anarchiste et syndicaliste. Il collabora à *La Révolte* de Jean Grave à partir de 1880 puis devint gérant du *Père Peinard* d'Émile Pouget en 1893 ; il a également travaillé pour *Le Libertaire* en 1903. Représentant de la Bourse du travail de Paris, il participa aussi au congrès constitutif de l'AIA.

DESCAVES, LUCIEN (1861-1949) : journaliste, romancier naturaliste, auteur d'ouvrages antimilitaristes dont *La Caserne, misères du sabre* (1887) et *Sous-Offs* (1889). Il s'oppose notamment à Émile Zola et à son journal *La Terre* en signant le *Manifeste des cinq*. (Lire <http://siecle19.freeservers.com/Manifeste_Cinq.html>.)

DESPLANQUES, CHARLES (1877-1951) : coiffeur, militant anarchiste, syndicaliste et antimilitariste. Il adhère à la CGT avant d'en devenir le secrétaire adjoint en 1908. Ses contributions régulières aux *Temps nouveaux* portent essentiellement sur le syndicalisme révolutionnaire. Après un séjour en prison pour une signature d'affiche de l'AIA, il assurera l'intérim de Pouget, emprisonné, à la direction du journal de la CGT, *La Voix du peuple*.

DHOOGHE, CHARLES [dit Léon Wolbre ou Wolck] (1878-1962) : ouvrier tisseur, courtier, puis directeur de la clinique Le Travail. Cet anarcho-syndicaliste, délégué au congrès de la fédération du Textile, fonde *Les Feuilles rouges* puis *La Cravache* en 1906. Ce dernier hebdomadaire publia plus d'une centaine de numéros. Dhooghe fut condamné à plusieurs reprises, notamment pour affichages de placards antimilitaristes et pour provocation de militaires à la désobéissance.

DION, ALBERT [marquis de] (1856-1946) : pionnier de l'industrie automobile française. Il créa, avec Georges Bouton et Charles Trépardoux, la société des automobiles De Dion-Bouton à Puteaux en 1883.

DOLIÉ : probablement l'ouvrier électricien René Dolié (1887-?), administrateur délégué de l'imprimerie communiste L'Espérance, qui vendait aux groupes révolutionnaires ses brochures de propagande au prix de revient.

DROIT DE VIVRE (LE) : hebdomadaire anarchiste qui a paru le samedi, sur quatre pages, entre le 23 avril et le 21 juin 1898. Pendant sa brève existence (neuf numéros), il fut géré par Constant Martin et publia des articles d'Albert Libertad, Georges Étiévant, Sébastien Faure, Louise Michel et Eugène Pottier. Comme *l'anarchie* devait le faire plus tard, il publia un placard anti-électoral de page 4 (n° 3, 4-11 mai 1898). La seule collection complète du *Droit de vivre* se trouve à l'IIHS d'Amsterdam.

DUBIEF, FERNAND (1850-1916) : médecin et député radical-socialiste de Saône-et-Loire de 1896 à 1910 et de 1914 à 1916. Il fut également ministre du Commerce, de l'Industrie, des Postes et des Télégraphes puis ministre de l'Intérieur du cabinet Rouvier (1905).

DUFAYEL, GEORGES (1855-1916) : les grands magasins Dufayel, du nom de leur fondateur, furent construits en 1895 dans le quartier de la Goutte d'Or. La façade du bâtiment est ornée d'un groupe sculpté bien dans l'esprit bourgeois de l'époque : *Le Progrès entraînant dans sa course le Commerce et l'Industrie.*

DURUPT, GEORGES (1880-1941) : typographe et militant anarchiste avant la Première Guerre mondiale, il collabore aux *Temps nouveaux* et au *Libertaire*. Secrétaire de l'AIA, il est arrêté le 30 juillet 1908, à l'issue de la manifestation sanglante des grévistes de Draveil à Villeneuve-Saint-Georges. L'année suivante, peu après sa sortie de prison, il participe à une tentative de regroupement anarchiste sous l'égide d'une fédération révolutionnaire préconisant l'emploi de l'action directe pour « la destruction radicale de la société capitaliste et autoritaire ». Mais le rêve de Durupt de voir se créer, au nom de l'efficacité, une sorte de « parti libertaire » regroupant anarchistes et hervéistes n'aboutit pas…

ÉCLAIR (L') : journal d'informations financières indépendant fondé à Paris en 1888 par Déchêneau. Il devient un quotidien politique au discours nationaliste et antisémite sous la direction de Guillaume Sabatier, en 1897.

ÉTIÉVANT, GEORGES (vers 1865-?) : typographe anarchiste, condamné, en 1892, à cinq ans de prison pour le vol de dynamite ayant servi à Ravachol lors des attentats commis contre les deux magistrats responsables de la répression anti-anarchiste. Malgré les démentis de Ravachol, Étiévant et trois de ses camarades sont condamnés à de lourdes peines. Peu après sa sortie de prison, le typographe sera condamné par contumace à une nouvelle peine de cinq ans fermes pour une série d'articles publiés dans *Le Libertaire*. Recherché par la police, il décide de porter la violence où il pense qu'elle s'exerce habituellement : le 19 janvier 1898, à Paris, il frappe à coups de poignard un factionnaire de poste de police puis blesse un agent d'un coup de revolver. Condamné à mort en juin de la même année, sa peine sera commuée en travaux forcés à perpétuité. Il mourra quelques années plus tard au bagne de Guyane.

FERROUL, JOSEPH (1853-1921) : docteur en médecine et maire socialiste de Narbonne. Il joua un rôle déterminant lors de la crise viticole de 1906-1907, contribuant notamment à la naissance du syndicalisme agricole dans son département.

GAZETTE DES TRIBUNAUX (LA) : quotidien de jurisprudence fondé en 1826, où paraissaient, avec le texte des lois et quelques articles de doctrine, de nombreuses décisions judiciaires, qui furent par la suite reproduites et groupées dans un *Recueil mensuel*.

GÉRAULT-RICHARD, ALFRED (1860-1911) : journaliste socialiste et député de Paris en 1895, il fut aussi le « patron de *Paris-Journal*, député de la Guadeloupe, riche patron briquetier dans la Sarthe […] et propriétaire du mont-de-piété de Monte-Carlo ». (Lire André Salmon, *La Terreur noire*, *op. cit.*, p. 424.)

GERMINAL : hebdomadaire libertaire créé le 1er novembre 1904 à Amiens pour donner de l'ampleur au procès de Marius Jacob, qui eut lieu du 8 au 22 mars 1905. Le journal existera jusqu'en novembre 1913.

GIRAULT, ÉMILE [Ernest Louis Girault, dit Émile, dit Angilleras ou Angelleras] (1871-1933) : ouvrier typographe, anarchiste puis communiste. Il collabore à *L'Aurore* puis écrit dans *Le Libertaire*, où il va défendre une position hostile au mouvement syndical. Il participe, en juin 1904, au congrès antimilitariste d'Amsterdam. Excellent orateur, il effectua de nombreuses tournées de conférences, notamment avec Louise Michel. Ses discours lui valurent plusieurs arrestations.

GIRIER-LORION [Jean-Baptiste Anthelme Eugène Girier, dit Lorion] (1869-1898) : fréquenta les réunions organisées par les anarchistes lyonnais dès l'âge de quatorze ans. À la suite d'une altercation avec un commissaire de police, on l'enferma dans une maison de correction. Il trouva du travail à Lyon, mais fut renvoyé quand son patron apprit qu'il était anarchiste. Des mois durant, il mena la vie du trimardeur, gagnant Paris puis le Nord, où il se fit appeler Lorion. Condamné par contumace à plusieurs reprises pour propagande anarchiste, il se réfugia au Havre. Traité d'« anarchiste de gouvernement » par le journal guesdiste du Nord *Le Cri du travailleur*, il revint à Roubaix et somma ses accusateurs d'apporter leurs preuves en réunion publique. La veille de la réunion, la police se présentait chez lui. Il tira sur les agents, mais fut rattrapé et condamné à dix ans de travaux forcés. Au bagne, il fut compromis dans une révolte des forçats et condamné à la peine de mort.

GOHIER, URBAIN [Urbain Degoulet, dit] (1862-1951) : journaliste à *L'Aurore* à partir de 1897 ; faisant campagne pour la révision du procès Dreyfus, il n'en dirigea pas moins par la suite des publications antisémites.

GRAUVOGEL : militant syndicaliste qui assista, en tant que délégué de la fédération des Presses typographiques, au XVIe congrès national corporatif et à la troisième conférence des Bourses du travail qui se tinrent à Marseille en 1908. Il y déclara souhaiter garder son autonomie vis-à-vis de la fédération du Livre.

GUERDAT, ÉDOUARD (1839-1907) : colporteur, militant anarchiste du nord de la France. En 1898, il est le correspondant du *Père Peinard* dans cette région où il distribue aussi *Le Libertaire*. Deux ans plus tard, il s'installe à Nantua (Ain). Il y diffusera la presse anarchiste et anticléricale et organisera une tournée de propagande pour Sébastien Faure au printemps 1901.

GUERRE SOCIALE (LA) : hebdomadaire fondé par le socialiste Gustave Hervé. Le premier numéro, qui sort le 18 décembre 1906, est soutenu par des proches collaborateurs de sensibilité libertaire comme Miguel Almereyda et des dessinateurs engagés et talentueux comme Delannoy, Grandjouan et Poulbot. Ce journal illustre la doctrine d'Hervé, fondée sur le recours à l'insurrection en cas de guerre. Poursuivi et condamné à de multiples reprises pour ses prises de position antimilitaristes, Hervé entame une évolution vers le patriotisme qui aboutit à son ralliement à l'Union sacrée en 1914. Depuis longtemps aux antipodes de ses positions initiales, *La Guerre sociale* devient *La Victoire* au 1er janvier 1916.

HAMELIN, ÉMILE THÉODORE [dit le Petit Chat] (1864-1939) : colporteur de journaux. Avant la Première Guerre mondiale, il a collaboré aux *Temps nouveaux* de Jean Grave et fut condamné à Nantes, en mars 1906, à une peine d'un an de prison pour incitation de militaires à la désobéissance.

HAREL : gérant de la coopérative de Malaunay. En février 1906, il fut condamné à Rouen à huit mois de prison avec sursis pour avoir apposé ou fait apposer des placards antimilitaristes intitulés « Paroles à ceux qui vont souffrir » et portant pour signature « La Jeunesse syndicaliste de Malaunay, le Houlme, Barentin et les environs ».

HARVEY : anarchiste anglais, ami de Charles Malato, accusé d'avoir participé à la préparation de l'attentat contre Alphonse XIII. (Lire Miguel Almereyda, *Le Procès des quatre : Malato, Vallina, Harvey, Caussanel*, Paris, Le Libertaire, *s. d.*)

HAVILAND, DAVID (1814-1879) : d'origine américaine, il s'installa à Limoges en 1842 pour exporter de la porcelaine aux États-Unis. Son fils Charles-Édouard, véritable capitaine d'industrie, développa l'entreprise. En 1900, cette société était la plus importante de la ville avec 1 800 ouvriers. Elle exportait une grande partie de sa production aux États-Unis et avait acquis une renommée mondiale.

HELLA, ALZIR (1881-1953) : libertaire et militant syndicaliste. Il fut écroué à Saint-Dié (Vosges) pour outrages à la gendarmerie et port d'armes prohibées puis, en avril 1908, à deux années de prison pour provocation et injures à l'armée. En 1910, il travaillait comme typographe dans l'équipe de *l'anarchie* ; deux ans plus tard, il fit son entrée au syndicat des Correcteurs dont il devint un militant en vue.

HERVÉ, GUSTAVE (1871-1944) : tour à tour professeur, avocat et journaliste. Il se singularise dans le mouvement socialiste d'avant 1914 par un antimilitarisme violent et une négation totale de la patrie pour verser, aux approches de la Première Guerre mondiale et le conflit venu, dans un nationalisme exalté qu'il continuera de prôner par la suite. Il est le fondateur de *La Guerre sociale*.

HUMBERT Ier (1844-1900) : roi d'Italie qui mourut à Monza sous les coups de feu de l'anarchiste Gaetano Bresci (comme Luccheni, ce militant désirait venger la sanglante répression menée contre les ouvriers de Milan en 1898).

JACOB, MARIUS [Alexandre Jacob, dit] (1879-1954) : « exerçant le métier de cambrioleur, [il] a été pris à Abbeville par des gens exerçant le métier de gendarmes et condamné par des gens exerçant le métier de juges, aux travaux forcés à perpétuité. Sa critique sur l'organisation actuelle est un modèle du genre » (Libertad). Lors du procès du « dernier des grands voleurs anarchistes », il revendiqua le caractère politique de son action. (Lire Alexandre Jacob, *Écrits*, vol. I et II), L'Insomniaque, 1995.)

JALUZOT, JULES (1834-1916) : fondateur des magasins du Printemps. Cette figure dont s'est largement inspiré Émile Zola pour écrire *Au bonheur des dames* incarne, « avec son ambition, ses réussites et sa démesure, [...] le reflet parfait de ce “monde des affaires” caractéristique de la IIIe République ». Lire <http://perso.wanadoo.fr/adelaitre/Jaluzot.htm>.

JANVION, ÉMILE (?-1927) : anarcho-syndicaliste, fondateur du premier syndicat des Employés de préfecture (1899). Il constitua en juin 1897 une ligue d'enseignement libertaire pour mettre en pratique de nouvelles méthodes pédagogiques. En 1900, il rédigea un rapport – *De l'attitude des anarchistes pendant l'affaire Dreyfus* – pour un congrès anarchiste afin d'exprimer tant son désaccord face à l'indifférence des uns que sa critique devant le « lyrisme républicain » des autres, tel Sébastien Faure. En décembre 1902, il participa à la fondation de la Ligue antimilitariste et, deux ans plus tard, assista au congrès d'Amsterdam. Révoqué en 1907, il commença à répandre des propos antisémites, qui lui valurent son exclusion de la CGT en 1913. Il sympathisa dès lors avec les royalistes de l'Action française.

JEUNESSE LIBRE (LA) : groupe anarchiste d'Amiens, qui crée en novembre 1904 le journal *Germinal.*

JOURNAL (LE) : feuille politique, littéraire et artistique fondée à Paris en 1892 par Fernand Xau. *Le Journal*, qui dès 1893, eut un supplément hebdomadaire illustré, *Le Journal pour tous*, connut un rapide succès grâce à ses chroniques et ses nouvelles légères. Après la mort de Fernand Xau (1899), il fut dirigé par H. Letellier.

LABUSSIÈRE, ÉMILE (1853-1924) : entrepreneur de travaux publics, puis fonctionnaire des finances. Il fut maire républicain-socialiste de Limoges entre 1889 et 1905 puis député de la Haute-Vienne en 1893. Il abandonna la vie politique en 1906.

LAFFERRE, ANTONIN (1861-1929) : professeur de lettres, président du Grand Orient de France et député de l'Hérault de 1898 à 1919.

LANTERNE (LA) (1877-1938) : quotidien radical lancé par le financier Eugène Mayer. Ce journal, qui tira à plus de 100 000 exemplaires dès son lancement, est resté célèbre pour son anticléricalisme virulent comme pour ses campagnes contre la police parisienne, lesquelles lui valurent de nombreuses condamnations. Il compta parmi ses directeurs et rédacteurs Aristide Briand, Alexandre Millerand et René Viviani. Son succès déclina après la Première Guerre mondiale.

LAZARE, BERNARD (1865-1903) : critique littéraire, journaliste politique et écrivain, proche des anarchistes. Il fut le premier à soutenir l'innocence d'Alfred Dreyfus, comme l'un des rares à dénoncer les crimes contre les Arméniens et les Juifs de Roumanie. Signe de l'estime qu'il lui portait, Libertad assista à ses obsèques, que le défunt avait voulues « sans aucune cérémonie religieuse et le plus simplement possible, la dernière classe, sans fleurs et sans couronne ».

LÉANDRI, ANTOINE (1861-?) : avocat et journaliste d'extrême droite, qui organisa un « maquis » et rédigea un appel à l'insurrection armée affiché sur les murs de Bastia. Condamné puis acquitté, il poursuivit son activité journalistique et factieuse à Paris.

LEMAIRE, JULES (1874-1957) : ouvrier cordonnier, puis marchand des quatre-saisons, militant anarchiste. Gérant du journal libertaire d'Amiens, *Germinal*, jusqu'à son incarcération, le 21 février 1906, pour « incitation de soldats à la révolte et à la désertion » sur la base d'un article antimilitariste.

LÉPINE, LOUIS JEAN-BAPTISTE (1846-1933) : préfet de police de la Seine à partir de 1893 puis, après une éclipse en tant que gouverneur général de l'Algérie de 1897 à 1899, jusqu'en 1913. Il est l'inventeur du Concours Lépine.

LEVIEUX ou **LUX** [Michel Antoine, dit] (1858-?) : militant anarchiste vivant dans la semi-clandestinité des déserteurs et des fabricants de fausse monnaie. Il a donné quelques articles aux *Temps nouveaux*, mais il a surtout collaboré à *l'anarchie*. « Victor Serge a donné un excellent portrait du personnage sous le nom de Lejeune dans *Naissance de notre force* [Climats, 2004] » (Alexandre Croix, « Le terrorisme anarchiste », *Le Crapouillot*, janvier 1938, p. 34).

LÉVY, ALBERT (1871-1926) : employé, trésorier de la CGT. En 1906, il assista au congrès d'Amiens ; il y présenta le rapport financier et signa l'ordre du jour syndicaliste révolutionnaire de Victor Griffuelhes. Après avoir purgé dix-huit mois de prison, peine subie avec Bousquet pour incitation à la violence, il sortit de la prison de Clairvaux en avril 1908. Il collabora à *L'Action directe* de 1903 à 1905.

LEYDET : juge chargé de l'instruction de l'attentat contre le roi Alphonse XIII en juin 1905.

LIBERTAIRE (LE) : hebdomadaire fondé le 16 novembre 1895 par Sébastien Faure et Louise Michel. Il parut jusqu'en 1899 pour être momentanément remplacé par le quotidien, *Le Journal du peuple*, consacré à l'affaire Dreyfus. *Le Libertaire* continua ensuite comme hebdomadaire jusqu'en août 1914, date à laquelle il cessa de paraître, après 960 numéros.

LOCKROY, ÉDOUARD (1838-1913) : homme politique français de la IIIe République, qui se rapprocha durant les années 1880 du républicanisme opportuniste et du parti radical-socialiste, dont il devint l'une des principales figures. Il fut notamment ministre de la Marine, puis du Commerce et de l'Industrie où il soutint l'édification contestée de la tour Eiffel.

LOQUIER, VICTOR (1866-1944) : ouvrier, puis petit patron coiffeur, militant et propagandiste anarchiste. Il fonda, en 1898, un Cercle d'études sociales et anima des conférences anarchistes, avant de publier le journal *La Vrille* (1903-1914). Loquier fut notamment condamné, en mars 1906 à Épinal, à six mois de prison pour propagande antimilitariste.

LORULOT [André Georges Roulot, dit] (1885-1914) : propagandiste anarchiste-individualiste avant 1914. En juin 1905, il est emprisonné pendant huit jours pour avoir sifflé au passage du roi d'Espagne et renvoyé de l'imprimerie où il travaillait. Devenu comptable à la maison Hachette, il fait alors la connaissance de Libertad, avec qui il fonde *l'anarchie*, et dont il prendra le relais du journal à sa mort. Il sera condamné plusieurs fois pour incitation au meurtre et incitation de militaires à la désobéissance. Après la guerre, il délaissera les milieux anarchistes et se fera le propagandiste attitré de la Libre Pensée.

LUCCHENI, LUIGI (1873-1910) : assassin de l'impératrice Élisabeth d'Autriche (dite Sissi) le 10 septembre 1898 à Genève. Lors de son procès, le 12 novembre 1898, il se revendiquera de l'anarchisme pour avoir voulu frapper, à travers ce symbole, « les persécuteurs des ouvriers ». Condamné à la réclusion à perpétuité, il se lança dans la rédaction de ses mémoires d'enfant abandonné, lesquelles lui furent volées par ses gardiens. Il subira de nombreuses des brimades avant d'être retrouvé pendu dans sa cellule.

MAGNAUD, PAUL (1848-1926) : juge d'instruction surtout connu du fait de la presse parisienne qui le surnomma « le bon juge », suite à la clémence dont il fit preuve dans certaines affaires, notamment celle d'une fille-mère ayant volé du pain pour son enfant et celle d'un vagabond, voleur à la tire pris en flagrant délit – tous deux furent acquittés.

MAHÉ, ANNA (1881-1960) : ex-institutrice et propagandiste anarchiste, qui fut la compagne de Libertad à partir de la fondation du groupe des Causeries populaires en 1902, en même temps que sa sœur, Armandine.

MALATO, CHARLES (1857-1938) : militant anarchiste, écrivain, publiciste et franc-maçon. Il fut déporté avec son père Antoine (1823-1909) en Nouvelle-Calédonie, suite à la participation de ce dernier à la Commune de Paris. Revenu en France, il est condamné à quinze mois de prison pour « incitation au meurtre, pillage et incendie ». Il doit ensuite s'exiler à Londres où il se montre favorable à l'entrée des anarchistes dans les syndicats. Au moment de l'affaire Dreyfus, il collabore au *Journal du peuple* de Sébastien Faure et fait partie du comité de coalition révolutionnaire chargé de répondre aux manifestations nationalistes. Arrêté à la suite de l'attentat de la rue de Rohan contre Alphonse XIII, il est jugé au cours du « procès des Quatre », qui s'ouvre le 27 novembre 1905 – devant l'obscurité de cette affaire, où les historiens soulignent que la police était au courant de ce projet d'attentat, les jurés acquittent les prévenus. De 1907 à 1914, Malato collabore à *La Guerre sociale* et à *La Bataille syndicaliste*. Dès le début de la Première Guerre mondiale, il se rallie à l'Union sacrée et signe le *Manifeste des seize*.

MARMANDE, RENÉ DE [Marie Constant Emmanuel Gilbert, vicomte de Rorthays de Saint-Hilaire, dit Civis dit] (1875-?) : journaliste libertaire qui collabore aux *Temps nouveaux* et à

La Guerre sociale. Il prit une part assez active au mouvement libertaire et syndicaliste révolutionnaire avant la Première Guerre mondiale. En août 1907, il fut, avec Broutchoux, Dunois, Monatte, un des principaux participants français au congrès anarchiste international qui se tint à Amsterdam. En avril 1909, il tenta, avec Almereyda, Durupt et d'autres, de mettre sur pied une fédération révolutionnaire qui aurait regroupé les sections anarchistes et coordonné leur action. Il fit un temps partie du comité directeur de cette fédération, mais l'essai resta sans suite.

MATHA, LOUIS (1861-1930) : militant anarchiste, gérant de *L'En Dehors* et ami d'Émile Henry. Il participa aussi à la création du *Libertaire* puis au *Journal du peuple* lors de l'affaire Dreyfus. Il organisera ensuite les tournées de conférences de Sébastien Faure et de Louise Michel à travers la France. Poursuivi comme faux-monnayeur, il « affirmait être victime d'une machination policière » (Jean Grave, *Quarante ans de propagande anarchiste*, *op. cit.*, p. 446).

MATIN (LE) (1884-1944) : Ce quotidien, construit sur le modèle de la presse anglaise, fut fondé en février 1884. Après son rachat par Maurice Bunau-Varilla, *Le Matin* devint l'un des quatre principaux quotidiens français, son tirage passant de 285 000 exemplaires en 1902 à un million en 1913, notamment grâce à ses campagnes autour des « affaires ». Sa ligne politique évolua au gré des intérêts de son propriétaire, d'un républicanisme modéré à un franc nationalisme à l'orée de la Première Guerre mondiale.

MERCIER, AUGUSTE (1833-1921) : général de l'armée impériale, il participa à l'expédition du Mexique et à la guerre de 1870. Ministre de la Guerre entre 1893 et 1895, il fit traduire Dreyfus en conseil de guerre. Élu sénateur en 1900.

MERLOU, PIERRE (1849-1909) : député radical de l'Yonne (1889-1906), sous-secrétaire d'État aux Finances (1901-1905) et ministre des Finances du cabinet Rouvier (17 juin 1905-14 mars 1906).

MONNERET, ALFRED [dit Albert] (1867-?) : typographe, militant socialiste et antimilitariste de l'Yonne. Animateur du *Pioupiou de l'Yonne*, il est condamné à plusieurs reprises pour ses articles antimilitaristes. En juillet 1905, il s'installe à Paris où il fonde *Le Pioupiou de la Seine*. L'année suivante, il est arrêté en février sous l'inculpation d'incitation à la désertion et écope de huit mois de prison. En 1911, il quitte la SFIO, à qui il reproche sa « parlementarisation », pour un éphémère parti socialiste révolutionnaire.

MORO-GIAFFERRI, VINCENT (1878-1956) : avocat, bâtonnier, grande figure du barreau de Paris.

NIEL, LOUIS (1872-1952) : garçon de café puis typographe, secrétaire général de la CGT. Vers 1906, il évolue vers le réformisme. Au congrès d'Amiens, il défend, face aux anarchistes et aux guesdistes, l'indépendance du mouvement ouvrier, exaltant la primauté de l'action syndicale.

NIEUWENHUIS, FERDINAND DOMELA (1846-1919) : figure importante de l'anarchisme et de l'antimilitarisme néerlandais. Organisateur du congrès antimilitariste d'Amsterdam en juin 1904, il fut un ardent propagandiste de la grève générale en cas de conflit, mais s'opposa à une organisation anarchiste structurée, demeurant très critique vis-à-vis du syndicalisme.

NOUVELLISTE (LE) : il s'agit probablement du journal catholique conservateur, ayant de multiples éditions locales.

OUIN, JOSEPH : militant anarchiste, membre de l'Union révolutionnaire d'Amiens et collaborateur de *Germinal*. Il fut condamné, en mai 1905, à un an de prison pour infraction à la loi sur l'interdiction de séjour. Arrêté de nouveau le 14 juillet 1908, au cours d'une manifestation antimilitariste, il est inculpé d'outrage à magistrat et condamné à un mois de prison.

PARAF-JAVAL, GEORGES MATHIAS [dit Péji] (1858-1942) : anarchiste au moment de l'affaire Dreyfus, collaborateur du *Libertaire* puis de *l'anarchie*. Auteur d'un manuel de vulgarisation scientifique, il incarnait le scientisme en vogue dans les milieux anarchistes. Il participa à la création des Causeries populaires puis, avec d'autres camarades, à celle du Groupe d'études scientifiques. Ces deux groupes en arrivèrent à s'opposer violemment.

PATAUD, ÉMILE (1869-1935) : ouvrier électricien et syndicaliste révolutionnaire. Secrétaire du syndicat des Travailleurs des industries électriques de 1904 à 1910, il participa aussi aux campagnes de l'AIA. En 1909, il publia, avec Émile Pouget, *Comment nous ferons la révolution* (rééd. Syllepse, 1995). Victime de la répression à plusieurs reprises, il fut également en butte à une opposition grandissante contre sa personne et ses idées au sein de son propre syndicat, dont il démissionna après avoir participé à un meeting antisémite aux côtés d'Émile Janvion. Il abandonna ensuite toute activité publique pour redevenir artisan électricien.

PAUL, GEORGES : jardinier, militant anarchiste. Il fut, de 1907 à 1913, secrétaire de la Bourse du travail d'Ivry. En 1908, il fut candidat au poste de secrétaire adjoint de la CGT, section des Bourses, contre Desplanques qui fut élu adjoint d'Yvetot.

PETIT JOURNAL (LE) : fondé en 1863, l'un des plus anciens journaux de France. Il fut augmenté, à partir de 1884, d'un supplément hebdomadaire illustré en couleurs.

PETIT PARISIEN (LE) : quotidien général d'informations fondé le 15 octobre 1875 par le député radical Louis Andrieux.

PETIT, GABRIELLE (1860-?) : militante socialiste et féministe indépendante, mais qui collaborait avec les syndicalistes et les libertaires. Lors d'un meeting féministe organisé en 1912, elle fut décrite ainsi : « D'une verve intarissable, d'une élocution impeccable, d'une éloquence familière, elle sut tour à tout amuser, émouvoir et enthousiasmer l'auditoire. »

PETITE RÉPUBLIQUE FRANCAISE (LA) : quotidien socialiste fondé en 1875, qui a pour rédacteur en chef Gérault-Richard. Ce journal est aussi connu sous l'abréviation de *La Petite République*. Jean Jaurès y collabora de 1893 à 1903, y publiant notamment sa série d'articles « Les preuves » (du 9 août au 20 septembre 1898), consacrée à l'affaire Dreyfus.

PINI, VITTORIO (vers 1850-1903) : vivant à Paris, ce cordonnier anarchiste italien fut condamné à vingt ans de bagne en 1889 pour avoir pratiqué des « expropriations ». Elles lui avaient servi à monter une imprimerie destinée à la propagande anarchiste et à fonder une ligue des anti-propriétaires, La Cloche de bois.

PIOT, EDME (1828-1909) : homme politique français. Il fut entrepreneur de travaux publics, conseiller général et sénateur de la Côte-d'Or. Membre de la gauche démocratique, il fut le promoteur de la commission extraparlementaire sur la dépopulation. Il fit en 1900 une proposition d'allocations aux familles nécessiteuses chargées d'enfants. Il est notamment l'auteur de *La Question de la dépopulation en France. Le mal, ses causes, ses remèdes* (1900).

PIOU, JACQUES (1838-1933) : député catholique, fondateur de l'Action libérale populaire en 1901.

PRESSENSÉ, FRANCIS DE (1853-1914) : pacifiste et homme politique français qui s'engagea en faveur de Dreyfus à la suite du procès d'Émile Zola. Il fut aussi l'un des initiateurs de la séparation des Églises et de l'État, et présida la Ligue des droits de l'homme de 1903 à 1914.

QUILLARD, PIERRE (1864-1912) : publiciste et poète symboliste qui collabora au *Mercure de France* et fit partie de la première équipe de la revue *Entretiens politiques et littéraires*. Il y exprima avec conviction sa conception des relations entre anarchie et littérature, les œuvres littéraires de valeur étant « une forme éminente de la propagande par le fait » (25 avril 1892). Proche de Bernard Lazare, dont il partageait les sympathies libertaires, il s'engagea très tôt dans le combat en faveur de Dreyfus et des Arméniens persécutés par l'Empire ottoman. Il adhéra dès sa fondation en 1898 à la Ligue des droits de l'homme, dont il devint vice-président en 1907 et secrétaire général en 1911. Personnage injustement oublié, il mérite l'hommage que lui rendit Pierre Monatte dans *La Vie ouvrière* (20 février 1912) : « La classe ouvrière perd en lui l'un des rares intellectuels qui, sans rien demander non plus qu'aux pouvoirs, font ce qu'ils peuvent et restent droits. »

REBILLOT, JOSEPH (1823-1918) : ancien polytechnicien, nommé général de brigade en 1881 puis mis en réserve quatre ans plus tard. Dans *La Libre Parole* (13 décembre 1914), il déclara : « Il était temps que vint la guerre pour ressusciter en France le sens de l'idéal et du divin. »

RESSÉGUIER, EUGÈNE : patron de la verrerie de Carmaux où débuta une grève des ouvriers en 1895. Souhaitant affaiblir le mouvement syndical et la tentative de conciliation menée par Jaurès, il se heurta à un refus sans appel de la part de ce dernier. Des incidents graves éclatèrent lorsque la troupe fut appelée à intervenir. Devant cette situation sans issue, Jaurès suggéra la création d'une autre verrerie, sous la forme d'une coopérative ouvrière.

ROCHEFORT, HENRI [Henri de Rochefort-Luçay, dit] (1831-1913) : journaliste et homme politique. Il fut l'un des opposants de l'extrême gauche républicaine sous le Second Empire avant d'être déporté en Nouvelle-Calédonie sur le même navire que Louise Michel, après la Commune. Après sa spectaculaire évasion, puis l'amnistie qui le ramena en France, il se rapprocha progressivement du général Boulanger et de l'extrême droite, avant de laisser libre cours à son antisémitisme durant l'affaire Dreyfus.

ROUVIER : probablement Maurice Rouvier (1842-1911), avocat, journaliste et homme politique français qui occupa la fonction de président du Conseil à trois reprises, notamment de janvier 1905 à mars 1906.

ROUX-COSTADAU, FERDINAND (1875-1946) : militant socialiste de la Drôme, il fut exclu de la SFIO en 1912 et mena, dès lors, une longue carrière politique hors du parti socialiste.

SÉRÉ DE RIVIÈRES, RAYMOND-ALPHONSE (1815-1895) : polytechnicien et général français du génie qui participa à la répression de la Commune de Paris avec la prise des forts de Vanves et d'Issy. Chargé de réorganiser les défenses de la France, il propose un nouveau système fortifié qui entraîne la construction de 400 ouvrages sur tout le territoire. En janvier 1880, il est relevé de ses fonctions suite à une polémique sur les services qu'il dirige.

SOCIÉTÉ DES AMIS DU PEUPLE RUSSE ET DES PEUPLES ANNEXES : elle publia un périodique éponyme de 1905 à 1909, dont un numéro intitulé « La première année de la révolution russe : résumé des événements jour par jour du 22 octobre 1905 au 30 octobre 1906 » (Paris, 1906). Présidée par l'écrivain Anatole France, elle fut fondée par ce dernier avec Jean Jaurès et Aline Ménard-Dorian de la Ligue des droits de l'homme pour combattre le tsarisme et soutenir la cause des Juifs de Russie et de Roumanie.

TABARD, ÉTIENNE (1865-1940) : cocher-livreur à Paris et syndicaliste CGT, il fut l'un des signataires de la « charte d'Amiens » adoptée au congrès de la CGT en 1906.

TEMPS (LE) : lancé en avril 1861, *Le Temps*, dont le titre fait référence au célèbre *Times* anglais, fut fondé par Auguste Neffzer, qui en fait le grand organe libéral français. À la fin du Second Empire, le journal acquiert une audience considérable grâce à une rédaction qui lui assura une réputation de sérieux, parfois jusqu'à l'ennui, dans le traitement de l'information et des nouvelles internationales. Il fut considéré comme le plus grand journal français d'avant 1914.

TEMPS NOUVEAUX (LES) : animé par Jean Grave, cet hebdomadaire paraissant le samedi (puis bimensuel) prit la suite du *Révolté* et de *La Révolte*. Le premier numéro parut le 4 mai 1895, le dernier le 8 août 1914, soit un total de 982 numéros. *Les Temps nouveaux* publièrent également 72 brochures tirées à plusieurs milliers d'exemplaires. Le journal renaîtra entre mai 1916 et juin 1919, sous la forme d'un bulletin favorable à l'Union sacrée.

TORTON, LÉON (1884-?) : ouvrier coiffeur, syndicaliste révolutionnaire qui exerça les fonctions de secrétaire adjoint de la Bourse du travail de Rouen avant d'en être élu secrétaire en 1909. Il fut condamné en février 1906 à huit mois de prison pour des placards antimilitaristes et sera de nouveau condamné puis emprisonné pour avoir favoriser la désertion, pour détention d'une formule d'explosif et propos injurieux à l'égard de la police.

TRÉPOV, DIMITRI FEDOROVITCH (1855-1906) : gouverneur de Saint-Pétersbourg, le général Trépov était à la tête des partisans de la répression dans les sphères gouvernementales russes lors de la révolution de 1905.

VAILLANT, AUGUSTE (1861-1894) : anarchiste français. Il connut la misère dès sa jeunesse, accumulant les petites condamnations pour avoir pris le train sans billet ou mangé dans un restaurant sans pouvoir payer. Après avoir vainement tenté sa chance en Argentine durant trois ans, il rentre en France, désespéré. Le 9 décembre 1893, il lance une bombe à la Chambre des députés sans faire de victime grave, mais entraînant le vote des premières « lois scélérates ». Il est exécuté le 5 février 1894.

VALLINA MARTINEZ, PEDRO (1879-1970) : figure marquante de l'anarchisme andalou. Cet étudiant en médecine fut condamné à huit ans de travaux forcés pour propagande anarchiste. Étant parvenu à s'enfuir, il milita à Paris contre la répression en Espagne et fut inculpé avec Charles Malato, Harvey et Caussanel après l'attentat contre le roi d'Espagne. Jugés le 27 novembre 1905, les quatre hommes sont acquittés faute de preuves, mais Vallina, expulsé, doit se réfugier à Londres où il poursuivra ses études de médecine. En 1907, il participe au congrès antimilitariste d'Amsterdam puis retourne en Espagne, où il va publier, à partir de 1918, la revue *Paginas Libres*.

VEIDAUX, ANDRÉ (vers 1860-?) : journaliste, poète symboliste et libertaire jusqu'en 1914. Il contribua notamment au numéro spécial sur l'anarchie de *La Plume* (1893) avec un article sur « La philosophie de l'anarchie ». Il travailla aussi pour le *Libertaire*, où il a donna, à partir de septembre 1900, une série d'articles sur « Les utopies majeures » – le troisième étant consacré à la question « Communisme et individualisme » (16-23 décembre 1900).

VÉLO (LE) : dès la fin du XIXe siècle, la presse sportive, consacrée en grande partie au cyclisme, est dominée par le quotidien *Le Vélo*, publié sur papier vert, avec 80 000 exemplaires par jour. En 1900, le journal *L'Auto-Vélo* est créé pour le concurrencer, juste avant la fin des jeux Olympiques de Paris.

VOIX DU PEUPLE (LA) : hebdomadaire de la CGT fondé en 1900. Le journal parut sous cette forme jusqu'en 1914, publiant de nombreuses informations sur l'activité de la CGT et de ses organisations ainsi que sur les luttes sociales. Émile Pouget en sera le secrétaire de rédaction jusqu'en 1908.

WEBER-ALLEMANE : voir ALLEMANE.

WILLM ALBERT (1868-1944) : avocat, militant socialiste, adhérent à la SFIO (1905) et député de la 4e circonscription de Saint-Denis (1906). Son éloquence et ses compétences juridiques en firent le porte-parole du groupe socialiste dans les grands débats de l'époque. Devenu l'avocat d'un riche tunisien, il adoptera ensuite des positions aux antipodes du socialisme.

YVETOT, GEORGES (1868-1942) : ouvrier typographe puis correcteur, militant syndicaliste, antipatriote et antimilitariste. Il succéda, en 1901, à Fernand Pelloutier au secrétariat de la Fédération des Bourses du travail. Il fut secrétaire général adjoint de la CGT de 1902 à 1918, y défendant l'indépendance du syndicalisme, s'opposant à tout réformisme et luttant contre la guerre. En 1904, il fut le secrétaire de l'AIA avec Almereyda.

ZÉVAES, ALEXANDRE [Alexandre Bourson , dit] (1873-1953) : avocat, historien et militant socialiste. Il fut député guesdiste de l'Isère de 1898 à 1902, puis de 1904 à 1910.

ZISLY, HENRI (1872-1945), militant anarchiste naturien et adepte des « milieux libres », il se fit le propagandiste du retour à la terre et anima le mouvement libertaire naturien.

Les pages suivies d'un « *n* » renvoient à une note.

Les astérisques indiquent les entrées qui font l'objet d'un article dans le « Glossaire des principaux noms de personnes et de publications », *supra* p. 461-485.

Glossaire des noms de personnes, de groupes militants & de périodiques

Petit essai de bibliographie des articles de Libertad

Les articles sans mention de folio ne sont pas reproduits dans le présent ouvrage.

[p. 212] « À bas la loi ! », *l'anarchie*, n° 45, 15 février 1906

[p. 257] « Activité anarchiste », *l'anarchie*, n° 79, 11 octobre 1906

[p. 261] « À la conquête du bonheur », *l'anarchie*, n° 81, 25 octobre 1906

« À l'enfant des hommes », *Le Libertaire*, n° 85, 5-12 octobre 1901

[p. 147] « À Madagascar », *l'anarchie*, n° 2, 20 avril 1905

« Amnistie », *Le Libertaire*, n° 158, 4-6 décembre 1898

[p. 70] « À mon frère », *Le Droit de vivre*, n° 3, 4-11 mai 1898. Republié dans *Le Libertaire*, n° 51, 18-25 novembre 1900

[p. 240] « À nos amis », *l'anarchie*, n° 67, 19 juillet 1906 [cosigné avec Anna Mahé]

« À nos amis » (*bis*), *l'anarchie*, n° 71, 16 août 1906 [cosigné avec Anna Mahé]

[p. 125] « À nos amis qui s'arrêtent », *Le Libertaire*, n° 39, 1er-8 août 1903

[p. 253] « Corbeaux à la curée », *l'anarchie*, n° 78, 4 octobre 1906

[p. 130] « Correspondances & communications », lettre aux *Temps nouveaux*, 21-27 mai 1904

[p. 119] « Furhmann & Desjardins », *Le Libertaire*, n° 40, 2-9 septembre 1900

[p. 76] « Germinal », *Le Droit de vivre*, n° 7, 1er-7 juin 1898

[p. 63] « Gibier de misère », *Le Libertaire*, n° 96, 12-19 septembre 1897, [signé J. Rai]

[p. 98] « Haine », *Le Libertaire*, n° 8, 8-14 octobre 1899

[p. 171] « Il arrive !... Il arrive !... l'Alphonse ! », *l'anarchie*, n° 7, 25 mai 1905

[p. 244] « Impressions », *l'anarchie*, n° 70, 9 août 1906

[p. 78] « Irresponsables ? », *Le Droit de vivre*, n° 9, 15-21 juin 1898

[p. 198] « La bonne discipline », *l'anarchie*, n° 34, 30 novembre 1905

[p. 302] « La botte policière », *l'anarchie*, n° 112, 30 mai 1907

[p. 264] « La critique & la propagande », *l'anarchie*, n° 87, 6 décembre 1906

[p. 221] « La fin des idoles », *l'anarchie*, n° 47, 1er mars 1906

[p. 296] « La grève des vivants », *l'anarchie*, n° 108, 2 mai 1907. Repris du *Libertaire*, n° 141, 7-13 août 1898

[p. 216] « La guerre ? », *l'anarchie*, n° 46, 22 février 1906

[p. 290] « La joie de vivre », *l'anarchie*, n° 107, 25 avril 1907. Une version assez différente de cet article fut publiée dans *Le Libertaire*, n° 23, 12-19 avril 1903

[p. 108] « La légende de Noël », *Le Libertaire*, n° 8, 24-30 décembre 1899

[p. 351] « La liberté », *l'anarchie*, n° 142, 26 décembre 1907

[p. 121] « La paille & la poutre », *Le Libertaire*, n° 32, 15-22 juin 1902 [p. 230] « La peur », *l'anarchie*, n° 58, 17 mai 1906

[p. 317] « La Terreur blanche », *l'anarchie*, n° 120, 25 juillet 1907

[p. 346] « La torture & le progrès », *l'anarchie*, n° 141, 19 décembre 1907

[p. 402] « La vengeance », *l'anarchie*, n° 175, 13 août 1908

[p. 279] « La viande de boucherie », *l'anarchie*, n° 96, 7 février 1907

[p. 242] « La viande veule », *l'anarchie*, n° 69, 2 août 1906

[p. 206] « La vindicte sociale », *l'anarchie*, n° 37, 21 décembre 1905

[p. 227] « Le bétail électoral », *l'anarchie*, n° 54, 19 avril 1906

[p. 191] « Le bétail patriotique », *l'anarchie*, n° 29, 26 octobre 1905

[p. 406] « Le choléra avance... », *l'anarchie*, n° 181, 24 septembre 1908

[p. 72] « Leçons militaires », *Le Droit de vivre*, n° 3, 4-11 mai 1898

[p. 218] « Le criminel », placard anti-électoral publié par *l'anarchie* n° 47, 1er mars 1906.

[p. 332] « Le culte de la charogne », *l'anarchie*, n° 134, 31 octobre 1907

[p. 81] « Le mouvement », *Le Droit de vivre*, n° 5, 18-24 juin 1898

[p. 77] « Le peuple s'amuse », *Le Droit de vivre*, n° 8, 7-14 juin 1898

[p. 155] « Le premier mai », *l'anarchie*, n° 4, 4 mai 1905

[p. 284] « Le repos hebdomadaire », *l'anarchie*, n° 103, 28 mars 1907

[p. 299] « Les associations corporatives », *l'anarchie*, n° 112, 30 mai 1907

[p. 149] « Les émeutes à Limoges », *l'anarchie*, n° 2, 20 avril 1905.

[p. 145] « Les intellectuels nous quittent !!! », *l'anarchie*, n° 1, 13 avril 1905

[p. 203] « Les lois d'exception », *l'anarchie*, n° 36, 14 décembre 1905

[p. 388] « Les martyrs », *l'anarchie*, n° 169, 2 juillet 1908

[p. 116] « Les pantins », *Le Libertaire*, n° 22, 1er-8 avril 1900

« Les pleurs », *Le Libertaire*, n° 159, 4-10 décembre 1898

[p. 339] « Les révoltes utiles », *l'anarchie*, n° 137, 21 novembre 1907

[p. 269] « Le syndicat ou la mort », *in l'anarchie*, n° 89, 20 décembre 1906

[p. 415] « Le travail antisocial et les mouvements utiles ». Le texte de cette brochure, publié de façon posthume (éditions de l'anarchie, Paris, 1909 et Librairie internationaliste, Paris, s. d.) est un montage d'articles parus dans *l'anarchie*, souvent signés L. A. Borieux. Il s'agit de : « La journée de huit heures », série de cinq articles parus dans les numéros 2, 3, 4, 7 et 10 des 20 et 27 avril, 4 et 25 mai, 15 juin 1905 ; « Les Purulences », n° 52, 5 avril 1906 ; « Fratricides ! », n° 65, 5 juillet 1906 ; « Les gestes de mort », n° 77, 27 septembre 1906 ; « Les morts et la voirie », n° 82, 1er novembre 1906 ; « Le machinisme », n° 84, 15 novembre 1906 ; « L'engrenage social », n° 106, 18 avril 1907 ; « Les Oisifs », n° 151, 27 février 1908 ; « Les mouvements utiles », n° 171, 16 juillet 1908

[p. 161] « Le troupeau des jaunes », *l'anarchie*, n° 6, 18 mai 1905

[p. 82] « Lettre au camarade Blanc, préfet de police », *Le Libertaire*, n° 138, 17-23 juillet 1898

[p. 224] « Lettre ouverte aux camarades de Vitry-le-François », *l'anarchie*, n° 51, 29 mars 1906

[p. 92] « Le Verbe », *Le Libertaire*, n° 2, 27 août-2 septembre 1899 [p. 164] « L'Homme & la foule », *l'anarchie*, n° 6, 18 mai 1905

[p. 187] « L'Homme & la justice », *l'anarchie*, n° 18, 10 août 1905

[p. 359] « L'individualisme », *l'anarchie*, n° 146, 23 janvier 1908

[p. 66] « Marâtre », *Le Droit de vivre*, n° 2, 30 avril-4 mai 1898

[p. 238] « Marianne se soûle ! Populo s'amuse !... », *l'anarchie*, n° 66, 12 juillet 1906

[p. 177] « Méli-mélo », *l'anarchie*, n° 12, 29 juin 1905

« Nihilisme », *l'anarchie*, n° 152, 5 mars 1908

[p. 321] « Nos vouloirs », *l'anarchie*, n° 122, 8 août 1907

[p. 324] « Notre lessive », *l'anarchie*, n° 128, 19 septembre 1907

[p. 374] « Nous allons... », *l'anarchie*, n° 154, 19 mars 1908

[p. 174] « Numéro 13 », *l'anarchie*, n° 7, 1er juin 1905

[p. 85] « Obsession », *Le Libertaire*, n° 144, 28 août-3 septembre 1898

[p. 194] « Panama mutualiste », *l'anarchie*, n° 31, 9 novembre 1905

[p. 186] « Pour ceux qu'on ignore », *l'anarchie*, n° 17, 3 août 1905

[p. 370] « Protestation ? », *l'anarchie*, n° 152, 5 mars 1908

[p. 273] « Que crève le vieux monde », *l'anarchie*, n° 90, 27 décembre 1906

« Quelques mots », *l'anarchie*, n° 134, 31 octobre 1907

« Quelques mots » (*bis*), *l'anarchie*, n° 135, 7 novembre 1907

[p. 234] « Socialisme & anarchisme », *l'anarchie*, n° 64, 28 juin 1906 [p. 182] « Sur la Séparation », *l'anarchie*, n° 15, 20 juillet 1905

[p. 367] « Terrorisme », *l'anarchie*, n° 152, 5 mars 1908

[p. 94] « Ultime bonté », *Le Libertaire*, n° 4, 10-16 septembre 1899

[p. 305] « Une première… », *l'anarchie*, n° 114, 13 juin 1907

[p. 308] « Une révolte », *l'anarchie*, n° 115, 20 juin 1907

[p. 377] « Un ministère de proscription », *l'anarchie*, n° 155, 26 mars 1908

[p. 88] « Un peu de logique », *Le Libertaire*, n° 150, 8-15 octobre 1898

[p. 151] « Victoire éclatante !!! », *l'anarchie*, n° 3, 27 avril 1905

[p. 159] « Vindicte sociale », *l'anarchie*, n° 5, 11 mai 1905

Table des matières

Deuxième partie (1905-1908)

Année 1905

Année 1906

Achevé d'imprimer en octobre 2006
sur les presses du groupe Horizon

pour le compte des éditions Agone
BP 70072, 13192 Marseille cedex 20

Distribution en France
Les Belles Lettres
25, rue du Général-Leclerc, F-94270 Le Kremlin-Bicêtre
Fax 01 45 15 19 80

Diffusion en France
Athélès
Fax administration 04 91 64 52 13
Fax commande 04 92 48 59 46

Diffusion-distribution en Suisse
Zoé
11, rue des moraines, CH-1227 Carouge-Genève
Tél. (41) 22 309 36 00 — Fax (41) 22 309 36 03

Diffusion-distribution en Belgique
Aden
405-407 avenue Van Volxem, B-1190 Forest
Fax (00 32) 2 534 46 62

Diffusion-distribution au Québec
Dimédia
539, bd Lebeau, Ville Saint-Laurent (Québec)
Canada H4N 1S2
Tél. (514) 336-3941 – Fax (514) 331-3916

Dépôt légal 4e trimestre 2006

Bibliothèque nationale de France